Sibylle Peters/Norbert Bensel (Hrsg.)

Frauen und Männer im Management

Sibylle Peters/Norbert Bensel (Hrsg.)

Frauen und Männer im Management

Diversity in Diskurs und Praxis

2., überarbeitete und erweiterte Auflage

GABLER

Die Deutsche Bibliothek – CIP-Einheitsaufnahme
Ein Titeldatensatz für diese Publikation ist bei
Der Deutschen Bibliothek erhältlich

Prof. Dr. Sibylle Peters lehrt berufliche und betriebliche Weiterbildung an der Fakultät
für Geistes-, Sozial- und Erziehungswissenschaften der Otto-von-Guericke-Universität Magdeburg.

Dr. Norbert Bensel ist Mitglied des Vorstands der DaimlerChrysler Services AG Berlin und ist in
dieser Position verantwortlich für das Ressort Personal.

1. Auflage September 2000
2. Auflage April 2002

Alle Rechte vorbehalten
© Betriebswirtschaftlicher Verlag Dr. Th. Gabler GmbH, Wiesbaden 2002

Lektorat: Barbara Roscher / Renate Schilling

Der Gabler Verlag ist ein Unternehmen der Fachverlagsgruppe BertelsmannSpringer.
www.gabler.de

Das Werk einschließlich aller seiner Teile ist urheberrechtlich geschützt. Jede Verwertung außerhalb der engen Grenzen des Urheberrechtsgesetzes ist ohne Zustimmung des Verlags unzulässig und strafbar. Das gilt insbesondere für Vervielfältigungen, Übersetzungen, Mikroverfilmungen und die Einspeicherung und Verarbeitung in elektronischen Systemen.

Die Wiedergabe von Gebrauchsnamen, Handelsnamen, Warenbezeichnungen usw. in diesem Werk berechtigt auch ohne besondere Kennzeichnung nicht zu der Annahme, dass solche Namen im Sinne der Warenzeichen- und Markenschutz-Gesetzgebung als frei zu betrachten wären und daher von jedermann benutzt werden dürften.

Umschlaggestaltung: Ulrike Weigel, www.CorporateDesignGroup.de
Druck und buchbinderische Verarbeitung: Lengericher Handelsdruckerei, Lengerich/Westf.
Gedruckt auf säurefreiem und chlorfrei gebleichtem Papier
Printed in Germany

ISBN 3-409-21638-3

Editorial

Was können Sie von diesem Buch erwarten?

Vielfältige Veränderungen und Formen von Transformationsprozessen spiegeln sich in diversen Diskursen der Risikogesellschaft wider. Ständig entstehen in immer komplexer werdenden strukturellen Kopplungen auf immer höherem Niveau neue Steuerungsmodelle zur Neuaushandlung und Neudispositionierung. Ganz allgemein geht es um theoretische und praktische Versuche, die instabile Hoch-Moderne reflexiv zu verstehen und neue Optionen für „vernünftige" Gestaltungsaufgaben zur Bewältigung von Zukunft zugänglich zu machen. In diesen vielfältigen gesellschaftlichen Diskursarten ist die Diskussion über Geschlechterdifferenz und -arrangements als ein Teilbereich eingebunden, wie z.B. Veröffentlichungen zum Thema Frauen und Männer in Führungspositionen aufweisen, die auf dem Markt verstärkt vertreten sind.

Das Thema Frauen in Führungspositionen ist in den letzten Jahren von zahlreichen „Wegbereitern" und „Treibern" gesellschaftspolitischer Veränderungsprozesse in Gesellschaft und Wirtschaft in diversen Modernisierungsexpertisen vorangetrieben worden. Diese Diskussionsprozesse und Rechtsexpertisen in Europa und den USA haben wesentlich dazu beigetragen, dass Gender-Mainstreaming, Managing-Diversity und Change-Management drei der wichtigsten aktuellen Managementstrategien sind und das Thema Frauen in Führungspositionen als wesentlicher Teilbereich von Organisationsentwicklung nicht mehr wegzudenken ist. Im Rahmen der Umstrukturierungen in Wirtschaft und Verwaltung gilt für die oben genannten Strategien gleichermaßen, dass Frauenförderung in Führungspositionen keine „Frauensache" ist, sondern im internationalen Kontext in diverse globale Modernisierungsstrategien eingebunden ist.

Der Band widmet sich dem besonderen Fokus von Diversity, der innerhalb von nationalen Grenzen und auf europäischem Raum jedoch nicht ohne die Expertise Gender-Mainstreaming und den besonderen Organisationsentwicklungsformen in Recht und Verwaltung gesehen und verstanden werden kann. Diversity steht derzeit vorwiegend in globalisierten Unternehmen zur Disposition. Ihr Transfer ist für heterogene Beschäftigten- und Mitarbeitergruppierungen besonders interessant, da dieser Ansatz die Wahrnehmung der Sekundärkriterien wie Lifestyle, Bildung, Sprache und normative Wertevorstellungen in ihrem Wandel in globalen wie lokalen Färbungen aufnehmen kann und dadurch für viele diverse Transformationen Anregungen für den Diskurs in Theorie und Praxis bietet. Der Diskurs zu Fragen von Gleichstellung und Chancengleichheit trifft als Zeitgeist auf einen Strukturwandel, der sich zunehmend auf Fragen nicht-ökonomischer Austauschprozesse konzentriert und soziale-interaktive Formen des Austausches innerhalb des ökonomischen Geldtransfers wichtiger werden und zunehmend Beachtung finden lässt. Frauen in Führungspositionen, die neben Männern und mit Männern die Zukunft gemeinsam gestalten, werden für Wettbewerbsaspekte immer wichtiger.

Der Diskurs enthält etliche plurale Formen und spiegelt innerhalb verschiedener Perspektiven jeweils unterschiedliche Entwicklungen wider. In ihrer Gesamtheit lassen sich die Beiträge von dem Gedanken leiten, einen Diskurs im Sinne des Suchens nach einem „vernünftigen" Umgang mit ständig neuen Formen des Verhältnisses von Arbeit, Leben und Lernen zu ermöglichen. Insbesondere wird die Möglichkeit thematisiert, dass das „standardisierte" Normalarbeitsverhältnis des Mannes, in dem unhinterfragt die Karriereplanung nur in einer spezifischen Monokausalität vernünftig ist und Vernünftigkeit beanspruchen konnte, zunehmend flexibilisiert wird. Denn Vernunft entfaltet sich inmitten von pluralen Formen und will im Sinne einer sich offerierenden neuen „Vernünftigkeit" neue Gestaltungsmodi unter Beteiligung aller Mitarbeiter finden, um dadurch Frauen in Führungspositionen zu fördern.

Innerhalb dieses Diskurses soll die Wahrnehmung des Themas auf wirtschafts- und gesellschaftspolitischer Ebene verdichtet werden, indem es gilt, Frauen wie Männer bereits in der Gegenwart für die Gestaltung von Zukunft zu sensibilisieren. Die Multioptionsgesellschaft entfaltet dort ihre gesamten (Wissens-) Potentiale, wo der gesellschaftspolitische Strukturwandel von einem kreativen und produktiven Umgang mit Informationen und Informationstechnik begleitet wird und wo er Einfluss auf plurale Formen von Tätigkeiten sowohl im Erwerbsleben als auch im sozialen und privaten Leben in der Weise nimmt, dass bei allen Tätigkeiten ein Aushandlungsprozess der Betroffenen und der Mitwirkenden unter Berücksichtigung ihrer Interessen sichtbar gemacht und damit zum Gegenstand für Organisationsprozesse wird.

Zu den einzelnen Kapiteln des Bandes

Der Band gliedert sich in vier Kapitel, um diese Diskussion innerhalb verschiedener Kontexte jeweils zu vertiefen und teilweise auszuloten.

In Teil I des Bandes konzentrieren sich die Beiträge auf die als wichtig erachtete Diskussion zu Diversity, die aber keine geschlossene Diskussion wiedergibt, sondern innerhalb von gesellschafts- und wirtschaftspolitischen Perspektiven die Vielfalt der Annäherungen an das Thema Frauen und Männer in Führungspositionen aufleuchten lässt, um einen profunden Blick auf das Thema zu gewinnen, bzw. sich mit den Themen in der Vielfalt vertraut machen zu können. Dazu gehören die Beiträge von J. Limbach, S. Peters, N. Bensel, G. Höhler, J. v. Friesen/M. Rühl und B. Schaeffer-Hegel.

Die Teile II und III des Bandes greifen den Untertitel des Bandes auf. In Teil II werden Diversity-Ansätze und Managing-Diversity-Konzepte in ihrem jeweiligen strategischen Diskurs auf der Ebene der Erarbeitung von Konzepten und Strategien vorgestellt, die den

Problemkreis auf theoretischer Ebene verdeutlichen und für eine entsprechende Wahrnehmung dieser Themen auf gesellschafts- und wirtschaftspolitischer Ebene hinwirken können. Sie zeigen die vielfältigen wechselseitigen Verflechtungen und Kopplungen unterschiedlicher Bereiche. Die Beiträge dazu sind von G. Krell, P. Sepehri/D. Wagner, M. Rühl, N. Gundlach/P. Koseck, K. Heuer und E. Ferrari/F. Rothgängel/E. Sonuç.

In Teil III stehen konkrete best-practice-Beispiele im Vordergrund, in denen vielfältige Konzeptionen für und Erfahrungen von Organisationen diskutiert werden. Sie stehen für eine Vielfalt der Betrachtungen und Schwerpunktsetzungen, die das gesellschaftspolitische Engagement von Organisationen zum Ausdruck bringen, das in den vergangenen Jahren über Netzwerke Anerkennung und Akzeptanz gefunden hat. Insofern wird auf der best-practice-Ebene die Netzwerkstruktur ein wichtiger Parameter. Nicht selten wird behauptet, dass Frauen in Führungspositionen nicht repräsentativ anzutreffen sind, weil sie keinen Zugang zu entscheidenden Netzwerken haben oder sich in Netzwerken von Frauenorganisationen in der Peripherie der jeweiligen Machtzentren aufhalten. Netzwerke sind soziales und immaterielles Kapital und gehören damit zu den Humanressourcen. In diesem Kapitel wird diese Thematik aus unterschiedlichen Perspektiven ausgeleuchtet. Die Beiträge in diesem Teil sind von G. Kuppe/K. Körner, D. Jansen/H. Lukoschat, U. Raue, S. Schönfeld/N. Tschirner und N. Haasen.

Der Teil IV des Bandes widmet sich der empirischen Perspektive von Erfahrungen mit Diversity aus jeweils unterschiedlichen Betrachtungskontexten. Es geht um Einschätzungen und Reflexionen zum Thema, d.h. es geht um Fragen, die die Unterrepräsentanz von Frauen in Führungspositionen als gesellschaftspolitisches Phänomen aus jeweils unterschiedlichen Perspektiven analysieren und Antworten auf diese Fragen suchen. Die einzelnen Beiträge stammen von M. Osterloh/S. Littmann-Wernli, M. E. Domsch/ A. Ladwig, N. Ott, R. Liebold, B. Stieler-Lorenz, B. Seewald, S. Pöhlmann.

Etlichen Personen sind wir zu besonderem Dank für die Unterstützung des vorliegenden Bandes verpflichtet; dieser Dank gilt Sandra Wahlstab, Sandra Dengler, Anja Poppeck, Ulrike Frosch, Katja Althaus und Jana Hofmann an der Otto-von-Guericke-Universität Magdeburg und Katharina Heuer, Katharina Oppolzer und Cornelia Marx von der DaimlerChrysler Services AG in Berlin.

Sibylle Peters, Magdeburg/Berlin   Norbert Bensel, Berlin

Januar 2002

Inhaltsverzeichnis

Sibylle Peters / Norbert Bensel
Editorial 5

Teil I Diversity: Gesellschafts- und wirtschaftspolitische Perspektiven

Jutta Limbach
Geschlechtergerechtigkeit im 21. Jahrhundert 15

Sibylle Peters
Frauen in Führungspositionen: Der Diskurs über Geschlechterdifferenz
und -arrangements 23

Norbert Bensel
Auf dem Weg in die Dienstleistungsgesellschaft: Neue Chancen
für Frauen und Männer in der Arbeitswelt 49

Gertrud Höhler
Geschlechterarrangements im Umbruch: Neue Bündnisse unter Wölfin
und Wolf 69

Juliane v. Friesen / Monika Rühl
Chancengleichheit im Berufsleben: Brauchen wir auch in der
Privatwirtschaft den Gesetzgeber? 85

Barbara Schaeffer-Hegel
Frauen und Macht heute – Gerechtigkeit für die Generation von morgen 95

Teil II Diversity-Ansätze und Managing-Diversity-Konzepte im strategischen Diskurs

Gertraude Krell
Diversity Management: Optionen für (mehr) Frauen in Führungspositionen? 105

Paivand Sepehri / Dieter Wagner
Diversity und Managing Diversity: Verständnisfragen, Zusammenhänge und theoretische Erkenntnisse 121

Monika Rühl
Diversity in Deutschland in einem globalisierten Unternehmen: Neuausrichtung des Personalmanagements am Beispiel der Lufthansa 143

Nicole Gundlach / Pamela Koseck
Diversity Is Much More Than A Workforce Issue 157

Katharina Heuer
„Managing Diversity" in einem globalen Unternehmen: Best-practice-Beispiele bei DaimlerChrysler Services 165

Elisabeth Ferrari / Friedlinde Rothgängel / Ebrû Sonuç
Das Hütchenspiel 183

Teil III Best Practice: Diversity-Konzepte für und Erfahrungen von Organisationen im Diskurs

Gerlinde Kuppe / Kristin Körner
Gender Mainstreaming: Ein Beitrag zum Change Management in Politik und Verwaltung 199

Dorothea Jansen / Helga Lukoschat
Netzwerke und Empowerment: Die Europäische Akademie für Frauen in Politik und Wirtschaft Berlin 211

Ursula Raue
Der Deutsche Juristinnenbund: Ein Frauen-Netzwerk 219

Simone Schönfeld / Nadja Tschirner
Mentoring-Programme für Frauen – Ein Anstoß zum Aufstieg 227

Nele Haasen
Mentoring für Frauen – Faktoren für die erfolgreiche Umsetzung 247

Teil IV Reflexionen: Erfahrungen mit Diversity aus unterschiedlichen Perspektiven

Margit Osterloh / Sabina Littmann-Wernli
Die „gläserne Decke" – Realität und Widersprüche 259

Michel E. Domsch / Ariane Ladwig
Doppelkarrierepaare und neue Karrierekonzepte: Eine theoretische und
empirische Ausschnittsuntersuchung 277

Notburga Ott
The Economics of Gender: Gedanken zu Work-Life-Balance 295

Renate Liebold
Die Vereinbarkeit von Beruf und Familie aus männlicher Sicht:
Ein Fallbeispiel 311

Brigitte Stieler-Lorenz
Management von leanen und digital vernetzten Unternehmen:
Change Management zwischen Chancen, Fallen, Perspektiven 327

Beate Seewald
Die Entwicklung einer medizinischen Rehabilitationsklinik:
Skizze einer Change-Managerin 347

Simone Pöhlmann
Zwischen Konflikt und Konsens: Streiten lernen für innovative
Management-Strategien 361

Teil I

Diversity: Gesellschafts- und wirtschaftspolitische Perspektiven

Jutta Limbach

Geschlechtergerechtigkeit im 21. Jahrhundert *

Geschlechtergerechtigkeit im 21. Jahrhundert

Die Rechtsprechung – ein Motor der Gleichberechtigung von Mann und Frau

Die politische Partizipation von Frauen

Prof. Dr. Jutta Limbach ist Präsidentin des Bundesverfassungsgerichts; Professorin für Bürgerliches Recht, Handels- und Wirtschaftsrecht und Rechtssoziologie an der Freien Universität Berlin. E-Mail: bverfg@bundesverfassungsgericht.de

* Überarbeiteter Beitrag des Vortrages auf dem Eröffnungskongreß der Europäischen Akademie für Frauen in Politik und Wirtschaft, Berlin am 17.04.1999

Dieser Jahrhundert-, ja Jahrtausendwechsel verführt zu Wünschen und Visionen. Der Gedanke, eine derart große Zeitschwelle zu überwinden, mobilisiert die Hoffnung, daß hinter diesem Jahrhundertwechsel auch neue Aussichten warten. Die große Flatter zum Beginn des 21. Jahrhunderts hat auch die Frauenpolitikerinnen und -forscherinnen erreicht. Die Losung eines neuen Feminismus (Natasha Walter, The New Feminism, London 1998) ist bereits ausgegeben. Dieser zeichnet, wenn auch kein kühnes, so doch ein hoffnungsfreudiges Zukunftsbild des heraufkommenden weiblichen Jahrhunderts.

Danach werden in weiteren 100 Jahren gleichviel Frauen und Männer in Parlamenten zusammensitzen. Die Staatsspitzen werden vom weiblichen Element kräftig durchmischt sein. Wir werden beobachten können, daß Männer ihre Babys in Tragegurten in die Betriebskinderkrippe mitnehmen. An den Schultoren werden genau so viele Väter wie Mütter warten und ihre Kinder werden ihnen mit der gleichen Liebe entgegeneilen. Frauen werden sich weniger davor fürchten, nachts durch dunkle Straßen zu gehen. Mißbrauchte Frauen werden Rechtshilfe in einem Justizsystem finden, dessen Personal zur Hälfte aus Richterinnen und Staatsanwältinnen besteht. Das Lachen und der Ärger von Frauen werden uns aus allen Ämtern und Sitzungszimmern der Republik entgegenschallen. Auskünfte, wie sie just die leitende Verwaltungsdirektorin der Deutschen Bibliothek auf eine Umfrage zur Umsetzung des Beschäftigungsschutzgesetzes in Bundesbehörden gegeben hat, werden im kommenden Jahrhundert zuhauf eingehen. Diese teilte lakonisch mit:

> „Die Deutsche Bibliothek hat in ihren 3 Dienststellen einen Frauenanteil von über 75 %. Dies mag das positive Ergebnis bezüglich der Frauen erklären. Es sind aber auch keine sexuellen Belästigungen der männlichen Minderheit durch Frauen bekannt geworden!"

Zunehmend wächst in dem Laufe des kommenden Jahrhunderts der Dank der Männer an die streitbaren Feministinnen des vorigen Jahrhunderts für egalitär formulierte Quotenregelungen, wie etwa die des § 1 Abs. 3 des Gesetzes über den Berliner Verfassungsgerichtshof. Danach müssen „Männer und Frauen ... jeweils mindestens drei (der neun) Verfassungsrichter stellen". Darüber hinaus werden wir im 21. Jahrhundert genau so viele Filme weiblicher wie männlicher Produzenten und Regisseurinnen sehen können. Wir werden genau so viele Zeitschriften und Zeitungen lesen können, die von Frauen und Männern herausgegeben werden. Und nicht zuletzt werden wir beobachten können, daß Frauen in allen Medien mit mehr Respekt behandelt werden.

Gewiß, so justiert Natasha Walter dieses Bild, werden sich nicht alle in genau der gleichen Weise benehmen. Wir werden nach wie vor weniger Frauen auf Fußballplätzen begegnen, dafür mehr Frauen finden, die sich die Nägel lackieren und mit Blumen schmücken. Frauen und Männer mögen auch im 21. Jahrhundert unterschiedlichen Lesegewohnheiten folgen und vorzugsweise Frauen werden am Ende des Buches „Vom Winde verweht" in Tränen ausbrechen. (Obgleich jede Mutter von Kindern beiderlei Geschlechts weiß, daß Mädchen und Jungen unterschiedslos am Ende des 3. Bandes von Winnetou zu schluchzen pflegen). Aber zurück zu unserem Zukunftsbild: Das pornographische Geschäft mag weiter existieren, die Bundeswehr von Männern dominiert sein.

Auch mögen vorzugsweise Frauen die kleinen Kinder betreuen. Doch wir werden wissen, so die Zukunftshoffnung der neuen Feministinnen, daß diese Aufgabenteilung das Resultat einer freien Wahl und nicht durch soziale oder wirtschaftliche Zwänge herbeigeführt ist (frei nach Natasha Walter, a.a.O., S. 257).

Das sind in Anbetracht der in diesem Jahrhundert erreichten Rechtsfortschritte in der Frauenfrage weder verwegene Hoffnungen noch gar kühne Träume. Aber wer wüßte besser als wir, daß Rechtsgleichheit für sich allein noch nicht Chancengleichheit oder gar die Gleichstellung der Frau in der Wirklichkeit bewirkt. Seit 1918 besitzen die Frauen das Wahlrecht. Gleichwohl hat der Glaube unserer Großmütter getrogen, daß die Frauen mit dem Stimmzettel in der Hand eine politische Macht sein würden. Die Frauen waren in allen folgenden Dezennien unseres Jahrhunderts in allen Gefilden der Politik unterrepräsentiert. Der in der letzten Bundestagswahl erreichte Frauenanteil von 30,6 Prozent ist ohne Zweifel ein Erfolg. In der gegenwärtigen Bundesregierung (1999) sind 15 Männer und fünf Frauen versammelt. Immerhin herrscht in zwei Länderkabinetten Geschlechterparität (Nordrhein-Westfalen und Hamburg). Aber seien wir ehrlich: Die Frauen teilen sich mit den Männern in den Kabinetten und Parlamenten nur die Positionen, aber nicht die Macht. Es ist offensichtlich nicht leicht für eine Gruppe, Macht abzugeben. Das zeigt sich an der Verteilung der Zuständigkeiten. Die Frauen leiten gewöhnlich die sog. weichen Ressorts - Soziales u.ä.. Die wenigen Ausnahmen von Frauen in klassischen oder gemeinhin mächtigen Ressorts, wie dem der Finanzen, bestätigen nur die Regel. Überdies grünen die Chancen von Frauen in klassischen Gefilden der Macht gewöhnlich in Zeiten, in denen man in dem jeweiligen Geschäft keinen Blumentopf gewinnen kann.

Dieses Mißverhältnis in der Verteilung von politischer und wirtschaftlicher Macht ist keineswegs naturgegeben oder gar zufällig. Denn eines fällt auf: Die Frauen in den Spitzenpositionen von Politik, Wirtschaft und Kultur zeichnen sich durch eine Gemeinsamkeit aus: Sie sind entweder allein stehend, kinderlos oder die Kinder sind aus dem Gröbsten heraus. Denn nach wie vor ist die Kinderfrage eines der größten ungelösten Probleme der Frauenfrage. Wir alle wissen, daß die Zahl der neuen Väter statistisch unerheblich ist. Das läßt sich schlaglichtartig an dem Erziehungsurlaub ablesen: Nur 1 % der jungen Väter nimmt den Erziehungsurlaub in Anspruch, lediglich 0,5 % der jungen Väter und Mütter teilen sich diesen. Obgleich die jungen Männer die Berufstätigkeit ihrer Frauen uneingeschränkt unterstützen, liegen die Familien- und Hausarbeit eindeutig im Verantwortungsbereich der Frauen. Immer wieder zeigt sich, daß die Männer in der Theorie ungemein gleichheitsfreundlich denken, daß sie aber in der Praxis nach dem Motto verfahren: „Wasch' mir den Pelz, aber mach' mich nicht naß." Doch wir wissen zugleich, daß es nicht nur eine Frage des fortschrittlichen Bewußtseins ist, ob und wie sich die jungen Eltern Familien- und Berufsarbeit teilen. Diese Entscheidung hängt nicht zuletzt auch von der Höhe des jeweiligen Einkommens ab. Die Einkünfte der jungen Väter sind zumeist höher, so daß die Existenzgrundlage der Familie erheblich einschränkt würde, nähmen sie den Erziehungsurlaub in Anspruch. Wir stehen also nicht nur vor der Aufgabe, die Arbeitszeit neu zu organisieren, sondern auch einen Familienlastenausgleich herbeizuführen. Dieses Problem der Vereinbarkeit von Familien- und

Berufsarbeit lasse ich aber hier dahingestellt, um mich – etwas einseitig zugegeben – auf die Partizipation von Frauen an politischer und wirtschaftlicher Macht zu konzentrieren.

Auch hier sind den Frauen durch die Verfassung, die Gesetze und die Satzung der Parteien wichtige Startvoraussetzungen geschaffen worden. Frauen können heute berufstätig sein, ohne die Genehmigung des Ehemannes einholen oder dessen Kündigung befürchten zu müssen, wenn sie die Hausarbeit vernachlässigen sollten. Das egalitäre, Mann und Frau gleichberechtigende und gleichverpflichtende Familienrecht ist eine Frucht des Gleichberechtigungssatzes des Grundgesetzes. Die durch diesen herausgeforderte Reform ist aber auch dem Bundesverfassungsgericht zu danken, das den zögerlichen und mitunter halbherzig agierenden Gesetzgeber immer wieder angefeuert hat.

Die Rechtsprechung – ein Motor der Gleichberechtigung von Mann und Frau

Dem Bundesverfassungsgericht ist nicht verborgen geblieben, daß egalitäres Recht für sich allein die Situation der Frauen nicht verändert. In den ersten Jahrzehnten hat das Gericht den Gleichberechtigungssatz weitgehend nur als ein Diskriminierungsverbot verstanden, das die unterschiedliche rechtliche Behandlung von Frauen und Männern verbietet. Ziel war die Schaffung einer Rechtsordnung, in der das Merkmal Geschlecht nicht mehr vorkommt. Unter dem Eindruck der widerständigen Rechtswirklichkeit hat es sich zu einem dynamischen Verständnis des Gleichberechtigungsartikels durchgerungen. In den Gründen des Urteils zum Nachtarbeitsverbot für Frauen hat das Gericht festgestellt: „Der Satz ‚Männer und Frauen sind gleichberechtigt' will nicht nur Rechtsnormen beseitigen, die Vor- oder Nachteile an Geschlechtsmerkmale anknüpfen, sondern für die Zukunft die Gleichberechtigung der Geschlechter durchsetzen. Er zielt auf Angleichung der Lebensverhältnisse. So müssen Frauen die gleichen Erwerbschancen haben wie Männer. Überkommene Rollenverteilungen, die zu einer höheren Belastung und sonstigen Nachteilen für Frauen führen, dürfen durch staatliche Maßnahmen nicht verfestigt werden. Faktische Nachteile, die typischerweise Frauen treffen, dürfen wegen des Gleichberechtigungsgebots des Art. 3 Abs. 2 GG durch begünstigende Regelungen ausgeglichen werden" (BVerfGE 85, 191 <207>). Auf diese Weise hat der Gleichberechtigungssatz eine dynamische, auf die Korrektur der Wirklichkeit zielende Aufgabe erhalten.

Im Lichte dieses Verständnisses des Gleichberechtigungssatzes sind viele Frauenförderrichtlinien sowie die Gleichstellungsgesetze in den Ländern formuliert worden. Wir alle erinnern uns an diese frauenpolitische Kärrnerarbeit, die uns untereinander manchen Streit hat ausfechten lassen. Auf der einen Seite standen die Feministinnen der strengen Linie. Auf der anderen Seite die behutsamen Feministinnen, die – die verfassungsgerichtliche Kontrolle im Kopfe vorwegnehmend – auf eine moderate Regelung aus waren.

Ich gehörte zu der zweiten Gruppe, die den Vorwurf des vorauseilenden Gehorsams mit Fassung zu ertragen hatte.

Doch wider Erwarten wurde keines der Gleichstellungsgesetze auf den Prüfstand des Bundesverfassungsgerichts gestellt. Die zwei kampfesfreudigen, im Wettbewerb um eine Beförderungsstelle unterlegenen männlichen Bewerber wandten sich vielmehr beschwerdeführend an den – exklusiv männlich zusammengesetzten – Europäischen Gerichtshof in Luxemburg. Die Frage ist erlaubt, ob die zu Gunsten einer gleichqualifizierten Bewerberin übergangenen Kollegen weniger Vertrauen in das vom weiblichen Element zart durchmischte Bundesverfassungsgericht setzten?

Der Europäische Gerichtshof brachte das bremische Gleichstellungsgesetz zu Fall (Fall „Kalanke", EuGHE I 1995, 3051 = NJW 1995, 3109). Er beanstandete, daß dieses automatisch und unbedingt der Frau bei der Vergabe einer Beförderungsposition den Vorzug gab, sofern diese dem männlichen Bewerber gleich qualifiziert war und das weibliche Geschlecht in dem konkreten beruflichen Bereich unterrepräsentiert waren. Das nordrhein-westfälische Gleichstellungsgesetz dagegen bestand die Feuerprobe vor dem europäischen Gericht (Fall „Marschall", EuGHE I 1997, 6363 = NJW 1997, 3429). Es unterscheidet sich von dem Bremer Gleichstellungsgesetz in einem Punkte: Es kennt eine sogenannte Öffnungs- oder Härteklausel, die gestattet, besondere in der Person des Mitbewerbers liegende Gründe zu berücksichtigen und – soweit diese überwiegen – zu dessen Gunsten zu entscheiden.

Dieser Erfolg, der der Frau die Schuldirektoren-Stelle einbrachte, ist auch das Ergebnis konzertierter internationaler Frauenpower. Die Frauenpolitikerinnen in Finnland, Norwegen, Österreich, Schweden und Spanien hatten ihre Regierungen sowie die Europäische Kommission mobilisiert, um das nordrhein-westfälische Gleichstellungsgesetz vor dem Gerichtshof zu verteidigen. Nur Frankreich und Großbritannien waren mit dem deutschen Verwaltungsgericht der Meinung, daß diese Vorschriften zu weit gingen, daß sie nicht lediglich Chancengleichheit förderten, sondern ergebnisorientiert auf die unmittelbare Gleichstellung zielten. Die Ironie des Schicksals will es, daß sich mit dem Regierungswechsel in diesen Staaten ein Meinungswandel vollzogen hat und es die Frauen des Vereinigten Königreichs und Frankreichs sind, die gegenwärtig besonders kämpferisch die Fahne der Geschlechtergleichheit, der Gender Parity, hochhalten.

Die politische Partizipation von Frauen

Obwohl allenthalben vom Back Lash, vom Rückschlag im Sinne einer Rückkehr zu den traditionellen Geschlechterrollen die Rede ist, schießen internationale Konferenzen, die sich mit der politischen Partizipation von Frauen beschäftigen nur so ins Kraut. Die einen – mehr wissenschaftlich ausgerichteten – Tagungen beschäftigen sich zum einen mit der Analyse der bisher weitgehend mißlungenen oder allenfalls bescheidenen „Feminisierung der Politik". Zum anderen gehen sie angesichts der frauenpolitischen Morgenröte in Frankreich und England mit neuem Auftrieb den Fragen nach, ob Frauen einer gleichen Repräsentation in politischen Gremien bedürfen und ob der beharrlich geringe Anteil der Frauen im politischen Leben liberale Gesellschaften zu einer Revision der Gesetze und Satzungen – etwa der Parteien – herausfordert, um künftig eine Geschlechterparität zu erreichen.

Gewiß läßt sich nicht leugnen, daß ein hoher Anteil von Kandidatinnen noch nicht die Attraktivität einer Partei für Wählerinnen begründet. Das belegt der bescheidene Erfolg der kleinen, sehr frauenfreundlichen Parteien. Daß Frauen nicht „mit einer Stimme" sprechen oder wählen, zeigt schon der Mißerfolg der starken Frauenbewegung in den USA, deren Frauenorganisationen zu den am besten organisierten in der Welt gehören. Das Bemühen um Geschlechterparität in den politischen Gremien begründet für sich allein nicht die Popularität einer politischen Partei. Geschlechterparität ist kein Prinzip, sondern eine Strategie. Will ich die Köpfe in der Wahl herausfordern, bedarf es eines Programms. Sei es eines mit frauenspezifischen Inhalten oder mit anderen politischen Zielen. Es mag so sein, muß aber keinesfalls so sein, sollte vor allem nicht so sein, daß Frauen in der Politik sich ausschließlich mit Frauenpolitik beschäftigen. Empirische Studien zeigen, daß sich Politikerinnen in Parteien, Parlamenten und Regierungen vorzugsweise für Frauenpolitik sowie für eine liberale, an Menschen- und Bürgerrechten orientierte Politik für die sozial Schwachen und politisch Unterrepräsentierten einsetzen. Man kann es zu Recht als fraglich bezeichnen, ob dies zu einer erhofften Feminisierung der Politik und der Gesellschaft ausreicht. Das gilt vor allem gegenwärtig angesichts der ökonomischen Krise und der Weltflucht des Kapitals, die dazu führt, daß die gegenwärtigen Aufgaben der Politik vielfach die nationale Dimension überschreiten. Erfolgreiche Politik von Frauen wird nicht zuletzt davon abhängen, inwieweit es ihnen gelingt, sich auch die übrigen Politikfelder zu erobern. Welche Gelder etwa für Frauenprojekte, Kinder- und Jugendprogramme zur Verfügung gestellt werden, wird nicht allein in dem einschlägigen Ressort, sondern im Finanzressort entscheidend mitverantwortet.

In diesem Kreise sind wir uns darin einig, daß unser Interesse an der politischen Partizipation der Frauen nicht mit der Frage steht und fällt, ob und inwieweit Frauen eine feministische Politik betreiben oder einen angeblich weiblichen Führungsstil pflegen. Niemand von uns wird leugnen, daß Frauen einen anderen Erfahrungshorizont als Männer haben, daß sie die Aufmerksamkeit vorzugsweise auf soziale Probleme richten, die in der männerdominierten Politik zu kurz kommen. Nicht zu vergessen, daß Frauen durch die außenorientierten Ritualien der Politik (noch) nicht verformt sind. Und so mag es vor dem Hintergrund der zunehmenden Zahl von Frauen in politischen Ämtern in den letzten 10 Jahren durchaus zutreffen, daß sich nach dem Kalten Krieg mit der Verdrängung von Sicherheitsbelangen durch soziale Fragen in der politischen Landschaft Chancen für neue Führungsstile und eine Neuordnung politischer Prioritäten ergaben.

Doch diese kausale Erklärung zunehmender Frauenpartizipation in der Politik darf nicht zu einem Rechtfertigungsmuster werden. Das heißt, die Frage, inwiefern sich durch die gleiche Partizipation von Frauen die Politik ändert, darf nicht zur Legitimationsfrage der Geschlechterparität hochstilisiert werden. Frauen müssen nicht die Nützlichkeit ihres politischen Engagements für die Gesellschaft dartun. Wer hätte je Männer mit dieser utilitaristischen Gretchenfrage konfrontiert? Oder wer hätte je gefragt, ob es genügend gescheite und sachkundige Männer für politische Ämter gibt. Lassen Sie mich einen Seitenblick auf eine Umfrage in Großbritannien nehmen, in der die Bürgerinnen und Bürger zu Sinn und Unsinn von Quoten befragt worden sind. Immer wieder kreisen die Auskünfte um die Frage, ob es genügend gute Frauen für Parteiämter und Kandidaturen gibt. Ein Mann hat eine bestechende Antwort gegeben:

> „A lot of socialist parties have direct discrimination and certainly I do think increasingly you ought to have quotas in some form. I mean, people always resent it, because they say you've got a stupid woman doing that instead of an intelligent man. But, frankly, we have so many stupid men at all levels, that I don't see why we shouldn't have a few stupid women."

Die Frauen haben in der Demokratie ein selbstverständliches Anrecht auf gleiche politische Teilhabe. Sie müssen nicht erst Goethes Sentenz unter Beweis stellen, daß der Umgang mit Frauen das Element guter Sitten sei. Frauen sind nicht das bessere Geschlecht. Sollte die vermehrte Präsenz von Frauen auf der politischen Bühne verfeinernd auf die Austragung von Konflikten wirken, so ist das eine erfreuliche Nebenfolge, aber nicht die Rechtfertigung ihrer Mitwirkung.

Diese Klarstellung diskreditiert nicht im mindesten die feministischen Politikziele, die auf die Erweiterung der männlichen Problemsicht und das Aufbrechen der Vorherrschaft des männlichen Geschlechts in Politik, Gesellschaft, Kultur und Wirtschaft zielen. Im Gegenteil.

Der Bericht „Frauenwelten und Männerwelten" in der FAZ (Renate Köcher, FAZ vom 14.04.1999) zeigt, daß da noch viel zu tun bleibt, wenn wir die Augen zuallererst auf die Wählerinnen richten. Nach wie vor ist demoskopischen Umfragen zufolge das Desinteresse der Frauen an Fragen der Politik und Wirtschaft bemerkenswert. Die den Deutschen eigene Konfliktscheu scheint bei Frauen noch ausgeprägter zu sein. Ein Grund für die geringere Neigung von Frauen, sich an politischen Diskussionen zu beteiligen, so erfahren wir aus einer Umfrage, ist die Furcht vor aufgeladenen Kontroversen. Offenbar müssen vor allem die Frauen lernen, daß sich die Demokratie nicht durch die Eintracht ihrer Bürger auszeichnet, als vielmehr durch die Fähigkeit, in politischen Auseinandersetzungen immer wieder zu einem Kompromiß und idealerweise zu einem Konsens zu kommen.

Wir leben in Zeiten des wirtschaftlichen und politischen Umbruchs, in denen das Gemeinwesen in besonderem Maße auf politische Nachdenklichkeit und kritischen Bürgerinnensinn angewiesen ist. Das Entwickeln von Konflikt- und Konsensbereitschaft ist in solchen Phasen, in denen gegensätzliche Interessen geballt aufeinanderstoßen, ein wichtiges Rüstzeug.

Sibylle Peters

Frauen in Führungspositionen

Der Diskurs über Geschlechterdifferenz und -arrangements

1. Einführung

2. Gesellschaftspolitische Rahmungen zu Geschlechterdifferenz und -arrangements

3. Management-Strategien und ihre Leistungsvorstellungen zur Förderung von Frauen in Führungspositionen

4. Welche Chancen hat dieser Diskurs?

Literatur

Prof. Dr. Sibylle Peters ist Professorin für Betriebliches Bildungswesen/Weiterbildung und Organisationsentwicklung an der Fakultät für Geistes- Sozial- und Erziehungswissenschaft der Otto-von-Guericke-Universität Magdeburg. E-Mail: sibylle.peters@gse-w.uni-magdeburg.de

1. Einführung

In vielfacher Weise leben wir in einer pluralen Tätigkeitsgesellschaft, die durch ständige Transformationsprozesse gekennzeichnet ist. Wir bewegen uns in Neuwelten gegenüber der Kultur der Industriegesellschaft: die gegenwärtigen Veränderungen und Transformationen weisen viele Facetten auf, die sich in verschiedenen Diskursen innerhalb von Steuerungsprozessen der Risiko-Gesellschaft widerspiegeln (Beck 1984). Diese werden teilweise auch als Multioptionsgesellschaft (Gross 1994) bezeichnet und stehen ständig zur Neuaushandlung und Neupositionierung zur Disposition (Willke 1992, 315ff). Allgemein gesehen, geht es immer wieder um theoretische und praktische Versuche, die instabile Hoch- und Übermoderne reflexiv zu verstehen und Optionen innerhalb diverser Diskurse für „vernünftige" Gestaltungsaufgaben zur Bewältigung von Zukunft zugänglich zu machen. Auffällig ist in der gegenwärtigen Hoch- und Übermodernen, dass die gesellschaftliche Entwicklung sich in immer neuen Formen in allen möglichen Steigerungsformen der Erlebens-, Handlungs- und Lebensmöglichkeiten differenziert, diese neuen Formen alle existentiell der Kommunikation, der Bildung und des Lernens bedürfen, um gesellschaftliche Prozesse fortwährend neu zu gestalten.

In diesen diversen gesellschaftlichen Diskursarten ist der Diskurs über Geschlechterdifferenz und -arrangements als ein Teilbereich zu Fragen von Gleichberechtigung und Gleichstellung eingebunden, u.a. zu Führungsfragen, wie z.B. in Veröffentlichungen zum Thema Frauen in Führungspositionen[1]. Der Diskurs zu Fragen von Geschlechtergleichheit und -gerechtigkeit trifft als Zeitgeist auf Fragen des Strukturwandels, in dessen Mittelpunkt der Wandel von Organisationen in Verwaltung und Wirtschaft zur Disposition steht. Gleichstellungsfragen sind nicht mehr außerhalb von Organisationsentwicklung in Verwaltung und Wirtschaft zu sehen. Organisationsentwicklungsprozesse suchen allgemein nach neuen, veränderten Strukturprinzipen, die mehr Autonomie von Individuen und von Teilsystemen anstreben. Denn zum Zeitgeist gehört es, dass die Gegenwart an der Zukunft und nicht an der Vergangenheit gemessen wird. Zur Zukunft gehört, dass innerhalb von Transformationsprozessen Umstrukturierungen von und in Organisationen erwartet werden, die auf plurale interaktive Formen setzen und dadurch neue Sinnstrukturen schaffen können. Unternehmen bevorzugen neue Organisationsformen auf der Basis betrieblicher kooperativer und kommunikativer Wissensbasen gegenüber zurückliegenden Technikbasen, soweit diese den Unternehmen größere Handlungs- und Verhaltensspielräume sowie generell innovative Entwicklungschancen und damit Steigerungen von Kommunikation und Interaktion bieten. Dabei verdrängen die Steigerungen pluraler Tätigkeiten frühere überwiegend monotone und lineare Steigerungsgrammatiken zurückliegender industrieller Phasen durch strukturelle Kopplungen und

---

[1] „Chancengleichheit durch Personalentwicklung. Gleichstellung von Männern und Frauen in Unternehmen und Verwaltungen" (Krell 2001); „Chancengleichheit managen. Basis moderner Personalarbeit" (Rühl/Hoffmann 2001); „Wölfin unter Wölfen. Warum Männer ohne Frauen Fehler machen" (Höhler 2000).

Kombinationen von technischen (zweckrationalen) mit sozialen (immateriellen) Steuerungsstrategien. In dieser Folge wird der Rhythmus von Öffnung und Schließung von Handlungs- und Entscheidungsspielräumen zunehmend dynamischer und öffnet sich – auf immer höherem Kombinationsniveau – immateriellen Argumenten organisationaler Steigerungsformen innerhalb von modernen Managementstrategien. Erstgenannte Steigerungsformen sind uns geläufig und ihnen sprechen wir eine gewisse Vernünftigkeit infolge ihrer Genese zu. Steigerungsformen, die humanressourcenorientiert sind, sind zwar in gesellschaftspolitischen Diskussionen präsent, ihre Praxistauglichkeit in neuen Managementstrategien ist jedoch offen bzw. befindet sich im Diskurs. Gleichwohl lässt sich zweifelsfrei konstatieren, dass Alltags- und Arbeitshandeln komplexer, unkalkulierbarer und risikobehafteter wird (Sennett, 1998). In allen diesen Strategien werden zunehmend ressourcenorientierte, auch immaterielle, Steigerungsformen für Kommunikation und Lernen relevant. Geschlechter- und Gleichstellungsfragen sind Teil jener gesellschaftlichen Steigerungsformen. Denn die Welt ist nicht mehr eine Einheit wie zurückliegend in der Industriegesellschaft – sie entwickelt sich innerhalb von Steigerungsformen zunehmend differenter. Solche Entwicklungen spiegeln sich z.B. darin wider, dass:

- Frauen nie qualifizierter waren als gegenwärtig
- Frauen nie motivierter waren als gegenwärtig
- Frauen nie bereiter waren, Verantwortung in Positionen zu übernehmen, als es gegenwärtig der Fall ist
- Frauen gleichwohl z.B. in der Wissenschaft und in Führungspositionen der Wirtschaft unterrepräsentiert[2] sind. Erwähnenswert scheint der Trendaspekt zu sein, dass von allen Akademikerinnen, die zwischen 30 und 40 Jahren alt und in Führungspositionen sind, 40% der Frauen keine Kinder haben und
- im Vergleich mit den USA 70% aller Frauen mit akademischem Abschluß einen Job haben, was nur auf 60% der deutschen Frauen zutrifft,

kurz: Frauen bleiben (bisher noch) in Führungspositionen unterrepräsentiert (Bischoff 2001, 28ff).

Diverse Modernisierungsexpertisen entwickeln auf der Basis von Steigerungen und strukturellen Kopplungen auf neuen höheren Kombinationsniveaus neue Formen der Gestaltung von Gleichberechtigung und Gleichstellung. Ihnen allen ist als Code gemeinsam, dass Gleichberechtigung, Gleichstellung und Chancengleichheit plural gegeben und gestaltbar, jedoch nicht hintergehbar sind. Den Hintergrund dafür bieten diverse Modernisierungsexpertisen, die in folgenden drei Strategien innerhalb von Verwaltung und Unternehmen Einzug finden: Gender-Mainstreaming, Diversity-Management und Change-Management. Sie werden im Anschluß an die Modernisierungsexpertisen in ihren geschlechterdifferenzierenden wie geschlechterausgleichenden Arrangements und in ihren verbindlichen Codes erläutert. Da der Schwerpunkt des gesamten Bandes auf

---

[2] Im Kontext der in diesem Band geführten Diskussion sind dergleichen empirische Daten nicht unbekannt, vgl. Datenreport, 2000 sowie Microzensus, 2000 unter http://www.statistik-bund.de/de/presse/deutsch/pm2001/pl14400031.html u.a.

Diversity-Management liegt, soll in diesem Beitrag zunächst auch Gender-Mainstreaming dargestellt werden.

2. Gesellschaftspolitische Rahmungen zu Geschlechterdifferenz und -arrangements

Der gesellschaftliche Diskurs zu Fragen von Geschlechterdifferenz und -arrangements ist folglich Teil moderner Gesellschaftssphären und ihrer mehrdimensionalen Steigerungen. Die Gesellschaft benötigt in allen ihren Subsystemen und Organisationen Vermittlungs- und Entscheidungsformen auf der Basis neuer Strukturen, die auf kommunikative Beziehungen, Aushandlungsprozesse und auf mehr Autonomie und die Berücksichtigung des Anderen setzen. Dabei erscheint evident, dass mit der neuen politischen Bedeutung von Wissen alte Strukturprinzipien, wie sie in der Industriegesellschaft für Steuerungsprozesse entwickelt wurden, nunmehr zur Disposition stehen: Politik und Staat definieren innerhalb von Transformations- und Organisationsentwicklung ihre gesellschaftlichen Aufgaben neu (Willke 1992, 316). Infolgedessen verändern sich gegenwärtig insbesondere die in der Industriegesellschaft geltenden Aufgaben des Staates bzw. Aufgaben, für die der Staat ein Garant war. Der Veränderungsfokus konzentriert sich dabei zunehmend auf die Wahrnehmung und Gestaltung sozialer und interaktiver Faktoren und damit auf neue Sinnformen, die neuerdings zu den Produktionsfaktoren gezählt werden (Schreyögg/Sydow 2001), gegenüber einer zurückliegenden Gewichtung technischer, messbarer Produktionsfaktoren, die allein durch Geld transformiert wurden. Transformationsprozesse sind folglich Ausdruck von Wandlungsintentionen, die sich selbst in die Zukunft hinein entwerfen.

2.1 Gender-Mainstreaming als neue Verbindung von Organisation und Geschlecht

Nach umfangreichen Umstrukturierungen der Unternehmen und Betriebe wächst der Modernisierungs- und Reformdruck auf die öffentliche Verwaltung. Nationalstaatliche Daseinsvorsorge stößt nicht nur infolge der Veränderungen des Verhältnisses von Arbeit und Leben durch veränderte Arbeits- und Lebensweisen der Bürger an seine Grenzen, sondern auch globale Entwicklungen erfordern neue Regulierungsformen der Daseinsvorsorge, die die Bürger betreffen und auf die Verwaltung in ihrer Organisationsstruktur zurückschlagen. Historisch zählt zu den Kernaufgaben des Staates die Daseinsvorsorge, die als die zentrale Aufgabe unter Aspekten einer nationalstaatlichen Daseinsvorsorge im Kontext globaler Entwicklungen an ihre Grenzen stößt. Nicht zuletzt deshalb werden gegenwärtig Konzepte und Strategien gesucht, die über Flexibilisierung, Deregulierung und Internationalisierung neue Formen von Stabilität sowohl in der Daseinsvorsorge, als auch in der Verwaltungsstruktur suchen. Der Staat sieht sich teilweise genötigt, Staatsaufgaben gesellschaftlichen Bereichen selbstregulierend zu überlassen. Zunehmend fordern Bürger als beschäftigtenpolitische Akteure, selbstregulierend Entwürfe moderner Lebens-, Arbeits- und Lernweisen zu erproben, die letztlich mehr Autonomie in diversen Konfigurationen anstreben. Dies beinhaltet, dass generell zentrale Vorstellungen, Regelungen und Normierungen dessen, was in den Kernaufgaben des Staates vernünftiges Handeln ausmachte, selbst Transformationen erfahren.

Im Hinblick auf den spezifischen Versorgungsauftrag entwickelt sich ein neuer Diskurs darüber, welche öffentlichen Dienste weiterhin schützenswert sind, denn in der bisherigen Form der Verwaltung des Staates drückt sich das Bild einer dominanten gesellschaftlichen Ordnung und eines allgemeinen Verständnisses von staatlicher Vernunft aus. Der Fokus von Organisationsentwicklung konzentriert sich darauf, mittels nationalstaatlicher Regulierungen die Lebensbedingungen und -weisen der Menschen in ihrem zeitgemäßen Kalkül zu unterstützen und neue Beschäftigungsverhältnisse mit den sich daraus ergebenden neuen Formen von Ordnungen für das Arbeits- und Familienleben zu etablieren, nicht aber zurückliegende „Normalarbeitsverhältnisse" mit dem Fokus auf die männliche Erwerbsbiographie zu stabilisieren. Dieses gewandelte gesellschaftliche Verständnis wird deutlich, wenn darauf verwiesen wird, dass der Staat bestrebt war, mittels nationalstaatlicher Regulierung die Lebensbedingungen und –weisen der Menschen in Beschäftigungsverhältnissen als „Normalarbeitsverhältnis" mit den sich daraus ergebenden spezifischen Folgen für die Ordnung des Arbeits- und Familienlebens zu stabilisieren. Das Bild eines „Normalarbeitsverhältnisses" spiegelt das Bild einer dominanten gesellschaftlichen Ordnung einschließlich der Rolle der Bürokratie wider. Der Schutz der Familie bedeutet im Versorgungsauftrag des Staates die Stabilisierung des „Normalarbeitsverhältnisses", das den Männern zugedacht wird, die reproduktiven Arbeiten in der „Normalfamilie" wird den Frauen zugesprochen (Etzioni 1967; Wiechmann/Kißler 1997). Arbeitsformen und Arbeitsverhältnisse haben sich jedoch durch die Expansion des Dienstleistungsbereichs (vgl. Bensel in diesem Band) ausdifferenziert, und auch die Trennung von Arbeit und Leben[3] als zwei verschiedene Sphären der Lebensweise ist aufgehoben bzw. hat sich flexibilisiert. Neue Formen der Organisation des Verhältnisses von Arbeit und Leben greifen ineinander und verbinden sich in immer neuen gemeinsamen Formen und Kopplungen von Lebens- und Arbeitsweisen (Voß 1998, 437ff; Kudera/Voß 2000).

---

[3] Ausgehend von der Trennung des Arbeits- und Familienlebens innerhalb der „Daseinsvorsorge" des Staates übernehmen diese Rechtsexpertisen die Gleichstellung von Erwerbs- und Familienarbeit. Neue Formen der Entwicklung, umschrieben als alltägliche Lebensführung, heben die Trennung von Leben und Arbeit auf. Sie versuchen, das Verhältnis von Leben und Arbeit auszubalancieren. Infolgedessen sind diese neuen Entwicklungen in der Passform von Erwerbs- und Familienarbeit schwierig darzustellen – hier spiegeln sich ungleichzeitige Entwicklungen wider.

Der neue Diskurs in den kommunalen Verwaltungen geht von Beschäftigten aus, die gleichsam als Bürger und Beschäftigte von der Struktur der Ordnung des Arbeits- und Familienlebens betroffen sind. Frauen sind, da sie mehrheitlich in der Verwaltung auf unteren Ebenen beschäftigt sind, besonders betroffen (Wiechmann/Kißler 1997, 8f). Folglich richtet sich der Fokus auf die historisch gewachsene Trennung der beruflichen Welten von Frauen (segregierte Arbeitsverhältnisse) und Männern auf „Normalarbeitsverhältnissen", welche durch den Staat geschützt sind. Das „Normalarbeitsverhältnis", als das dominante Arbeitsverhältnis des Mannes, soll infolge der Aufhebung der Trennung von Arbeit und Leben neu gewichtet und die Durchsetzung von Gleichberechtigung und Gleichstellung eingeleitet werden. Das ist das entscheidende Reformziel moderner Verwaltungen, für die der Begriff Gender-Mainstreaming steht (Köhler-Braun 2000; ETUI 20001). Es wird nunmehr gefordert, die Geschlechtsneutralität von Strukturen der Verwaltung in Frage zu stellen, bzw. die Geschlechtsneutralität des Staates aufzugeben (Bokranz/Kasten 2000; Epstein 2000; Köhler-Braun 2000). Die männlich dominierte Leitorientierung der staatlichen Funktions- und Daseinsvorsorge hat sich dem reflexiven Diskurs zu stellen, d.h. neue Leit- und Sinnbilder zu entwickeln, die die Gestaltung neuer Arbeitsformen sowie die Gestaltung des Verhältnisses nach Aufhebung der Trennung von Arbeit und Leben betreffen. Folglich geht es darum, eine „vernünftige" Reorganisation des „männerbündischen" bürokratischen Herrschaftsapparates, wie ihn Weber beschrieben hat, einzuleiten. Politische Diskussionen um die Reorganisation der Verwaltung sind Gender-Mainstreaming-Diskurse, in denen es um die Neudefinition der Grenzziehung zwischen lokaler Verwaltung und dem politischen, ökonomischen und sozialen Umfeld geht. Gender-Mainstreaming ist eine Modernisierungsexpertise für den europäischen Raum (ETUI 2001). Diversity-Management in neuen Verbindungen von Vielfalt und Organisation wird in dem zweiten Kapitel dieses Bandes unter verschiedenen Perspektiven diskutiert, und wird deshalb an dieser Stelle nicht weiter verfolgt.

2.2 Modernisierungsexpertisen zu Fragen von Gleichberechtigung und Gleichstellung

Die Daseinsvorsorge des Staates war in der historischen Perspektive vernünftig. Inzwischen haben sich diverse Formen der Lebensführung mit immer neuen Kopplungen der Gestaltung des Verhältnisses von Leben und Arbeit ausdifferenziert. Das Besondere daran ist, dass diese, sich ständig neu generierenden, Formen die Anerkennung einfordern. Es liegt zunehmend in der individuellen Entscheidung, wie der und die Einzelne in den sich verändernden Lebens- und Arbeitsformen die Ordnung des Verhältnisses von Leben und Arbeit gestalten will. Zurückliegend steht der Begriff Vernunft für eine universelle Form einer staatlich zu organisierenden Rationalität, die universelle Geltung beanspruchen konnte (Welsch 1996). In ihr ist das Allgemeine, das historisch entwickelte Gegebene, als Geltendes gegeben und veräußert. D.h., die Besonderheit als das (noch) Neue, das Einzelne, das z.B. in der Daseinsvorsorge im Allgemeinen aufgehoben war, wurde als das Neue, Besondere darunter subsumiert. Die Differenz zwischen Allgemeinem und Besonderem ist im Vernunftbegriff noch nicht vollzogen. Infolge der gesellschaftlichen Entwicklung wird die Regelung der Daseinsvorsorge jedoch immer komplexer, heterogener, ungleichzeitiger, und Konflikte zwischen der Rationalität des Allgemeinen und den neuen Rationalitäten des Besonderen, Neuen, nehmen zu. Folglich stehen die Beschäftigungsverhältnisse der segregierten Arbeitsmärkte (Hinz/Schübel 2001, 286ff) als das Andere zur Disposition, denn Frauen in diesen Arbeitsmarktsegmenten – insbesondere in der Verwaltung – fordern die Anerkennung und Gleichheit des Besonderen ein. Vor diesem Hintergrund wird die Frage, wie „Normalarbeitsverhältnisse" und segregierte Arbeitsverhältnisse angeglichen werden, diskutiert, um Gerechtigkeit und Anerkennung des Anderen in diversen sozialen Ordnungen aufzugreifen.

1. Expertise: Vernunft und neue Formen von „Vernünftigkeiten"

Folglich lautet das Anliegen, wie Gleichheit und Anerkennung des Anderen in neuen pluralen „Vernünftigkeitsformen" entwickelt werden kann. Welsch formuliert die transversale Vernunft als einen neuen Typus von Vernunft, als neue „Vernünftigkeiten", gleichsam einer philosophischen Expertise, da sie als solche in der Lage sind, eine innere Korrespondenz inmitten von Pluralisierungen und Verflechtungen sowie Vernetzungen zu ermöglichen und zu erhalten: Gefragt sind pragmatisch diverse „Vernünftigkeiten", die in spezifischen Situations- und Organisationskontexten Sinn geben. Jene vernünftigen Diskursergebnisse entziehen sich der Zäsur eines traditionellen Verständnisses von Vernunft. Es kommt darauf an, in diversen Formen „vernünftigen" Handelns bisherige Formen als Perspektive der „Schwäche" zuzulassen, um Neues sichtbar zu machen, das bisher dem dominanten Blick der rationalen Vernunft verborgen blieb (Welsch 1996, 207). Dadurch kann sich die Vernunft von ihrer traditionellen Affinität zu Dominanz, Gewalt und Macht befreien. Als „schwache Vernunft", z.B. in Form von nicht-linearem Denken und der Akzeptanz des Anderen, findet sie neue Beachtung in Diskursen über Gerechtigkeit und Anerkennung auf der Suche nach neuen Sinnformen (Brooks 2000). Jene veränderte Perspektive auf die Dinge und Situationen lässt z.B. unterschiedliche Sichtweisen auf Rationalitäten wie etwa die Durchsetzung von Geschlechter-Gerechtigkeit und Chancengleichheit zu, d.h., auf solche, die nicht mehr linear sind und sich nicht (mehr) rational lösen lassen. Neue „Vernünftigkeiten" setzen an die Stelle einer dominanten Leitlinie nunmehr den Diskurs und das Denken von Kontingenzen, bzw. in Alternativen, nicht auf Auseinandersetzungen.

Die historisch gegebene Form von Gerechtigkeit ist im Vernunftbegriff aufgehoben. Auch im neuen Fokus von „Vernünftigkeit" verpflichtet sie zur Anerkennung, Wahrung und Sicherung der Rechte des bereits Anerkannten als auch des neuen Anderen. Die Veränderlichkeit der Umstände, die Komplexität der Verhältnisse gehen neue strukturelle Kopplungen ein und entwickeln neue „Vernünftigkeiten" als Teil von Organisationsentwicklung, die Welsch als transversale Vernunft bezeichnet. Transversale Vernunft kann sich als praxisgeeignet erweisen, sofern sie imstande ist, umsichtige Entscheidungen inmitten der Komplexität zu treffen (Welsch, 1996, 196f). Vernunft als das zurückliegend Geltende hat als Leitidee ihre historische Funktion eingebüßt. Akteuren ist es selbst überlassen, neue Entwicklungen in Eigenregie zu erproben. Vernunft als transversale Vernunft und neue „Vernünftigkeiten" werden in verschiedenen Modellen und Programmen struktureller Wandlungs- und Transformationsprozesse tragbar (Welsch 1996, 48). Sie erlaubt es z.B. auch, die Entfaltung des Diskurses über die Gleichstellung als Teilbereich eines „vernünftigen" (Organisations-) Programms in diversen Formen zu sehen. Nunmehr kann Gerechtigkeit als eine neue „vernünftige" Leitidee Gestaltungsverpflichtung werden, da sich das Allgemeine[4] nicht mehr zu einer einheitlichen Ordnung fügt (Welsch 1994, 698f). Die neuen „Vernünftigkeiten" weisen untereinander Überschneidungen, Interdependenzen, Anschlüsse, aber auch Reibungen auf. Sie können untereinander diverse Formen annehmen, sie können modifiziert, neu interpretiert, bestärkt oder verdrängt werden. Gemeinsam ist ihnen in diversen Anteilen von Kommunikationsprozessen eine bestimmte „Färbung", ein spezifischer Code, der jeweils den Stil des Anderen kennzeichnet und den beruflichen, privaten oder sozialen Interaktionen innerhalb gesellschafts- und wirtschaftspolitische Perspektiven einen spezifischen Index verleiht.

2. Expertise: Recht

Die soeben beschriebene Entwicklung ist wohl als philosophische und wissenssoziologische Modernisierungsexpertise die stärkste und ein „Treiber" gesellschaftlicher Entwicklungen. Die Rechtsprechung ist eher eine Expertise, die in dem komplexer werdenden Alltag gegenwärtig ist. Es ist evident, dass sich die rechtliche Stellung der Frau in der Gesellschaft in den letzten Jahrzehnten kontinuierlich in Richtung einer formalen Gleichberechtigung entwickelt hat (vgl. Limbach und Raue in diesem Band). Trotz formaler Gleichberechtigung ist jedoch keine tatsächliche Gleichberechtigung der Geschlechter erreicht. Vor allem in der Arbeitswelt bleiben Gleichberechtigung und Chancenungleichheit von Frauen ein zentrales Thema. Der Gleichstellung bzw. der Aufhebung der Benachteiligung von Frauen auf dem Arbeitsmarkt hat der Gesetzgeber auf EU-Ebene entsprochen, indem er im Amsterdamer Vertrag von 1997 den Mitgliedstaaten der EU spezifische Vergünstigungen zum Ausgleich von Benachteiligungen des unterrepräsentierten Geschlechts in der beruflichen Laufbahn im Rahmen von Maßnahmen empfohlen hat (vgl. Beitrag von v. Friesen/Rühl). Auf dem Wege der Einforderung von Gleichstellung bis hin zum Amsterdamer Vertrag sind etliche diverse Rechtsexpertisen Wegbereiter und „Treiber", die alle die Gleichstellung verfolgen. Der Amsterdamer Vertrag will alle Organisationen, Institutionen und Verbände von der kommunalen bis zur transnationalen Ebene auffordern, zum Ausgleich von Benachteiligungen des unter-

---

[4] Dies ist z.B. die einheitliche Organisationsstruktur des Staates zu Zeiten der Industriegesellschaft.

repräsentierten Geschlechts in der beruflichen Laufbahn im Gender-Mainstreaming-Ansatz eine Selbstverpflichtung als „Schutz" des Anderen zu übernehmen. Die Gleichstellung ist im Grundgesetz geregelt, aber nicht die Förderung der tatsächlichen Gleichstellung durch die aktive Beseitigung bestehender Nachteile. Diesbezüglich gibt dieser Vertrag Empfehlungen für die EU- Länder und zwar für alle Arbeitsmarktsegmente, vom niedrig- bis hochqualifizierten Teilarbeitsmarkt (ETUI 2001)[5]. Er gilt als die Rechtsexpertise zur Anerkennung und Gestaltungsverpflichtung zur Umsetzung und Einlösung von aktiven Bemühungen zur Gleichstellung. 1999 folgte z.B. die Europäische Grundrechts-Charta zum Ausgleich unterschiedlicher Interessen der Mitgliedstaaten, die u.a. den Schutz vor Diskriminierung vorsieht, d.h., bestrebt ist Benachteiligungen auf segregierten Arbeitsmärkten aktiv aufzuheben. Ihr Ziel ist es, trotz grundlegend unterschiedlicher Interessen der Mitgliedstaaten in der EU, ein beratungsfähiges Papier anzubieten, das auf Defizite aufmerksam machen will und auf die Verpflichtung der Gemeinschaft als rechtspolitische Modernisierungsexpertise verweist[6]. Speziell in der Bundesrepublik folgte 2001 ein Gesetzesentwurf für das Bundesgleichstellungsgesetz (Pfarr 2001).[7]

Neue „vernünftige" Ausdifferenzierungen zur Gleichberechtigung und Gleichstellung in Anerkennung der Geschlechterdifferenz sind jedoch nicht ohne vergleichbare Entwicklungen in den USA zu sehen. In der US-Wirtschaft haben Rechtsexpertisen zur Wahrnehmung von Geschlechterdifferenz mit dem Ziel der Gleichstellung bereits eine Wirkung entfaltet, die nicht mit dem Diskurs über Rechtsexpertisen in der Öffentlichen Verwaltung zu vergleichen ist. Den rechtlichen Hintergrund für diverse Praktiken des staatlichen Einflusses bieten Rechtsexpertisen von 1964 in dem Civil Rights Act, in der Anpassung von 1991, der Arbeit der Glass Ceiling Commission bis hin zur Affimative Action von 1995. Affirmative Action regelt die gleichberechtigte Behandlung aller Arbeitnehmer im Unternehmen in Ziel- und Zeitvereinbarungen zur Unterlassung von unerwünschter Diskriminierung (Köhler-Braun 2000, 56f), wobei neben dem Geschlecht infolge der heterogenen Population der amerikanischen Gesellschaft und ihrer multikulturellen Repräsentanz auf dem Arbeitsmarkt und speziellen segmentierten Teilarbeitsmärkten andere Merkmale als Ausdifferenzierung des Besonderen zur Wahrnehmung und Berücksichtigung von Akzeptanz Gewicht haben. Alle diese Rechtsexpertisen sind in den USA in diversen Diskussionen über neue gesellschaftspolitische Formen von „Vernünftigkeiten" und nicht zuletzt in Spielarten von Diversity-Management eingebunden (vgl. besonders die Beiträge innerhalb des Kapitels II). Sie betreffen allesamt Fragen der Herstellung von Gleichberechtigung und Gleichstellung des Anderen durch diverse Formen.

---

[5] Der Amsterdamer Vertrag wurde 1998 von Deutschland ratifiziert.

[6] Auch die Grundrechts- Charta hat z.Z. keine Rechtsverbindlichkeit – weder für die EU noch für deren Mitgliedstaaten. Alle Hoffnungen auf eine Anerkennung richten sich auf die Regierungskonferenz 2004.

[7] Siehe dazu die Argumente im Beitrag von Friesen/ Rühl in diesem Band.

2.3 Entwicklung diverser Codes zu Wahrnehmung und Akzeptanz des Anderen

Die Modernisierungsexpertisen gewinnen in neuen Steigerungsformen und strukturellen Kopplungen zunehmend gesellschafts- und wirtschaftspolitische Relevanz. In der industriellen Phase dominierten zurückliegend Macht- und Geldverhältnisse alle Handlungs- und Entscheidungsspielräume. Der ökonomische Code war als zweckrationaler Aushandlungsmodus der einzige Code. Infolge zunehmender struktureller Kopplungen benötigen alle gesellschaftlichen Subsysteme andere Vermittlungs- und Entscheidungsformen, die auf kommunikative Beziehungen setzen und die sich nicht in Macht- oder Geldverhältnissen auflösen (Luhmann 1986, 64f). Als sozialinteraktive Faktoren werden sie zu den Produktionsfaktoren gezählt, die in zurückliegenden funktionalen Systemen nicht kommunizierbar waren. Es sind neue komplexe, sogenannte intermediäre Strukturen, die in vielen politischen Teilbereichen die vom Staat abgegebene Verantwortung als Initiative auf die Akteure der Gesellschaft übergeben (Willke 1992, 316): Ressourcenorientierte Entscheidungskonfigurationen lassen sich im Zusammenhang mit neuen Organisationsformen nicht allein innerhalb des ökonomischen Codes steuern. Durch diese Kopplungen bedingt, tritt der ökonomische Code mit interagierenden immateriellen Sinnformen und -verhaltensweisen auf der Basis wissensbasierter Daten, Informationen etc. „in den Diskurs". Kurz: die Wirtschaft öffnet sich immateriellen Steigerungsformen. Alle diese Diskurse finden im Rahmen der gegebenen gesellschaftlichen Transformationsprozesse statt, d.h. sie kommunizieren alle miteinander aus jeweils verschiedenen Perspektiven, da sie jeweils Teilstrategien in anderen globalen Strategien sind. Infolge dieser Konstellation wissen alle Beteiligten, dass eine Verständigung aus unterschiedlicher Perspektive unumgänglich, d.h. nicht (mehr) hintergehbar ist. So ist in globalen Managementstrategien die Förderung von Frauen in Führungspositionen Teilstrategie. Das entscheidende ist, dass sich alle Akteure innerhalb diverser Teilstrategien dessen gewiß sind und miteinander auf dieser Code-Basis kommunizieren. Gleichwohl können sie diverse Vorstellungen von Leistung und Sinnhaftigkeit haben. Der Code der Kommunikation untereinander ist die gemeinsame „Sprache" darüber, dass Fragen von Geschlechtergerechtigkeit und Chancengleichheit Teile eines Ganzen von Strategien sind. Derartige Regelungen fallen unter die Handhabung binärer Codes[8]; sie bilden sich dann, wenn neue Informationen und Regeln im Kommunikationsprozess zu bewerten sind und dem Vergleich mit einem korrespondierenden Gegenwert ausgesetzt werden. Es geht darum, dass sich alle Mitarbeiter sowohl auf die jeweiligen kontingenzreduzierenden Funktionen der Organisation in der Gewissheit auf das Gegebene verlassen können, als auch wissen, dass dieses Gegebene morgen veränderbar ist. D.h., dass sowohl die ökonomischen als auch die politischen Zielsetzungen morgen andere sein können,

---

[8] Zum ökonomischen Code von Unternehmen gehört es, dass sich alles Verhalten in der Organisation oder im Betrieb im Rahmen des ökonomisch Vertretbaren halten muss (Luhmann, 1988,134f; 1990,75f).

bzw. es können morgen andere Vorteile als heute in den Vordergrund treten, die den ökonomischen Code ergänzen.

Da diverse Expertisen in Diskursen miteinander stehen, ist es nunmehr interessant, Fragen von Gleichberechtigung und Gleichstellung nachzugehen, d.h., wie Diskurse über diese Fragen in Verwaltung und Wirtschaft zur Aufhebung der Benachteiligung von Frauen oder der aktiven Förderung in Führungspositionen erfolgen. Dabei wird solchen Modernisierungsexpertisen Priorität eingeräumt, die neue „vernünftige" Expertisen zu
- Gleichberechtigung/Gleichstellung und
- Chancengleichheit bieten.

Drei zentrale Organisationsentwicklungsstrategien nehmen Teile von Modernisierungsexpertisen in sich auf, in denen sich der Code der Wahrnehmung von Geschlechterdifferenz als neue Gerechtigkeit herausgelöst hat, und fokussieren auf plurale „vernünftige" Leitbilder mit neuen Sinnformen, die die Gestaltung neuer Arbeitsformen und das Verhältnis von Arbeit und Leben aufgreifen. Diese Strategien sind:
- Gender-Mainstreaming
- Diversity-Management und
- Change-Management.

Was sich als organisationsspezifischer „Treiber" zu diesen Fragen entwickelt, wird im folgenden erklärt.

3. Management-Strategien und ihre Leistungsvorstellungen zur Förderung von Frauen in Führungspositionen

Moderne Management-Strategien kommen nicht umhin, den globalen Entwicklungen in ihrer Differenz Rechnung zu tragen und stehen deshalb vor der Frage, welche Bedingungen und Entwicklungskonzepte in Organisationen wie Unternehmen und Verwaltungen etc. zu schaffen sind, die Gleichheit und Anerkennung aufnehmen und allen Beschäftigten Optionen offerieren, so dass alle in ihrer Vielfalt etwas leisten können und wollen. Die Hinzunahme des Fokus` auf interaktive Produktionsfaktoren verpflichtet alle Maßnahmen zu Kommunikation und Kooperation. Es hat weitgehend Anerkennung gefunden, dass Produktivitätsfortschritte durch einen besseren Umgang mit menschlichen Ressourcen möglich und erreicht werden, indem z.B. Ausbildung, Management, Organisation, Gesundheit, Forschung, Entwicklung, Infrastruktur und politischen Entscheidungen mehr Aufmerksamkeit entgegengebracht wird. Demgegenüber spiel(t)en in der Industriegesellschaft kognitive Fähigkeiten, insbesondere eine gute Fachausbildung und logisches, systematisches Denken für technische Prozesse, eine zentrale Rolle.[9] Was die Unternehmen und Volkswirtschaften in Zukunft unterscheiden wird, ist die Qualität interaktiver Formen auf der Basis psychosozialer Kompetenzen wie Kooperationsfähigkeit, Einsatzbereitschaft, Kreativität, Angstfreiheit und Verantwortungsbewusstsein (Bokranz/Kasten 2000). Bisher haben wir uns darüber noch keine Gedanken gemacht, dass diese Faktoren weder als Gewinn noch als Verlust in einer ökonomischen Bilanz bzw. in der volkswirtschaftlichen Gesamtrechnung erscheinen, gleichwohl sind es die Faktoren, von denen die Wettbewerbsfähigkeit von Unternehmen und Volkswirtschaften zunehmend bestimmt sein wird. Es ist die Frage, wie sie zukünftig ökonomisch zu bewerten sind. Das bedeutet, Management-Strategien bedienen sich unter Wettbewerbsfaktoren längst binärer Codes, denn aktuell ist davon auszugehen, dass Wirtschaftswachstum und Strukturwandel vom kreativen und produktiven Umgang mit Informationen und Informationstechnik bestimmt werden. Neue Arbeitsplätze in der Berufs- und Arbeitswelt entstehen vorwiegend als Informationstätigkeiten, also über interaktive Formen. Die wichtigsten Quellen von Wirtschaftswachstum und Strukturwandel werden voraussichtlich nicht mehr nur Arbeit und Kapital, sondern Produktivitätsfortschritte sein, die auf interaktiven Faktoren gründen.

So favorisieren Unternehmen zunehmend Konzepte der Integration von Arbeit und Lernen. Insgesamt gehen diese Prozesse mit neuen Formen der Steigerung und Komplexität von Erlebens-, Handlungs- und Lebensmöglichkeiten in allen gesellschaftlichen Subbereichen einher. Diese Entwicklungen haben Rückwirkungen auf die Organisationsstrukturen oder sind bereits Teil von Transformationsprozessen in Organisationen, die partizipative Managementkonzepte befürworten. Dazu sind Konzepte einer „vernünftigen" Gestaltung gefragt, denn die Forcierung pluraler Tätigkeiten mit dem Fokus auf interaktive Formen sowie die Transformation des Konsums von Warengütern zum Konsum von Dienstleistungen verändern nicht nur die Tätigkeitsformen selbst, sondern darüber hinaus die Relationen von Lebens- und Arbeitszeit.

Die Frauenfrage ist kein orginäres Anliegen von Transformationsprozessen, aber neue plurale Formen als neue „Vernünftigkeiten" von Orientierungen und Regelungen bringen neue Arbeitsformen und neue Facetten über Vorstellungen von Arbeit und Leben und Vorstellungen über die Organisation des Verhältnisses von Arbeit und Leben hervor. Wenn Alltagsvorstellungen zur alltäglichen Lebensführung in neuen Formen und die Neuordnung des Verhältnisses von Leben und Arbeit wichtiger und dadurch Ausdruck der Wahrnehmung des Anderen, des Besonderen werden, muss sich dieses in neuen partizipativen Managementstrategien, die das Alltägliche in das Beschäftigungsverhältnis hineinholen, wiederfinden. Prospektiv geht es um die Verpflichtung, Angebote zur Gestaltung der Überwindung von Geschlechterdifferenz zu unterbreiten, die Akzeptanz finden. Das verpflichtet zur Anerkennung, Wahrung und Sicherung der Rechte des be-

---

[9] Technologien sind jedoch weltweit verfügbar und bringen in der Konkurrenz ökonomisch entwickelter Länder keinen entscheidenden Vorsprung mehr (alle Organisationen in Nordamerika, Europa etc. verwenden die neuen IuK- Technologien).

reits Anerkannten und des neuen Anderen als eines Besonderen. Differenz und Arrangement sind nebeneinander und miteinander über den Code Gleichberechtigung und Gleichstellung in neuen diversen „Vernünftigkeiten" verwoben. Lebensführung bedeutet im traditionellen Sinne die Ordnung der strategisch effizienten Lebensführung in dem dominanten Beschäftigungsverhältnis des Mannes, dem sich Beschäftigungsverhältnisse von Frauen sowie die Lebens- und Daseinsführung aller Familienmitglieder unterzuordnen haben. Das Normalarbeitsverhältnis des Mannes orientiert sich an standardisierten Karriereschritten in spezifischen Arbeitsformen. Das hat folglich Auswirkungen auf die alltägliche Lebensführung, da diese und das außerbetriebliche Leben mit den persönlichen Orientierungen der Mitarbeiter keine Aufmerksamkeit in der Personalführung erfahren, eben weil nur die Organisation der standardisierten Arbeitsform des Mannes und seine Karrierepläne Aufmerksamkeit im Unternehmen erfahren. Durch die Flexibilisierung von Arbeitsverhältnissen und Arbeitsformen wandeln sich Orientierungen und Einstellungen der Berufstätigen gegenüber der Arbeitswelt (Kudera/Voß 2000). Neue Tätigkeiten mit Dienstleistungscharakter verstärken die Tendenz, dass allgemein lebens- und alltagsweltliches Wissen für die Arbeits- und Berufsformen wichtiger wird und Einfluss auf den Wandel von Präferenzen für die Lebensplanung gewinnt. Das alltägliche Leben wird nicht mehr als ein „Anhängsel" des standardisierten Arbeits- und „Karriere-"lebens gesehen, sondern es wird der Versuch unternommen, alle Tätigkeiten[10], die eine Person in ihren verschiedenen Lebenssphären unternimmt, miteinander zu verbinden. Personalführung hat dem Rechnung zu tragen (vgl. die Beiträge in den Kapiteln II und III). Die drei benannten Organisationsentwicklungsstrategien greifen den Code der Wahrnehmung als neue Gerechtigkeit auf:
- Gender-Mainstreaming als Teil von Organisationsentwicklung unter Berufung auf die gleichnamige europäische Gesetzesinitiative,
- Diversity-Management bzw. Managing-Diversity in globalisierten Unternehmen, in denen auf Grund wirtschaftlicher Standorte in verschiedenen Nationen und unterschiedlichen Branchenschwerpunkten Kooperationen geboten sind,
- Change-Management als Teil von Organisationsentwicklung bei Konzentration auf Kernkompetenzen bei Fusionen, etc..

---

[10] Im Dienstleistungsbereich verschmelzen Arbeits- und Berufstätigkeiten in Tätigkeitsformen wie Beraten, Coachen, Helfen etc. immer mehr miteinander, weil diese Tätigkeiten nicht nur auf der Basis fachlichen Wissens, sondern in erheblichem Maße ein profundes lebens- und alltägliches Wissen abfordern, d.h., alltägliche Erfahrungen und wissenschaftlich gewonnene Vorstellung verschmelzen miteinander.

Abb.1: Managementstrategien

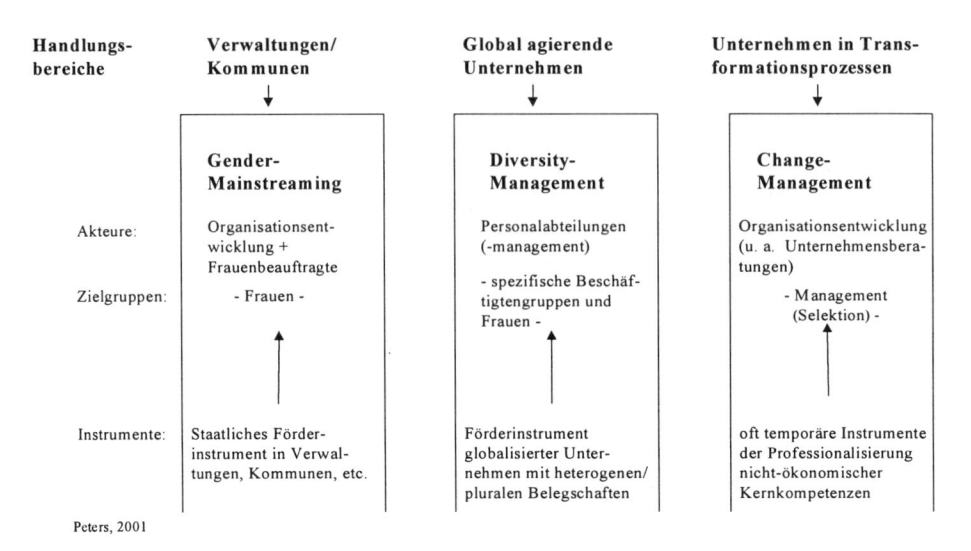

Handlungs-bereiche	Verwaltungen/ Kommunen	Global agierende Unternehmen	Unternehmen in Transformationsprozessen
	↓	↓	↓
	Gender-Mainstreaming	**Diversity-Management**	**Change-Management**
Akteure:	Organisationsentwicklung + Frauenbeauftragte	Personalabteilungen (-management)	Organisationsentwicklung (u. a. Unternehmensberatungen)
Zielgruppen:	- Frauen -	- spezifische Beschäftigtengruppen und Frauen -	- Management (Selektion) -
Instrumente:	Staatliches Förderinstrument in Verwaltungen, Kommunen, etc.	Förderinstrument globalisierter Unternehmen mit heterogenen/ pluralen Belegschaften	oft temporäre Instrumente der Professionalisierung nicht-ökonomischer Kernkompetenzen

Peters, 2001

3.1 Im Diskurs: Gender-Mainstreaming in Zielvorstellungen und Instrumenten

Dieser Ansatz konzentriert sich folglich auf den – vorwiegend weiblichen – Arbeitsmarkt der kommunalen Verwaltung und ihrer Modernisierung mit Ausstrahlung auf allgemeine Verwaltungsbereiche. Zunächst zielt Gender-Mainstreaming auf der strategischen Handlungsebene in Verwaltungen und Kommunen auf die Entwicklung sowie Durchsetzung von Frauenförderplänen, Frauenquoten, Beschlüssen, Leitlinien etc. zur Erhöhung des Anteils von Frauen auf höheren Verwaltungsebenen ab. Es geht um die Thematisierung des Problemzusammenhangs zwischen Verwaltungsmodernisierung und der Frauenförderpolitik zur Aufhebung der Benachteiligung (Ziegler 2001, 337ff; Wiechmann/Kißler 1997, 49f). Mit den Forderungen nach Effektivität und Effizienz der öffentlichen Verwaltungen bei gleichzeitiger Erhöhung der Kunden- und Bürgerorientierung geht die Erwartung bei den in den Verwaltungen arbeitenden Akteuren (Frauen in Beschäftigungsverhältnissen und Frauenbeauftragten) einher, dass ihre Lebenswelten und ihre Vorstellungen von sinnorientierter Lebensführung Eingang in die Organisationsreform finden. Das dominante Leitbild des „workaholic-macho-Ethos" steht zur Disposition. Dieses versetzt die Frauen erneut in die Rolle der „stillen Reserve" segregierter Arbeitsverhältnisse und legitimiert die Position des Mannes mit Rekurs auf die Daseinsvorsorgepolitik, welche auf alte Familienstrukturen zugeschnitten ist (Wiechmann/Kißler 1997, 11f; 49f). Sie fordern ein partizipativ-orientiertes Leitbild, das Frauen und Männern den Rücken freihält, Leben und Arbeit miteinander zu vereinbaren. Von den in den Kommunen arbeitenden Frauen wird folglich im Diskurs der Geschlechtergerechtigkeit eingefordert, einer individualisierten, subjektorientierten, alltäglichen Lebensführung gerechter zu werden. Frauen sollen nicht mehr in flankierende Arbeitsverhältnisse wie zu Zeiten der Industriegesellschaft gepresst werden. Arbeitsverhältnisse sind folglich innerhalb von Organisationsentwicklung gestaltbar.

Der Code Gleichstellung/Chancengleichheit (auf der Basis des Amsterdamer Vertrages) richtet sich in umzusetzenden Zielvereinbarungen auf folgende Bereiche/Themen:
- Die Kategorie „Geschlecht" ist zentrale Querschnittskategorie in allen Umstrukturierungs- und Transformationsprozessen
- Geschlechterneutralität von Strukturen der Verwaltungen sind in Frage zu stellen und die Geschlechterneutralität durch/in Reorganisationsstrukturen
- aufzuheben
- aushandelbar werden zu lassen
- bestehende Segregation abzubauen (Entgeltausgleich)
- Anerkennung, dass Lebenswelten der Geschlechter different sind, bzw. Frauen andere Vorstellungen zu Ordnung und Organisation des Arbeits- und Familienlebens haben
- „Neutralität" der Staatsverwaltung beeinflusst und verstärkt männlich dominierte Zielorientierungen der staatlichen Daseins- und Funktionsvorsorge
- die in den Hierarchien von Organisationen und Verwaltungen inhärenten Machtpotenzen sind zu hinterfragen, die durch formale Rechtsstrukturen die Dominanz herrschender Gruppen in formalen und informalen Strukturen tradiert sind
- „Neutralität" der Arbeitsstrukturen heißt: Geschlechterblindheit der Arbeitsmarktstrukturen von Frauen als Segregation nicht wahrzunehmen
- Arbeits- und Entscheidungsstrukturen hinsichtlich innerer Hierarchie und Kundennähe sind geschlechterdifferent mit Entscheidungsoptionen und Laufbahnwegen verbunden.
- Zu den wichtigsten Instrumenten der Gender-Mainstreaming-Expertise gehören:
- Gleichstellungsförderungsgesetze/Quoten
- Zielvereinbarungen
- Personalentwicklungsinstrumente.

Im Einzelnen sind dieses neben Formen und Legitimation durch Gleichstellungsgesetze:
- Supervison durch Audit-Systeme und ihre Zertifizierung als Supervisionssysteme
- Mentoring- Programme und Netzwerke
- Privat-Public-Partnerships.

Unter Personalentwicklungsprogramme inklusive Controllingverfahren fallen:
- Anreizsysteme für Mitarbeiter und Organisationen (extern/intern)
- Entgeltsysteme
- Arbeitszeit- und Teilzeitarbeitsmodelle
- Zielvereinbarungen dezentraler Organisationseinheiten

- Work-Life-Balance: Regelung von Arbeitsbelastung
- Qualifizierungsmaßnahmen.

3.2 Im Diskurs: Diversity-Management in Zielvorstellungen und Instrumenten

Diversitiy Management nimmt die Durchsetzung der Gleichberechtigung und Gleichstellung weitgehend in die Unternehmensverantwortung inklusive des sich darin entwickelnden Codes auf. Diversity heißt, eine gleichmäßige, dem Angebot auf dem Arbeitsmarkt angepasste, Besetzung aller Stellen – auch Führungspositionen – durch Männer und Frauen zu erreichen und übernimmt als Strategie der Vielfalt und Gleichheit folglich eine „Erweiterung von Denkspektren". So geht es in diesem Kontext auch um die Einbindung von Frauenförderung durch die Option der Erweiterung der Perspektive, um Frauen für und in Führungspositionen wahrzunehmen bzw. ihnen Partizipation zu ermöglichen und dadurch den Anteil von Frauen in Führungspositionen als Organisationsentwicklungsaufgabe zu erhöhen (vgl. die Beiträge innerhalb des Kapitels II).

Zunächst zu dem Grundgedanken: Diversity beinhaltet Verschiedenartigkeit und Gleichheit von Menschen und bezieht sich auf Komponenten von unterschiedlichen Merkmalen der Beschäftigten einer Organisation und deren adäquater Integration (vgl. Thomas 2001 und ausführlich Sepehri/Wagner sowie Rühl in diesem Band). Zu den klassischen wahrnehmbaren Merkmalen zwischen Verschiedenartigkeit und Gleichheit gehören neben dem Geschlecht, Rasse, Alter, ethnischer und nationaler Zugehörigkeit auch kaum wahrnehmbare Erscheinungsformen wie religiöse Überzeugung, Lifestyle, Bildung, Sprache, kulturelle Werte, etc. Dieser Ansatz wird vor allem für globalisierte Unternehmen relevant und versucht, anderssprachlichen und anderen Ethnien angehörige Mitarbeitern Beachtung und Chancengleichheit zu ermöglichen, weil vor dem Hintergrund der jeweils gegebenen kulturellen Eingebundenheit und ihrer Besonderheiten eine Beachtung dieser Vielfalt und Verschiedenheit der Beschäftigten als Teil des binären Codes auch ökonomisch geboten und sinnvoll erscheint.

Diese Konzepte kommen aus dem Amerikanischen und werden in global organisierten Unternehmen mit Verwaltungsoverhead außerhalb von Deutschland in nationale Unternehmen transformiert und den dort ansässigen Unternehmen mit ihren Organisations- und Unternehmenskulturen zugeordnet, bzw. Unternehmen sind den Leitkulturen verpflichtet. Akteure sind – anders als in Gender-Mainstreaming-Strategien – weder die betroffenen Beschäftigten noch ihre Vertretungen als Gleichstellungsbeauftragte, sondern der Personalführung zuarbeitende Diversity-Teams. Für das Personalmanagement und den ihm zur Seite stehenden Diversity-Teams besteht die Herausforderung darin, die vielfältigen Bedürfnisse und Interessenlagen der Beschäftigten sowohl zu erkennen und sie zu managen, ohne sie zu stereotypisieren (vgl. Krell in diesem Band), als auch durch die Einbindung bisher außenstehender Gruppen einen Ausgleich herzustellen und somit

Diskriminierungen auszugleichen. Ziel ist, die Herstellung und Förderung von Gleichstellung und Chancengleichheit durch Mitarbeiter und Führungskräfte nicht zuletzt im eigenen Interesse zu fördern (vgl. unter anderem auch Rühl/Hoffmann 2001). Denn auch innerhalb der Privatwirtschaft kann nicht mehr ignoriert werden, dass durch die Förderung von Gleichstellung und Chancengleichheit für Frauen Wettbewerbsvorteile genutzt werden können. Folglich hat sich in den USA ein spezifischer Code entwickelt, der darin seinen Ausdruck findet, dass sich der Staat bei der Vergabe öffentlicher Aufträge von Fragen der ethnischen Repräsentanz oder des gleichberechtigten Anteils von Frauen in Führungspositionen in Unternehmen leiten lässt und entsprechenden Unternehmen einen Wettbewerbsvorteil gewährt unter dem Begriff von Affirmative Action[11], der Basis für die Realisierung von Managing-Diversity ist (Köhler-Braun 2000, 56f).

Der Code Gleichstellung/Chancengleichheit (auf der Basis der Auslegungsoptionen von Affirmative Action in den USA) richtet sich in umzusetzenden Zielvereinbarungen auf folgende Bereiche/Themen:
- Bedingungen zu schaffen, unter denen alle Beschäftigten ihre Leistungsfähigkeit und -bereitschaft uneingeschränkt entwickeln können und wollen
- Schutz vor Diskriminierungen als Aufgabe von Organisationen und ihrer Personalverwaltung gegenüber jedem Beschäftigten
- Wahrnehmung spezifischer Beschäftigtengruppen durch gleiche Behandlung, d.h., alle Individuen und Gruppen different wahrzunehmen, indem spezifische Instrumente die jeweiligen Interessen und Bedürfnisse erfassen
- Alle Beschäftigten innerhalb von Organisationsentwicklung und -kultur zu integrieren und Förder- und Karriereplanungen als Teil von Integrationsstrategien und von Wahrnehmung von Unterrepräsentanzen
- Prävention von Diskriminierung durch Repräsentation von diversen Beschäftigtengruppen nach Position und Funktion.

Zu den wichtigsten Instrumenten gehören:
- Diversity-Audits
- Zielvereinbarungen
- Personalentwicklungsinstrumente

Die wichtigsten Personalentwicklungsinstrumente sind diejenigen, die die Differenz von Geschlecht, Herkunft, zunehmenden Lifestyle-Kriterien, etc. berücksichtigen.

---

[11] Der Begriff Affirmative Action will gesellschaftlich nicht erwünschter Diskriminierung begegnen. Es sind die bewusst gestalteten Handlungen, Verfahrensweisen und Abläufe mit dem Ziel der gleichberechtigten Behandlung aller Arbeitnehmer im Unternehmen. Die heterogenen Ausprägungen können sowohl auf staatlicher, als auch auf privater Initiative fußen, und die Aktivitäten konkretisieren sich in der Regel in Zielen und Zeitplänen. Den rechtlichen Hintergrund bilden u.a. die Civil Right Acts, zuletzt von 1991 (vgl. Köhler-Braun 2000, 59f).

3.3 Im Diskurs: Change-Management in Zielvereinbarungen und Instrumenten

Prozesse in Unternehmen erfolgreich zu optimieren und zu implementieren, also Veränderungen herbeizuführen und sie temporär zu begleiten, ist Ziel dieses Ansatzes, worunter ganz verschiedene und vielfältige Strategien verstanden werden können. Insgesamt geht es darum, die Alternativen von möglichen an Veränderungen zu erhöhen (Gross 1994). Unter dem Label „Change-Management" sind weder die Ausgangssituationen, die Strategien noch die Ziele homogen. Es geht um eine Sammelbezeichnung von heterogenen Strategien, die insgesamt den Wandel als organisatorisches und sozialpolitisches Thema aufgreifen, insbesondere die Besetzung und Bearbeitung des Themas „Human Ressource", um Fragen von Veränderungen aus dem bisherigen engen Blickwinkel als ökonomischem (marktorientiertem) Faktor herauszulösen. Change Management fokussiert darauf, Veränderungsprozesse um Aspekte der verstärkten Berücksichtigung der Humanressourcen zu erweitern, denen bisher nicht die gebotene Beachtung entgegengebracht wurde, da Unternehmen gegenüber partizipativen Veränderungsstrategien vorsichtig waren bzw. ein Risiko mit ihnen verbanden. Innerhalb dieser Strategien geht es u.a. darum, in kürzester Zeit Unternehmenszusammenschlüsse oder Allianzen mit einheitlichen, globalisierten Geschäftsprozessen in Bereichen von IT, Einkauf, Handel, Logistik, etc. zu bewerkstelligen, um das Überleben von Unternehmen zu sichern. Mit ihnen einher gehen integrative Personalkonzepte, die insbesondere eine frühzeitige Informierung, Aufklärung und career-developement innerhalb von Humanressourcen-Strategien erfordern (Dalheimer/Krainz/Oswald 1998; Gattenmeyer/Al-Ani 2000).

Eine der zentralen Fragen für Change-Management ist, da sich die Kernkompetenzen in Unternehmen auf ökonomische Aspekte und Themen konzentrieren, den Perspektivwechsel auf Ressourcenaspekte und immaterielle Strategien gewissermaßen als Organisationsentwicklung „zu üben". Einige Autoren sprechen von einem Wechsel der Aufgaben des Managements, die Konzentration der ökonomischer Kernkompetenzen nunmehr für die Gestaltung von Expertenwissen zu erweitern. Es wird ein Expertenwissen erforderlich, das den Unternehmen zum Zeitpunkt der Einleitung von Transformationen infolge der Dominanz des Handelns innerhalb des ökonomischen Codes nicht als vernünftig erschien. Durch diese Öffnung übernehmen Unternehmen mit jenen Veränderungsstrategien unversehens neue Rollen und werden zu Experten des „Nicht-Wissens" über Steuerungen der Humanressourcen mit der Absicht, diesen Wandel/Wechsel zu managen. Insoweit handelt es sich – zumindest wohl zum Teil – innerhalb dieser Strategien um flankierende Professionalisierungsstrategien von Führungs(nachwuchs)kräften. Es geht um die aktive Einbindung von bisher „nicht-gewusstem" Wissen gegebener Unternehmensressourcen, die über die formalen Humanfaktoren wie Ausbildung und Ausstattung des Personals, etc. hinausgehen. Zu managen sind nicht-greifbare, immaterielle Ressourcenaspekte wie individuelles Expertenwissen, Nutzung unternehmensspezifischer Aus- und Weiterbildung, Unternehmenskultur, organisationales Wissen dezentraler

Abteilungen und z.B. auch die Motivation der Belegschaften (Osterloh/Wübker 1999; Frey/Osterloh 2000; Gattenmeyer/Al-Ani 2000).

Anders als in den beiden anderen Strategien wird über Change-Management nicht an anderer Stelle und in anderen Beiträgen in diesem Band berichtet. Deshalb wird hier auf die Philosophie, die Zielvorstellungen und auf den spezifischen Code näher eingegangen. Das „Nicht-Wissen", das in den beiden anderen Strategie-Formen infolge von strukturellen Kopplungen und Steigerungen Teil von Personal- und Organisationsentwicklung ist, wird im Change-Management zur Sicherung der Humanressource ad-hoc durch den Druck von Fusionen/Firmenwechsel etc. komprimiert thematisiert. Osterloh/ Wübker (1999) entwickeln ein Modell, das einer Gleichstellungsförderung, nicht nur der gerechten Verteilung von Chancen für Frauen und Männern im Erwerbsleben, dient, sondern aus ökonomischen Erwägungen wichtig ist. Sie gehen z.B. von der Hypothese aus, dass das weibliche Human- und Wissenspotential eine bislang vernachlässigte strategische Ressource ist, die aufgrund der Intensivierung des Wettbewerbs an Bedeutung gewinnen wird und entwickeln ein gleichstellungsorientiertes Prozess- und Wissensmanagement mit Mitteln der Organisationsstrukturierung und des Motivationsmanagements (1999, 107f). In dem darauf folgenden Band (Frey/Osterloh 2000) erfolgt innerhalb des Change-Managementansatzes eine Konzentration auf Motivations- und Anreizsysteme, da – so eine zentrale These dieses Ansatzes – Kooperationsbereitschaft nicht ohne Voraussetzung unter allen Beschäftigtengruppen angenommen werden kann. Change-Management-Strategien sind so gesehen Professionalisierungsstrategien im Management, um Kenntnis über das bisher wenig bekannte „Wissen" von Organisationen in Professionalisierungsstrategien im Sinne von Selbstverantwortung und Selbstkontrolle zu erwerben. Die gegebenen Denkschemata und Denkformen, mit denen bisher unter ökonomischen Aspekten neues Wissen erworben wurde, sind nicht mehr unhinterfragt zu gebrauchen, zu übertragen und zu transferieren. So gesehen beinhalten erste Programmorientierungen bzw. Konzeptionen, Frauenförderung auch innerhalb dieser Strategien nicht geschlechtsneutral zu versuchen, sondern Gleichstellungsfragen z.B. bei dem Aufbau von Prozess- und Wissensmanagementstrukturen aufzugreifen.

Gesucht sind unter Change Management teamspezifische oder dezentral wirkende Lösungen für neue Organisationsformen. Diese sind aus Gründen des Rückgangs von Personal, der Aufrechterhaltung von offenen Unternehmenskulturen, etc. veränderungsnotwendig, um Frauen im Unternehmen in Führungspositionen zu halten (Regnet 1997, 241ff). Nicht zuletzt soll der Frauenanteil aus Gründen der Geschlechtergleichheit aus der Kundenperspektive erhöht werden. Insofern kann die strategische Förderung von Frauen in Führungspositionen Teil solcher Strategien sein bzw. werden, gleichwohl sind Fragen zur Frauenförderung allgemein kein zentrales Anliegen dieser Strategien (Rühl/ Hoffmann 2001, 55f).

Der Code Gleichstellung/Chancengleichheit (es wird kein expliziter Bezug auf Rechtsexpertisen genommen) richtet sich in umzusetzenden Zielvereinbarungen auf folgende Bereiche/Themen:

- Personalentwicklungskonzepte in Transformationsprozesse integrieren, so dass die Belegschaft rechtzeitig über Wandel/Wechsel/Fusionen informiert ist und eigene Interessen (intern/extern) darauf ausrichten kann
- diverse „Professionalisierungsstrategien" als Wissensmanagementstrategien über Personalentwicklungskonzepte weiblicher Human-Wissenspotentiale durch einen gleichstellungsorientierten Wissensmanagementprozess fördern.

Zu den wichtigsten Instrumenten gehören:
- Zielvereinbarungen
- neue Personalentwicklungsinstrumente (beides oft erstmalig in Krisen-, Veränderungsprozessen)
- Motivations- und Anreizsysteme (nicht Entgelt-Systeme): Beeinflussung von Beweggründen des Handelns
- Audit-Verfahren
- Netzwerke (nur bei Rühl/Hoffmann 2001, 86).

4. Welche Chancen hat dieser Diskurs?

Die Thematik von Frauen in Führungspositionen ist Teil diskursiver Transformationsprozesse mit eigenen Akzenten und Ausprägungen innerhalb von Diskursen zu Gleichstellung und Chancengleichheit. Innerhalb der im Text entwickelten drei theoretisch-strategischen Säulen übergreifender transversal wirkender Organisationsstrategien sind sowohl heterogene Zielsetzungen als auch Instrumente vorgesehen, die in der Lage sind, sowohl flexibel auf- und abbaufähig neue Teilstrategien aufzunehmen als auch abzulegen. Je nach Bedarf und Veränderungsintention sind wechselnde oder auch neue „Sinnstrategien" zu verfolgen, bzw. immer wieder neu zu selektieren. Gemeinsam ist ihnen unter dem Code der kommunikativen und strategischen Einbindung und Wahrnehmung der Gerechtigkeit und Chancengleichheit, die Wahrnehmung und Förderung von Frauen bei allen Optionen von Veränderungen innerhalb von Organisationsstrategien.

Neue Formen von „Vernünftigkeiten" als plurale Formen von Vernunft haben die im Vernunftbegriff implizierte Gleichheit als dominantem Ordnungsmuster des Verhältnisses von Arbeit und Familie, wie es in der Industriegesellschaft geregelt war, abgelöst. Gleichberechtigung, Gleichstellung und Chancengleichheit treten anstelle von Vernunft neu als plurale „Vernünftigkeiten" auf. Vielfältige Formen von diversen „Vernünftigkeiten", die sich geschichtlich über veränderte Ordnungen des Arbeitslebens durch flexibilisierte Arbeitsformen bis hin zu Dienstleistungsstrukturen entwickelt haben, entwickeln sich in ständig neuen strukturellen Kopplungen und Steigerungen, die Ausdruck pluraler Modernisierungsexpertisen sind. In ihnen spiegelt sich ein gestiegenes Interesse und neues Verständnis der ökonomischen Nutzung von Humanressourcen wider. In allen drei Strategien finden infolgedessen differente Muster von neuen „Vernünftigkeiten" Eingang, wobei Gleichstellung und Chancengleichheit verschieden wahrgenommen werden, da das Geschlecht und damit Frauen nicht allein im Fokus humanorientierter Überlegungen stehen. Aber, und das ist entscheidend, in allen drei hier „beobachteten" Management- Strategien ist die Wahrnehmung und Förderung von Frauen eingewoben und damit ein zentraler Code innerhalb neuer binärer Codes. Der ökonomische Code allein fasst nicht mehr Ziele und Funktionen, weder innerhalb der Personalführung, noch außerhalb im Wettbewerb. Das Handeln von (insbesondere globalisierten) Unternehmen bedarf des inneren Diskurses zwischen ökonomischen und ressourcenorientierten Zielsetzungen. In diese sind Fragen eines veränderten Verständnisses des Verhältnisses von Arbeit und Leben Teil von Organisationsentwicklung. Es ist auch evident, dass die drei hier zentral benannten Management-Strategien sich top-down-Expertisen und nicht bottom-up Initiativen bedienen. Die Betroffenen finden über bottom-up Initiativen als relevante Teile Eingang und Einfluss in die Organisationsentwicklung. Umsetzen lassen sich dergleichen Strategien ausschließlich als top-down-Strategien, da die Rückbindung an strategische Leitbilder gewährleistet sein muss. Welche Teil- Strategien in welcher Kopplung mit spezifischen Instrumenten ein jeweils spezifisches Gemengengelage zur Findung zukunftsträchtiger Strategien wählen, macht den spezifischen Code der „hauseigenen" Strategien aus. Gleichwohl bestehen zwischen den drei zentralen Management-Strategien bemerkenswerte Unterschiede.

- Gender-Mainstreaming-Strategien wählen Instrumente für Fördermaßnahmen in Verwaltung und Kommunen, in denen explizit Rechtsexpertisen herangezogen werden. Die Rechtsexpertisen sind die Basis der Arbeit von Gleichstellungsbeauftragten und konzentrieren sich ausschließlich auf die Arbeitsplätze von Frauen und Frauenquoten für Führungsaufgaben, auf die Wahrnehmung von Differenz in Form von Analyse und Kontrollstrategie. Gender-Mainstreaming findet im Sinne einer sozialen Marktsteuerung für Teilarbeitsmärkte Beachtung. Auffallend ist, dass aus der Außenperspektive beobachtet, diese Maßnahmen und Instrumente Transparenz und Öffentlichkeit herstellen.
- Diversity-Management und Change-Management hingegen sind in der Privatwirtschaft vertreten und ihre Instrumente und Fördermaßnahmen richten den Fokus ihrer Expertisen auf interne Strategien. Als Teile von Personalentwicklung und/oder Organisationsentwicklung konzentrieren sie sich auf die Wahrnehmung von Differenz und Förderung von Bewusstseinsstrukturen durch Arrangements innerhalb von Teams oder Personalentwicklung durch präventive Maßnahmen von Gleichstellung und Chancengleichheit. Personalentwicklungsinstrumente sind mit der Verpflichtung versehen, top- down- Strategien und bottom-up-Initiativen über den jeweils eigenen Code zu verknüpfen, der in der Organisationsentwicklung und -kultur festgelegt ist. Wie diese Maßnahmen im Einzelnen funktionieren, entzieht sich der Außenperspektive, bzw. aus der Außenperspektive bleibt intransparent, was genau zur Aufhebung der Benachteiligung und aktiven Förderung vorgenommen wird.[12] Geht man davon

---

[12] Selbstredend sind Geschäftsabschlussjahresberichte ein Index, jedoch ein sehr allgemeiner.

aus, dass die Förderung der Humanressourcen der Wettbewerbsfaktor der Zukunft werden wird, verwundert es nicht, dass Strategien zur Förderung von Frauen in Führungspositionen von den Unternehmen bewusst intransparent bleiben, um einen bisher nicht in den Blick genommenen Wettbewerbsfaktor als „joker" zu haben. Aus der Innenperspektive erscheinen Fragen zu Frauenförderung transparenter als aus der Außenperspektive.

Alle jeweils aufgezählten Instrumente fokussieren auf die Wahrnehmung und neuerdings auf die Messung von Wahrnehmung differenter Problemlagen. Die Fokussierung auf die Messung der Wahrnehmung von Chancengleichheit von Frauen in Führungspositionen beantwortet noch nicht die Frage, wie Frauen in entsprechenden Positionen gehalten oder gefördert werden bzw. was zu ihrer Unterstützung durch das Unternehmen geleistet wird. Die entscheidende Frage, wie viele Frauen durch diese Förderinstrumente durch die „gläserne Decke" in Führungspositionen gelangen, bleibt unbeantwortet. Der Code dessen, was gemessen wird, ist hier entscheidend, solange innerhalb dieser Strategien nicht die Messung, wie viele Personen auf welchen Positionen gleichberechtigt vertreten sind, sondern wie Einsatz und Wirkung der Instrumente zur Vertretung ihrer jeweiligen Interessen von allen Beschäftigtengruppen wahrgenommen werden. Insofern sind derzeit die Fragen der Messung von Diversity-Wahrnehmung und die Auswirkungen von Diversity-Maßnahmen die wohl umstrittensten Fragen, wenn es darum geht, wie die Repräsentation in verschiedenen Hierarchiestufen, Fluktuationen, Nachfolgeplanungen, Beurteilungen, Beschwerden, Abhängigkeiten von Vergütungen, etc. beschaffen sind (Köhler-Braun 2000, 234; Krell 2001). Zudem fehlen empirische Untersuchungen über die Präsenz und Transparenz – alles, was innerhalb dieses Beitrages über den Code von Gleichheit und Anerkennung entwickelt wurde, weist auf Strategien und Modellüberlegungen hin – sie geben keinen Einblick in empirische Gegebenheiten. Insofern sind Gleichzeitigkeit und Ungleichzeitigkeit von Transparenz und Intransparenz Ausdruck von Transformationsstrategien.

Abschließend sei noch einmal gesondert auf die Rechtsexpertise verwiesen. M.E. erfährt die Rechtsexpertise innerhalb von Steigerungsformen eine neue Rolle. Als Modernisierungsexpertise entwickelt sie sich innerhalb von Steigerungsformen nicht nur zu monotonen linearen Strategien. Innerhalb des Gender-Mainstreaming-Ansatzes war sie entscheidend, um Gender-Mainstreaming „anzuschieben", entwickelte sich u.a. als Instrument von Gleichstellungsbeauftragten mit sanktionierendem Charakter einer rechtlichen Kontrolle. Innerhalb der beiden anderen zentralen Strategien wurde deutlich, dass die Rechtsexpertise innerhalb der Privatwirtschaft ihren sanktionierenden Charakter einbüßt. Dort übernimmt sie vielmehr eine präventive, gestaltungsoffene Funktion innerhalb der organisationsverbindlichen Selbstplanung und Selbstverpflichtung im Rahmen von Zielvereinbarungen. Diese Entwicklungen zeigen, dass der Staat und die Rechtsexpertise als „Wegbereiter" und „Treiber" von Modernisierungsstrategien für neue diverse „Vernünftigkeiten" von Gleichstellung und Chancengleichheit wichtige Funktionen und Aufgaben übernehmen bzw. übernommen haben, die Rechtsexpertise ist aber nicht mehr die dominante Expertise mit sanktionierendem Charakter. Insofern wissen wir nicht, ob

Gender-Mainstreaming, Diversity-Management und Change-Management tatsächlich die Türen für Frauen in Führungspositionen öffnen, da sich die Transparenz in eine innerorganisatorische Transparenz der jeweiligen Organisationskultur verlagert hat. Dadurch bedingt, wird der Standpunkt des Betrachters des Gemengengelages entscheidend, um zu beobachten, welche Entwicklungen und Bewegungen sich jeweils in der Peripherie und welche im Zentrum abspielen. Transparenz und Intransparenz werden ein neuer Schauplatz und lösen die Rechtsexpertise ab: „best-practice"-Beispiele als singuläre Entwicklungsmöglichkeiten neuer struktureller Kopplungen sind eine mögliche Form, selbstgesetzte Benchmarking-Verfahren andere Instrumente. Sie streben Vergleichsformen innerhalb der einzelnen gewählten Instrumente zur Wahrnehmung und Förderung von Unterschieden zwischen Unternehmen(-sgruppen) untereinander an. Damit versuchen Unternehmen, binäre Codes als Teil ökonomischen Handelns zu gestalten und nehmen rechtsstaatlichen Gestaltungsinitiativen das alleinige Vertretungsrecht.

Gleichstellung und Chancengleichheit sind folglich gesellschafts- und wirtschaftpolitische Aufgaben und insofern ist darauf zu achten, dass der Diskurs zwischen ökonomischem und kommunikativem Code durch alle involvierten Akteure zur Ausgestaltung des Verhältnisses von Arbeit und Leben als work-life-balance-Vision unter Aspekten eines fairen Umgangs und Ausgleichs Gestaltung und Struktur erhält. Die alltäglichen Lebens- und Arbeitsformen sind nicht nur aushandelbar, so wie es die transversalen Organisationskonzepte anbieten, ihre alltägliche Aushandlung wird unabweisbar. Insofern weisen diese Konzeptionen auf prospektive Optionen hin. Es geht um die Aufmerksamkeit für die Unterschiede, die Einsichten in die gesellschaftlichen Wirklichkeiten in der globalisierten Welt zeigt, in der verschiedene Kulturen wirken. Die Unterschiede gewinnen Sprengkraft in der globalisierten Welt. Sie zu entschärfen, ist der Neue Mensch (Hondrich 2001) auf der Suche nach einer übergreifenden Gemeinsamkeit – es geht um Beziehungs-Codes, die die unterschiedlichen Konzepte miteinander als win-win-Strategie verbinden können.

Literatur

ASSIG, D. (Hrsg.) 2001. Frauen in Führungspositionen. Die besten Erfolgskonzepte aus der Praxis. München

BECK, U. 1984. Risikogesellschaft. Frankfurt

BISCHOFF, S. 2001. Frauen in Führungspositionen: Mythos, Realität und Zukunft, in: Personalführung. H 3, 28- 33

BISCHOFF, S. 1999. Männer und Frauen in Führungspositionen der Wirtschaft in-Deutschland. Neuer Blick auf alten Streit. Köln

BOKRANZ, R./KASTEN, L. 2000. Organisationsmanagement in Dienstleistung und Verwaltung. Wiesbaden

BOOKS, D. 2000. BoBos in Paradise: The Upper Class and How They Got There. New York

DZALAKOWSKI, I. 1995. Genderworking: Männer und Frauen im Team. Synergien nutzen. Potentiale erschließen. Wiesbaden

GEIßLER, H. (Hrsg.) 1997. Unternehmensethik, Managementverantwortung und Weiterbildung. Neuwied (u.a.)

GROSS, P. 1999. Ich - Jagd. Ein Essay. Frankfurt

GROSS, P. 1994. Die Multioptionsgesellschaft. Frankfurt

DALHEIMER, V./KRANZ, E. 1998. Change Management auf Biegen und Brechen? Wiesbaden

EPSTEIN, M.K. 2000. "Sprache macht Geschlecht". Die Kategorien „Mann" und „Frau" in Texten zur Gleichstellungspolitik. Frankfurt

ETUI (EUROPEAN TRADE UNION INSTITUTE) (Hrsg) 2001. Gender Mainstreaming in the european employment strategy. Brüssel

GATTENMEYER, W./AL-ANI, A. (Hrsg) 2001. Chance Management und Unternehmenserfolg. Grundlagen- Methoden – Praxisbeispiele. Neuwied

HINZ, TH./ SCHÜBEL, TH. 2001. Geschlechtersegregation in deutschen Betrieben, in: Mitteilungen der Arbeitsmarkt- und Berufsforschung. H 3, 286- 301

HONDRICH, K.O. 2001. Der Neue Mensch. Frankfurt

KEUPP, H. 1994. Ambivalenzen postmoderner Identität, in: Beck,U./ Beck-Gernsheim,E.(Hrsg): Riskante Freiheiten. Frankfurt, 336-350

KÖHLER-BRAUN, K. 2000. Aufstiegsförderung weiblicher Führungs(nachwuchs)-kräfte in den USA und in der Bundesrepublik Deutschland. Frankfurt

KRELL, G. (Hrsg.) 2001. Chancengleichheit durch Personalpolitik. Gleichstellung von Frauen und Männern durch Personalpolitik. Wiesbaden, 3. Aufl.

KUDERA, W./VOß, G. (Hrsg.) 2000. Lebensführung und Gesellschaft. Opladen

LUHMANN, N. 1986. Die Wissenschaft der Gesellschaft. Frankfurt

McCORDUCK, P., RAMSEY, N. 2000. Die Zukunft der Frauen. Frankfurt

MÜLLER, U. R. 1997. Machtwechsel im Management. Freiburg i.Br.

NAGEL, G. 1999. Wagnis Führung. München, Wien

OSTERLOH, M., WÜBKER, S. 1999. Wettbewerbsfähiger durch Prozess- und Wissensmanagement. Mit Chancengleichheit auf Erfolgskurs. Wiesbaden

PFARR, H. (Hrsg.) 2000. Ein Gesetz zur Gleichstellung der Geschlechter in der Privatwirtschaft. Düsseldorf

PFIFFNER, M., STADELMANN, P. 1999. Wissen wirksam machen. Wie Kopfarbeiter produktiv werden. Bern, Stuttgart, Wien

PROBST, G./RAUB, ST. /ROMHARDT, K. 1999. Wissen managen. Wiesbaden

REGNET, E. 1997. Frau im Beruf – Stereotype und Aufstiegsbarrieren. in: Wunderer,R./ Dick,P. (Hrsg): Frauen im Management. Neuwied, 241-265

RIFKIN, J.R. 2000. Access. Das Verschwinden des Eigentums. Frankfurt

RÜHL, M./HOFFMANN, J. 2001. Chancengleichheit managen. Basis moderner Personalpolitik. Wiesbaden

SCHREYÖGG /SYDOW 2001. Emotionen und Management, Wiesbaden

SENNETT, R. 1998. Der flexible Mensch. Hamburg

THOMAS, R. R. 2001. Management of Diversity. Wiesbaden

VOß, G. 1998. Die Entgrenzung von Arbeit und Arbeitskraft. In: Mitteilungen der Arbeitsmarkt- und Berufsforschung, H 3, 473- 487

WIECHMANN, E./KIßLER, L. 1997. Frauenförderung zwischen Integration und Isolation: Gleichstellungspolitik im kommunalen Modernisierungsprozess. Berlin

WELSCH, W. 1996. Vernunft. Frankfurt

WILLKE, H. 1992. Ironie des Staates. Frankfurt

WOLF, K. 1999. Karriere durch Networking. Erfolgreich Beziehungen knüpfen im Beruf. Niedernhausen/ Ts.

WUNDERER, R./DICK, P. (Hrsg) 1997. Frauen im Management. Kompetenzen, Führungsstile. Opladen

Norbert Bensel

Auf dem Weg in die Dienstleistungsgesellschaft

Neue Chancen für Frauen und Männer in der Arbeitswelt

1. Einleitung

2. Der Strukturwandel des 21. Jahrhunderts

3. Die Arbeitswelt des 21. Jahrhunderts – Neue Chancen für Frauen und Männer

4. Managing Diversity – Das Managementkonzept der Zukunft

5. Fazit

Literatur

Dr. Norbert Bensel ist seit 1996 Mitglied des Vorstandes der DaimlerChrysler Services AG Berlin und ist in dieser Position verantwortlich für das Ressort Personal. E-Mail: norbert.bensel@daimlerchrysler.com

1. Einleitung

Das 21. Jahrhundert, an dessen Beginn wir stehen, wird die Berufs- und Wirtschaftswelt von Grund auf verändern. Arbeitgeber und Arbeitnehmer sehen sich heute wirtschaftlichen Rahmenbedingungen gegenüber, die sich dynamisch verändern und Flexibilität zu einem immer wichtigeren Erfolgsfaktor machen.

Dieser Beitrag umreißt nicht nur die Trends, die den aktuellen Wandel der Gesellschaft und Wirtschaft vorantreiben, sondern zeigt auch die Chancen auf, die sich aus diesen dynamischen Entwicklungen für alle Beteiligten des Wirtschaftslebens ergeben. Welche Unternehmen werden zu den Gewinnern des 21. Jahrhunderts zählen? Welche Faktoren sind der „Schlüssel zum Erfolg" auf den Märkten der Zukunft? Die Marktführer des 21. Jahrhunderts zeichnen sich dadurch aus, dass sie die drei großen wirtschaftlichen Trends bereits erkannt haben und schon heute strategische Konsequenzen aus diesen Entwicklungen ziehen:

Die drei Megatrends des 21. Jahrhunderts sind:
- Der Übergang von der Industrie- zur Dienstleistungsgesellschaft
- Die Globalisierung der Wirtschaftsströme sowie
- Die Veränderung der Bevölkerungsstruktur

Wie können Unternehmen derartig grundlegende Veränderungen erfolgreich meistern? Die zentrale These dieses Beitrages ist, dass herkömmliche Managementinstrumente dazu nicht ausreichen. Radikale Wandlungsprozesse erfordern differenzierte, innovative und kreative Methoden. Im härter werdenden Wettbewerb der „global economy" werden nur diejenigen Unternehmen reüssieren, die es verstehen, auf die Herausforderungen der Zukunft flexibel, zukunftsorientiert und nachhaltig zu agieren. „Managing diversity" ist in diesem Zusammenhang ein wichtiger Schlüssel zum Erfolg und gewinnt im Kontext des Rahmenthemas dieses Bandes an Gewicht.

2. Der Strukturwandel des 21. Jahrhunderts

Deutschland befindet sich im Wandel hin zur globalen Dienstleistungsgesellschaft. Dieser Strukturwandel manifestiert sich in den drei folgenden Megatrends:

2.1 Der Übergang von der Industrie- zur Dienstleistungsgesellschaft

Der Übergang von der Industrie- zur Dienstleistungsgesellschaft zeigt sich seit den 70er-Jahren am überdurchschnittlichen Wachstum des Dienstleistungssektors in allen Wirtschaftsnationen. Auch in Deutschland ist die Bedeutung von Dienstleistungen offensichtlich. Sie liefern heute den größten Beitrag zum Bruttoinlandsprodukt. Die Bedeutung von Dienstleistungstätigkeiten wird in Zukunft noch anwachsen, wobei die Entwicklungen innerhalb der Dienstleistungstätigkeiten sehr unterschiedlich sein werden. Primäre, produktionsorientierte Dienstleistungen, insbesondere Lager- und Transporttätigkeiten sowie allgemeine Sicherungstätigkeiten, werden mittel- bis längerfristig an Gewicht verlieren. Unternehmen, die sekundäre, personenbezogene Dienstleistungen erbringen, werden in dagegen die größten Gewinner des wirtschaftlichen Strukturwandels der kommenden Jahre sein. Zu diesen zukunftsträchtigen Dienstleistungen zählen zum Beispiel Beratungs- und Betreuungsfunktionen, Forschung, Entwicklung, Publizieren und Unterrichten[1]. Aufgrund dieses dynamischen Wachstums ist der globale beschäftigungspolitische Stellenwert des Dienstleistungssektors enorm. Während in Industrie und Landwirtschaft zwischen 1991 und 1999 OECD-weit 9 Millionen Arbeitsplätze verloren gingen, entstanden im gleichen Zeitraum über 44 Millionen neue Dienstleistungsarbeitsplätze. Der tertiäre Sektor ist somit der Job-Motor schlechthin[2].

Experten zufolge wird die Anzahl der Arbeitsplätze im Dienstleistungsbereich auch in den kommenden Jahren weiter ansteigen. In Deutschland rechnet die Bundesanstalt für Arbeit damit, dass im sekundären Dienstleistungssektor mehr als eine halbe Million zusätzliche Arbeitsplätze für Männer und über 850.000 neue Arbeitsplätze für Frauen entstehen werden. Auch bei den primären Dienstleistungen wird ein Arbeitsplatzzuwachs bis 2010 erwartet. Schwerpunkt sind dabei Handelstätigkeiten und diese fast ausschließlich für Fach- und Führungskräfte[3]. Der internationale Vergleich zeigt, dass der Strukturwandel zur Dienstleistungsgesellschaft in den Vereinigten Staaten noch schneller voranschreitet als in Deutschland. Während die Beschäftigung in Deutschland im tertiären Sektor bis 2008 immerhin um 10% steigen soll, erwartet man für den gleichen Zeitraum in den USA eine beinahe doppelt so hohe Zuwachsrate (19%)[4]. Diese Zahlen verdeutlichen die Dynamik und das Wachstumspotential des strukturellen Wandels, in dem sich die Weltwirtschaft derzeit befindet. Sie lassen aber auch die großen Herausforderungen, die dieser Wandel an ein neues, modernes Management in internationalen Unternehmen stellt, erahnen.

---

[1] Bundesanstalt für Arbeit (BA), Arbeitsmarkt für Frauen. Aktuelle Entwicklungen und Tendenzen im Überblick, ANBA-Sonderdruck Nr. 4/2000, S.394 f.
[2] Institut der Deutschen Wirtschaft, Preussag Dienstleistungsreport 2000, S.3
[3] BA, Arbeitsmarkt für Frauen, S. 396
[4] Institut der Deutschen Wirtschaft, Preussag DL-Report 2000, S.4.

2.2 Die Globalisierung der Wirtschaftsströme

Die internationale Vernetzung der Wirtschaft nimmt mit jedem Tag zu. Kapital, Waren und Dienstleistungen werden über Grenzen hinweg gehandelt und ausgetauscht, (über-) regionaler Handelsräume entstehen. Der weltweite Handel mit Dienstleistungen hat gerade in der jüngsten Vergangenheit stark zugenommen. So wies das Jahr 2000 mit 5 Prozent die größte Wachstumsrate seit 1997 auf[5]. Die internationale Vernetzung der Wirtschaft ist dabei ein wichtiger Parameter im Strukturwandel hin zur Dienstleistungsgesellschaft. Dienstleistungen sind zum einen Voraussetzung für Markterschließung und -bedienung in der globalisierten Wirtschaft. Ohne Dienstleistungen ist Handel, und insbesondere globaler Handel, nicht denkbar. Zum anderen verändert aber die Globalisierung die Wettbewerbsbedingungen gerade für Dienstleister entscheidend. Die fortschreitende Deregulierung der bedeutendsten Dienstleistungsmärkte wie Verkehr, Energie, Telekommunikation und Bankwesen ist ein prominentes Beispiel für diese Entwicklung.

Der globale Austausch von Dienstleistungen unterscheidet sich heute strukturell und logistisch vom Handel früherer Zeiten. Das Internet und andere moderne Technologien schaffen die Bühne für den Marktplatz des „global village", indem sie die unmittelbare Verfügbarkeit und den schnellen Austausch von Informationen ermöglichen. Die entstehende „e-conomy" eröffnet durch die internationale Vernetzung der Wirtschaft sowie durch die Digitalisierung und Virtualisierung von Geschäftsprozessen völlig neue Möglichkeiten. Nicht nur traditionelle Kundenbeziehungen verändern sich, es entsteht auch eine Vielzahl völlig neuer Dienstleistungen. Dienstleistungen aber sind in jedem Falle „people business", das heißt, es sind die Mitarbeiter, die mit ihrem Know-how, ihrer Motivation, ihrer Kundenorientierung und ihrer Teamfähigkeit für den Geschäftserfolg entscheidend sind. Mitarbeiterinnen und Mitarbeiter sind die Wissensarbeiter der Dienstleistungsgesellschaft. Sie erbringen komplexe Dienstleistungen für Menschen, die als „kundige Kunden" hohe Ansprüche stellen. Dienstleistungsunternehmen müssen daher in Zukunft den Menschen noch stärker in den Mittelpunkt stellen. Kundschaft und Belegschaft sind für den geschäftlichen Erfolg gleichermaßen von Bedeutung. Der Kunde, der nach wie vor König ist, ist an Dienstleistungen interessiert, die individuell und flexibel erbracht werden. Als anspruchsvoller Abnehmer personifizierter Serviceprodukte steht er im Mittelpunkt der Dienstleistungsgesellschaft. Die zunehmende Kundenorientierung der Dienstleistungsunternehmen eröffnet Kunden eine neue, einflussreiche Rolle: Bedürfnisse und Wünsche der Kunden werden von den Unternehmen mit großem Interesse wahrgenommen und konkret umgesetzt. Kunden werden aber nicht nur zu passiven „Ideenspendern", sondern auch zu aktiven Produktentwicklern. Ein prominentes Beispiel für Produktentwicklung durch Kunden ist Linux. Linux (GNU/Linux) ist ein nicht-kommerzielles Betriebssystem, das ursprünglich vom schwedischen Studenten Linus Torvalds für Home-PCs entwickelt wurde. Mittlerweile wird das System von

---

[5] World Trade Organization (WTO), The WTO Annual Report 2001, S.14

weltweit vernetzten „project groups" laufend weiterentwickelt. Ungefähr 10 Millionen User bedienen sich des Systems, tauschen gleichzeitig Fachwissen aus und implementieren Ideen.[6]

Gleichzeitig steigen die Ansprüche der Mitarbeiter: sie streben nicht nur nach einer herausfordernden Aufgabe, Eigenverantwortung, Entwicklungschancen und einer adäquaten, erfolgsorientierten Vergütung. Sie fordern immer stärker Rahmenbedingungen, die ein ausgewogenes Verhältnis zwischen Berufs- und Privatleben ermöglichen. Diese „Work-Life-Balance" bedeutet, dass Mitarbeiterinnen und Mitarbeiter ihren persönlichen, ganzheitlichen Lebensentwurf realisieren können. Um gemeinsam mit den Mitarbeitern ihr volles Potential nutzen zu können, wird es für Unternehmen also künftig wichtig sein, ihre Arbeitsbedingungen nicht allein an den Bedürfnissen ihrer Kunden, sondern auch an denen ihrer Mitarbeiter auszurichten. Eine flexible, individuelle Balance zwischen Kunden- und Mitarbeiterbedürfnisse ist daher aus Human-Resources-Sicht das zentrale Gebot für moderne Dienstleistungsunternehmen. Motivierte Mitarbeiter, die als „Unternehmer in eigener Sache" ihr gesamtes Know-How einsetzen, um Kunden in aller Welt durch innovative Produkte und Dienstleistungen zu begeistern, stellen die wichtigste Zukunftsressource dar. Unternehmen, die zu den Gewinnern des 21. Jahrhunderts zählen wollen, müssen den Menschen in seiner Individualität in den strategischen Mittelpunkt stellen.

2.3 Der demographische Wandel: Vom „global player" zum „global employer"

Europa und speziell Deutschland steht in den kommenden Jahrzehnten ein grundlegender demographischer Wandel bevor, der sich nachhaltig auf die Wirtschaft auswirken wird. Die zunehmende Anzahl älterer Mitbürger und der Geburtenrückgang wird dabei die Erschließung neuer Mitarbeiterpotentiale unumgänglich machen. Das Statistische Bundesamt prognostizierte im Juli 2000 für Deutschland eine anhaltend niedrige Geburtenrate, die zu einer sinkenden Bevölkerungszahl und zu einer alternden Bevölkerungsstruktur führen wird[7]. Die Kinderzahl in Deutschland gehört weltweit zu der niedrigsten. Ein Vergleich der Geburtenraten für die Jahre 1997/98 zeigt, dass in der Europäischen Union lediglich Spanien, Italien und Griechenland eine niedrigere Geburtenzahl aufwiesen, wobei der Geburtenrückgang in Spanien und Italien später eingesetzt hat als in Deutschland. In Deutschland werden seit nunmehr 30 Jahren deutlich weniger Kinder geboren, als zur zahlenmäßigen Nachfolge ihrer Elterngeneration notwendig wäre[8]. Dieses „Bevölkerungsloch" wird zunehmend von Menschen aufgefüllt, die nicht in Deutschland geboren wurden. Bis zum Jahr 2050 rechnet das Statistische Bundesamt mit

---

[6] http://www.linuxjournal.com
[7] Statistisches Bundesamt, Bevölkerungsentwicklung Deutschlands bis zum Jahr 2050, S.7
[8] Statistisches Bundesamt, Bevölkerungsentwicklung, S.8

langfristigen Migrationen von 100.000 bis 200.000 Menschen pro Jahr. Daraus ergeben sich Nettozuwanderungen von 4,9 bis 9,3 Millionen Ausländern im Laufe der nächsten 50 Jahre[9]. Diese Zuwanderungen sind unbedingt erforderlich, um das zunehmende Durchschnittsalter der Bevölkerung und das Absinken der Anzahl der erwerbsfähigen und -tätigen Personen in Deutschland auszugleichen.

Die geschilderte demographische Entwicklung in Deutschland wird Auswirkungen auf die Einstellungspolitik deutscher Unternehmen haben. Um ihren künftigen Bedarf an Fach- und Führungskräften erfüllen zu können, werden Unternehmen zusätzliche Ressourcen erschließen. Durch Online-Recruiting-Verfahren und die gestiegene Mobilität von Bewerbern und Arbeitnehmern ist der globale Arbeitsmarkt bereits heute Realität.

Unternehmen werden aber nicht nur zunehmend auf internationale Potentialträger zurückgreifen, sondern auch das gesamte nationale Arbeitskräftepotential voll ausschöpfen müssen. Dazu zählen vor allem Frauen, aber auch ältere Menschen, deren Know-How heute oft zu wenig genutzt und im Sinne eines Wissensmanagement weitergegeben wird. Das Potential von Frauen wird heute von Unternehmen in Deutschland noch nicht vollständig berücksichtigt. Das Ausbildungsniveau der weiblichen Bevölkerung ist im Laufe des letzten Jahrhunderts stetig angestiegen. Insbesondere jüngere Frauen, die im Berufsleben stehen, haben heute eine bessere Ausbildung durchlaufen. So hatten 2000 bei den 20- bis 30-Jährigen bereits 33% der erwerbstätigen Frauen, aber nur 27% der erwerbstätigen Männer die Fachhochschul- oder die Hochschulreife. Bei den 50- bis 60-Jährigen sah das Verhältnis noch anders aus: in dieser Altersklasse gaben 16% der Frauen und 25% der Männer an, einen entsprechenden Schulabschluss zu haben[10]. Das gestiegene Bildungs- und Motivationsniveau der Frauen findet seinen Niederschlag auch in den Arbeitsmarktprognosen. So geht das Bundesamt für Arbeit davon aus, dass der Frauenanteil am gesamtdeutschen Erwerbspersonenpotential bis zum Jahr 2010 stetig ansteigen wird[11]. Die Politik versucht diese Entwicklung vorwegzunehmen: „Die Unternehmen brauchen das Potential der gut ausgebildeten, motivierten Frauen, um im nationalen wie im internationalen Wettbewerb bestehen zu können", heißt es zum Beispiel in der Vereinbarung der Bundesregierung und den Spitzenverbänden der deutschen Wirtschaft zur Förderung der Chancengleichheit von Frauen und Männern in der Privatwirtschaft vom 2. Juli 2001[12].

Will man die zu erwartende demographische Entwicklung vorwegnehmen, muss man aber auch bedenken, dass in den kommenden Jahrzehnten eine wachsende Anzahl älterer Menschen aktiv am Berufsleben teilnehmen werden will und wird. Das Selbstkonzept der nach dem Zweiten Weltkrieg geborenen Frauen und Männer schließt die Berufstätigkeit zumeist selbstverständlich mit ein. Sie haben das Prinzip des lebenslangen Ler-

---

[9] Statistisches Bundesamt, Bevölkerungsentwicklung, S.13

[10] Statistisches Bundesamt, Mikrozensus: Leben und Arbeiten in Deutschland 2000, S.50

[11] BA, Arbeitsmarkt für Frauen, S.389

[12] Vereinbarung zwischen der Bundesregierung und den Spitzenverbänden der deutschen Wirtschaft zur Förderung der Chancengleichheit von Frauen und Männern in der Privatwirtschaft, 2. Juli 2001

nens bereits verinnerlicht und denken nicht daran, frühzeitig in Pension zu gehen. Die Anzahl der älteren Erwerbsfähigen und Erwerbswilligen wird also ansteigen – Unternehmen täten schlecht daran, das Potential dieser Menschen nicht zu nützen. Zusammenfassend lässt sich sagen, dass der demographische Wandel dazu führen wird, dass Unternehmen in den kommenden 50 Jahren immer mehr Personen, die keinen deutschen Pass haben, mehr Frauen und mehr ältere Arbeitnehmer beschäftigen werden. Unternehmen müssen daher Professionalität im Umgang mit Verschiedenheit zeigen, um Topkandidaten zu identifizieren und für das Unternehmen zu gewinnen.

Die Zukunft der Zusammenarbeit im Unternehmen ist die Team- und Projektarbeit. Mitarbeiter unterschiedlicher Nationalitäten, Professionen und Hierachieebenen werden gemeinsam versuchen, Zielvorgaben eigenverantwortlich umzusetzen. Abgesehen von einem umsichtigen Projektmanagement sind es Kommunikations- und Kooperationsfähigkeiten, die hier zum Erfolg führen. Managing Diversity bedeutet in diesem Sinne, dass Unternehmen Rahmenbedingungen schaffen, in denen vielfältig zusammengesetzte Teams effizient arbeiten können. Die Bereitstellung neuer Medien und Technologien zählt dazu ebenso wie das Anbieten von Trainings in den Bereichen Projektmanagement, interkultureller Kompetenz und Konfliktmanagement. Schließlich gilt auch hier, dass Erfahrung der beste Lehrmeister ist – wenn eine entsprechende professionelle Begleitung durch Führungskräfte oder Coaches gesichert ist. Die erfolgreichen Unternehmen des 21. Jahrhunderts werden in diesem umfassenden Sinne demnach nicht nur „global player", sondern müssen auch „global employer" sein.

3. Die Arbeitswelt des 21. Jahrhunderts – Neue Chancen für Frauen und Männer

3.1 Flexibilität: Das zentrale Gebot der Dienstleistungsgesellschaft

Die drei eingangs geschilderten Trends – der Übergang von der Industrie- zur Dienstleistungsgesellschaft, die Globalisierung der Dienstleistungsgesellschaft sowie die Veränderung der Bevölkerungsstruktur – werden die Arbeitswelt des 21. Jahrhunderts dramatisch verändern. Sowohl Unternehmen als auch Mitarbeiterinnen und Mitarbeiter werden vor Herausforderungen gestellt, die einerseits Risiken, andererseits aber auch große und neue Chancen für Frauen und Männer in der Dienstleistungsgesellschaft beinhalten. Um auf die dynamischen Herausforderungen der Zukunft adäquat reagieren zu können, müssen Dienstleistungsunternehmen vor allem eines sein: kundenorientiert. Daher muss die Offenheit für Flexibilität und Veränderung die Unternehmenskultur und damit vor allem auch die Arbeitsbedingungen prägen. Dienstleistungen sind in hohem Maße zeitpunktfixiert, das heißt, sie müssen erbracht werden, wenn der Kunde sie verlangt. Sie können also weder auf Vorrat produziert noch gelagert, zurückgerufen oder nachgeholt werden.

Dienstleistungen sind aber immer auch personenbezogen: sie werden von Menschen für Menschen erbracht. Dies korrespondiert im seltensten Fall mit starr definierten Arbeitszeiten.

Die Arbeitszeit in einem modernen Dienstleistungsunternehmen muss daher nachfrageorientiert organisiert werden. Arbeits- und Freizeitphasen gehen in der Dienstleistungsgesellschaft stärker ineinander über, die Grenze zwischen Berufs- und Privatleben wird durchlässiger (vgl. den Beitrag von Peters). Das Gebot der Flexibilität betrifft aber nicht nur die Arbeitszeit sondern auch den Arbeitsort. Auch er wird immer mehr von den Kunden- und Mitarbeiterbedürfnissen bestimmt. Das klassische Normalbeschäftigungsverhältnis verliert dadurch insgesamt an Bedeutung, neue Beschäftigungsformen werden von Arbeitgebern und Arbeitnehmern gestaltet.

Das Arbeitsleben der Zukunft wird durch einen Wechsel zwischen verschiedenen Tätigkeitsfeldern, Beschäftigungsformen und Ausbildungsphasen gekennzeichnet sein, der die traditionelle Abfolge von Schulbildung, betrieblicher Ausbildung, Beschäftigung und Karriereentwicklung verändert. An die Stelle fester Berufsbilder und Karriereverläufe werden zunehmend temporäre Aufgabenstellungen und sogenannte „Patchwork-Biografien" in pluralen Tätigkeiten treten, die die Grenze zwischen Arbeit und Leben aufweichen. Abwechselnde Voll- und Teilzeitbeschäftigungen, Projektarbeit, Freelancing, Telearbeit und Zeitverträge sind neue, flexible Arbeitsmethoden, die durch die neuen Informations- und Kommunikationstechnologien ermöglicht werden. Bildungs- und Lernphasen können zunehmend in Arbeitsprozesse integriert werden.

Die Abkehr von traditionellen Berufsbildern, starren Arbeitszeiten und fixierten Arbeitsorten beinhaltet neue, in ihren Ausmaß noch nicht abschätzbare Chancen für Frauen und Männer in der Arbeitswelt. Mehr Flexibilität bedeutet für weibliche und männliche Arbeitnehmer mehr Gestaltungsspielraum und damit mehr Möglichkeiten, Beruf- und Privatleben miteinander zu vereinbaren. „Durch die Entwicklung neuer, flexibler Arbeitsformen und Arbeitszeitmodelle kann die Vereinbarkeit von Beruf und Familie deutlich erleichtert werden," stellt die Bundesvereinigung der Deutschen Arbeitgeberverbände in ihren Empfehlungen für eine an Chancengleichheit und Familienfreundlichkeit orientierte Personalpolitik fest[13].

Parallel dazu steigen die Erwartungen von Frauen wie von Männern an die Ausgestaltung der Arbeitswelt hinsichtlich der Berücksichtigung der Lebenskontexte. Arbeitgeber können sich durch „Work-Life-Balancing"-Konzepte auf dem Bewerbermarkt profilieren und insbesondere junge, hochqualifizierte Potentialträger anziehen (vgl. den Beitrag von Heuer). Unternehmen und Mitarbeiter müssen gleichermaßen dazu beitragen, dass Flexibilität erfolgreich umgesetzt und genutzt wird: der Arbeitgeber muss seinen Arbeitnehmer vertrauensvoll Raum zum selbständigen Handeln einräumen, die Arbeitnehmer müssen diesen Handlungsspielraum eigenverantwortlich und selbständig ausfüllen.

---

13 Bundesvereinigung der Deutschen Arbeitgeberverbände: Chancen für Frauen in der Wirtschaft. Empfehlungen für eine an Chancengleichheit und Familienfreundlichkeit orientierte Personalpolitik, S.8

3.2 Die neuen Dienstleister: „Unternehmer in eigener Sache"

Die produktive Umsetzung des Flexibilitätsgebotes in der modernen Dienstleistungsgesellschaft, erfordert neue Organisationsformen und eine Unternehmenskultur, die Eigenverantwortlichkeit der Mitarbeiter fördert und fordert. Unternehmensstrukturen werden an Hierarchie und Starrheit verlieren. Moderne Organisationen sind zusehends komplexe Netzwerke, in denen Mitarbeiter durch Team- und Projektarbeit miteinander verbunden sind. Effiziente Kommunikation gewinnt in diesem Zusammenhang stark an Bedeutung. In diesen Netzwerken bewegen sich Mitarbeiterinnen und Mitarbeiter als „Unternehmern in eigener Sache". Sie planen und organisieren ihren beruflichen und privaten Lebensweg eigenverantwortlich und entwickeln sich kontinuierlich weiter.

Abb.1: Neue Arbeits- und Führungskultur in der Dienstleistungsgesellschaft

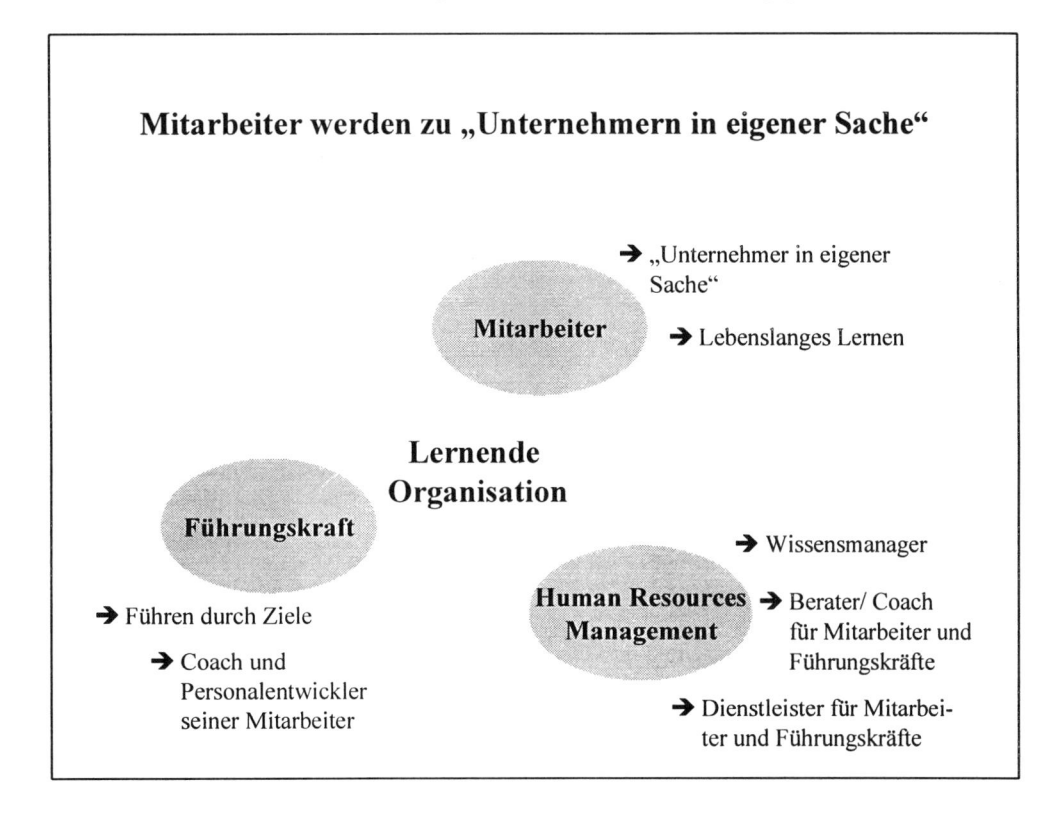

Mitarbeiter werden zu „Unternehmern in eigener Sache"

Mitarbeiter
→ „Unternehmer in eigener Sache"
→ Lebenslanges Lernen

Lernende Organisation

Führungskraft
→ Führen durch Ziele
→ Coach und Personalentwickler seiner Mitarbeiter

Human Resources Management
→ Wissensmanager
→ Berater/ Coach für Mitarbeiter und Führungskräfte
→ Dienstleister für Mitarbeiter und Führungskräfte

Neben der persönlichen und fachlichen Entwicklung steht hier die Organisationsentwicklung und die gesellschaftliche Verantwortung im Mittelpunkt. Mitarbeiter, Führungskräfte und Personaler sind gleichermaßen Träger dieser neuen Arbeits-, Lern- und Führungskultur. Die Entfaltung des Mitarbeiterpotentiales als Coach zu fördern, wird zunehmend Aufgabe eines modernen Human Resources Management sein. Vorgesetzte, die bewusst durch Ziele führen, und Human Resources Spezialisten, die sich als Dienstleister für Mitarbeiter und Führungskräfte begreifen, unterstützen Mitarbeiterinnen und Mitarbeiter als kompetentes Team bei der Karriereplanung und -umsetzung. Die kontinuierliche Weiterentwicklung der eigenen Fähigkeiten und Fertigkeiten liegt aber auch in der Verantwortung des Mitarbeiters der Zukunft, der dabei vom Arbeitgeber proaktiv unterstützt werden muss. Lebenslanges Lernen wird zur Grundvoraussetzung für Beschäftigung und schafft die Voraussetzungen für eine erfolgreiche Erwerbstätigkeit auf den Arbeitsmärkten. Die moderne Dienstleistungsgesellschaft ist also gleichzeitig eine Wissensgesellschaft, die intellektuelle Ressourcen sehr viel stärker nutzen muss als bisher.

Das lebenslange Lernen wird für die Wissensarbeiter der Zukunft alltägliche Realität sein. Das immer größer werdende Ausmaß an jederzeit verfügbarem Wissen erfordert die Fähigkeit zur Selektion und zur eigenständigen Auf- und Verarbeitung von Wissen. Die Bereitschaft, sich Wissen selbständig und aktiv zu erarbeiten, der Wille, sich immer wieder neu und um zu orientieren und eine schnelle Auffassungsgabe werden damit zu wertvollen Ressourcen. Es geht dabei aber nicht nur um fachliches Know-How. Die zunehmende Internationalisierung der Unternehmen, die steigende Flexibilität der Arbeitsgestaltung sowie die größere Eigenverantwortlichkeit von Mitarbeiterinnen und Mitarbeitern verändern die traditionellen Berufsbilder und Karriereverläufe. Die moderne Dienstleistungsgesellschaft benötigt Menschen, die neben soliden Grundkenntnissen und fachspezifischem Wissen über wesentliche Schlüsselkompetenzen verfügen wie soziale, interkulturelle und kreative Kompetenz, kritische Urteils- und Orientierungsfähigkeit und das Verständnis für interdisziplinäre Zusammenhänge.

Flache Hierarchien, Lean Management, Projektarbeit und Teamorientierung erfordern eine neue Generation von Managern, von denen zunehmend sogenannte „soft skills" verlangt werden. Gemeint sind Fertigkeiten wie etwa Kommunikationsfähigkeit, emotionale Stabilität, Ausdauer und Organisationstalent. Mitarbeiter und Unternehmen streben im beiderseitigen Interesse also eine ganzheitliche „permanent employability" anstelle eines einseitigen „permanent employment" an. Der steigende Stellenwert von Aus- und Weiterbildung in der modernen Dienstleistungsgesellschaft resultiert in der Notwendigkeit des bildungspolitischen Engagements von Unternehmen. Die ganze Gesellschaft, insbesondere Wirtschaft und Politik, muss zusammenarbeiten, um das zentrale Gut Bildung allgemein zugänglich zu machen und sinnvoll zu nutzen.

3.3 Work-Life-Balancing: Das zukünftige Verhältnis von Leben, Lernen und Arbeit

Die Flexibilität, die Unternehmen anstreben und benötigen, um in der Dienstleistungsgesellschaft erfolgreich zu sein, verspricht auch Mitarbeiterinnen und Mitarbeitern interessante Zukunftsperspektiven. Durch ein Mehr an Flexibilität seitens Arbeitgeber und Arbeitnehmer eröffnen sich dem einzelnen Menschen neue Spielräume für die Lebensgestaltung. Auf der individuellen Ebene wird eine flexible Balance zwischen Berufs- und Privatleben ermöglicht, die persönliche Bedürfnisse und Wünsche berücksichtigt. Managing Diversity und Work-Life-Balancing sind eng verwobene Konzepte.

Die Gestaltung des Verhältnisses von Berufs- und Privatleben nimmt im Leben eines Menschen einen zentralen Platz ein. Gerade hier manifestieren sich kulturelle, geschlechtliche, soziale und religiöse Unterschiedlichkeiten. Der Respekt vor dem individuellen Lebensplan und der individuellen Priorisierung der beruflichen und privaten Lebensaufgaben im Rahmen von Work-Life-Balancing ist daher ein Ausdruck der Wertschätzung und produktiven Förderung von Vielfalt. Gestalter dieser neuen Work-Life-Balance sind Mitarbeiter und Unternehmen als gleichberechtigte Partner im beiderseitigen Interesse.

Work-Life-Balance verspricht Vorteile für Mitarbeiter und Unternehmen: Neben einer erhöhten Mitarbeiterzufriedenheit und -motivation stehen für den Einzelnen erhöhtes physisches und psychisches Wohlbefinden im Berufs- und Privatleben im Vordergrund. Für Unternehmen gibt es mehrere Gründe, ihre Mitarbeiter in dem Versuch, eine ausgeglichene Work-Life-Balance zu finden, zu unterstützen.

In erster Linie ist es der immer größere Wettbewerb im sogenannten „war for talent", also die besten Mitarbeiter zu gewinnen und an sich zu binden, der Unternehmen nach Lösungen suchen lässt. Die Förderung ausbalancierter Arbeitskonditionen steigert die Attraktivität als Arbeitgeber, insbesondere für Frauen. Aber auch die Tatsache, dass Mitarbeiter, die Berufs- und Familienleben zufriedenstellend vereinbaren können, sich besonders motiviert für ihr Unternehmen einsetzen, gilt als wichtiges Argument. Das Unternehmen kann sich von motivierten Mitarbeitern größere Produktivität, geringere Fluktuation, weniger krankheitsbedingte Kosten und eine erhöhte Mitarbeiterloyalität erhoffen. Langfristig gesehen sind lediglich Mitarbeiter mit einer vernünftigen Balance zwischen Beruf und Freizeit wirklich produktiv. Work-Life-Balance ist für demnach weder ein flüchtiger Trend, noch eine lästige Pflicht, sondern eine reelle Chance für Mitarbeiter und Unternehmen. Welche Themen stehen nun im Mittelpunkt, wenn es um die Realisierung von Rahmenbedingungen geht, die Work-Life-Balance gerade in Deutschland fördern?

Auf unternehmens- und personalpolitischer Ebene fällt zunächst auf, dass immer noch der Faktor (Arbeits-) Zeit als Maßstab für Produktivität und Leistungsbereitschaft gilt, obwohl es keine Linearität zwischen Arbeitszeit und Arbeitsergebnis gibt. Hier sind kreativere Instrumente der Leistungsbeurteilung gefragt, die weniger auf die Anwesenheit als vielmehr auf die Arbeitsergebnisse, den Output, fokussieren. Ergebnisorientierung muss also den Faktor Arbeitszeit als Maß für Leistung, Erfolg und Karriere zunehmend ablösen. Andere Gründe, die eine bessere Vereinbarung von Beruf und Familie in Deutschland behindern, sind eher auf der gesellschaftspolitischen Ebene zu finden. In erster Linie sind die infrastrukturellen Defizite bezüglich Kinderbetreuungsmöglichkeiten zu nennen: Fehlende Ganztagsschulen und ein mangelhaftes Angebot für die ganztägige Betreuung von Kleinkindern zwingen deutsche Eltern nach wie vor zu privater Kinderbetreuung. Selbst der seit 1996 geltende Rechtsanspruch auf einen Kindergartenplatz kann in der Praxis nicht immer erfüllt werden. Während zum Beispiel in Skandinavien 40 Prozent der Kinder unter drei Jahren in einem öffentlichen oder privaten Kindergarten betreut werden, sind es in Deutschland derzeit nur ca. zehn Prozent[14]. Ein weiteres Hemmnis für eine ausgeglichene Work-Life-Balance birgt der deutsche Arbeitsmarkt: Obwohl die Diskriminierung von Frauen bei der Entlohnung nach deutschem und europäischem Recht verboten ist, liegt das durchschnittliche Einkommen deutscher Frauen nach wie vor unter dem der Männer. So betrug zum Beispiel der mittlere Bruttostundenlohn der Frauen im Jahre 1999 20 Prozent weniger als der ihrer männlichen Kollegen[15]. Obwohl deutsche Eltern das Privileg haben, dass Erziehungsurlaub von beiden Partnern genommen werden kann, sind es daher allein schon des höheren Familieneinkommens des Mannes wegen nach wie vor oft die Frauen, die aufgrund der Kinderbetreuung ihre Berufstätigkeit aufgeben, unterbrechen oder einschränken (vgl. den Beitrag von Ott). So waren im Jahr 2000 85 Prozent der Teilzeitbeschäftigten in Deutschland Frauen. Dieser Prozentsatz wird nach Einschätzung des Instituts für Arbeitsmarkt- und Berufsforschung der Bundesanstalt für Arbeit (IAB) in den kommenden Jahren noch ansteigen[16].

Ebenso wenig bietet das deutsche Bildungssystem optimale Voraussetzungen für eine Work-Life-Balance von Frauen und Männern. Deutsche Schulabgängerinnen entscheiden sich nach wie vor überproportional häufig für typisch weibliche Ausbildungsberufe wie Bürokauffrau, Arzthelferin oder Friseurin. In den neuen IT-Ausbildungsberufen sind junge Frauen demgegenüber unterdurchschnittlich repräsentiert. Auch Akademikerinnen sind mehrheitlich in Studienfächern wie Sprach- und Kulturwissenschaften bzw. Kunst und Kunstwissenschaften zu finden, die traditionell oft von Frauen gewählt werden. Der Anteil der Frauen an den Naturwissenschaften sowie im Fachbereich Mathematik lag dagegen 1999 lediglich bei etwas mehr als einem Drittel[17]. Zudem bedingen die langen Ausbildungszeiten an deutschen Universitäten gerade für qualifizierte Frauen (und Männer) einen späteren Berufseinstieg im Vergleich beispielsweise mit ihren amerikanischen Kommilitonen. Durch die „biologische Uhr" fällt damit für Frauen die Phase der Kinderbetreuung mit der Phase der wichtigsten Karriereschritte (etwa Mitte der 30er Jahre) zusammen. Dies bedingt für viele – gerade auch für gut ausgebildeten – Frauen die Al-

---

[14] Bundesvereinigung der Deutschen Arbeitgeberverbände, Chancen für Frauen in der Wirtschaft, S.28

[15] iwd – Informationsdienst des Instituts der deutschen Wirtschaft, Nr.30, 2001, S.4

[16] Bundesvereinigung der Deutschen Arbeitgeberverbände, Chancen für Frauen in der Wirtschaft, S.14/15

[17] Bundesvereinigung der Deutschen Arbeitgeberverbände, Chancen für Frauen in der Wirtschaft, S.17

ternative Beruf oder Familie. In den meisten europäischen Ländern scheint die Vereinbarung von Beruf und Familie durch angemessenere gesellschaftliche Rahmenbedingungen leichter zu sein. Selbst in den USA, wo der Staat anders als in Europa nicht aktiv soziale Rahmenbedingungen gestaltet, die Work-Life-Balance fördern, lassen sich gegenwärtig zwei Haupttrends ausmachen: Zum einen ist familienfreundliche Unternehmenspolitik zu einem integralen Bestandteil der Unternehmensstrategien geworden. Anders als etwa noch vor zehn Jahren bieten Unternehmen inzwischen von sich aus Dienstleistungen an, die die Koordination von Berufs- und Privatleben ihrer Mitarbeiter unterstützen. Zum anderen hängen diesbezügliche Innovationen stark von externen Bezugsgruppen wie etwa den Schulen, Kommunen oder der Regierung ab. Kooperationen zwischen diesen Bereichen – oft auch in Form von public-private-partnerships – führen zu Work-Life-Programmen mit dem eindeutigen Ziel, die Vereinbarkeit von Beruf und Familie zu erleichtern. In Deutschland ist zur Förderung von Work-Life-Balance ein radikales, dreifaches Umdenken überfällig.

Dieses Umdenken muss auf der individuellen Ebene dazu führen, dass an die Stelle der tradierten Rollenteilung in der Familie die partnerschaftliche Aufteilung der Familienarbeit tritt. Die Vereinbarkeit von Beruf und Familie ist kein „Frauenproblem", sondern eine Aufgabe, die im Rahmen jeder Partnerschaft gemeinsam und individuell gelöst werden muss. In Eigenverantwortlichkeit und Kreativität werden Frauen und Männer ihren privaten und beruflichen Lebensweg gestalten und dabei in Zukunft noch stärker von vorgelebten, traditionellen Lebensentwürfen abweichen. Selbstreflexion und Eigenverantwortlichkeit sind hier der Schlüssel zum persönlichen Glück. Unternehmen müssen und werden insofern umdenken, als die Flexibilisierung der Arbeitsbedingungen, wie oben ausgeführt, der Erfolgsfaktor des 21. Jahrhunderts sein wird. Im Rahmen dieser Flexibilisierung müssen Unternehmen aber auch das berechtigte Interesse der Belegschaft an einer Balance zwischen Beruf und Privat anerkennen und fördern. Individuelle Personalentwicklung, offene Kommunikation zwischen Mitarbeitern und Führungskräften, flexible Arbeitszeiten und eine ergebnisorientierte Kompensationspolitik können Ausdruck einer Unternehmenskultur sein, die Vielfalt und Work-Life-Balance gleichermaßen schätzt und fördert. Schließlich ist ein breites gesellschaftliches und politisches Umdenken unumgänglich: Die im Grundgesetz verankerte Gleichberechtigung von Frauen und Männern muss auf allen gesellschaftlichen Ebenen praktiziert werden. Denn es ist nahezu unmöglich, Gleichberechtigung und Chancengleichheit am Arbeitsplatz einzufordern, wenn sie im privaten und sozialen Umfeld vorenthalten werden. Staat, Länder und Gemeinden sind aufgerufen, diese Anstrengungen zu unterstützen, indem sie für eine flächendeckende Kinderbetreuung sorgen. Der gesellschaftliche Wandel der Werte und Rollenbilder muss allerdings weiter gehen und neben sozialstaatlichen Konzepten auch eine zukunftsorientierte Bildungspolitik umfassen.

4. Managing Diversity – Das Managementkonzept der Zukunft

Im Lichte der bis jetzt umrissenen Trends und Entwicklungen erscheint Managing Diversity als adäquates Managementkonzept zur erfolgreichen Bewältigung der Herausforderungen der Zukunft. Moderne Dienstleistungsunternehmen, die global agieren, werden sich nicht nur auf internationale Kunden, Marktstrukturen und Rechtssysteme, sondern auch auf eine zunehmend internationale, „diverse" Belegschaft einstellen müssen. Männer und Frauen unterschiedlicher Nationalität, ethnischer und religiöser Zugehörigkeit werden die Dienstleister und Wissensarbeiter der Zukunft sein. Ihre Vielfalt hinsichtlich Bildungsniveaus, Interessen, Lebensstile und persönlicher Zielsetzungen generieren eine Vielfalt, die in multikulturellen Organisationen zum Erfolgsfaktor werden kann. Ihren vollen Beitrag zum Erfolg des Unternehmens können diese Mitarbeiter allerdings nur leisten, wenn ihnen der Arbeitgeber die Möglichkeit gibt, ihr individuelles Potential in einem Umfeld zu entfalten, das die Unterschiedlichkeit, also die „Diversity", der Beschäftigten nicht nur toleriert, sondern sie wahrnimmt und auch fördert (vgl. die Beiträge im Kapitel II).

Voraussetzung für den Unternehmenserfolg ist daher, dass Vielfalt „richtig", das heißt ziel-orientiert, gemanagt wird. „Managing diversity" gilt laut Kanter in den USA bereits seit Beginn der 90er Jahre als „ a key human resource hot button"[18].

4.1 Argumente für Managing Diversity aus Sicht der Wirtschaft

Krell führt mehrere Argumente an, die aus wirtschaftlicher Sicht für die Förderung von Diversity sprechen[19]:
- Das Beschäftigtenstruktur-Argument
- Das Kreativitäts- und Problemlösungs-Argument
- Das Personalmarketing-Argument
- Das Marketing-Argument
- Das Flexibilitäts-Argument
- Das Internationalisierungs-Argument

Das Beschäftigtenstruktur-Argument

Die sich verändernde Zusammensetzung der Bevölkerung und Arbeitnehmerschaft, die weiter oben für Deutschland beschrieben wurde, und ihre wirtschaftlichen Konsequenzen sind Ausgangspunkt für Krells Plädoyer für mehr Diversity. Die Personalpolitik der

---

[18] R. M. Kanter, Men and Women of the Corporation. Afterword to the 1993 Edition, S.312

[19] G. Krell, Managing Diversity: Chancen für Frauen ?, in: Managing Diversity. Ansätze zur Schaffung transkultureller Organisationen, KOBRA Werkstattpapier zur Frauenförderung, Nr.14, S.29 ff

Zukunft kann und darf sich nicht mehr an dem männlichen, muttersprachigen, gesunden Norm(al)-Arbeitnehmer orientieren, sondern muss das volle Potenzial qualifizierter Arbeitskräfte abschöpfen.

Das Kreativitäts- und Problemlösungs-Argument

Gemischt zusammengesetzte Teams kommen zu kreativeren, tragfähigeren Lösungen, weil jedes Teammitglied eigene Denk- und Lösungsansätze sowie sein persönliches Know-How beitragen kann. „Diverse Teams" müssen allerdings entsprechend trainiert und gemanagt werden.

Das Personalmarketing-Argument

Unternehmen müssen sich in Zukunft als attraktiver „global employer" am internationalen Arbeitsmarkt präsentieren. Hochqualifizierte Frauen und Angehörige von Minderheiten sollen auf das Unternehmen aufmerksam werden und sich in ihrer Individualität angesprochen fühlen. Die Realisierung von Chancengleichheit ist am globalen Arbeitsmarkt sicherlich ein Kennzeichen eines „employers of choice"

Das Marketing-Argument

Nicht nur am Arbeitsmarkt, auch auf den Absatzmärkten trägt Diversity zum Unternehmenserfolg bei. In Hinblick auf die Produktpolitik wird davon ausgegangen, dass sich eine vielfältig zusammengesetzte Belegschaft auf die Wünsche und Bedürfnisse unterschiedlicher und internationaler Kunden leichter einstellen und diese besser befriedigen kann. Die nach außen getragene Diversität und Multikulturalität des Unternehmens vermag potentielle Kunden, die selbst einer Minorität angehören, besonders anzusprechen und kann ganz generell im Rahmen der Öffentlichkeitsarbeit genützt werden.

Das Flexibilitäts-Argument

Multikulturelle Organisationen sind durch ihre Heterogenität besser in der Lage, sich an veränderte Umweltbedingungen anzupassen und auf neue Herausforderungen kreativ zu reagieren. Der unterschiedliche soziale, ethnische und kulturelle Hintergrund der Mitarbeiter erweitert das Repertoire an Verhaltensmöglichkeiten und Handlungsstrategien.

Das Internationalisierungs-Argument

Global agierende Unternehmen benötigen Mitarbeiter, die Experten im Umgang mit anderen Nationalitäten und Kulturen sind. Eine Unternehmenskultur, die Toleranz, Offenheit und Diversity fördert, ermöglicht es Mitarbeitern, die Fertigkeiten und Fähigkeiten für die globalen Herausforderungen des 21. Jahrhunderts zu entwickeln und auszubauen.

„Managing diversity" ist folglich ein breit angelegtes Konzept. Ziel ist es, sämtliche vorhandene (Personal-) Ressourcen möglichst effizient zu nutzen, um die Organisation zum Erfolg zu führen. Potentielle Diskriminierungen von Minderheiten – sämtlicher Minderheiten – sollen aufgehoben und durch eine von Chancengleichheit geprägte Unternehmenskultur ersetzt werden.

4.2 Frauen und Diversity: ein ganzheitlicher Ansatz

Managing Diversity ist ein umfassendes, ganzheitliches Konzept. Anstelle der Chancengleichheitspolitik zugunsten von Minderheiten, die zu potentiell stigmatisierender Defizitförderung führt, tritt das Streben nach Rahmenbedingungen, welche die Entfaltung des Potentials jedes/r Einzelnen/er ermöglichen. Es geht dabei gerade nicht darum, einzelnen Arbeitnehmergruppen eine Förderung im Sinne von „Nachhilfe" zukommen zu lassen. Es ist die Wertschätzung und der Raum für die kreative Entfaltung der Vielfalt, die ein Eingehen auf den einzelnen Menschen ermöglicht. Alle Mitarbeiter sollen ihrem individuellen Potential entsprechend gefordert und gefördert werden. Dies gilt folglich für alle Mitarbeiterinnen und Mitarbeiter und schließt damit natürlich auch die Frauen und insbesondere die weiblichen Führungskräfte mit ein.

Das Diversity-Konzept ist also nicht nur umfassender angelegt als die traditionellen Frauenförderungs- und Chancengleichheitsprogramme, es könnte für bestimmte Mitarbeiter-Gruppierungen auch wesentlich attraktiver sein. Dies gilt vor allem für weibliche High Potentials und Führungskräfte, die sich in der Regel von herkömmlichen Förderungsprogrammen nicht angesprochen fühlen. Qualifizierte Frauen könnten von Diversity-Programmen eher erreicht werden, da diese sich nicht an Frauen als Exoten in Unternehmen richten, sondern optimale Arbeitsbedingungen für alle Mitarbeiter realisieren sollen.

Eine solche Optimierung der Arbeitsbedingungen wäre insbesondere für Deutschland wünschenswert. Denn wenn künftiger Unternehmenserfolg immer stärker davon abhängt, ob und wie das vorhandene Fach- und Führungskräftepotential – und damit auch das Potential hochqualifizierter Frauen – effizienter genutzt werden kann, muss sich in deutschen Unternehmen einiges ändern. Deutschland schneidet puncto frauenfreundlicher Rahmenbedingungen im internationalen Vergleich schlecht ab. Zwar sind Statistiken schwer zugänglich und die Daten auch nicht hundertprozentig vergleichbar, da Führungspositionen in den einzelnen Ländern unterschiedlich definiert werden. Doch auch mit diesen Einschränkungen sprechen die folgenden Daten, Zahlen und Fakten für sich: In den USA sind zu Beginn des neuen Jahrtausends 46,5 Prozent aller Arbeitskräfte Frauen. Im familiären Rahmen sind Doppelverdiener die Regel. Nahezu die Hälfte (49,5 Prozent) aller Fach- und Führungskräfte sind Frauen. 12,5 Prozent der Vorstandsmitglieder sowie 1,2 Prozent der Vorstandsvorsitzenden der 500 größten US-Unternehmen sind weiblich. Und: Frauen stellen 4,1 Prozent aller *Fortune* 500 Topverdiener, so die jüngste Erhebung des amerikanischen Wirtschaftsmagazins[20]. In Großbritannien sind 25 Prozent der Führungskräfte in der Privatwirtschaft Frauen. Sie stellen 16 Prozent des Top-Managements. Im Jahr 2000 waren 6 Prozent aller britischen Vorstandsmitglieder Frauen sowie 5 Prozent aller Aufsichtsratsmitglieder. In Frankreich sind 20 Prozent der Top-Manager in Wirtschaftsunternehmen Frauen, Belgien kommt auf 15 Prozent, die Niederlande auf 13 Prozent und Luxemburg auf 12 Prozent. Deutschland nimmt mit einem

---

[20] *Fortune*, Vol.144, No.7, Oct.15, 2001, S.190

Frauenanteil von 11 Prozent an den Führungskräften der Privatwirtschaft einen der hintersten Ränge ein. Keines der 100 größten deutschen Unternehmen hat einen weiblichen Chef, die Vorstände sind komplett frauenfrei[21]. Bereits 1998 kam das amerikanische *Fortune*-Magazin zu folgender Einschätzung: "More than 40% of the German women between 25 and 54 work full-time, but finding a woman in a leadership-position is about as easy as finding a diet bratwurst."[22] Und die jüngste *Fortune*-Auflistung der zehn „most powerful business women" außerhalb der Vereinigten Staaten dokumentiert überzeugend, dass sich an dieser Situation bis heute nichts geändert hat : Zwar sind aus Europa England, Frankreich, Schweden und Italien vertreten, aber eine deutsche Power-Frau befindet sich nicht darunter[23].

Ein ähnlich negatives Deutschland-Bild zum Thema Chancengleichheit zeichnet *The Wall Street Journal Europe* in einer Sonderausgabe mit dem Titel „Women in Business": In einem Ranking der 30 einflussreichsten Frauen in der europäischen Wirtschaft werden Frauen aus zehn europäischen Staaten porträtiert – Deutschland fehlt[24].

Natürlich findet man auch hier Ausnahmen, wie zum Beispiel 12 deutsche Frauen, die sich unter den „top women in the European car industry" befinden, die von AutomotiveNewsEurope im Dezember 2001 ausfindig gemacht wurden Ob die Aufzählung dieser weiblichen Führungskräfte aber wirklich beweist, dass „everywhere you look these days females are filling big jobs in the car business", wie das Magazin meint, mag dahingestellt bleiben[25]. Jedenfalls darf die deutsche Wirtschaft nicht den Anschluss an moderne Managementmethoden im Europa des 21. Jahrhunderts verlieren, wie das folgende Zitat aus einer kürzlich im *British Journal of Management* veröffentlichten Studie zeigt: „The evidence suggests that throughout Europe the development of women in international management deserves special attention and will be a key challenge for international human resource management policy and practice over the next decade. In this context, failure to develop effective strategies to overcome discrimination against women in international management will become increasingly costly to organizations and will limit the potential supply of international managers."[26]

Damit Frauen von Managing Diversity nachhaltig profitieren können, müssen allerdings zwei Punkte kritisch im Auge behalten werden. Die Integration von frauenspezifischen Themen im Sinne von Gender Issues in ein breites Managing Diversity Konzept darf zum einen kein Etikettenschwindel sein. Es geht nicht darum, unliebsame und schwierige Themen unter den Teppich der Vielfalt zu kehren. Kritische gesellschaftspolitische Themen und Fragestellungen müssen klar angesprochen und umfassend

---

[21] *Der Spiegel*, Nr.33/2001, S.88

[22] *Fortune*, Vol.138, No.7, Oct.12, 1998, S.55

[23] *Fortune*, Vol.144, No.7, Oct.15, 2001, S.200

[24] *The Wall Street Journal Europe*, Women in Business, März 2001

[25] http://www.autonewseurope.com, 29.02.2001

[26] M. Linehan and S. Walsh, Key Issues in the Senior Female International Career Move: A Qualitative Study in a European Context, *British Journal of Management*, Vol.12, 2001, S.93

bewältigt werden. Zum anderen wurden – wie oben dargestellt – in Deutschland frauenpolitische Themen in der Vergangenheit nicht intensiv und effizient genug in Angriff genommen. Daher muss bei der Förderung von Diversity ein klarer Fokus auf Themen liegen, die Frauen betreffen.

4.3 Diversity in Deutschland: Status quo und Zukunftsvision

Diversity hat Deutschland bereits seit einigen Jahren als Managementtrend aus den USA erreicht. Dementsprechend wird das Konzept unter dem englischen Namen vor allem in großen, internationalen Unternehmen diskutiert, die entweder durch intensive Handelsbeziehungen oder faktischer beziehungsweise rechtlicher Beherrschung mit dem angloamerikanischen Raum verbunden sind. In Deutschland wird Diversity unter zwei Hauptgesichtspunkten diskutiert. „Cultural Diversity" – also der Aspekt der ethnischen Vielfalt und Unterschiedlichkeiten – steht noch immer im Mittelpunkt der Diskussion. Daneben wird Diversity aber zunehmend auch als Konzept zur Förderung der Chancengleichheit zwischen Männern und Frauen betrachtet.

Während deutschlandweit eine zunehmende Operationalisierung und Institutionalisierung bezüglich Diversity zu beobachten ist, geht die Anzahl der einschlägigen Publikationen merklich zurück (obwohl oder vielleicht gerade weil noch immer kein umfassendes Managing Diversity Konzept präsentiert werden konnte). Der Trend Diversity resultiert derzeit in Deutschland vielfach in einem Aktionismus ohne grundlegende Analyse und Konzepte. Unternehmen, Institute und Verbände halten Veranstaltungen zum Thema Diversity ab. Seminare und Workshops haben regen Zulauf, Diversity-Beauftragte werden ernannt und ersetzen die Chancengleichheitsbeauftragten.

Zumeist beruhen diese Aktionen aber weder auf einer Bedarfs-, noch auf einer Kosten-/Nutzenanalyse. Man springt auf einen beliebigen Zug auf, ohne dessen genaues Fahrziel zu kennen. Das Ausmaß, in man sich in einer Organisation des Wertes von Vielfalt bewusst ist, der vorhandene Handlungsbedarf und die tatsächliche Bereitschaft, die grundlegenden Werte der Organisation und die Unternehmenskultur zu diskutieren und zu verändern, werden oft nicht oder zuwenig abgeklärt. Genau hier beginnt allerdings ein effektiver Veränderungsprozess hin zu mehr Diversity.

Die Herausforderung der Zukunft liegt für Deutschland sicherlich darin, Diversity auf mehreren Ebenen zu fördern. Wir müssen Diversität endlich als Wert für sich erkennen. Ethnische, kulturelle und sonstige Unterschiedlichkeiten können fruchtbare Lernprozesse einleiten und den Horizont über Grenzen hinaus erweitern. Die Ereignisse des 11. September 2001 haben uns in fürchterlicher Weise verdeutlicht, dass wir uns mit anderen Kulturen und Religionen offen und kreativ auseinandersetzen müssen. Frauen und Männern muss die Entfaltung ihres individuellen Potentials ermöglicht werden – losgelöst von geschlechtsspezifischen Vorurteilen und Barrieren. Die (Re-)Integration älterer Menschen in das öffentliche Leben zählt ebenfalls zu den Diversity-Aktionsbereichen der Zukunft. Ältere Menschen müssen die Chance bekommen, ihr Erfahrungswissen und ihre Talente verstärkt in beruflicher, sozialer oder kultureller Hinsicht einzubringen. Aus unternehmerischer Sichtweise ist der Bedarf nach einem ganzheitlichen Organisationsentwicklungskonzept zur Förderung von Diversity zentral. Der Werte- und Kulturwandel, den eine ernstgemeinte Förderung von Vielfalt voraussetzt, muss kompetent geplant, umgesetzt und begleitet werden.

5. Fazit

Der durch die Entwicklung von der Industrie- zur Dienstleistungsgesellschaft, die Globalisierung der Wirtschaft sowie die demografische Veränderung in Deutschland bedingte Wandlungsprozess konfrontiert Politik, Wirtschaft und Gesellschaft mit einer Vielzahl neuer Herausforderungen. Auf Unternehmensebene erfordert ein erhöhtes Ausmaß an Flexibilität, Souveränität und Diversität seitens der Mitarbeiter eine grundsätzliche Veränderung der Managementstile in Richtung Kooperation, Integration und Konsensbildung.

Die Identifizierung, Herausbildung und Implementierung adäquater Managementmethoden, an denen Frauen wie Männer gleichberechtigt partizipieren sollten, ist dabei eine der herausragendsten Aufgaben für das Human Resources Management zu Beginn des neuen Jahrtausends. Eine nach außen wie nach innen starke Corporate Identity und eine Unternehmenskultur, die Diversity als Wert und Managing Diversity als Methode begreift, stellen in Zeiten sozialer und wirtschaftlicher Umbrüche Eckpfeiler einer erfolgversprechenden Unternehmensstrategie dar. Mitarbeiterinnen und Mitarbeiter müssen sich in ihrer Verschiedenartigkeit mit dem Unternehmen identifizieren können. Die Corporate Identity ist in diesem Sinne ein Mosaik der Vielfalt, das den Mitarbeitern gleichzeitig als Spiegelbild und Landkarte dient. Managing Diversity kann als somit moderne Managementidee vielfältige, kreative Wege aufzeigen, um den Herausforderungen der Zukunft auf allen denkbaren Ebenen gerecht zu werden.

Literatur

Bundesanstalt für Arbeit 2000. Arbeitsmarkt für Frauen. Aktuelle Entwicklungen und Tendenzen im Überblick, ANBA-Sonderdruck Nr. 4/2000, Berlin: BA.

Bundesvereinigung der Deutschen Arbeitgeberverbände 2001. Chancen für Frauen in der Wirtschaft. Empfehlungen für eine an Chancengleichheit und Familienfreundlichkeit orientierte Personalpolitik, Berlin: BDA.

DER SPIEGEL, Nr.33, 2001.

FORTUNE, Vol.138, Nr.7, 12.10.1998.

FORTUNE, Vol.144, Nr.7, 15.10. 2001.

http://www.autonewseurope.com/stories1217/50women1217.htm, 29.01.2002

http://www.linuxjournal.com, 28.01.2002

INSTITUT DER DEUTSCHEN WIRTSCHAFT 2000. Preussag Dienstleistungsreport 2000.

iwd – Informationsdienst des Instituts der deutschen Wirtschaft, Nr.30.

KANTER, R. M. 1993. Men and Women of the Corporation. Afterword to the 1993 Edition.

KRELL, G. 2000. Managing Diversity: Chancen für Frauen ?, in: Managing Diversity. Ansätze zur Schaffung transkultureller Organisationen, KOBRA Werkstattpapier zur Frauenförderung, Nr.14., Berlin: KOBRA.

LINEHAN, M. & WALSH, S. 2001. Key Issues in the Senior Female International Career Move: A Qualitative Study in a European Context, British Journal of Management, Vol.12.

STATISTISCHES BUNDESAMT 2001. Mikrozensus: Leben und Arbeiten in Deutschland 2000. Wiesbaden: Statistisches Bundesamt

STATISTISCHES BUNDESAMT 2000. Bevölkerungsentwicklung Deutschlands bis zum Jahr 2050. Wiesbaden: Statistisches Bundesamt.

THE WALL STREET JOURNAL EUROPE 2001. Women in Business, März 2001.

Vereinbarung zwischen der Bundesregierung und den Spitzenverbänden der deutschen Wirtschaft zur Förderung der Chancengleichheit von Frauen und Männern in der Privatwirtschaft, 2. Juli 2001.

WORLD TRADE ORGANIZATION (WTO). The WTO Annual Report 2001.

Gertrud Höhler

Geschlechterarrangements im Umbruch

Neue Bündnisse unter Wölfin und Wolf *

1. Wölfe beim Kreideschlucken – Optionen aus der femininen Hälfte des Himmels
2. Gemeinsam siegen
3. Männer und Frauen – als Team unschlagbar

Prof. Dr. Gertrud Höhler ist Publizistin und Professorin für Literatur; heute als Beraterin von Wirtschaft und Politik tätig. Tel.: (02 08) 3 52 08

* Dieser Artikel ist ein Auszug aus: Höhler G. (2000) Wölfin unter Wölfen. Warum Männer ohne Frauen Fehler machen, München: Econ

1. Wölfe beim Kreideschlucken – Optionen aus der femininen Hälfte des Himmels

Frauen hören es gern, daß sie besser kommunizieren als Männer. Sie wissen, daß ihr soziales Interesse größer ist. Sie erfahren deshalb mehr über Menschen und verstehen sich auf Klimafaktoren. Ihr prosozialer Einspruch wird als Tugend hochgeschätzt. Frauen sind hellhörig, nicht nur im tatsächlichen, sondern auch im übertragenen Sinne: Ihre *multi-task*-Ausstattung schützt sie vor Tunnelperspektiven. Schon dieser Ausschnitt aus der weiblichen Stärkenskala führt auf einen logischen Schluß zu, den Frauen erst gar nicht in Betracht ziehen – weil er Ernst macht mit dem Einsatz dieser Stärken. Wer besser kommuniziert und Experte für soziale Prozesse ist, kann aber nur schwer vermitteln, warum er – in diesem Falle sie – sich nicht zuständig sieht für das Kommunikationsmanagement zwischen Männern und Frauen.

Bei allem Stolz auf ihre natürliche Expertenschaft verfallen Frauen sofort in die Groll- und Schmollhaltung, wenn es darum geht, die Führung im Verständigungsprozeß zwischen Männern und Frauen zu übernehmen. Die alten, bequemen Muster schlagen wie der Blitz ein, wenn jemand fordert: Frauen sollen die Isolation der Männer aufbrechen. Mit großem Eifer weisen die Frauen nach, daß ihnen der Mut und die Macht fehlen, um zu den Inseln der Männer vorzudringen. Sie wollen abgeholt werden am anderen Ufer, der Mann mit dem Täterprofil soll das Handeln übernehmen. Heimlicher Nebengedanke: Dann bleibt er auch der Schuldige für alles, was den Frauen nicht gelingt – wie bisher.

Und doch wird die neue Kooperation nicht anders beginnen können als so: daß Frauen beginnen. Sie haben den leichteren Einstieg, weil sie sich mehr dafür interessieren, warum Menschen wann was tun – ihre soziale Sensibilität ist größer. Ihre Empathie ist stärker: Sie gehen mit eigenen Gefühlen erfolgreicher um als Männer, und sie sind deshalb fähig, auch die Gefühle anderer Menschen wahrzunehmen. Viele männliche Erfolgsrituale leben dagegen von der Überzeugung, daß man die Gefühle anderer abwehren und die eigenen Gefühle ausblenden muß, um Sieger zu bleiben.

Die alte Doppelstrategie der Frauen muß also über Bord geworfen werden, wenn das neue Bündnis überhaupt entworfen werden soll. Die Doppelstrategie bestand aus Opferpower und Abwarten – ein gigantisches Erfolgsmodell aus der Kulturgeschichte der Weiblichkeit: unberechenbar bleiben, um den Mann unsicher zu machen. Im gemeinsamen Power-Play geht es nicht mehr um Partnerwerbung, sondern um wechselseitige Verläßlichkeit. Die beiden sollen einander stärker machen, sonst brauchen sie einander nicht. Die öffentliche Variante dieser Allianz ist Neuland – in das die Männer die Frauen nicht führen werden. Die Frauen müssen die Männer dorthin führen.

Statt des Jubels, endlich einmal zeigen zu dürfen, wohin die Reise geht, reagieren Frauen mit kalkulierter Zaghaftigkeit: Routinen rasten ein. Erlernte Hilflosigkeit soll den Mann in die autoritäre Täterrolle treiben, damit man einen Schuldigen hat. Dieses Spiel ist aus.

Das Land der gemeinsamen Siege ist von Frauen bereits erkundet, deshalb steht ihnen die Führung auf diesem Weg zu. Die strapazierte Option, weiter das Aschenputtel zu spielen, wirkt wie der Luxus ewig gestriger Unschuldslämmer. Es ist soweit: Die Wölfin sollte den Schafspelz ablegen.

Es ist nicht der Mann, der sie ruft, sondern – wenn man hoch greifen will: die Geschichte. Das mag bei Frauen auf ungläubiges Staunen stoßen, weil sie sich so sehr an abhängiges Verhalten gewöhnt haben. Der Schutzmantel der Abhängigkeit hat längst verschlissene Stellen, und die jungen Männer haben überhaupt kein Vergnügen mehr am abhängigen Verhalten von Frauen: Sie sind sensibler geworden, es streßt sie, wenn zu Hause eine nur auf sie gepolte Frau wartet. Dennoch tun viele Frauen überrascht. Waren sie es nicht, die seit mehr als zwanzig Jahren den „sensiblen Mann" beschworen haben? In der Tat, sie haben die Folgen nicht bedacht.

Aber „die Geschichte" ist natürlich nicht der Mann. Sie wird auch nicht allein von Männern gesteuert. Männer verwenden nur viel mehr Energie darauf, diesen Eindruck wachzuhalten: Großentscheidungen sind Männersache. Dennoch schreitet die Götterdämmerung fort. Nein, die Götter sind nicht die Männer. Die Götter heißen Macht, Einfluß und Geld. Es sind die Götter des Materialismus. Auch die kurzschlüssige Idee, die Frau werde diese Götter stürzen, vertritt niemand mehr ernsthaft. Freilich sieht es so aus, als könnte sie die männliche Götterwelt mit Begleitschutz ausstatten, der die Allmacht dieser Götter an Werten bricht.

Die Mischung macht's. Da Frauenhirne schon die Bilder dieser Welt besser mischen, während der Mann sogleich zensiert, ist die Kooperation beider Gehirne unausweichlich. Solange uns dafür die besten Argumente fehlten, die der modernen Hirnforschung, konnten wir trefflich streiten. Was heute noch läuft, sind Nachhutgefechte. Die Beweislast ist erdrückend: Wieder einmal haben wir pünktlich die neuen Erkenntnisse auf dem Tisch, um die nächste Etappe mit neuem Werkzeug zu bewältigen. Alle starren aufs Internet, jeder redet von globaler Kommunikation; alle vagabundieren in der virtuellen Welt. Daß diese Stichworte zur Sammlung aller vernachlässigten Energien auffordern, wird jedem klar, der die neuen Fenster in die Welt auch nur einen Spalt weit aufstößt. Da huschen die Botschaften um den Globus, da glühen die Lunten und knistern die Flops, da türmt sich der Datenmüll, und Millionen von Menschen sind auf virtueller Reise.

Wer tut die Arbeit – und wer entscheidet, welche Arbeit zuerst getan werden muß? Nie hieß die Antwort so selbstverständlich: Männer und Frauen. Weil der Aufgabenmix den Mann überfordert. Weil die mitlaufenden Wertentscheidungen oft von Männern wegzensiert werden, da sie die erfolgsorientierte Vereinfachung behindern. Weil Frauen nicht den Sieg über alles setzen, sondern die Qualität der Strecke zum Sieg – genauer: das Qualitätserlebnis. Frauen sind stark, wenn es um die Wahrnehmung der Welt, um ihre subjektive Seite geht. Der weibliche Blick ist das Auge der Märkte. Dieses Auge muß immer sensibler hinschauen, je virtueller die Produkte werden.

Nicht die Gerechtigkeitsdebatte oder der Feminismus treiben auf die Entscheidung zu. Die Aufgaben selbst sind es. Die Weltkultur der globalen Netze kann nicht mehr allein den Männern gehören, weil sie weibliche Expertenschaft für die Kommunikationsprozesse braucht. Männer interessieren sich aufgrund ihrer Dominanzorientierung nicht genug für das Gelingen der Kommunikationsprozesse. Weltweit vermehren sich täglich die Beweise, daß die Männer im Management die Bedeutung strategischer Kommunikationsstrukturen unterschätzen. Bedrohlich wird diese Fehleinschätzung, wenn Kulturmischungen und Fusionen an der Tagesordnung sind.

Vertrauensmanagement kann nicht gelingen, wenn oberflächliche Vorstellungen von den Strukturen einer Vertrauenskultur herrschen. Das aber ist in den meisten Führungsetagen der Fall. Wer Vertrauen autoritär managen will, wird scheitern. Die Rückmeldung freilich verspätet sich – wie bei allen *Human-Ressources*-Faktoren. Gerade das männliche Erfolgsprogramm, die Spannung zwischen Solidarität und Konkurrenz, wird immer häufiger zur Falle. Bei steigendem Tempo steigt auch der Streß, und der kühle Blick von Beobachterinnen, die an den männlichen Drogencocktails nur nippen, wird zur Justierung von Entscheidungen immer wichtiger.

Das Tempo des Wandels erfaßt natürlich auch die Systeme. Der Mann als Systemliebhaber möchte, daß alles „rund läuft". – „Alles im grünen Bereich!" – „Alles unter Kontrolle!", das sind Männersätze, die das Systemvergnügen spiegeln. Darum verwechseln Männer so leicht das Systemglück mit dem Glück von Menschen. Daß nicht Menschen systemgerecht funktionieren müssen, sondern Systeme menschengerecht, ist für Frauen völlig selbstverständlich. Es kostet sie auch weniger Anstrengung, das zu erkennen. Ihr Systemgenuß ist geringer, sie schauen auf die Fugen, auf die Sollbruchstellen – und auf die Menschen im System. Das kann sich auch für Spitzenmanager günstig auswirken, wenn das System einmal versagt.

Systeme im Wandel, das heißt auch Abschied von der Produktkultur zur Dienstleistungskultur. Dienstleistung ist Kultur des sozialen Interesses. „Servicepakete", also Systemlösungen, reichen da nicht mehr. Kundenbeziehungen managen, das bedeutet, neue virtuelle Produkte in der Firma zu entwickeln: Kundenkontakt als Begegnung in einem Klima des Vertrauens zu managen, das läßt Männerherzen nicht gerade höher schlagen. Ist die Expertin für Beziehungsmanagement an Bord, so wird daraus kein Problem. Fehlt sie, wird das Unternehmen sich, wie Tausende andere auch, auf der Seite der Verlierer wiederfinden. Der Wettbewerb belohnt weibliche Energie; genauer: Der Kunde belohnt sie. Das ist ein Fazit, das im männlich dominierten Management nur deshalb noch nicht formuliert ist, weil die Antwort auf diese Herausforderung fehlt.

Wenn wir so weit aber schon sind, daß der feminine Touch der Unternehmensleistung vom Marktpartner belohnt wird, welcher Beweise bedürfte es dann noch? Natürlich: Männer sind noch dabei auszuprobieren, ob sie den weiblichen Part nicht doch mitübernehmen können. Irgendeinen Trick muß es doch geben, um einen soften Auftritt zu managen. Dienstleistungswölfe sind beim Kreideschlucken zu erwischen. Aber ihrer Leistung fehlt der Glanz. Warum? Weil ihnen das Vergnügen an der Sache fehlt. Hände weg von der femininen Hälfte des Himmels, möchte man ihnen zurufen. Ihr werdet dort nie so gut sein wie die Frauen.

Und der Bedarf wächst weiter, an den Männern vorbei, hinaus aus dem Terrain ihrer Erfahrungen. Die mobilen Arbeitsverhältnisse der nächsten Jahre als Firmenpotential flexibel zu managen: für den Liebhaber funktionierender Systeme ein Problem. Der Schlüssel zum Erfolg ist ein hohes Improvisationspotential, wie es Frauen mitbringen. Ihre Komplexitätstüchtigkeit wird sich bewähren. Denn die Kunst wird heißen: den Wandel antreiben, das Vertrauen am Leben erhalten. Eine Aufgabe für Frauen, weil sie Systeme nicht als Vertrauensspeicher mißverstehen, sondern auf die fließende Energie zwischen Menschen setzen. Genau hier, wo Männer mißtrauisch und unsicher werden, beginnt das Terrain, in dem Frauen sich sicher bewegen. Ihr biologisches Programm macht sie hier stark: disponibel, anpassungsbereit, kaum zu überraschen. Das sind die weiblichen Stärken, die in den Mythen und Sagen der menschlichen Kultur besungen werden, wenn es um den Schutz der Brut geht, um Fürsorge im Sturm, um beruhigende, unspektakuläre Präsenz ohne Imponiergehabe und Egoprobleme, wenn die Höhle von Feinden umstellt ist.

Wir dürfen das Szenario im Ganzen anschauen: Die Männer sind längst hinausgestürmt, um draußen gegen vermutete und manchmal wirkliche Drachen zu kämpfen. Die Frau sichert drinnen das Erreichte. Sie wird auch nicht im Furor ihres Reptilhirns das Gewonnene zerschlagen, um morgen ganz neu anzufangen: die große Gefährdung des Mannes. Sie wird die wertvollen Ressourcen der Firma sogar vor den aufgeregten Managern schützen, wenn deren Reptilhirn Amok läuft. Und wenn das Wetter oder die Feinde abziehen, wird es ihr ein überlegenes Lächeln abnötigen, daß die erschöpften Heimkehrer sich auch die Rettung der Firmensubstanz in ihre Erfolgsbilanz schreiben.

Frauen teilen Siege fairer als Männer – weil Siege ihnen weniger bedeuten. Darum ist es so günstig für Männer, mit Frauen zusammen zu arbeiten. Weil Frauen den Teil der Arbeit tun, der dem Mann mißlingt, und weil sie genug vom Männerego verstehen, um den Löwenanteil des guten Ausgangs großzügig seiner *self-promotion* zu überlassen. Er muß „ums Feuer tanzen", wie es die *Cranfield*-Studie so schön beschreibt. Zur Not auch mit fremden Federn geschmückt.

Wohin man auch schaut im Management, eines ist unbestreitbar: Um einen Wettbewerb zwischen Männern und Frauen kann es gar nicht gehen. Den Wettbewerb haben die Männer mit Männern, die Frauen mit Frauen innerhalb und außerhalb des Unternehmens, in dem sie arbeiten. Wenn um Lösungen gekämpft wird, siegt in einem guten gemischten Team selten die maskuline oder die feminine Variante einer Lösung. Gerade weil der Zugriff beider auf die Probleme so verschieden ist, wird die Lösung ein Mischprodukt sein – und damit dem Markt, drinnen wie draußen, am besten gerecht werden.

Wir sollten uns nicht zuviel Zeit lassen, um diese so einfache Bedingung für bessere Ergebnisse zu schaffen. Einfach? spotten die Frauen. Einfach? höhnen die Männer. Wir kennen die Kette der Argumente, die beide vorzutragen haben; ihr Text ist so verschieden wie die beiden Blickwinkel. Aber die Bedingung ist dennoch einfach – weil sie natürlich und logisch ist.

Erst unter diesem Blickwinkel fängt man an zu staunen, daß Männer und Frauen sich die Isolation immer noch leisten. „Einfach" an der Bedingung, gemeinsam zu arbeiten, um weniger Fehler zu machen, ist noch etwas anderes, was in die traditionellen Debatten-Textbücher nicht paßt: Die Verantwortung für die Spaltung ist ziemlich gleichmäßig verteilt. Frauen haben es über Jahrzehnte erreicht, daß sie als Opfer männlicher Machtergreifung dastanden; das paßt ins Konzept der Opferpower. Wer Opfer sein will, braucht Täter. Das geringe Interesse der Männer an der weiblichen Leidensgeschichte begünstigte und ermutigte Frauen, den Ton zu verschärfen und Bedingungen zu stellen. Nicht einfach fürs Mitspielen, sondern für spezielle Konditionen, unter denen man mit Erfolgsgarantie mitspielen kann – immer noch Opfer, immer durch die garantierte Schuldnerrolle des Mannes abgesichert.

Während die Ausbildungssysteme längst ganze Frauenheere in den Markt schickten, blieb der Text der femininen Anklage an die maskuline Welt fast unverändert. Eine ganz andere Welt müsse es sein, in der die Frauen mit ihrem Tugendanspruch überhaupt mitzuspielen bereit seien, so hörte man. Während immer weniger Kinder geboren wurden, blieb auch die Behauptung, Kinder hielten Frauen vom Business fern, wie mit eisernem Griffel geschrieben; niemand widersprach. Die Männer nicht: aus Bequemlichkeit, Irritation und Desinteresse. Die Frauen nicht, weil die Frauenlobby strenge Sanktionen vollstreckte, wenn eine Frau der Opferstory widersprach.

Man könnte dieses Verwirrspiel als Arabeske der Zeitgeschichte abtun, wenn der Eilbedarf für das Projekt Kooperation nicht inzwischen so gewachsen wäre. Eben weil der Wandel sich beschleunigt hat, werden Chancen oft nur flüchtig sichtbar.

Wer in Systemen von gestern verwurzelt ist, wird außerstande sein, die Chancen für morgen rechtzeitig zu erkennen und nutzbar zu machen. Frauen sind als *freeclimbers* in den männlichen Netzwerken entschieden weniger gebunden an die Erfolgsgesetze, die Männer verbinden. Die Evolutionsbiologie bekräftigt diesen Befund: Während der männliche Erfolg patriarchalische Strukturen hervorbringt, bleibt die Frau beweglich, mit Blick auf die Nachrücker. Rituale gelten ihr nicht viel, und sie kann sich schnell von ihnen trennen, wenn sie zum Überleben unter neuen Bedingungen nicht mehr passen. Ist der Mann als Regelverteidiger wichtig für die Gruppe, so wird die Frau zur Anwältin des Regelbrechers. Häufig ist der Regelbruch das kreative Wetterleuchten einer Innovation. Schon bei den uns nahe verwandten Primaten ist es das weibliche Tier, das die Regelverletzer mit den Vätern versöhnt, weil anders keine soziale Innovation in der Gruppe durchgesetzt werden kann.

Wir sind auch für die Jahre um die Jahrtausendwende nicht auf Vermutungen angewiesen, was die Innovationsbeschleunigung durch Frauen angeht. Unter dem Premier Tony Blair wurde soeben eine Studie abgeschlossen, die beweist, daß die Flexibilität der Frauen im beschleunigten Wandel größer ist als die der Männer. Frauen sind Virtuosen im Beziehungsmanagement, daher leiden sie nicht so unter Verwerfungen in herkömmlichen Strukturen, sagt Professor Richard Scase zu den Ergebnissen seiner Forschung. Im

Jargon der siebziger Jahre würde das, was Scase als feminine Stärke beschreibt, Frustrationstoleranz heißen.

Frauen sind stärker im Umgang mit gleitenden Arbeits- und Lebensbedingungen. Sie haben ein eher aufmerksames und rezeptives Verhältnis zu den Umständen des Lebens. Männer möchten steuern und Strukturen bauen. Das ist bei starker Strömung nicht möglich. Scase ist einer der wenigen Forscher, die zu dem nächstliegenden Ergebnis kommen: Die Männer seien angesichts der immer kürzeren Verfallsfristen menschlicher Beziehungen immer abhängiger von der Überlegenheit der Frau im Umgang mit diesen Bedingungen.

Diese Befunde in ein Konstrukt „Privatleben" abschieben zu wollen, wäre töricht. Ist doch die zunehmende Überschneidung von Berufs- und Privatleben einer der stärksten Trends dieser Jahre.

Daß Männer auf sie „angewiesen" sind, wie Prof. Scase sagt, ist den meisten Frauen zwar „privat" bewußt. Daß sie es beruflich sind, bezweifeln die meisten Frauen vehement. Vor allem deshalb, weil Männer ihnen keine Defizitmeldung geben. Auch privat dürften die meisten Frauen aber schon erfahren haben, daß Männer die Grenzen ihrer eigenen Lösungsmacht ungern beschreiben – und daß sie, um von diesen Grenzen möglichst weit entfernt zu bleiben, auch recht wenig darüber wissen, ob ihr Know-how irgendwo an seine Grenzen käme. Kein Thema. Was sie können müssen, das können sie. Alles andere muß man nicht können.

Deshalb drängt es sich den Männern auch nicht auf, daß Frauen im Business weiße Flekken auf der maskulinen Landkarte ausfüllen könnten. Weiße Flecken bleiben ja gerade deshalb weiß, weil dort der blinde Fleck im Auge des Mannes ist. Woher also sollen Männer wissen, was Frauen können? Sie kennen Frauen doch eigentlich nur privat. Für Frauen ist das sehr wichtig zu wissen: Männer wissen nicht, wie die weibliche Leistung aussehen könnte. Ihr Leistungsspektrum endet da, wo das männliche Auge den Bildrand sieht. Daß die Frau „Breitwand" sieht, wissen die wenigsten Männer. Daß man davon bei der Arbeit entschieden profitieren könnte, möchten die allerwenigsten zu Ende denken. Eigentlich müßten aber immer mehr Männer bemerken, daß es nicht mehr gelingt, die Problemprofile eindeutig männlich zu halten. Vieldeutigkeit heißt das Gesetz der Stunde. Vieldeutigkeit ist da, um Eindeutigkeit herzustellen – so sehen es viele Männer. Sie greifen zu, vereinfachen – und erfahren wenig später: Problem verfehlt, Vorsprung verloren, Sieg verschenkt. An wen? Vielleicht an eine gemischte Company, in der Frauen den Männern helfen, mit Vieldeutigkeit geschickter umzugehen.

Daß die Frau neben dem Breitband-Zugriff auch eine größere Tiefenschärfe mitbringt, wissen die meisten Männer auch nicht. Sie arbeitet simultan mit zwei mächtigen Hirnarealen, die der Mann entschieden voneinander isoliert: dem Neocortex, Sitz der logischen Vernunft, und dem limbischen System, der Zentrale für emotionale Kondition.

Der wichtigste Unterschied beruht auf dieser Abweichung: Frauen sehen niemals nur das Problem, sondern immer auch dessen emotionale Sprengkraft. Sie erfassen simultan mit der Sache selbst die kommunikative Dimension – was immerhin heißt: die Marktrelevanz. Das gilt für den Markt der Meinungen genauso wie für den Markt der Produkte.

Woher sollen Männer wissen, daß bei der Frau immer ein paar Register mehr mitschwingen, wenn sie ein Thema kennenlernt? – „O doch, wir wissen das!" ruft ein erfahrener Ehemann. „Das ist es ja, was sie immer so zerstreut und abgelenkt macht, meine Marion. Wenn ich etwas ganz sachlich diskutieren will, greift sie plötzlich zur Keule und sagt: Hast du dir mal überlegt, was das für unsere Kinder bedeutet? Dabei steht das in dem Moment überhaupt nicht zur Debatte!" Daß dieser mehrdimensionale Zugriff geradezu ein Fehlerdetektor sein könnte im Business, kommt dem empörten Ehemann nicht in den Sinn. – Und die Frauen warten, daß er darauf kommt. Da können sie lange warten. Solange es Frauen nicht ausreicht, selbst zu wissen, was sie zu bieten haben; solange sie sich auf das Aschenputtelschema „warten und entdeckt werden" kaprizieren, werden sie im Business nicht mitspielen dürfen. Ja, solange sie überhaupt alles in Abholkategorien sehen, wird niemand sie abholen.

Und die Männer werden weiter ihre „Behandlungsanleitungen" für Frauen austauschen, um diesen unberechenbaren Privatfaktor einigermaßen zu systematisieren. Beruflich, so vermuten sie, würde das ein unbeherrschbares Streßkonzept, was sie schon privat kaum handeln können.

Das Motto für den Aufbruch aus den Ghettos lautet: Frauen wissen mehr. Nein, nicht vom Business, sondern von den Männern. Wieso? Weil es sie mehr interessiert. Die Folgerung, bei der viele Frauen nicht mitspielen wollen: Deshalb müssen Frauen das größere Stück des Weges gehen – statt auf eine Mutation der Männer zu warten.

Abhängig erzogen, verhalten sich aber die meisten Frauen lieber abhängig. Das ist tödlich in den höheren Etagen, weil es ja genug Abhängige im Unternehmen gibt – und weil abhängiges Verhalten im öffentlichen Sektor Männer unsicher macht. Alles führt immer wieder auf wenige grundsätzliche Einsichten zurück. Wer die als Frau abwehrt, zum Beispiel weil Männer diese Einsichten nicht haben, wird nie Erfolg haben.

2. Gemeinsam siegen

Nicht die Stunde der Frauen schlägt, sondern das Zeitalter der gemischten Teams wird eingeläutet. Während Männer davon träumen, sich den Weg freizuschießen, zerstreuen Frauen den Feind durch widersprüchliche Signale. Er erschlägt den Gegner – das Problem –, sie überlistet es – und zuweilen auch ihn, den kühnen Vereinfacher.

Wo Frauen mitwirken, liegt die Kommunikationsmacht, von Männern ohnehin unterschätzt, bald in ihren Händen. Frauen wissen: Männer sind berechenbar – weil sie rechnen. Wer eine Frau ausrechnen will, bekommt ein Komplexitätsproblem: ihre Stärke. Männer halten auch Konzerne für berechenbar; Frauen wissen, daß sie es nicht sind. Wer

Konzerne behandelt wie männliche Organismen, wiederholt den Fehler, der Männer im Umgang mit sich selbst so viele Optionen kostet: Er stoppt den Herzschlag zugunsten des Kopfes. Frauen sind der Herzschlag der Kopfkultur. Frauen wissen, daß viele männliche Kopfbotschaften im Bauch der Mitarbeiter und Kunden landen. Dort erregen sie nichts als Unbehagen.

Intelligente Stoffe umschreiben für Normalverbraucher, das fällt Frauen deshalb soviel leichter, weil sie keine Mühe haben, sich in diesen Normalverbraucher zu versetzen. Es kostet sie auch kein Prestige. Das gilt für alle Aufgaben, an denen Männer durch ihre Statusfixierung gehindert sind. Wer im Zwischenreich männlicher Verweigerung unterwegs ist, stößt auf eine ganze Kette von Tricks. „Das kann ich nicht", sagt ein Mann bei Anforderungen, die sein Selbstvertrauen und Prestige bedrohen. „Das sollen andere machen", sagt er hochmütig von Dingen, die er wirklich nicht kann. Daß es solche Dinge überhaupt gibt, soll niemand erfahren. Frauen springen ein, wo Männer in dieser lächerlichen Weise überfordert sind. Ein Glücksfall für beide, daß Frauen kein so empfindliches Prestige haben wie Männer.

Warum ist die angemessene Plazierung der strategischen Kommunikation in den Vorständen ein immer noch vernachlässigtes Thema? Weil Männer nur mäßig kommunizieren. Kurzschlußlogik: Was Männer nicht gut können, das mögen sie nicht besonders. Was Männer nicht gut können und nicht mögen, das kann nicht besonders wichtig sein. Da Management ein Spielplatz für Männervorlieben ist, bleibt die Kommunikation draußen. Erst Serien von Mißerfolgen, die diesem Fehlurteil folgen, belehren einige Unternehmen eines Besseren. Wo Frauen in der Führung mitarbeiten, dürfte es schneller gehen.

Männer streben nach Definitionsmacht, Frauen nach Kommunikationsmacht. Eines geht nicht ohne das andere. Frauen wissen das längst, weil sie daran gewöhnt sind, sich abhängig zu definieren. Männer gehen vom Gegenteil aus: Sie definieren die Welt und verändern sie. Frauen könnten ihnen regelmäßig zeigen, wo sie den Kontakt zu den Fakten verlieren. „Herr der Lage sein", ein tägliches Ziel für Männer. Gelingt das mit der realen Lage nicht, schafft man kurzerhand eine andere. Das heißt dann „Fakten schaffen" und klingt nach Sieg.

Frauen sehen dabei gelassen zu. Ihnen ist Durchblick wichtiger als Macht. Und heute endlich begreifen sie: Durchblick ist Macht. Männer beobachten mit Vergnügen, wie Frauen gehorsam den männlichen Macher-Machtbegriff auf sich anwenden und feststellen: nur begrenzt tauglich. Recht haben sie – wenn sie nicht sich selbst damit meinen, sondern die männliche Variante von „Macht". Für die gemischten Teams wird der Streit um die Macht kein Thema sein, weil Männer und Frauen verschiedene Spielarten von Macht entwickeln. Was herauskommt, ist ein nie gekanntes Balancespiel einander korrigierender Machtvarianten. Die Dämonie des Machtbegriffs liegt dann an einer elastischen Kette – Vertrauen und Kontrolle arbeiten einander zu.

Am Beispiel „Macht" wird deutlich, was für viele kämpferisch diskutierte Themen gilt: Sie kommen plötzlich abhanden, wenn wir den Bann des „Entweder-Oder" verlassen, der auch für die maskuline und feminine Hälfte der Welt galt, solange beide, Männer und Frauen, an der Unversöhnlichkeit mehr Gefallen fanden als an der komplementären Mischung ihrer Talente. Streit müssen sie nun gemeinsam bei den Problemen suchen – deren Zahl nicht abnimmt. Auch die Beute werden sie sich teilen wie die männlichen und weiblichen Alphatiere im Wolfsrudel. Daß auch Frauen Alphatiere sind, werden die Männer schnell erkennen – wenn sie aufgehört haben, die männliche Perspektive als die einzig mögliche oder jedenfalls überlegene auszugeben.

Diese Einsicht zeigt deutlich, daß die unmittelbare Bedrohung eines Mannes durch eine Frau oder einer Frau durch einen Mann im Business immer auf einem Fehlurteil beruht. Was beide leisten, ist immer verschieden. Wer von beiden im Team akut gebraucht wird, weiß das Team. Und dessen Urteil wird um so sicherer, je ausgewogener die männlich-weibliche Mischung ist.

Der Weg dahin sei zu weit, sagen viele. Als ich kürzlich die zarte Genfer Managerin Beth Krasna auf eine Frage aus dem Auditorium antworten hörte, wußte ich: Er verkürzt sich täglich. Krasna, die eine singuläre Saniererkarriere begonnen hat, sollte beantworten, wodurch ihr Maschinenbauunternehmen den Wettbewerbern voraus bleiben wolle. Was die grazile Frau in drei Sprachen antwortete, war nicht der Männertext *grow to be great*, sondern es waren drei Worte, die sie lächelnd und langsam in den Saal mit 200 Fachleuten lieferte: „To be faster – cheaper – better". Jeder im Raum kannte ihre Geschichte, sie brauchte nicht aufzutrumpfen. Aber sie „brauchte" das Auftrumpfen auch nicht für sich selbst – weil sie eben eine Frau ist. Kein Waffenklirren, kein Schlachtruf.

Was sie sagte, klang fast bescheiden, aber auch entschieden und souverän. In ihrer Firma sind viele Männer, wie bei Ingenieurprodukten üblich. Die sorgen für den Schlachtenlärm und für das Triumphgeschrei, weil 1999 wieder ein gutes Jahr war. Auftritte wie die von Fiorina und Krasna mehren sich in diesen Jahren. Sie werden weiter zunehmen. Frauen sind es, die den Männern die Unsicherheit vor der weiblichen Komponente im Management nehmen. Dazu gehört Feingefühl, wie ich immer wieder gezeigt habe. Die Managerin ist eben nicht die Dame, die den Handschuh fallen läßt; der Blick, mit dem sie Ikarus beobachtet, wenn er – nur vordergründig an einen Sitzungstisch gefesselt – der Sonne mit seinen Flügeln immer näher kommt, ist eben nicht jener der Angebeteten, für die er die Sterne vom Himmel zu holen versprochen hat. Er hat ein ausgeprägtes Empfinden für den Rollenunterschied, der das eine vom andern trennt – obwohl er immer der Held sein möchte, in der einen wie in der andern Rolle. Ein falscher Wimpernschlag von den Businessfrauen, und er wird unsicher. Ich habe gezeigt, daß der Fluchtweg aus Unsicherheit für Männer Wut oder Angeberei ist; der Vereinfacher schlägt zu und „schafft Fakten". Erstklassige Ergebnisse sind an diesem Tag nicht mehr möglich.

Wer sich hier als Frau überfordert fühlt oder Gerechtigkeitsdebatten vom Zaun brechen möchte, die mit „Wieso soll ich ...?" beginnen, wird auch in hundert anderen Situationen mit Männern scheitern. Die paar Register mehr, die ihre Multi-Task-Ausstattung den Frauen schenkt, wollen gespielt sein! Wer keinen Spaß daran hat, wird ohnehin bald über Burn-Out-Syndrom oder Mobbing klagen.

Viele von den hier besprochenen Zusammenhängen sind mit Männern nicht aufklärbar. Kommunikationsmacht, eine Frauendomäne, heißt auch, mit vielen Befunden allein sein. Das Schweigen der Männer ist ein großes Sammelbecken für weibliche Mißverständnisse, für Kleinmut und Spekulationen von Frauen. Grundsätzlich gilt: Je wortreicher sie wird, desto wortkarger reagiert er. Das gilt auch im Management. Frauen wissen meist viel mehr zu sagen, als dem Team zuträglich ist. Sie haben aber die adäquate soziale Sensibilität, um schnell zu lernen, wo das Schweigen der Männer beginnen könnte. Sprich nur so viel, daß Männern noch etwas zum Antworten bleibt, ist eine gute Regel. Nicht jede Nuance eines Themas muß zur Sprache kommen. Wichtiger ist für alle, „zur Sache" zu kommen. Frauen, so der männliche Eindruck, verzögern das oft.

Männer setzen ihre Statusnachrichten häufig wortlos ab: durch Bewegungsmuster, verschlossene Miene, „Chefmanieren". Sie sorgen damit selbst für den Nachrichtenentzug, der Chefpositionen gefährlich macht. Bald sind sie nur noch mit Leuten zusammen, die ebenfalls nichts erfahren: Chefs kommunizieren mit Chefs – wenn sie männlich sind. Frauen kommunizieren mit jedermann. „Mangelndes Statusbewußtsein", so die männliche Diagnose. Aber was die Frauen dem Spitzengremium zuliefern, sind Nachrichten aus der wirklichen Welt – die immerhin Lebensraum von Mitarbeitern und Kunden ist.

Die Kommunikationsprobleme zwischen Männern und Frauen in unserer Kultur, die sich immerhin „Kommunikationsgesellschaft" nennt, entstehen an den Nahtstellen zwischen weiblichen und männlichen Erfolgsprinzipien. Seit die Debatte über mögliche Kombinationen dieser Erfolgsmuster läuft, hat sich der maskuline Wortschatz offensiv verändert; der weibliche beharrt auf defensiven Positionen. Wo Angriffslust aufflammt, wird das alte Modell „du oder ich" verstärkt.

Die männliche Position zur besseren Durchmischung der Beiträge verblüfft Frauen durch entspannte Gönnerhaftigkeit: Klar könnt ihr mitspielen, sagen die großen Jungs, aber lest mal die Spielregeln – und heult nicht, wenn ihr verliert! So die Kernbotschaft. In Watte verpackt, klingt das dann weniger harsch, aber ebenso verwirrend: „Ich habe immer schon lieber mit Frauen gearbeitet", sagt Peter D. „Im Grunde war ich der erste Feminist in der Firma." – „Frauen sind belastbarer und geduldiger", fügt Henri an. Der Auftritt der Gönner hat hundert Variationen – und er langweilt starke Frauen. Das weibliche Profil, das sie wohlwollend zeichnen, ist eine Mischung aus Barbie mit Abitur und Pfadfinderin.

Wer mit Frauen arbeitet, vergißt diese Klischees männlichen Unwissens schnell. Aber Frauen sollten wissen: Solange das Urteil nicht genügend Nahrung erhält, regiert das Vorurteil. Das gilt nach beiden Seiten. Teams als Kommunikationszentren zwischen Männern und Frauen sind auch deshalb eilig anzustreben: weil wir nur so den Abschied von wechselseitigen heißgeliebten Vorurteilen beschleunigen können.

3. Männer und Frauen – als Team unschlagbar

„Führen durch Vorbild": Nie ist das in den Firmenleitlinien so gemeint, wie es sich nun darstellt: Männer und Frauen sind Vorbilder füreinander, weil jeder und jede von beiden die jeweils anderen anspornt, mit den eigenen Stärken großzügig und mit den eigenen Schwächen selbstkritisch umzugehen.

Achtung vor dem abweichenden Leistungsspektrum des andern schließt Geringschätzung endgültig aus. Sie wirkt als Korrektiv gegen Kulturtraditionen, in denen wir gedankenlos Platz nehmen, um sie zu multiplizieren. Wer es besser weiß, wird bei der Geringschätzung des einen oder anderen Geschlechts nie mehr mitspielen können.

Wo die Achtung das wechselseitige Verhalten bestimmt, gibt es mehr und mehr Anlässe zur Bewunderung. Der Stellenwert unzähliger altvertrauter Beobachtungen oder Meinungen über Männer und Frauen verschiebt sich in unerwartete Richtungen. Dabei vergeht uns keineswegs das Lächeln oder Lachen. Im Gegenteil: Der Humor nimmt im gleichen Maß zu, wie wir einander und uns selbst entspannter betrachten.

Nicht mehr Groll und Präpotenz bestimmen die Szene, sondern offene Neugier und gemeinsames Vergnügen. Wie sich die Bilder und ihre Zuordnung wandeln, zeige ich an einigen wohlvertrauten Beobachtungen nun noch einmal. Die Freude am gemeinsamen Sieg nach einer Epoche der schmerzlichen Verfeindung und des gestörten Verständnisses kann damit ihren Anfang nehmen.

Es läßt sich so leicht beweisen, daß Männer und Frauen nicht zusammenpassen. Man wähle nur einen beliebigen Satz wie diesen. Sie: „Es genügt nicht, die richtigen Gedanken zu einer Sache zu haben, man muß auch die richtigen Gefühle dazu haben." Er darauf: „Es genügt eben nicht, nur die richtigen Gefühle zu einer Sache zu haben. Die richtigen Gedanken dazu muß man haben." Ob es „richtige", gar notwendige Gefühle zu einem Sachverhalt gebe, daran sollte man eher zweifeln, meint der Mann. Unvermeidliche Gefühle mögen sich einstellen, gewiß, aber Gefühle als Entscheidungs- und Handlungsgrundlage? Eher unbehaglich.

Gut, daß sie sich besser fühlt bei der Sache. Noch besser, wenn sie die Chance erhält, ihm davon etwas abzugeben: im Team. Frauen sind emotionale Kontrolle und Aufmunterung, das Gefühlstabu zu lockern, das je höher, desto entschiedener zugreift im Management. Gefühle haben heißt Gefühle auch bei anderen erkennen. Erst daraus entsteht die Qualifikation, strategisch mit Gefühlen umzugehen und sie bei anderen Menschen auszulösen. Wer heute noch behaupten will, dies sei kein Thema, sollte sich auf einem anderen Stern nach Arbeit umsehen.

Der erste Sieg lautet also: Strategische Balance von intelligenten und emotionalen Leistungen gelingt Männern und Frauen nur gemeinsam. Das Management-Motto „Erfolg trotz Gefühlen" wird abgelöst: „Nie mehr Erfolg ohne Gefühle." Die Märkte brodeln nicht durch Intelligenz, sondern durch Gefühle. Der zweite Satz: Frauen haben keine

Lobby. Nicht einmal bei den Frauen. Denn die Frauenlobby ist keine taugliche Lobby für Frauen: Sie ist eine Verliererlobby, die ein- und anklagt. Frauenmechanismen laufen so: Eine Frau, die Glanz entwickelt, wird weggebissen, weil sie das Bild der verfolgten Unschuld stört. Beispiel Aschenputtel: Die schöne Wettbewerberin ist böse. Frauen leben von verkannten Qualitäten. Sie haben sich daran gewöhnt.

Der Mann bestimmt seine Qualität selbst. Sein ganzes Leben lang macht er Qualitätsmitteilungen über sich selbst – auch, um den Standard festzulegen, auf dem er beurteilt werden möchte. Der Mann wartet nicht auf Entdeckung, sondern er führt den Entdeckern die Hand: „Ich bin's! Besser ist keiner!"

Hat er also eine Lobby? Ja, er hat sie, aber sie tritt hier noch gar nicht auf. Sie bestimmt sein Bewußtsein. Es ist die Gruppe der andern Männer, von denen er sicher weiß, daß sie als Rudelgefährten in Frage kommen und daß sie als Rivalen zur Verfügung stehen – also zwei Grundbedürfnisse mit ihm teilen. Er ist „einer von ihnen", das weiß er seit seiner Kinderzeit.

Die Frau hat also den weiteren Weg, wenn sie Alphatier im Rudel werden will. Sie wird von der Männerlobby erst sehr spät aufgenommen, dann nämlich, wenn sie bewiesen hat, daß sie die Spielregeln einhält und das männliche Grenzempfinden zwischen Privat und Öffentlich achtet.

Sie hat aber zugleich nicht die Zwänge zu bearbeiten, unter denen ein Mann leidet: starke Impulse niederhalten, Reptilhirn abschalten, die Liste der Elementarverzichte mit großer Härte gegen sich selbst führen. Frauen machen ihren Erfolg ohne diese elementaren Verzichte – oder sie scheitern daran. Das ist eine beachtlich vorteilhaftere Ausgangsposition, von der niemals gesprochen wird.

Frauen kostet die Karriere weniger – aus einem einfachen Grunde: Sie weigern sich, soviel zu bezahlen. Und es geht. Damit liefern sie dem Team ein offenes Fenster in das wirkliche Leben – und den Ausblick auf eine Alternative zur männlichen Opferbereitschaft, die im anbrechenden Jahrhundert Schule machen wird.

Frauen spüren es noch: Das Hochseil schwankt. Sie fühlen die Absturzvermutungen der Zuschauer. Das macht sie besser. Je höher eine Frau nach oben steigt, desto gelassener sieht sie der Entzauberung der Topshots zu. Männlicher Durchschnitt kann es zu sehr guten Plätzen bringen. Erstklassige Frauen entlarven aber auch die Legende, Frauen müßten viel besser sein als Männer, um nach oben zu kommen. Frauen fallen mehr auf, weil sie – noch – die seltenere Spezies sind. Man kommentiert sie mehr. Aber es genügt auch für Frauen, gut zu sein, um auf gute Plätze zu gelangen. Der Einwand, dort seien aber auch durchschnittliche Männer, verdient zwei Hinweise. Erstens: Ein guter Platz läßt sich dennoch besser halten, wenn man gut ist. Das kostet auch weniger Stress. Und zweitens: Eine mittelmäßige Frau, die auf einen guten Platz will, braucht einen starken Willen und ein gehöriges Maß an Selbstüberschätzung. Dann schafft sie es. Ich habe darüber berichtet, daß diese Kombination bei Männern häufiger ist.

Schließlich führt dieses Aufrechnen am Wichtigsten vorbei: Frauen wollen ja nicht den Club der Blender und Prahler vergrößern, sondern durch ihre Präsenz die Qualität der Teams und ihrer Erfolge verbessern. Warum halten wir uns dann mit fruchtlosen Eifersüchteleien auf? Die Chance lautet: Frauen sind nicht abgelenkt durch Rivalitäten und Imponiergehabe. Sie haben mehr Energie für Arbeit und ein hellwaches Sensorium für das Teamklima.

Ihr Wissensvorsprung beruht auf diesen Vorteilen. Sie müssen immer im Bewußtsein haben: Die Macht der Frauen über das Teamklima ist kaum erforscht und weit unterschätzt. Was wir bereits zuverlässig wissen, ist in diesem Buch festgehalten. Hier sei dazu wiederholt: Schwache Frauen machen Männer schwach. Starke Frauen machen Männer stark. Unsichere Frauen rauben Männern das Wichtigste: ihre Sicherheit. Das verzeihen Männer nicht. Sie werden sich an der Frau, die sie aus dem männlichen Sicherheitskonzept geworfen hat, rächen. Frauen, die dies wissen, beginnen zu begreifen, wieviel Schutz sie, ganz gegen die geltenden Klischees, Männern im Business gewähren sollten, damit der gemeinsame Erfolg wachsen kann.

Überall in der Welt des Business sitzen vielseitige Frauen mit einseitig getrimmten Männern zusammen. Sein Erfolgsmuster: ausblenden. Ihres: aufblenden! Aus diesem Unterschied ziehen gute Teams all ihre Kraft – wenn beide, Männer und Frauen, bereit sind, die alten Klischees der Auseinandersetzung zu verlassen und die „Zusammensetzung" der Kräfte produktiv zu machen. Männer werden dabei lernen, über ihre Verzichtbereitschaft gegenüber dem reichen Leben „da draußen" kritischer nachzudenken, und Frauen werden zu unterscheiden lernen zwischen notwendiger Vereinfachung und lockender Weiträumigkeit der Perspektive.

Frauen als Neulinge in den männlichen Netzwerken spüren sehr genau, daß sie im Prozeß des Mitspielens Vorteile aufgeben, die sie „als Frauen" bei diesen Männern hätten. Sie erfahren aber sehr schnell, wodurch dieses Opfer kompensiert wird: Stück für Stück blenden Frauen ihre Vorsprünge in die männlichen Handlungsmuster ein, wie ich es in diesem Artikel aufgezeigt habe. Damit nehmen sie endlich teil an dem, was für Männer selbstverständlich ist: die Lebenswelt auch dort mitzugestalten, wo Männer bisher allein gelassen wurden mit ihrer Hälfte der Welt.

Erst wenn sie das erlebt hat, begreift die Frau, daß sie nun mehr erreicht hat als die meisten Männer: Sie hat ja nicht jene Hälfte der Welt, in der sie sich auskennt, hinter sich gelassen, sondern sie hat viel mehr davon mitgenommen, als Männer sich selbst je zugestehen würden. Der „Rest der Welt" begleitet sie überall in Assoziationen und Simultangedanken: das Haus, die Blumen, die Kinder. Was sie zur Arbeit beiträgt, ist von dieser weiträumigen Perspektive geprägt; sie bringt Gelassenheit und Realitätssinn – kurz: die Wirklichkeit der Märkte ins Spiel, die den hochspezialisierten Männern aus dem Blick geraten ist.

Männer spüren die Botschaft. Sie löst Wehmut aus. Frauen sind also immer noch zu Hause in jener Welt, die der Mann als Schuljunge bewohnt hat. Es scheint, als bewohnten Frauen diese Welt der Träume, der Kinderzimmer und Blumenarrangements, der Zimtpfannkuchen und Beerensträucher immer noch. – Wie kann das sein? geht es einem nach dem andern durch den Kopf. Frauen wissen, wie Kunden fühlen, und die Männer im Management beginnen, sich darauf zu verlassen. Frauen zeigen Männern im Team, wie man „auch" leben kann, und von dieser Entdeckung geht eine deutliche Lockerung der Haltung im Männergremium aus: Man stürzt also doch nicht gleich ab, wenn man an normale Dinge denkt, sogar von ihnen spricht. Was noch verblüffender ist: Man kann mit so viel Normalität, wie sie die Frauen mitbringen, sogar an die Spitze gelangen.

Spontan empört es die Männer, aber das ist nur der Schatten eines Moments. Dann atmen sie erleichtert durch und beginnen zu genießen, was Frauen mitbringen: etwas mehr Abstand zu den Ritualen. Dafür gibt es viele kuriose Beispiele. In der Firma *Redwood* fand Jahr für Jahr in der letzten Augustwoche ein mehrtägiges Klausurmeeting der Konzernspitze statt, das jedem der Manager sein Ferienkonzept zerstörte. Keiner sagte es. Erst als Susan Tellme in den Topzirkel aufgerückt war und im zweiten Jahr ihrer Teilnahme den Augusttermin als Problem für ihren Kalender bezeichnete, atmeten alle Männer hörbar auf. Erstaunte und erleichterte Blicke richteten sich auf die Tabubrecherin: In Minuten war der Termin vom Tisch. Susan kam aus dem Staunen nicht heraus: So setzen Männer sich unter Zwang, ganz freiwillig.

Ein ähnliches Erlebnis, freilich etwas ernsterer Art, hatte Isa Brend im Finanzkonzern *Risky*. Als sie nach der zweiten oder dritten Sitzung im Board von *Risky* mit einem der Kollegen zum Flughafen fuhr, begann dieser: „Ist das nicht ein seltsamer Konzern, der sechshundert Seiten Material auf unsere Plätze legt, die wir gar nicht lesen können, und kein Stück Papier verschickt?" Darüber hatte Isa sich auch schon gewundert. „Wir müssen das ändern", sagte sie. Auch Mr. Orly mußte also neu im Board sein. „Wie lange sind Sie denn schon dabei?" fragte sie ihn. „Sieben Jahre", war die Antwort. Und Orly fuhr fort: „Können Sie nicht einmal etwas sagen?" Er selbst hatte das Verfahren nie moniert. Feigheit unter Männern. Die mit dem Mut der Frauen selbstverständlich rechnen. Gerade weil sie wissen: Frauen lassen sich nicht so von Ritualen knechten wie sie selbst, die Männer.

Das heißt aber immerhin: Männer erkennen, daß Frauen freier von Zwängen agieren. Und sie greifen auf diese weibliche Überlegenheit zurück. Klartext: Mit Frauen entstehen mehr Handlungsvarianten; und Männer greifen zu. Es geht also nicht einfach darum, die Siege im Männerland mit den Frauen zu teilen. Vielmehr haben die gemeinsamen Siege eine andere Qualität: Sie sind umfassender. Unweigerlich wirken sie auf die Wegstrecken zurück, die Männer unter Verachtung vieler Bedürfnisse, vor allem der eigenen, zu gehen gewohnt waren.

Das große Ego, mit dem sie unterwegs sind, ist ja in Wahrheit nur ein kläglicher Ersatz für all die Lebensgüter und Werte, die sie hinter sich lassen, um auf einer Straße erfolgreich zu sein; der steilsten zum Gipfel. „Da hat nicht viel anderes Platz", sagte der freundliche Chef des Technologiekonzerns. Und sein rundes, lächelndes Gesicht ließ ahnen, daß er sich wenigstens noch erinnerte, was alles im Leben Platz finden könnte, hätte man sich nicht für den Orden der Businesspriester entschieden. Er befiehlt Armut – nicht materielle, sondern bedrohlichere: Armut an Gefühlen, Armut an direkten Begegnungen und spontanen Taten, tiefen Erlebnissen – eine Armut der Seele. Der Orden bietet einen Teil des Lebens, einen kleinen Ausschnitt für das Ganze. Weil der Ausschnitt in luftiger Höhe liegt, stimmen Männer zu. Fliegen wie Ikarus, die Götter herausfordern wie Prometheus, mächtiger scheinen, als Menschen je sein können: Ja, das wollen sie. Es ist der alte Pakt, den Gretchen nicht versteht.

Die kluge Frau, den Umgang mit Männern gewohnt, versteht die Faszination, und erlebt genußvoll, daß sie sie für sich außer Kraft setzen kann. Sie kam mit mehr Optionen zur Welt und muß nicht mehr wählen: Sie hat sie. Bald erfährt sie, wieviel von diesem ungeheuren Vorteil sie Männern zurückgeben kann. Damit ist ihr Unterlegenheitsproblem dann endgültig erledigt. Sie steht auf dem Gipfel und ist frei – umgeben von Gefangenen, die mit Statuszwängen und Rangordnungen kämpfen. Sie kann ihnen zumindest zeigen, daß es sich lohnt, frei zu sein.

Die Besten unter den Männern spüren es als erste: Sie ist nicht die Beute, sondern die Göttin der Jagd. Ohne sie glückt nichts. Und sie wird die gemeinsamen Erfolge schützen, wie die Alphawölfin ihre Jungen verteidigt. Es gibt Augenblicke in der Arbeit gemischter Teams, wo beide, Männer und Frauen, begreifen, das sie aufeinander angewiesen sind wie ihre Vorfahren.

Seltsam verschlüsselte Wege zu einander deuten sich an: Da reden Männer von einer Kundenbeziehung, die alle Merkmale der Reue für jene Versäumnisse trägt, durch die sie ihre Ehe zerstören. Hellhörig solle man mit dem Kunden umgehen, flexibel und in verläßlicher Treue. Jedes Kundenwort müsse der Firma wichtig sein, auch das unvernünftige – schließlich sei er kein Profi ... Das klingt wie ein Programm der Abbitte für alles das, was ihnen privat mißlingt. Hier, wo ihre Frau sie nicht beobachtet, predigen sie jene Tugenden, die sie verraten.

Wer sie bei Empfängen sieht, die Machtmänner mit den dicken Bäuchen, der hat den Eindruck, als suchten sie die machtvolle, in sich ruhende Präsenz schwangerer Frauen. Sie wissen: Frauen stehen sicherer auf ihren Füßen. Ist ihre Schwäche vielleicht nur ein Zugeständnis an das männliche Dominanzbedürfnis – also eine List?

Frauen sind Grenzgänger zwischen den feindlichen Linien. Während die Männer Losungsworte austauschen – „Freund oder Feind?" –, liefern Frauen die Formel, die morgen beide Fronten verbinden wird. Wolfsrudel brauchen Wölfinnen.

Juliane Freifrau von Friesen / Monika Rühl

Chancengleichheit im Berufsleben

Brauchen wir auch in der Privatwirtschaft den Gesetzgeber?

im Gespräch mit Sibylle Peters

Juliane von Friesen ist Senatorin für Wirtschaft und Technologie des Landes Berlin. E-Mail: juliane.von-friesen@senwitech.verwalt-berlin.de

Monika Rühl ist Leiterin des Bereiches Change Management und Diversity bei der Deutschen Lufthansa AG, Frankfurt. E-Mail: monika.ruehl@dlh.de

Obwohl im Sommer 2001 der Gesetzentwurf für ein Gleichstellungsgesetz für die Privatwirtschaft aufgrund des Widerstands der Bundesvereinigung Deutscher Arbeitgebervereinigungen (BDA) und einiger Unternehmen zurückgezogen und stattdessen eine freiwillige Selbstverpflichtung verabschiedet wurde, soll gleichwohl das Thema des steuernden Eingriffs durch den Gesetzgeber diskutiert werden. Möglicherweise wird es zu einem späteren Zeitpunkt eine erneute Initiative für ein entsprechendes Gesetz geben. Die Argumente dagegen oder dafür werden verändernde Entwicklungen widerspiegeln.

Ist Frauenförderung heute überhaupt noch zeitgemäß?

J.v.Friesen: Zeitgemäß im Sinne von „in Mode" offensichtlich nicht. Dabei ist sie – jedenfalls in der deutschen Wirtschaft – notwendiger denn je. Frauen fristen in einflussreichen Führungspositionen nach wie vor ein Dasein als Spurenelemente. Die Vorstände der 30 DAX-Riesen sind völlig frauenfrei und in den 100 größten börsennotierten deutschen Unternehmen gibt es aktuell kein weibliches Vorstandsmitglied. Alleiniger Lichtblick ist derzeit eine ehemalige Ministerin als Vorstandsmitglied eines großen Automobilherstellers, welcher allerdings nicht im Börsenindex vertreten ist. Wer die Gleichstellung der Geschlechter nicht gerade als Teufelszeug abtut, müsste angesichts dieser Situation eigentlich zum militanten Feministen resp. zur militanten Feministin werden.

M.Rühl: Wenn man den Fokus auf den Begriff „Frauenförderung" richtet, scheint es sich um die Überwindung von Defiziten zu handeln. Ein Defizit hinsichtlich der Qualifikation von Frauen lässt sich heute nicht mehr feststellen. Auch impliziert der Blick nur auf die Frauen, dass es bei Männern keinen Handlungsbedarf im Hinblick auf Chancengleichheit gäbe. Das Gegenteil ist der Fall. Auch Männer hatten all die Jahre individuelle Defizite – wie auch Frauen. Außerdem ist das klassische Rollenmodell nicht mehr zukunftstauglich. Da wird es Korrekturen geben müssen. Hinzu kommt, daß die letzten 30 Jahre eher kontraproduktiv waren: Die Diskussion um die „Gleichstellung" hat zu einer künstlichen Trennung der Geschlechter geführt. Verbunden mit der nicht sehr ergiebigen Frage, welches Geschlecht das überlegenere sei, darf man sich nicht wundern, dass die, die am längeren Hebel sitzen, keine besonders große Neigung verspüren, Einfluss oder Macht abzugeben. Seit einigen Jahren gibt es erfreulicherweise einen integrierenderen Ansatz, der das Beste von beiden Geschlechtern – bei Akzeptanz grundsätzlicher Unterschiedlichkeit – zu einem besseren Ganzen zusammenfügt. „Miteinander, statt gegeneinander", lautet das Gebot der Stunde.

Der öffentliche Dienst praktiziert Gleichstellung auf der Basis von speziellen Gesetzen. Welche Instrumente enthalten sie und haben diese die Frauen vorangebracht? Wenn ja, ist ein solches Gleichstellungsgesetz auch für die Privatwirtschaft sinnvoll?

J.v.Friesen: Ganz eindeutig lässt sich feststellen, dass Frauen im öffentlichen Dienst wie auch etwa in der Justiz in den letzten Jahren sogar auf Spitzenpositionen aufgerückt sind. Die gesetzlichen Quotenregelungen – zumeist solche, wonach Angehörige eines in einer Besoldungs- oder Funktionsgruppe unterrepräsentierten Geschlechts bei gleicher oder gleichwertiger Qualifikation solange bevorzugt zu berücksichtigen sind, bis der Rückstand ausgeglichen ist – haben sicher unmittelbar wie mittelbar im öffentlichen Dienst dafür gesorgt, dass Frauen in Positionen gekommen sind, die man ihnen ohne Quote mutmaßlich weiterhin vorenthalten hätte. Auch die gesetzliche Verankerung einer fast omnipräsenten Frauen- oder Gleichstellungsbeauftragten in jeder Behörde hat nicht unwesentlich zu diesem Fortschritt beigetragen. Das heißt aber nicht, dass mit solchen Erfolgen aus Frauensicht zu rechnen wäre, wenn der Gesetzgeber Regelungen, die für den öffentlichen Dienst geschaffen worden sind, 1:1 auf die Privatwirtschaft übertragen würde. Oder anders: Die Privatwirtschaft lässt sich nicht einfach eine Quotierung aufdrücken und praktiziert diese dann mehr oder minder brav. Ein Wirtschaftsunternehmen ist anders strukturiert und funktioniert nach anderen Regeln als eine Behörde.

Können Sie das kurz exemplifizieren?

J.v.Friesen: Nur um ein ganz simples Beispiel zu nennen: Wenn sich auf eine Richterstelle eine junge Juristin mit der für diesen Beruf exzellenten Examensnote „gut" bewirbt, dann kann ihr im Regelfall kein Jurist mit der schlechteren Examensnote „befriedigend" die Stelle streitig machen, nur weil die für die Personalauswahl Zuständigen finden, es müsse mehr Männer im Gericht geben und sie sei auch noch etwas zu jung für diese verantwortungsvolle Position. Deshalb, weil Frauen zügig und mit im Schnitt besseren Ergebnissen studieren, gibt es gerade in den so genannten Eingangsämtern in Verwaltung und Justiz so viele Frauen.

Wenn sich die beiden Personen dagegen in einem Unternehmen bewerben, kann es sein, dass der notenmäßig schlechtere Jurist genommen wird, weil Fach- und Personalabteilung finden, dass er besser „passt". Das mag man als ungerecht empfinden. Dennoch sollten Unternehmen niemals gezwungen werden, Bewerber und Bewerberinnen nach formalen bzw. formalisierten Kriterien einzustellen. Wenn in einem Bereich aufgrund der Persönlichkeitsstruktur der dort Beschäftigten die Chemie nicht stimmt, wird dadurch das Erreichen der Bereichsziele und damit letztlich der Unternehmensziele gefährdet.

Weit wirkungsvoller dürften hier Anreizsysteme sein, also insbesondere die Vergabe öffentlicher Aufträge als „Belohnung" für effektive Frauenförderung. Dass es ungeachtet dessen immer auf ein in erster Linie wirtschaftliches Angebot ankommen wird, betone ich hier nur zur Vermeidung von Missverständnissen.

M.Rühl: Die Vergabe öffentlicher Aufträge an gleich welche Auflagen zu koppeln, erhöht nur die Administration und ist im übrigen am 18.1.2000 vom Bundesgerichtshof im Kontext mit der Tariftreue negativ entschieden worden.[1] Wir sollten uns überlegen, wie wir die Prozesse gestalten, damit sie schneller werden, anstatt sie zusätzlich zu entschleunigen. Deutschland ist nicht wettbewerbsfähig in Bezug auf Genehmigungsverfahren. So dauert zum Beispiel die Genehmigung von Bauanträgen, Neugründungen, Kreditvergaben usw. einfach viel zu lange. Wenn es beim Aufbau der zusätzlichen Administration um eine versteckte Form der Arbeitsbeschaffung geht, sollte die Diskussion offen an anderer Stelle – z.B. beim Bündnis für Arbeit – geführt werden. Falls mit Blick über den Atlantik das vermeintlich gute Vorbild in den USA zitiert werden soll, ist es wichtig zu betonen, dass die Voraussetzungen nicht vergleichbar sind, da z.B. öffentliche Ausschreibungen wesentlich schneller umgesetzt werden. Bei denen wirkt sich zusätzliche Administration nicht so fatal aus. Im übrigen kann es sich ein Wirtschaftsunternehmen nicht leisten, schlechter Qualifizierte – egal welchen Geschlechts – unter Quotierungsaspekten einzustellen, da nur mit den besten Mitarbeitern und Mitarbeiterinnen die Komplexität und die enorm verdichtete Arbeit zu bewerkstelligen ist. Die Wirtschaft arbeitet global. Leider sind die Bedingungen noch zu sehr national geprägt. Also muss es Aufgabe der Politik sein, die Unternehmen zu stärken, damit sie im globalen Wettbewerb mithalten können. Nein, die Privatwirtschaft braucht kein Gleichstellungsgesetz, das nur national greift. Es gibt genügend Richtlinien zum Thema (EU-Richtlinien, Grundgesetz, BGB, BeschSchG, u.a), die offensichtlich nicht die gewünschte Wirkung entfalten. Warum sollte es bei einem neuen Gesetz anders sein? Vielleicht ist der Königsweg für die Privatwirtschaft, stärker differenziert auf die Situation und Kultur des Einzelunternehmens abgestimmt zu verfahren.

Ist denn das, was in den USA funktioniert, auf Europa, konkret auf Deutschland, übertragbar?

J.v.Friesen: Wenn Sie damit auf die unterschiedliche Mentalität US-amerikanischer Führungskräfte einerseits und deutscher Führungskräfte andererseits anspielen, ist es hierzulande sicherlich schwieriger, Führungskräfte auf ein gemeinsames Ziel einzuschwören und der Versuch, sie einer entsprechenden Schulung zu unterziehen, dürfte bei diesem

---

[1] In dieser Entscheidung hat der BGH festgestellt, dass die Praxis des Landes Berlin nur an solche Unternehmen Straßenbauaufträge zu vergeben, die sich zur Einhaltung der geltenden Lohntarife verpflichten (sog. Tariftreueerklärung), gegen das Diskriminierungsverbot des § 20 Absatz 1 GWB, also gegen Kartellrecht, verstößt; ob darüber hinaus noch ein Verstoß gegen die in Artikel 9 Absatz 3 GG garantierte negative Koalitionsfreiheit vorliegt, muss das Bundesverfassungsgericht entscheiden.

Personenkreis wenig erfolgreich sein, insbesondere wenn die Betroffenen bereits langjährig mit Führungsaufgaben betraut sind. Andererseits gilt überall auf der Welt das Prinzip „Mit Speck fängt man Mäuse". Auch in den US-amerikanischen Unternehmen verlässt man sich nicht ausschließlich auf Schulungserfolge, sondern belohnt Manager mit Geld und ggf. auch mit Aufstieg für das Erreichen eines Zieles wie die Steigerung des Frauenanteils in Führungspositionen. Solche internen Anreizsysteme gibt es auch in vielen deutschen Unternehmen. Es geht hier also letztendlich nur um die Implementierung des Ziels Gleichstellung.

M.Rühl: Schulung bzw. Training hört an der Erkenntnisgrenze des Individuums auf und setzt die Bereitschaft zum (Um-) Denken voraus. Insofern kann mit Schulung nicht jedes Ziel erreicht werden, dennoch kann sie einen Mosaikstein auf dem Weg darstellen. Ständige Kommunikation und positive Anreize sind da sicher die besseren Alternativen. Kommunikation zielt auf Veränderung durch Erkenntnis, ist somit ein „Slow Motion"-Prozess, also sehr zeitintensiv, aber gleichwohl unumgänglich. Für die positiven Anreize gibt es öffentliche wie private Ansätze: Bundes- und Landeswettbewerbe, die Unternehmen für Chancengleichheit auszeichnen ebenso wie TOTAL E-QUALITY oder das Familienaudit.[2] Wir dürfen aber die in den Unternehmen für die Führungskräfte in den Zielvereinbarungen vorhandenen Anreize nicht überfrachten mit Themen, die eigentlich zu den Unternehmensgrundsätzen gehören.

Haben denn diese Anreizsysteme in den USA die Frauen überhaupt vorangebracht?

J.v.Friesen: Hierzu nur eine einzige Zahl: In den USA hat sich der Anteil von Frauen, die die so genannte Glasdecke[3] durchbrochen haben und somit in Top-Führungspositionen in den – nach der Liste des US-Wirtschaftsmagazins Forbes – 500 größten Unternehmen gelangt sind, in weniger als 10 Jahren von 2,2, % auf 11,1% erhöht. Im mittleren Management haben Frauen in der US-amerikanischen Wirtschaft einen Anteil von über 40% erreicht, wohingegen in Deutschland auch bei großzügiger Schätzung höchstens bescheidene 10% zu Buche schlagen. Und was eine befürchtete Überfrachtung der Zielvereinbarungen von Führungskräften angeht: Chancengleichheit sollte eben nicht

---

[2] TOTAL E-QUALITY ist eine 1994 aus der EU hervorgegangene Initiative der Wirtschaft, die zunächst Unternehmen, jetzt auch öffentliche Verwaltungen und Wissenschaftsbetriebe für eine an Chancengleichheit orientierte Personalpolitik auszeichnet. Dabei wird die Organisation nicht an einem Idealziel gemessen, sondern in ihrer individuellen Ausrichtung beachtet. Das Familienaudit geht auf eine Initiative der gemeinnützigen Hertie-Stiftung zurück und orientiert sich beim etwas umfangreicheren Zertifizierungsverfahren überwiegend an Fragen der Vereinbarkeit von Beruf und Familie. Aber auch Fragen der chancengleichen Personalentwicklung werden gewürdigt. Wichtig beim Audit ist die individuelle Betrachtung jedes Unternehmens, die die Spezifika berücksichtigt und nicht von „dem" optimalen Unternehmen ausgeht.

[3] Vgl. den Beitrag von Osterloh/Littmann-Wernli

nur ein hehrer Grundsatz sein, sondern vielmehr als betriebswirtschaftlich lohnendes Ziel erkannt werden. Es geht eben gerade nicht nur um die Einhaltung eines Prinzips, über das (zumindest einigermaßen) gesellschaftlicher Konsens erzielt werden konnte, sondern vielmehr darum, im Unternehmen vorhandene, um nicht zu sagen eingekaufte Potenziale zu nutzen. Das ist auch nichts anderes als die optimale Nutzung von Maschinen, was sehr wohl Gegenstand von Zielvereinbarungen in der Praxis ist.

M.Rühl: Bei den Vergleichen von Führungsfunktionen muss man bereits in Deutschland sehr genau hinsehen, wie das in den einzelnen Unternehmen definiert wird. In den USA ist schnell jemand „Manager", deshalb ist Skepsis durchaus angebracht. Aber es ist richtig, dass z.B. mit Carleton Fiorina eine Frau Vorstandsvorsitzende eines NASDAQ-Unternehmens (Hewlett Packard) ist. Das scheint in Deutschland noch undenkbar. Das „Affirmative Action Program", auf dem die Zahlen in den USA im wesentlichen basieren, wird z.Z. einer kritischen Prüfung unterzogen, weil es an anderer Stelle zu gewaltigen Verzerrungen geführt hat: So hat z.B. ein weißer junger Mann heute so gut wie keine Chance, eine Anstellung bei der Berufsfeuerwehr zu bekommen. So wichtig wie Korrekturen bei den bisherigen Auswahlverfahren sind, ein Unrecht wird nicht dadurch ungeschehen, dass einer anderen Gruppe Unrecht zuteil wird. Dies lässt sich schwerlich mit „Chancengleichheit" bezeichnen. Hinzu kommt, dass der Mentalitätsunterschied zwischen USA und Deutschland nicht unerheblich ist. In einem Land mit weniger Auflagen mag die Bereitschaft, das Verhandlungsspektrum zu reduzieren eher vorhanden sein als in einem anderen, wo es kaum mehr Gestaltungsspielraum gibt.

In Deutschland gibt es nur ca. 200 Unternehmen, die Chancengleichheit praktizieren und dies nach außen kommunizieren. Liegt da nicht eine Erhöhung des Drucks auf die Unternehmen nahe?

J.v.Friesen: Druck hat einen negativen Beigeschmack. So als ob der Gesetzgeber oder die öffentliche Hand nun daran gehen sollte, unternehmerisches Handeln zu Gunsten von Frauenförderung zu unterdrücken. Ich spreche dagegen lieber von externen Anreizsystemen, die für eine effektive Frauenförderung belohnen. Neben der schon erwähnten öffentlichen Auftragsvergabe ließe sich auch hervorragend die freiwillige staatliche Leistungsgewährung in vielen Fällen mit Frauenförderung verknüpfen. Warum soll ein Unternehmen, das z.B. öffentliche Gelder für Fortbildungsmaßnahmen seiner Beschäftigten erhält, diese nicht mit der Auflage bekommen, dass an der Schulungsmaßnahme Frauen im Umfang von X-Prozent zu beteiligen sind?

M.Rühl: Druck hat nicht nur einen negativen Beigeschmack, er übt (nach Newton) auch Gegendruck aus. Männer, für die das Leben – stark vereinfacht – eher eine große Spielwiese ist, verführt das dazu, dass sie ihre Fantasie dazu verwenden, Vermeidungsstrategien zu ersinnen. Hinzu kommt, dass auch die Unternehmen, die sich bisher freiwillig, d.h. z.B. aufgrund der Erkenntnis, dass sie wirtschaftliche Vorteile haben, um eine chancengleiche Personalpolitik bemüht haben, diese Aktivitäten einstellen, bzw. aufs Minimum reduzieren könnten, weil es nichts Besonderes, Wettbewerbsentscheidendes ist, wenn es alle praktizieren. Eher schaffen positive Beispiele Nachahmer, wobei Erkenntnis Motivator ist – nicht Druck.

In dem im Amsterdamer Vertrag der europäischen Mitgliedsstaaten neu hinzugefügten Artikel 13 ist die Bekämpfung der Diskriminierung aus Gründen des Geschlechts durch angemessene Maßnahmen vorgesehen und in Artikel 3 unseres Grundgesetzes ist die staatliche Förderung der tatsächlichen Gleichstellung und die Beseitigung bestehender Nachteile sogar zwingend geregelt.
Wie sollen diese Ziele erreicht werden?

J.v.Friesen: Diese Frage wird zum Teil bereits durch Artikel 119 Absatz 4 des Amsterdamer Vertrages selbst beantwortet. Darin heißt es:

> *Im Hinblick auf die effektive Gewährleistung der vollen Gleichstellung von Männern und Frauen im Arbeitsleben hindert der Grundsatz der Gleichbehandlung einen Mitgliedsstaat nicht daran, zur Erleichterung der Berufstätigkeit des unterrepräsentierten Geschlechts oder zur Verhinderung bzw. zum Ausgleich von Benachteiligungen in der beruflichen Laufbahn spezifische Vergünstigungen beizubehalten oder zu beschließen.*

Und in der Erklärung zu Artikel 119 Absatz 4 für die Schlussakte heißt es:

> *Maßnahmen der Mitgliedsstaaten nach Artikel 119 Absatz 4 sollten in erster Linie der Verbesserung der Lage der Frauen im Arbeitsleben dienen.*

Den noch ausstehenden Teil der Antwort auf die Frage gibt die EU-Kommission. Diese ist in ihren Stellungnahmen zur öffentlichen Auftragsvergabe und dem Einsatz öffentlicher Kaufkraft zur Verfolgung sozialer Ziele über die Jahre hinweg immer deutlicher geworden. Hatte sie anfangs die Verknüpfung öffentlicher Auftragsvergabe mit arbeitsmarktpolitischen Zielen eben gerade unter Einhaltung engster juristischer Vorgaben toleriert, fordert sie in ihrer Mitteilung vom 11.03.1998 mit dem Titel „Das öffentliche Auftragswesen in der Europäischen Union" die Mitgliedsstaaten geradezu dazu auf, hierbei auch soziale Aspekte wie z.B. Frauenförderung einzubeziehen. „O-Ton" der Kommission u.a.:

So besteht eine Reihe von Möglichkeiten, um sozialen Aspekten bei Beschaffungen durch öffentliche Stellen Rechnung zu tragen:
- *Die Vorschriften der Richtlinien zum öffentlichen Auftragswesen ermöglichen den Ausschluss von Kandidaten, die gegen sozialrechtliche Vorschriften, so auch jenen gegen die Förderung der Gleichbehandlung, verstoßen.*
- *Eine zweite Möglichkeit besteht darin, die Einhaltung von Pflichten sozialen Inhalts zur Vorbedingung für die Ausführung der zu vergebenden öffentlichen Aufträge zu machen, um beispielsweise die Beschäftigung von Frauen oder den Schutz bestimmter benachteiligter Personengruppen zu fördern.*

Dass wir zur Verwirklichung echter Chancengleichheit im Berufsleben darüber hinaus eine bessere Infrastruktur, vor allem bessere Kinderbetreuungsmöglichkeiten sowohl vor als auch während der Schulzeit brauchen, familienkompatible Arbeitszeiten, Formen der doppelten Karrieremöglichkeiten von Ehepaaren und ähnliches mehr, versteht sich von selbst. Glücklicherweise hat jetzt die PISA-Studie bewirkt, dass selbst die Bundesländer, in denen Ganztagsschulen bislang strikt abgelehnt wurden, eingesehen haben, dass in der Halbtagsschule einfach zu wenig Wissen vermittelt werden kann, von Sozialkompetenz ganz zu schweigen. Volkswirtschaftlich war es schon immer unsinnig, gut ausgebildete Mütter zwangsweise als Hilfslehrerinnen einzusetzen, wozu sie in den meisten Fällen auch gerade nicht ausgebildet worden sind.

M.Rühl: Das Problem innerhalb der EU ist, dass die Vorgaben national mit unterschiedlichem Tempo realisiert werden und – wichtiger noch – in kaum einem Staat nachgehalten oder gar geahndet werden. Da führt die deutsche Mentalität zu Differenzen im Staatenvergleich. Diese Frage lässt sich auch historisch diskutieren. Der Blick in die Vergangenheit zeigt, dass Treiber für Veränderungen oft der Druck durch die Unzufriedenen ist (z.B. Französische Revolution). In zweierlei Hinsicht unterscheidet sich unser Veränderungsthema von den historischen:
1. Vom Druck wären passiv ca. 50 % der Menschen betroffen (anders als wenige Monarchen z.B.), die sich zudem in der überlegeneren Position befinden.
2. Diejenigen, die Druck aktiv ausüben sollten, verspüren keinen einheitlichen „Leidensdruck". Zu viele Frauen haben es sich im Hier und Jetzt eingerichtet, andere sind mit ihrer Situation durchaus zufrieden.

Da ist dann der Weg über die Evolution, über die Erkenntnis zwar wesentlich langsamer, aber erfolgversprechender, da er von beiden Geschlechtern mitgetragen ist und damit nachhaltig wirkt.

Mit diesem Weg sind wir in den letzten 20 Jahren nicht weit gekommen. Muss nicht regulierend in den Arbeitsmarkt eingegriffen werden, damit es vorangeht?

J.v.Friesen: Staatliche Eingriffe in den Arbeitsmarkt halte ich für äußerst problematisch. Wir benötigen eher ein deutliches Maß an Deregulierung, um wettbewerbsfähig zu sein. Der deutsche Perfektionismus z.B. im Bereich des Arbeitsschutzes ist – bei nicht zu verkennender Bedeutung effektiver Schutzmechanismen – im Hinblick auf eine Verbesserung der Beschäftigungssituation eher kontraproduktiv. Das Beispiel Bill Gates ist zwar total abgegriffen, aber ungeachtet dessen wunderbar plakativ: Die deutsche Ausgabe des Wunderknaben hätte immer noch keine Chance, weil unsere Aufsichtsbehörden das Arbeiten in einer Garage gnadenlos vereiteln würden.

M.Rühl: Sollte mit dieser Frage zusätzlich das Begehren der SPD/Grünen-Koalition, 50% aller Ausbildungsplätze jungen Frauen vorzubehalten, gemeint sein, so sei auch dazu ein Zweifel der Realisierbarkeit geäußert. Denn leider ist das Bewerbungsverhalten junger Frauen nicht so, dass sie z.B. Flugzeugmechanikerinnen oder Pilotinnen werden möchten. Umgekehrt hält sich der Zulauf junger Männer in die Sekretariate arg in Grenzen. Die Ursache hierfür liegt neben den Genen in den Anfängen der Sozialisation. Deshalb möchte ich Freifrau von Friesen zustimmen, dass wir das Angebot der Ganztagskinderbetreuung für jede Altersstufe benötigen, damit Kinder beide Elternteile in allen denkbaren Rollen erleben und später ihre Berufswahl nicht durch einseitig ausgeprägte Rollenvorgaben selbst beschränken.

Eine bereits mehrfach genannte Möglichkeit, die Sensibilität von Unternehmen im Hinblick auf Chancengleichheit zu vergrößern, ist die Verknüpfung öffentlicher Auftragsvergabe und Frauenförderung. Kann man das allen Unternehmen zumuten?

M.Rühl: Dann geht der Mittelstand ein. Die Kleinunternehmen, die zwar einen Großteil der Erwerbstätigen beschäftigen, nehmen ohnehin seltener an den Ausschreibungen teil. Ihre Märkte sind woanders. Der Mittelstand jedoch, der durchaus „mitbieten" könnte, hätte bei dieser Art der zusätzlichen Administration keine Chance, weil er nicht die Ressourcen hat. Er ist aber von diesen Aufträgen in hohem Maße abhängig und könnte nicht mehr mitbieten – das sichere Ende vieler mittelständischer Unternehmen. Großunternehmen brauchen diesen zusätzlichen administrativen Aufwand auch nicht. Es gibt andere Wege, Klein- und Mittelunternehmen für eine am Postulat der Chancengleichheit orientierte Personalpolitik zu gewinnen. Dies kann extrinsisch über die Verbände und intrinsisch über die weiblichen Mitarbeitenden erfolgen, die man ja nach ihren Vorstellungen befragen kann.

J.v.Friesen: Ich bin da grundsätzlich anderer Auffassung. Zum einen ist die Beteiligung an Ausschreibungen bereits heute für mittlere (ebenso wie für kleine) Unternehmen sicherlich schwieriger als für Großunternehmen, in denen ganze Abteilungen mit der Materie befasst sind. Ich bin im übrigen der Meinung, dass hier administrative Erleichterungen dringend geboten sind. Zum anderen jedoch kann man den ungleichen Bedingungen angemessen Rechnung tragen, indem man für kleine und mittlere Unternehmen auf der einen und Großunternehmen auf der anderen Seite den Nachweis von Frauen- und Familienförderung nach sehr unterschiedlichen Kriterien gestaltet. Der *Deutsche Juristinnenbund*[4] hat hierfür einen Katalog kreiert, aus dem Unternehmen sich je nach Größe etwas aussuchen können: Harte Kriterien wie z.B. eine Ausbildungsquote bei Großunternehmen, familienfreundliche Arbeitszeiten für kleine und mittlere Unternehmen. Das Prinzip ist mehr Qualität und Quantität in Sachen Gleichstellung für die Großen als für die Kleinen. Aber kleine und mittlere Unternehmen völlig aus der Pflicht, Chancengleichheit zu bieten, herauszulassen, halte ich vor allem angesichts der Tatsache, dass dort über 75% aller Beschäftigen tätig sind, für nicht sachgerecht.

---

[4] Vgl. den Beitrag von Raue

Barbara Schaeffer-Hegel

Frauen und Macht heute – Gerechtigkeit für die Generation von morgen

1. Reformen
2. Wie bekommen wir Macht
3. Die Rolle der Europäischen Akademie für Frauen in Politik und Wirtschaft

---

Prof. Dr. Barbara Schaeffer-Hegel ist Professorin für Erziehungswissenschaften an der Technischen Universität Berlin; Vorstandsvorsitzende der Europäischen Akademie für Frauen in Politik und Wirtschaft Berlin e.V..
E-Mail: schaeffer-hegel@eaf-berlin.de

1. Reformen

Um über die Generation von morgen zu sprechen, beginne ich mit einer kurzen historischen Bestandsaufnahme, die uns 4 000 Jahre zurückführt und auf den Prozeß verweist, der zur gleichzeitigen Entstehung von Staat und patriarchalischer Familie als sich gegenseitig bedingender gesellschaftlicher Einrichtungen geführt hat. Ich möchte hier nur an drei Strukturmuster erinnern, die an diesem Prozeß beteiligt waren bzw. aus ihm resultierten und die uns – wenn auch in abgewandelter Form – bis heute als soziales Erbe erhalten blieben:

- Zusammen mit anderen Faktoren hat der höhere Wert und Nutzen und nicht etwa die Minderwertigkeit von Frauen dazu geführt, daß sie als kostbare Ware zunächst gehandelt, dann entführt und geraubt wurden, und daß sie als Sklavinnen, als Prostituierte und schließlich auch als Ehefrauen kollektiv entwertet und entmachtet wurden.
- Die Entstehung des Staates aus männerbündischen Eroberungszügen und seine Orientierung an militärisch-hierarchischen Organisationsformen, an denen Frauen nicht beteiligt waren, hat zur Entfernung von Frauen aus der politischen Öffentlichkeit und bis heute zur Fremdheit zwischen Frauen und allen Bereichen der Machtausübung geführt.
- Die gesellschaftliche Einbindung der Frauen über die mit dem Staat entstandene patriarchalische Familie hatte zur Folge, daß die Verantwortung für die Reproduktion der Gesellschaft für lange Zeit – und in entscheidenden Bezügen bis heute – aus der Verantwortung der Männer und aus der Zuständigkeit des Staates herausgenommen wurde.

Die Trennung der Gesellschaft in unterschiedlich bewertete männliche und weibliche Menschen, Aufgabenbereiche, Normen und Sozialcharaktere ist also weder Natur noch Gott gegeben – aber sie hat eine uralte Geschichte! Und sie hat mit dem Beginn der modernen Industriegesellschaft und der modernen partizipativen Demokratie eine neue ideologische und organisatorische Verfestigung erhalten. Stärker noch als in den Epochen davor wurden mit dem Beginn der Moderne neue Unvereinbarkeiten geschaffen. Männer und Frauen wurden in getrennte Lebenswelten und in miteinander unvereinbare Lebensmuster gedrängt – und sie wurden auf unterschiedliche Normen und Werte verpflichtet. Es schlossen sich aus:

- männlich – und zugleich väterlich und fürsorglich zu sein;
- weiblich – und zugleich ehrgeizig und durchsetzungsmächtig zu sein;
- Verantwortung und Zuständigkeit für das häuslich-familiäre und zugleich für ein öffentlich-berufliches Leben zu übernehmen.

Daß uns diese alten und zum Teil uralten Strukturen noch heute zu schaffen machen, wissen wir alle genau: Trotz rechtlicher Gleichstellung, trotz vielfach gleicher Ausbildungschancen von Frauen und trotz der grundgesetzlich verankerten Norm, daß Männer und Frauen gleichberechtigt sind, findet man nach wie vor relativ wenige Frauen in wirtschaftlichen Führungspositionen und andererseits wenige Männer im Erziehungsurlaub. Wir kennen die Tatbestände und wir wollen sie hier nicht noch einmal wiederholen.

Aber es gilt, die Auswirkungen dieser gesellschaftlichen Schieflage zu bedenken und sich der Gründe zu vergewissern, die ihre Veränderung erforderlich machen. Wenn wir uns heute für mehr Partnerschaft zwischen den Geschlechtern und für mehr gesellschaftlichen Einfluß von Frauen einsetzen, so gibt es dafür vor allem drei Gründe:
1. die Ungerechtigkeit, die darin liegt, daß Frauen heute den überwiegenden Anteil der gesellschaftlich notwendigen Arbeit leisten aber weit zurückstecken müssen, wenn es um die finanziellen Ressourcen, die beruflichen Möglichkeiten und um die politischen Machtchancen geht, die die Gesellschaft ihren Mitgliedern zu bieten hat;
2. die Dominanz männlicher, eroberungsorientierter, also letztlich militärischer Wertorientierungen, die angesichts überfüllter Kontinente und begrenzter Naturressourcen rückständig, ja gefährlich geworden sind;
3. und die Tatsache, daß der soziale Wandel der letzten 50 Jahre und die Veränderungen der Lebensmuster von Frauen aber auch von Männern die privaten Verhältnisse der Menschen auf eine Weise verändert und destabilisiert haben, daß die aus dem 19. Jahrhundert stammenden Formen der Geschlechterkooperation nicht mehr tragen. Neue Formen für das Zusammenleben von Männern und Frauen und Kindern müssen gefunden werden, wenn wir nicht den psychosozialen Kollaps der Gesellschaft riskieren wollen.

Wenn wir geschlechterdemokratische Reformen der Gesellschaft fordern, so geht es also nicht darum, daß sich Frauen nur einen größeren Anteil am gesellschaftlichen Kuchen sichern wollen. Einfluß und Macht von Frauen sind notwendig, nicht, weil sich Frauen – wie noch immer wieder zu hören ist – endlich auch „selbst verwirklichen" wollen und auch nicht, weil sie, einem rein quantitativen Gerechtigkeitsstreben folgend, männliche Privilegien anstreben, die besseren Männer sein wollen. Sondern es ist notwendig, weil Frauen sich aus Verantwortung für die Generation von morgen dafür einsetzen, daß z.B. Kinder genügend Zeit und Zuwendung von ihren Müttern, aber auch von ihren Vätern, erhalten. Sie betonen, daß öffentliche Einrichtungen und Transferleistungen – Steuern, soziale Sicherungssysteme, Öffnungszeiten von Schulen und Behörden, und im Sinne des „Mainstreaming" alle rechtlichen und organisatorischen Regelungen der Gemeinschaft – der Tatsache Rechnung tragen müssen, daß Kinder das höchste Gut einer Gesellschaft sind, und daß Kinder zu bekommen und sie zu versorgen eine der wichtigsten Dienstleistungen für die Gesellschaft ist.

Frauen brauchen Macht, weil sie aus Verantwortung für den gesellschaftlichen Bereich, für den sie seit jeher zuständig waren, die geeigneteren *Agenten des sozialen Wandels* sind und sich besser darum kümmern werden,
- daß sich das Zusammenleben von Männern, Frauen und Kindern in unserer Gesellschaft den in so vieler Hinsicht veränderten Lebensmustern der Menschen anpaßt,
- daß die dafür notwendigen Strukturveränderungen und Reformen durchgesetzt werden, und
- daß die Möglichkeiten der modernen Technologien nicht allein zur Bedienung von Shareholder Values genutzt werden, sondern daß die vielfältigen Instrumente z.B. einer flexiblen Arbeitszeitgestaltung und des modernen Personalmanagements für die

Erleichterung partnerschaftlicher Lebensformen mit Kindern, d.h. für die Werte der Familie im Sinne von Generationengemeinschaften eingesetzt werden.

Wenn wir diese inhaltliche Zielsetzung einer auf Partnerschaft und Gemeinsamkeit ausgerichteten Gesellschaftspolitik im Blick behalten, dann ist Frauenpolitik nicht mehr eine Politik für Frauen, sondern eine Politik, die sich vor allem um die Verbesserung der Lebensbedingungen von Kindern bemüht und die damit notwendigerweise die Lebensqualität von Frauen, aber auch die von Männern erhöhen wird. Für einen Paradigmenwechsel der Frauenpolitik und für die Einbeziehung von Männern als Bundesgenossen sprechen, daß wir Männern, die ihre gesellschaftlichen Privilegien ja immerhin mit im Durchschnitt 7 Lebensjahren bezahlen, nur die dringend notwendigen Ruhepausen im Berufsstreß ermöglichen, wenn wir dafür sorgen, daß berufliche und häusliche Arbeit in Zukunft zwischen Männern und Frauen gerecht verteilt wird.

2. Wie bekommen wir Macht

Als wir Frauen nach einem ziemlich langen Weg endlich zur Politik und zu ernsthaften Berufen in Wirtschaft und Gesellschaft zugelassen wurden, wurden wir konfrontiert mit vorhandenen Strukturen, Spielregeln und Normen, Zeitplänen, Gehaltsstufen und dem Umstand, daß man nur konkurrenzfähig ist, wenn man den Rücken frei hat von allen privaten Sorgen und Verpflichtungen und Vorurteilen gegen Frauen mit Karriereambitionen. Was ist angesichts dieser verfahrenen Situation zu tun? Wege zur Teilhabe an Macht gibt es mehrere, die zwei wichtigsten möchte ich kurz skizzieren, die – das versteht sich – in steter Wechselwirkung miteinander zum Einsatz kommen müssen:
- die Strategie der *Unterwanderung* und
- die Strategie der eigenen *Machtzentren*.

Die Strategie der Unterwanderung bedeutet Anpassung, Einpassung, d.h. sich mit den vorhandenen Formen und Normen vertraut machen, sie sich aneignen. Dazu sind entsprechende Kompetenzen zu erwerben, um konkurrenzfähig, im Zweifelsfall besser zu sein, zumindest aber ebenso gut wie ein Mann – entscheidungswillig, durchsetzungsfähig, erfolgsorientiert sein. D.h., gegebenenfalls hart im Nehmen sein und immer hart in der Sache, dabei aber immer weich zu den Menschen. Diese Strategie bedeutet weiterhin, sich in den Parteien, den politischen Verwaltungen, der Wirtschaft und in den Universitäten und Hochschulen zu engagieren, sich auf den Karriereweg begeben, wie schwer dies auch sein mag. Das bedeutet aber auch den oft schwierigen Spagat zwischen den eigenen Lebensorientierungen und den Erfordernissen des Berufslebens auf sich nehmen – unter oftmals hartem persönlichem Verzicht.

Das Fazit zu dieser Strategie der Unterwanderung lautet: nur wer die Strukturen kennt, kann sie verändern – nur von innen heraus und nur mit Rücksicht auf das jeweils Machbare lassen sich Strukturreformen durchsetzen.

Ebenso dringend aber brauchen wir Frauen eigene Machtzentren. Gemeint sind eigene, von Frauen getragene Organisationen, die quer zu den männerdominierten Machtstrukturen liegen. Sie machen Frauen von diesen Strukturen unabhängiger und eröffnen zusätzliche Machtchancen den männlichen Kollegen gegenüber. Frauen brauchen Koalitionen und Bündnisse,
- die parteiübergreifend und zwischen den gesellschaftlichen Bereichen agieren,
- die Verbindungen zwischen Frauen aus Politik, Wissenschaft und Wirtschaft herstellen,
- die Synergien schaffen,
- die uns schnell mit Informationen und Kontakten versorgen,
- die uns bei Personalentscheidungen helfen,
- die die Nutzung von Chancen und Einflußmöglichkeiten befördern,
- und die längerfristige Strategieentwicklungen und Absprachen ermöglichen.

Denn mit dieser Strategie der eigenen Machtzentren könnte es gelingen, die Jahrtausende alte männliche Strategie des *Teile und Herrsche* zu durchbrechen und den Einfluß von Frauen in der Gesellschaft zu erhöhen.

Kollektive Lernprozesse

Beide Strategien - *Unterwanderung* und *eigene Machtzentren* - verlangen von uns Frauen Lernprozesse. Angestammte, über Jahrhunderte wirksame Konditionierungen und geschlechtsspezifische Sozialisationsgewohnheiten müssen überwunden werden. Es fällt uns Frauen nicht leicht:
- Ehrgeiz zu haben und ihn sogar noch offen zu zeigen,
- Ansprüche anzumelden, anstatt darauf zu warten, daß man uns Angebote macht,
- Konkurrenten bewußt und geplant auszustechen, berufliche und politische Auftritte zu planen und effektvoll zu inszenieren,
- die Regeln der Hierarchie geschickt für die eigene Karriere zu nutzen.

Aber alle diese Eigenschaften brauchen Frauen, um in Männerorganisationen erfolgreich zu sein und an die Spitze zu gelangen.

Und es fällt uns ebensowenig leicht:
- die Andersartigkeit von Frauen zu respektieren,
- mit ihnen zu kooperieren auch wenn in wesentlichen Lebensfragen keine Einigkeit besteht, d.h. die Politik des kleinsten gemeinsamen Nenners zu praktizieren,
- mit Frauen zu konkurrieren – und Konflikte mit ihnen offen auszutragen, ohne den Kontakt abzubrechen und die Kooperation einzustellen.

Es ist der Weg von der Freundinnenkultur – der einzigen, die Frauen von jeher zugestanden war und von ihnen praktiziert wurde – zu einer Kultur der professionellen Kooperation zu gelangen – das fällt häufig noch schwer. Aber alle eben angesprochenen Fähigkeiten brauchen Frauen, wenn sie bündnisfähig sein wollen und ihre Kooperation – nicht nur über Parteigrenzen hinweg – als Brücken der Verbindung zwischen den verschiedenen Gesellschaftsbereichen aufbauen wollen. Viele dieser Fähigkeiten werden uns Frauen nicht gerade in die Wiege gelegt. Aber wir wissen heute, daß ihre schwache Ausprägung bei Frauen nicht etwa Schicksal ist. Und wir wissen, daß auch diese Eigenschaften und Fähigkeiten erlernbar sind – selbst noch in fortgeschrittenem Alter.

3. Die Rolle der Europäischen Akademie für Frauen in Politik und Wirtschaft

Eigene Machtzentren von Frauen entstehen nicht von alleine. In Deutschland ist in den 20 Jahren seit Beginn der neuen Frauenbewegung eine reichhaltige Kultur von Frauenprojekten gewachsen und – nicht zu unterschätzen – die nahezu flächendeckende Etablierung von Gleichstellungsstellen. Für viele dringende soziale Probleme brauchen wir Frauenprojekte und wir brauchen starke Frauen als Gleichstellungsbeauftragte. Beide sind ein sozialpolitischer Gewinn, den wir nicht hoch genug einschätzen können – aus vielen Gründen. Doch sowohl Frauenprojekte als auch Gleichstellungsstellen sind abhängig von öffentlichen Geldern und immer auch von der Zustimmung und dem Wohlwollen vorgesetzter bürokratischer, meist männlicher Instanzen. Sie sind nicht unabhängig. In Deutschland gibt es nur wenige Fraueneinrichtungen, die finanziell unabhängig sind und auf eigenen Füßen stehen.

In den USA hat sich dagegen mit der Frauenbewegung der 70er Jahre eine sehr andere politische Frauenkultur entwickelt. Zahlreiche vom Staat unabhängige Organisationen qualifizieren Frauen für Führungspositionen, fördern junge ambitionierte weibliche Nachwuchskräfte, machen professionelle Politikberatung, kompetentes Lobbying und unterstützen Frauen, die sich für politische Ämter bewerben. Bereits 1992
- wurden 54% aller weiblichen Abgeordneten von überparteilichen Frauenorganisationen unterstützt,
- war die Mehrheit aller abgeordneten Frauen Mitglied in einer überparteilichen Frauenorganisationen,
- hatten 22% aller Politikerinnen eine Frau als Mentorin,
- hatten 44% aller Kandidatinnen vor ihrer eigenen Kandidatur im Rahmen einer überparteilichen Frauenorganisation die Kandidatur einer anderen Frau unterstützt.

Die US-amerikanische politische Kultur unterscheidet sich in vieler Hinsicht von der unseren. Dennoch können wir einiges daraus lernen. Aber auch in Deutschland ist die Zahl der Frauen, die ein frauenpolitisches Bewußtsein haben, insbesondere unter den in qualifizierten Berufen Tätigen enorm gewachsen: in der Wissenschaft, in den öffentlichen Verwaltungen und auch in der Wirtschaft.

Trotz zahlreicher, immer bewußter wahrgenommener Behinderungen haben Frauen heute weitaus mehr Einfluß und sie haben mehr eigene finanzielle Mittel, mehr Einkommen und hin und wieder auch Vermögen zu ihrer Verfügung. Es ist daher an der

Zeit, daß Frauen sich unabhängig von Vater Staat eigene Machtzentren schaffen, uns eigene Foren aufbauen, aus denen heraus wir selbständig agieren können.

Die Lösung der Geschlechter- und Generationenfragen ist nicht ohne langfristige Veränderungen, vor allem unserer Arbeitskultur möglich. Die Durchsetzung politisch wirksamer und gesellschaftlich machbarer Reformansätze, gerade in der Wirtschaft, sind aber nur als einvernehmliche Lösungen denkbar – in der Zusammenarbeit zwischen Politik und Wirtschaft. Politik und Wirtschaft brauchen Anregungen, Modelle und Impulse, die über Parteiprogramme hinausgehen und die Perspektiven aufzeigen, wie die Arbeitswelt den so stark veränderten Lebensbedürfnissen und Lebensmustern von Frauen und Männern heute gerecht werden können. Wichtige Ansatzpunkte dazu sind beispielsweise:
- die Stärkung von Frauen-Empowerment
- die Unterstützung der Netzwerkarbeit unter Frauen-Networking
- und die Förderung des weiblichen Führungsnachwuchses.

Teil II

Diversity-Ansätze und Managing-Diversity-Konzepte im strategischen Diskurs

Gertraude Krell

Diversity Management

Optionen für (mehr) Frauen in Führungspositionen?

1. Diversity Management statt Frauenförderung
2. Zu den Komponenten des Konzepts
3. Ziele und Mittel
4. Managing Diversity verspricht Wettbewerbsvorteile
5. Managing Diversity: „Wundermittel" zur Realisierung von Chancengleichheit?

Literatur

Prof. Dr. Gertraude Krell ist Professorin für Betriebswirtschaftslehre mit dem Schwerpunkt Personalpolitik an der Freien Universität Berlin, Fachbereich Wirtschaftswissenschaft, Institut für Management. E-Mail: Krellg@wiwiss.fu-berlin.de

1. Diversity Management statt Frauenförderung

Über die Grenzen herkömmlicher Frauenförderung ist von wissenschaftlicher Seite viel geschrieben worden (Brumlop/Hornung 1994; Krell 2001a). Und auch Führungskräfte schätzen deren Wirksamkeit skeptisch ein – und dies mit zunehmender Tendenz und unabhängig vom Geschlecht. Der neusten Befragung von Sonja Bischoff (1999, 59) zufolge meinen 1998 nur 46 Prozent der befragten Männer (1991 waren es noch 68 Prozent) und nur 45 Prozent der befragten Frauen (1991 waren es noch 56 Prozent), Frauenfördermaßnahmen seien geeignet, den Anteil von Frauen in Führungspositionen zu erhöhen.

Die Studie verdeutlicht zugleich, dass noch immer erheblicher Handlungsbedarf besteht. Dies gilt zunächst hinsichtlich des mageren Frauenanteils in Führungspositionen. Das gilt weiters angesichts dessen, dass

- 32 Prozent der befragten Frauen angeben, schon einmal geschlechtsbedingt diskriminiert worden zu sein (ebd., 48),
- 33 Prozent der befragten Frauen als Hindernis in der Aufstiegsphase „Vorurteile gegenüber Frauen" nennen. Bemerkenswerterweise hat sich diese Zahl im Vergleich zur Einstiegsphase verdoppelt (ebd., 54). Mit zunehmender Erfahrung wird offenbar immer deutlicher, dass Frau sein nach wie vor ein Aufstiegshindernis darstellt.

Und das gilt schließlich auch für jene Frauen, die es geschafft haben, tatsächlich in eine Führungsposition aufzusteigen. Auch sie werden hinsichtlich der Arbeitsbedingungen (vor allem Ausstattung mit Mitarbeitern und Mitarbeiterinnen) und des Einkommens im Vergleich zu Männern noch immer benachteiligt (ebd., 23ff, 129ff).

Dies wirft die Frage nach Konzepten auf, die im Vergleich zur herkömmlichen Frauenförderung besser geeignet sind, der Chancengleichheit der Geschlechter zum Durchbruch zu verhelfen. Ein solches ist das US-amerikanische Konzept Managing Diversity, im deutschen Sprachraum auch als Diversity Management bezeichnet, das sich in mehrfacher Hinsicht von dem der Frauenförderung unterscheidet:

- Als potentiell Diskriminierte werden nicht nur Frauen berücksichtigt, sondern alle Beschäftigten, die nicht zur dominanten Gruppe gehören bzw. nicht dem homogenen Ideal entsprechen.
- Entwicklungsbedarf wird nicht nur oder nicht in erster Linie mit Blick auf die weiblichen Beschäftigten gesehen, sondern
  - mit Blick auf die Organisation insgesamt, denn Managing Diversity zielt auf einen Wandel der Organisationskultur,
  - mit Blick auf die gesamte betriebliche Personalpolitik und
  - mit Blick auf die derzeit überwiegend männlichen Führungskräfte
- von denen, die das Konzept propagieren, werden neben rechtlichen Zwängen und ethischer Verpflichtung vor allem ökonomische Gründe angeführt. Vielfalt richtig zu managen, ist ein wichtiger Wettbewerbsfaktor.

Diesே Aspekte werden nachfolgend erläutert. Abschließend wird der Frage nachgegangen, ob bzw. unter welchen Bedingungen Managing Diversity die Optionen für (mehr) Frauen in Führungspositionen verbessern kann.

2. Zu den Komponenten des Konzepts

2.1 Zum Verständnis von „Diversity"

Diversity bzw. Vielfalt kann sich auf ganz unterschiedliche Merkmale der Beschäftigten einer Organisation beziehen. Dabei geht es nicht nur um die klassischen Merkmale wie Geschlecht, Alter, ethnische oder nationale Zugehörigkeit, sondern auch um solche, die nicht unmittelbar erkennbar sind, wie z.B. religiöse Überzeugung, sexuelle Orientierung, Lifestyle etc. (Bateman/Zeithaml 1993, 379). Grundsätzlich kommen alle Merkmale in Frage, die Einfluss auf die Selbst- und vor allem auch auf die Fremdwahrnehmung einer Person haben und die mögliche Quellen für Reibungen oder Spannungen in der Zusammenarbeit unterschiedlicher Beschäftigtengruppen bzw. Quellen von Diskriminierungen sein können.

Die damit für das (Personal-)Management verbundene Herausforderung besteht darin, die vielfältigen Bedürfnisse und Interessenlagen der Beschäftigten zu erkennen, ohne zu stereotypisieren. So betont z.B. Roosevelt Thomas (2001, 40), dass es „innerhalb einer demografischen Gruppe ebenso viel Diversity in Bezug auf deren Meinungen, Vorstellungen und Verhaltensweisen (gibt) wie zwischen verschiedenen demografischen Gruppen". Für die (Planung der) Besetzung von Führungspositionen folgt daraus, dass es notwendig ist, sich von der althergebrachten Vorstellung zu verabschieden, Frauen seien primär familien- und Männer primär karriereorientiert. Vielmehr gilt es zu berücksichtigen, dass es neben denen, die dem klassischen Geschlechtsrollenstereotyp entsprechen, karriereorientierte Frauen und familienorientierte Männer (Peinelt-Jordan 1996) gibt sowie immer mehr Menschen beiderlei Geschlechts, die eine Balance zwischen beruflicher Arbeit und Entwicklung und außerberuflichen Verpflichtungen und Neigungen anstreben (Abele u.a. 1994, 114f).

2.2 Zum Verständnis von „richtig managen"

Eine vielfältig zusammengesetzte Belegschaft allein verschafft noch keine Wettbewerbsvorteile. Ganz im Gegenteil: Wenn Vielfalt *nicht richtig gemanagt* wird, kann das erhebliche Kosten verursachen. Vielfalt *richtig managen* heißt in aller Kürze, Bedingungen zu schaffen, unter denen *alle* Beschäftigten leisten können und wollen. Dadurch werden erhebliche Produktivitätspotentiale erschlossen. „Unleashing the Power of Your Total Work Force by Managing Diversity" heißt bezeichnenderweise der Untertitel eines Klassikers (Thomas 1991).

3. Ziele und Mittel

3.1 Die multikulturelle Organisation als Ziel

In Publikationen zu Managing Diversity wird folgender Ist-Zustand diagnostiziert: In Unternehmen, öffentlichen Verwaltungen und anderen Organisationen gibt es zwar – in mehr oder weniger großem Ausmaß – Vielfalt, d.h. dort arbeiten Frauen und Männer, Alte und Junge, Menschen verschiedener Nationalität, ethnischer Zugehörigkeit usw. Aber es gibt dort auch ein sog. homogenes Ideal, auch als dominante Gruppe oder dominante Komponente bezeichnet (Loden/Rosener 1991; Thomas 2001). Das sind (in den USA: weiße) Männer mittleren Alters. Hinzuzufügen ist: Männer, denen in der Regel eine Frau Hausarbeit und Kinderbetreuung abnimmt, so dass sie ihrem Arbeitgeber uneingeschränkt zur Verfügung stehen. Diese dominante Gruppe besetzt nicht nur die Mehrzahl der Führungspositionen, sondern sie bestimmt auch maßgeblich die Werte, Normen und (Spiel-)Regeln, die in einer Organisation gelten. Mit anderen Worten: Sie prägt die Organisationskultur. Deshalb wird von einer monolithischen (Cox 1991) oder monokulturellen (Krell 1996) Organisation gesprochen.

Charakteristisch für monokulturelle Organisationen sind nach Marilyn Loden und Judy Rosener (1991, 28) die folgenden Grundüberzeugungen:
- Anders zu sein ist gleichbedeutend damit, Defizite zu haben.
- Vielfalt stellt eine Bedrohung für das effektive Funktionieren der Organisation dar.
- Wer hinsichtlich der Werte der dominanten Gruppe Unbehagen empfindet bzw. äußert, ist überempfindlich.
- Die Mitglieder der besonderen Gruppen sollen und wollen so sein wie die dominante Gruppe.
- Gleichbehandlung heißt, alle über einen Kamm zu scheren.
- Es ist erforderlich, die Menschen zu verändern und nicht die Organisationskultur.

Dem gegenübergestellt wird als Leitbild und Entwicklungsziel die „multikulturelle Organisation". Dieses Leitbild stammt von Taylor Cox (1991), der es folgendermaßen charakterisiert:
- Es herrscht Pluralismus.
- Alle Beschäftigten (-gruppen) sind strukturell vollständig integriert, d.h. in allen Positionen und auf allen Hierarchieebenen repräsentiert.
- Alle Beschäftigten (-gruppen) sind vollständig in die informellen Netzwerke integriert.

- Es gibt weder Vorurteile noch Diskriminierung.
- Alle Beschäftigten identifizieren sich gleichermaßen mit der Organisation; das Ausmaß der Identifikation ist nicht abhängig von der Gruppenidentität.
- Zwischen den Beschäftigtengruppen gibt es relativ wenige bzw. nur schwach ausgeprägte Konflikte.

Mit anderen Worten: In einer multikulturellen Organisation herrscht Chancengleichheit. Managing Diversity als Maßnahmenbündel zielt darauf, dieses Ziel zu verwirklichen.

3.2 Die Neugestaltung der Personalpolitik als Mittel

Zur Schaffung einer multikulturellen Organisation ist es erforderlich, alle Kriterien und Verfahren der betrieblichen Personalpolitik daraufhin zu untersuchen, ob sie Diskriminierungspotential, aber auch, ob sie Gleichstellungspotential enthalten. Entsprechend dem Ergebnis dieser Prüfungen werden dann die Instrumente verändert. Das soll beispielhaft erläutert werden.

Verursachend für eine unmittelbare oder auch mittelbare (siehe dazu Colneric 2001) Diskriminierung aufgrund des Geschlechts beim Zugang zu Führungspositionen kann zunächst das *Diskriminierungspotential* der Personalauswahl und -beurteilung sein. Dazu liegen inzwischen auch im deutschsprachigen Raum Analysen und Gestaltungsempfehlungen vor (zur Personalauswahl: Kay 1998; Kay 2001; zur Personalbeurteilung: Hennersdorf 1998; Kühne/Oechsler 2001; Krell 2001c). Angesichts des wachsenden Anteils leistungsabhängiger Entgeltbestandteile kann Diskriminierung bei der Personalbeurteilung zudem Ursache der auch in Führungspositionen feststellbaren Entgeltdiskriminierung aufgrund des Geschlechts sein (Bischoff 1999, 23ff). Als eine andere Ursache dafür wird angeführt, dass die Vergütungsstudien der Unternehmensberatungen, an denen sich Unternehmen bei der Führungskräfteentlohnung orientieren, nach Frauen- und Männergehältern differenzieren (Assig/Beck 1996, 142). Hinsichtlich der Personalbeurteilung ist allerdings auch *Gleichstellungspotential* erkennbar, wenn z.B. Verhalten und Ergebnisse in Sachen Managing Diversity bei der Beurteilung der Führungskräfte berücksichtigt werden. Dazu später mehr. Weitere Beispiele für die Nutzung entsprechend veränderter personalpolitischer Instrumente zur Realisierung von Chancengleichheit (nicht nur in Führungspositionen) sind das Diversity Audit (Gardenswartz/Rowe 1993, 263), das Gender Audit (Engelbrech 1995) oder das Gleichstellungscontrolling (Krell 2001a). Ein hohes Gleichstellungspotential hat schließlich die status- und geschlechtsneutrale Teilzeitarbeit, die heute in der kein Tabu mehr ist (Straumann/Hirt/Müller 1996; Vedder/Verdder 2001).

Einen ergänzenden Überblick zu Instrumenten gibt Abbildung 1.

Abb.1: Instrumente zur Verwirklichung einer multikulturellen Organisation

Instrumente zur Verwirklichung einer multikulturellen Organisation nach Cox (1991, 41)	
Kennzeichen der multikulturellen Organisation	Instrumente
Pluralismus	▪ Diversity-Trainings ▪ Einführungsprogramme für neue Mitarbeiter ▪ Sprachtrainings ▪ Heterogenität in Entscheidungsgremien ▪ Wertschätzung der Vielfalt als Element von Unternehmens- und Führungsgrundsätzen ▪ Beratungsgruppen für das Top-Management ▪ Handlungsspielräume durch die Arbeitsgestaltung
Vollständige strukturelle Integration	▪ Maßnahmen der Weiterbildung und Karriereplanung ▪ Affirmative Action-Programme ▪ diversity-orientierte Beurteilung von Führungskräften ▪ flexible Arbeitszeitgestaltung und Anreizsysteme
Integration in Informelle Netzwerke	▪ Mentorenprogramme ▪ Organisation sozialer Ereignisse
Keine Vorurteile und Diskriminierung	▪ Chancengleichheits-Seminare ▪ Fokusgruppen ▪ Trainings zur Reduzierung von Vorurteilen ▪ Organisationsinterne Informationsbeschaffung ▪ Projektgruppen
Identifikation mit der Organisation	Alle vorangegangenen und folgenden Instrumente
keine Intergruppen-Konflikte	▪ Survey Feedback ▪ Konflikttrainings ▪ Diversity-Trainings ▪ Fokusgruppen

(aus: Emmerich/Krell 2001, 424)

3.3 Die Steigerung der Gleichstellungsmotivation und -kompetenz männlicher Führungskräfte als Mittel

Wer Chancengleichheit realisieren will, muss berücksichtigen: „An den Führungskräften führt kein Weg vorbei!" (Tondorf/Krell 1999). Deren Kompetenz und vor allem auch deren Motivation in Sachen Chancengleichheit entscheiden darüber, ob vom Top-Management initiierte Diversity-Programme vor Ort auch tatsächlich umgesetzt oder eher ignoriert oder gar verhindert werden. Deshalb kommt Maßnahmen zur Steigerung chancengleichheitsförderlicher Kompetenz und Motivation der – derzeit ja noch überwiegend männlichen – Führungskräfte eine kaum zu überschätzende Bedeutung zu.

Hier sind zunächst *Diversity-Trainings* zu nennen (Ferdman/Brody 1996; Emmerich/Krell 2001). Bei diesen lassen sich analytisch zwei Grundvarianten unterscheiden, die allerdings in der Praxis vielfach kombiniert werden: Awareness-Trainings zielen darauf, vorhandene Diskriminierungen – vor allem auch die eigenen Stereotype und Vorurteile – überhaupt erst bewusst zu machen und die Sensibilität für die Situation derer zu erhöhen, die nicht zur dominanten Gruppe gehören. Durch Skill-Building-Trainings sollen jene Fähigkeiten entwickelt werden, die erforderlich sind, um eine vielfältige Belegschaft richtig zu managen bzw. mit Menschen zusammenzuarbeiten, die anders sind als man selbst. Auch von einigen deutschen Unternehmen sind Praxisbeispiele zu solchen Trainings dokumentiert, so z.B. von Schering (Rendez 2001) und der Deutschen Telekom (Ihlefeld-Bolesch 1998). Erkenntnisse über die generelle Verbreitung von Diversity-Trainings in der deutschen Wirtschaft existieren allerdings nicht. Aufschluss über die Existenz von Weiterbildungsmaßnahmen in Sachen Chancengleichheit der Geschlechter gibt eine 1999 durchgeführte Befragung der Mitglieder des „Forum Frauen in der Wirtschaft", einem Netzwerk der in 18 deutschen Großunternehmen für die Chancengleichheit zuständigen Expertinnen: Von den zehn Antwortenden nennen acht Maßnahmen zum Abbau von Geschlechtsrollenstereotypen, sieben solche zur Verbesserung der Zusammenarbeit zwischen Frauen und Männern und fünf Informations- und Sensibilisierungsseminare speziell für Vorgesetzte (Karberg/Krell 2001, S. 56).

Eine zweite wichtige Maßnahme sind *diversity-orientierte Beurteilungen*. D.h.: Verhalten und/oder Ergebnisse in Sachen Chancengleichheit werden zum Gegenstand der Beurteilung der Führungskräfte gemacht. Hier können zunächst darauf bezogene Kriterien in die klassische Abwärtsbeurteilung eingebaut werden. Ergänzend können – entsprechend ausgestaltete – Vorgesetzten- oder Aufwärtsbeurteilungen eingesetzt werden (Cox 1991, 14). Unternehmen und andere Organisationen, die in den USA Managing Diversity praktizieren, legen großen Wert auf das Feedback durch die Mitarbeiterinnen und Mitarbeiter (Morrison 1992, 94). Durch amerikanische Firmen, wie z.B. Genereal Electric, gelangen diversity-orientierte Beurteilungen von Führungskräften auch nach Deutschland (Stahrenberg 2001). Einer in der Hamburger Privatwirtschaft durchgeführten Studie zufolge haben dort schon zu Beginn der 90er Jahre 16 Prozent der befragten Mittel- und Großbetriebe die Realisierung von Chancengleichheit zum Kriterium der

Beurteilung ihrer Führungskräfte gemacht (Domsch u.a. 1994, 82). In welchem Ausmaß diversity-orientierte Beurteilungsverfahren derzeit in Deutschland insgesamt existieren, und wie sie gegebenenfalls ausgestaltet sind, darüber liegen keine Erkenntnisse vor.

4. Managing Diversity verspricht Wettbewerbsvorteile

Bemerkenswert – insbesondere für diejenigen, die der Auffassung sind, Bemühungen um mehr Chancengleichheit seien nur etwas für die wirtschaftlich guten Zeiten – sind die Begründungen für Managing Diversity (Cox 1993, 11ff). Hier wird nämlich nicht nur auf rechtliche und moralische Verpflichtungen verwiesen, sondern auch und insbesondere darauf, dass die Entwicklung hin zu einer multikulturellen Organisation ein wichtiger Beitrag zum ökonomischen Erfolg ist. In Anlehnung an Taylor Cox und Stacy Blake (1991) möchte ich die in diesem Zusammenhang vorgetragenen Argumente skizzieren, ergänzen und zugleich auf hiesige Verhältnisse übertragen.

4.1 ... mit Blick auf die Beschäftigten als Humanressourcen

Das *Kosten-Argument* verweist zunächst auf die Kosten, die durch Diskriminierung oder mangelnde Integration derer verursacht werden, die nicht zur dominanten Gruppe oder Komponente gehören. Durch einen verlorenen Rechtsstreit entstandene Kosten sind hier nur die Spitze des Eisbergs. Darüber hinaus wird darauf verwiesen, dass der Zwang zur Anpassung Energien absorbiert, die ansonsten der Leistungserstellung zugute kämen (Thomas 1991, 8f) oder dass Diskriminierungen zu Demotivation führen können (Krell 1999a, 90f) Hier möchte ich noch einmal auf die Befunde von Sonja Bischoff zurückkommen: Die (Gesamt-)Arbeitszufriedenheit der von ihr befragten weiblichen Führungskräfte ist deutlich geringer als die ihrer männlichen Kollegen (Bischoff 1999, 94); 44 Prozent der Frauen, aber nur 30 Prozent der Männer, nennen das Gehalt als Ursache für ihre Unzufriedenheit, 85 Prozent dieser Frauen halten ihre Gehälter für nicht leistungsgerecht (ebd., 97f). Solche Befunde werfen die Frage nach den Auswirkungen auf Motivation und Leistung auf.

Ergänzend möchte ich den Blick auf jene Kosten lenken, welche die Mitglieder der dominanten Gruppe betreffen. Hinsichtlich der InhaberInnen von Führungspositionen sind dies vor allem die mit dem klassischen Karrieremuster verbundenen Kosten bzw. Preise (Pahl 1997). Dass diese zunehmend erkannt werden, verdeutlichen Artikel in der Wirtschaftsfachpresse: In der Wirtschaftswoche wird unter dem Titel „Balance finden" über eine Umfrage berichtet, der zufolge sich 51 Prozent der deutschen Führungskräfte überarbeitet fühlen (Haacke 1999, 124). Und weil die überlangen Arbeitszeiten Gesundheit, Moral und Kreativität zerstörten – so ein dort zitierter Managementexperte – seien diejenigen, die sich derart für die Firma aufopferten, für diese irgendwann nicht mehr viel wert (ebd., 124f). Im Manager Magazin geht es um die immer größer werdende Zahl gescheiterter Manager-Ehen und die damit verbundenen zeitlichen und finanziellen Belastungen (Risch 1999). Auch in einer Befragung zur Work-Life-Integration des mittleren Managements eines großen deutschen Luftfahrtkonzerns geben 80,6 Prozent der antwortenden Führungskräfte mit Pertner(in) an, ihr berufliches Engagement habe negative Auswirkungen auf ihre Partnerschaft (gehabt), und 83 Prozent der Führungskräfte, die Kinder haben, sie seien mit der persönlichen Teilhabe an deren Aufwachsen nicht oder nur bedingt zufrieden (Lauer 2001, 315). Auch all das bleibt sicherlich nicht ohne Auswirkungen auf die Leistungswilligkeit und -fähigkeit. Insofern tragen nicht nur die Führungskräfte und deren PartnerInnen bzw. Familien, sondern auch ihre Arbeitgeber die Kosten des herkömmlichen Karrieremodells.

Das *Kreativitäts- und Problemlösungs-Argument* bezieht sich auf die Zusammensetzung von Gruppen. Aus der Gruppenforschung ist bekannt: Homogene Gruppen können Probleme zwar schneller lösen, aber gemischt zusammengesetzte Gruppen sind kreativer und kommen zu tragfähigeren Problemlösungen (Thompson/Gooler 1996) – allerdings nur unter der Voraussetzung, dass die vielfältig zusammengesetzten Gruppen entsprechend trainiert werden.

Sowohl im amerikanischen als auch im deutschen Diskurs wird die Forderung nach gemischtgeschlechtlichen Teams von Führungskräften allerdings z.T. mit Argumenten begründet, die dem zuvor skizzierten Verständnis von Diversity diametral entgegenstehen. So argumentieren einige AutorInnen in diesem Zusammenhang mit angeblich typisch weiblichen Führungseigenschaften oder einem angeblich typisch weiblichem Führungsverhalten. Beispielhaft sei hier Gertrud Höhler (2000) genannt, die in ihrem Buch „Wölfin unter Wölfen" für „Ergänzung durch Verschiedenheit" (ebd., 201) plädiert. Das halte ich für höchst problematisch, und zwar aus zwei Gründen:
- Zunächst wird hier in unangemessener Weise stereotypisiert. Frauen (und auch Männern) werden aufgrund der biologischen Geschlechtszugehörigkeit bestimmte Eigenschaften, Einstellungen und Verhaltensweisen zugeschrieben. Wir wissen aber aus vielen Forschungszusammenhängen, dass dies sachlich nicht haltbar ist. Hier sei nur beispielhaft auf die Androgynieforschung (ausführlicher: Krell 1999a) und die Führungsforschung (ausführlicher: Krell 2001b) verwiesen.
- Des Weiteren folgen aus dieser Begründung für mehr Frauen in Teams oder in Führungspositionen spezifische Erwartungen an die weiblichen Gruppenmitglieder oder Führungskräfte. Diese sollen das repräsentieren, was als typisch weiblich erachtet wird. Damit ist ein Dilemma programmiert: Entsprechen sie dieser Erwartung nicht, dann ist ihre Beteiligung nicht mehr legitimiert, weil sie ja nicht „verschieden" sind. Entsprechen sie dieser Erwartung, dann besteht aufgrund der mit den Geschlechterstereotypen verkoppelten Geschlechterordnung die Gefahr des Statusverlustes innerhalb der Gruppe bzw. der Organisation (Krell 2002).

Eine eigenschaftsorientierte Begründung für die Erhöhung des Frauenanteils in Führungspositionen oder Arbeitsgruppen führt insofern zu einer Fixierung auf Geschlechterstereotype, die der Vielfalt innerhalb der Gruppe der Frauen (und auch der Männer) nicht

Rechnung trägt – und deshalb im Rahmen des Managing Diversity ja gerade problematisiert wird.

Ein ganz anderer Akzent wird gesetzt, wenn die Forderung nach einer angemessenen Beteiligung von Frauen – oder anderen Personengruppen, die nicht zur dominanten Gruppe gehören, – an (Entscheidungs-)Gremien damit begründet wird, dass diese Gremien nicht einseitig durch die dominante Gruppe dominiert werden sollen. Wenn es also um die Verteilung von Ressourcen geht, z.B. um Arbeitsplätze und/oder Geld, dann ist ein interessenpolitisch orientiertes Votum für mehr Frauen in Entscheidungsgremien nicht nur sinnvoll, sondern sogar notwendig, um zu gerechten und tragfähigen Problemlösungen zu kommen.

4.2   ... mit Blick auf die wirtschaftliche und soziale Umwelt

Das *Personalmarketing-Argument* verweist darauf, dass Organisationen, die erfolgreich Managing Diversity praktizieren, Rekrutierungsvorteile auf dem Arbeitsmarkt für Fach- und Führungskräfte haben. Nicht nur in den Vereinigten Staaten gibt es Ratgeber über die besten Arbeitgeber für Minderheiten. Auch hierzulande können sich weibliche High Potentials und – laut rückseitigem Text auch „Männer, die sich Gedanken über die Vereinbarkeit von Familie und Karriere machen wollen" – über „Top Arbeitgeber für Frauen" informieren (Bischoff 1996). Und auch in Ratgebern wie „Die 100 besten Arbeitgeber" (Kösters/Lueckel 2001) finden sich Hinweise auf eine am Grundsatz der Chancengleichheit orientierte Unternehmenskultur und auf „frauen- und familienfördernde Modelle".

Das *Marketing-Argument* fokussiert die Vorteile auf den Absatzmärkten und hat viele Facetten. Mit Blick auf die Produktpolitik wird davon ausgegangen, dass eine vielfältig zusammengesetzte Arbeitnehmerschaft besser in der Lage ist, sich auf die Bedürfnisse und Wünsche der ebenfalls vielfältigen Kundschaft einzustellen. Mit Blick auf die Kommunikationspolitik können Erfolge in Sachen Chancengleichheit – in Deutschland z.B. dokumentiert durch die Verleihung des Total E-Quality Prädikats (siehe Busch/Engelbrech 2001) – zum einen ganz generell im Rahmen der Öffentlichkeitsarbeit genutzt werden. Zum andern gibt es inzwischen nicht nur in den USA, sondern auch hierzulande Ratgeber für den verantwortlichen Einkauf, in denen Unternehmen unter anderem nach ihren Aktivitäten und Erfolgen in Sachen Chancengleichheit bewertet werden (z.B. Institut für Markt-Umwelt-Gesellschaft 1999). Durch derartige Informationen werden vor allem jene Käufer und Käuferinnen angesprochen, die ihre Kaufentscheidungen auch an ethischen Aspekten ausrichten. Zu guter Letzt ist hier zu erwähnen, dass bei der Vergabe öffentlicher Aufträge die Frage der Chancengleichheit eine Rolle spielen kann (siehe dazu auch den Beitrag von v. Friesen und Rühl in diesem Band).

Nicht nur Kaufentscheidungen, sondern auch Anlageentscheidungen werden in zunehmendem Maße ethisch orientiert. Darauf gründet das *Finanzierungs-Argument*. Aus den

USA wird berichtet, dass dort von den Fondsgesellschaften verstärkter Druck ausgeht, weil diese sich in ihren Leitlinien verpflichten, nur in Aktien solcher Unternehmen zu investieren, die Diversity-Programme haben (Steppan 1999, 30f).

Das *Flexibilitäts*-Argument lenkt den Blick auf die mangelnde Anpassungsfähigkeit monokultureller Organisationen an veränderte Umweltbedingungen. Monokulturelle Organisationen entsprechen aufgrund ihrer Homogenität in den Entscheidungsgremien und des hohen Konformitätsdrucks sog. „starken Organisationskulturen". Als deren entscheidender Nachteil gilt, dass sie schlecht in der Lage sind, flexibel auf Umweltveränderungen zu reagieren (Schreyögg 1989). Im Gegensatz dazu versprechen multikulturelle Organisationen die heute mehr denn je erforderliche Anpassungsfähigkeit.

Das *Internationalisierungs-Argument* ist bedeutsam für Unternehmen, die über die Grenzen eines Landes hinaus agieren oder dies planen. Als erfolgskritischer Faktor des internationalen Managements gilt bekanntlich die angemessene Berücksichtigung der „fremden" bzw. „anderen" Umwelt (Dülfer 1997). Wenn nun schon im Inneren der Organisation Multikulturalität gelebt wird, d.h. wenn die Beschäftigten lernen, kulturelle Vielfalt zu würdigen und auch mit Menschen, die anders sind als sie selbst, vorurteils- und konfliktfrei zusammenzuarbeiten, dann erleichtert das schlussendlich auch das Agieren in anderen Ländern.

Dass es sich bei diesen Argumenten nicht um bloße bzw. leere Versprechungen handelt, zeigen zunächst in den USA vorgenommene Befragungen von Führungskräften: Diese bestätigen, Managing Diversity habe nicht nur die Lohnkosten gesenkt und die Beziehungen zu den Mitarbeitern und Mitarbeiterinnen verbessert, sondern auch geholfen, die Bedürfnisse der Kunden und Kundinnen besser zu verstehen und neue Produkte zu entwickeln und sich insgesamt positiv auf das Image ausgewirkt (Ferdmann/Brody 1996, 289). Auch in einem von einer Bostoner Rating-Agentur jährlich durchgeführten Vergleich zwischen 400 nach sozialen Kriterien ausgewählten Aktiengesellschaften (Domini 400 Index) und dem „Standard & Poors 500" Index schnitten die erstgenannten zumeist besser ab (Steppan 1999, 32).

5. Managing Diversity: „Wundermittel" zur Realisierung von Chancengleichheit?

Fest steht, dass in den Vereinigten Staaten, dem Mutterland des Konzepts, der Frauenanteil in Führungspositionen deutlich höher ist als bei uns. Nicht feststellbar ist allerdings, inwieweit dies auf Managing Diversity zurückzuführen ist. Skeptisch in diesem Zusammenhang stimmt eine Umfrage der Fachzeitschrift Workforce (o.V. 1998, 23): Von 51 Befragten geben nur 37 Prozent an, in ihrer Organisation habe Managing Diversity zu einer Reduzierung von Diskriminierung geführt. Der Rest verneint dies.

Auf die Frage, ob Managing Diversity die Optionen für (mehr) Frauen in Führungspositionen verbessert, lässt sich eine allgemein gültige Antwort nicht geben. Denn das hängt davon ab, aus welchen Gründen, unter welchen Bedingungen und mittels welcher Maßnahmen Unternehmen und andere Organisationen das Konzept realisieren. Da es sich um ein Konzept handelt, das in den USA in Mode ist, ist nicht auszuschließen, dass in der o.g. Befragung viele Firmen angegeben haben, sie praktizierten Managing Diversity, obgleich dort nur vereinzelte Maßnahmen durchgeführt worden sind. Das wäre eine ebenso einfache wie plausible Erklärung für die ernüchternde Erfolgsmeldung. Eine weitere ist, dass Managing Diversity nicht kurzfristig zu Erfolgen führt, was in der Literatur auch immer wieder betont wird (z.B. bei Thomas 1991, 12f).

Aber das ist nicht alles: Wer erwartet, dass Managing Diversity – oder irgendein anderes Konzept – uns die Realisierung von Chancengleichheit quasi auf dem Silbertablett servieren wird, verkennt, dass Organisationen politische Gebilde sind (siehe auch Jüngling 1993). Das bedeutet: Entscheidungen und Verhalten werden nicht nur am Kalkül ökonomischer Rationalität orientiert, sondern auch an Kalkülen der Herrschaftssicherung und Interessenrealisierung. Dem trägt Managing Diversity schon in sehr viel höherem Maße Rechnung als herkömmliche Frauenförderprogramme. Mittels der unter 3.3 beschriebenen Maßnahmen, vor allem mittels der diversity-orientierten Beurteilung, sollen ja jene Mitglieder der dominanten Gruppe, die blockierenden und Widerstand leisten (Cockburn 1993; Höyng/Puchert 1998), in Change Agents verwandelt werden, die die Realisierung von Chancengleichheit auch im eigenen Interesse vorantreiben. Dennoch bleibt festzuhalten, dass in Zeiten von Downsizing, Outsourcing, Hierarchieabbau etc. der Kampf um die verbleibenden Führungspositionen und der Druck auf die verbleibenden Führungskräfte härter wird. Auch deshalb erfordert die Realisierung von Chancengleichheit (nicht nur in Führungspositionen) nach wie vor Aushandlungs- und Verständigungsprozesse zwischen unterschiedlichen betrieblichen Akteursgruppen – zu denen in Deutschland auch die im US-amerikanischen Managing Diversity-Konzept nicht vorgesehene Interessenvertretung gehört (Krell 1999c).

Diese Schlussbemerkung ist jedoch nicht als Entmutigung gedacht, sondern als Plädoyer für realistische Erwartungen an das Konzept und dessen Beitrag zur Realisierung von Chancengleichheit. Andernfalls wäre nämlich die Enttäuschung programmiert.

Literatur

ABELE, A. (unter Mitarbeit von A. Hausmann und M. Weich) 1994. Karriereorientierungen angehender Akademikerinnen und Akademiker, Bielefeld.

ASSIG, D, BECK, A. 1996. Frauen revolutionieren die Arbeitswelt. Das Handbuch zur Chancengerechtigkeit, München.

BATEMAN, T. S., ZEITHAML, C. P. 1993. Management: Function & Strategy, 2. Aufl., Homewood, Boston.

BISCHOFF, S. 1990. Frauen zwischen Macht und Mann. Männer in der Defensive. Führungskräfte in Zeiten des Umbruchs, Reinbek.

BISCHOFF, S. (Hg.) 1996. Top-Arbeitgeber für Frauen. Wer sie sind. Was sie bieten, Mannheim.

BISCHOFF, S. 1999. Männer und Frauen in Führungspositionen der Wirtschaft in Deutschland. Neuer Blick auf alten Streit, Köln.

BRUMLOP, E., HORNUNG, U. 1994. Betriebliche Frauenförderung – Aufhebung von Arbeitsmarktbarrieren oder Verfestigung traditioneller Rollenmuster? In: Beckmann, P., Engelbrech, G. (Hg.): Arbeitsmarkt für Frauen 2000 – Ein Schritt vor oder ein Schritt zurück? Kompendium zur Erwerbstätigkeit für Frauen, Beiträge aus der Arbeitsmarkt- und Berufsforschung 179, Nürnberg, S. 836-851.

BUSCH, C., ENGELBRECH, G. 2001. Mit Chancengleichheit auf Erfolgskurs - Total E-Quality. In: Krell, G. (Hg.): Chancengleichheit durch Personalpolitik, 3. Aufl., Wiesbaden, S. 1-13.

COCKBURN, C. 1993. Blockierte Frauenwege. Hamburg

COLNERIC, N. (unter Mitarbeit von R. Winter) 2001. Was Personalverantwortliche über das Verbot der mittelbaren Geschlechtsdiskriminierung wissen sollten. In: Krell, G. (Hg.): Chancengleichheit durch Personalpolitik, 3. Aufl., Wiesbaden, S. 83-96.

COX, T. H. 1991. The Multicultural Organization. In: Academy of Management Executive, 5. Jg., Heft 2, S. 34-47.

COX, T. H. 1993. Cultural Diversity in Organizations: Theory, Research and Practice, San Francisco.

COX, T. H., BLAKE, S. 1991. Managing Cultural Diversity: Implications for Organizational Competitiveness. In: Academy of Management Executive, 5. Jg., Heft 3, S. 45-56.

DOMSCH, M E., HADLER, A., KRÜGER, D. 1994. Personalmanagement & Chancengleichheit. Betriebliche Maßnahmen zur Verbesserung beruflicher Chancen von Frauen in Hamburg, München/Mering.

DÜLFER, E. 1997. Internationales Management in unterschiedlichen Kulturbereichen, 5. Aufl., München/Wien.

EMMERICH, A., KRELL, G. 2001. Diversity-Trainings: Verbesserung der Zusammenarbeit und Führung einer vielfältigen Belegschaft. In: Krell, G. (Hg.): Chancengleichheit durch Personalpolitik, 3. Aufl., Wiesbaden, S. 421-441.

ENGELBRECH, G. 1995. Zur Diskussion: GENDER AUDIT - Ein Instrument zur Förderung der Chancengleichheit im Betrieb. In: ibv (Informationen für die Beratungs- und Vermittlungsdienste der Bundesanstalt für Arbeit), o.Jg., Nr. 51, S. 4531-4541.

FERDMANN, B. M., BRODY, S. E. 1996. Models of Diversity Training. In: Landes, D., Bhagat, R. S. (Hg.): Handbook of Intercultural Training, 2. Aufl., Thousand Oaks u.a., S. 282-303.

GARDENSWARTZ, L., ROWE, A. 1993. Managing Diversity. A Complete Desk Reference and Planning Guide, Burr Ridge/New York.

HAACKE, B. V. 1999. Balance finden. Es sind nicht viele, aber es gibt sie: Topmanager, die sich von ihrem Job nicht auffressen lassen. In: Wirtschaftswoche, o.Jg., Heft 22, S. 124-126.

HENNERSDORF, S. 1998. Aufstiegsdiskriminierung von Frauen durch Mitarbeiterbeurteilungen, Wiesbaden.

HÖHLER, G. (2000): Wölfin unter Wölfen, 2. Aufl., München.

HÖYNG, S., PUCHERT, R. 1998. Die Verhinderung der beruflichen Gleichstellung. Männliche Verhaltensweisen und männerbündische Kultur, Bielefeld.

IHLEFELD-BOLESCH, H. 1998. Praxisbeispiel Telekom: „Fair bringt mehr" - ein Trainingsprogramm (nicht nur) zur Verbesserung der Zusammenarbeit von Frauen und Männern. In: Krell, G. (Hg.): Chancengleichheit durch Personalpolitik, 2. Aufl., Wiesbaden, S. 387-390.

INSTITUT FÜR MARKT-UMWELT-GESELLSCHAFT u.a. (Hg.) 1999. Der Unternehmenstester: Die Lebensmittelbranche. Ein Ratgeber für den verantwortlichen Einkauf, Reinbek.

JÜNGLING, CH. 1993. Geschlechterpolitik in Organisationen - Machtspiele um Chancengleichheit bei ungleichen Bedingungen und männlichen Spielregeln. In: Krell, G./Osterloh, M. (Hg.): Personalpolitik aus der Sicht von Frauen – Frauen aus der Sicht der Personalpolitik, 2. Aufl., München/Mering, S. 173-205.

KARBERG, U., KRELL, G. 2001. Programme zur Realisierung von Chancengleichheit in deutschen Großunternehmen: Eine Befragung der Mitglieder des „Forum Frauen in der Wirtschaft". In Krell, G. (Hg.): Chancengleichheit durch Personalpolitik, 3. Aufl., Wiesbaden, S. 51-57..

KAY, R. 1998. Diskriminierung von Frauen bei der Personalauswahl. Problemanalyse und Gestaltungsempfehlungen, Wiesbaden.

KAY, R. 2001. Gewinnung und Auswahl von MitarbeiterInnen. In: Krell, G. (Hg.): Chancengleichheit durch Personalpolitik, 3. Aufl., Wiesbaden, S .153-173.

KÖSTERS, A., LUECKEL, G. 2001. Die 100 besten Arbeitgeber, Frankfurt/New York.

KRELL, G. 1996. Mono- oder multikulturelle Organisationen. „Managing Diversity" auf dem Prüfstand. In: Industrielle Beziehungen, 3. Jg., Heft 4, S. 334-350.

KRELL, G. 1999a. Androgynie, Management, Personalpolitik: Androgyne Führungskräfte oder/und Organisationen als Erfolgsfaktor?. In: Bock, U., Alfermann, D. (Hg.): Androgynie: Vielfalt der Möglichkeiten, Stuttgart/Wismar, S. 173-182.

KRELL, G. 1999b. Mitbestimmung und Chancengleichheit oder "Geschenkt wird einer nichts". Ein Stück in drei Akten, In: Breisig, Th. (Hg.): Mitbestimmung – Gesellschaftlicher Auftrag und ökonomische Ressource. Festschrift für Hartmut Wächter, München/Mering, S. 183-202.

KRELL, G. 2001a. Chancengleichheit durch Personalpolitik: Von „Frauenförderung" zu „Diversity Management". In: Dies. (Hg.): Chancengleichheit durch Personalpolitik, 3. Aufl., Wiesbaden, S. 17-37.

KRELL, G. 2001b. „Vorteile eines neuen, weiblichen Führungsstils" – Kritik eines aktuellen Diskurses. In: Dies. (Hg): Chancengleichheit durch Personalpolitik, 3. Aufl., Wiesbaden, S. 389-400.

KRELL, G. 2001c. Chancengleichheit und Fairness in der Leistungsbeurteilung. In. Personalführung, 34. Jg., Heft 11, S. 38-43.

KRELL, G. 2002.: Die Ordnung der Humanressourcen als Ordnung der Geschlechter. Erscheint in: Weiskopf, R. (Hg.): Personal – Organisation – Postrukturalismus, Opladen.

KÜHNE, D., OECHSLER, W. A. 2001. Diskriminierungsfreie Beurteilung von Mitarbeiterinnen. In: Krell, G. (Hg.): Chancengleichheit durch Personalpolitik, 3. Aufl., Wiesbaden, S. 175-189.

LAUER, ST. 2001. Praxisbeispiel Lufthansa: Ein Evaluationsprojekt zur Work-Life-Integration des mittleren Managements. In: Krell, G. (Hg.): Chancengleichheit durch Personalpolitik, 3. Aufl., Wiesbaden, S. 311-317.

LODEN, M., ROSENER, J. B. 1991. Managing Diversity: A Complete Desk Reference and Planning Guide, Burr Ridge/New York.

MORRISON, A. 1992. The New Leaders. Guidelines on Leadership Diversity in America, San Francisco.

o.V. 1998. Is there a Diversity Backlash? in: Workforce, 77. Jg., Heft 6, S. 23.

PAHL, R. 1997. Jenseits des Erfolgs. Die Krise des männlichen Management-Modells und die Suche nach einer neuen Balance. In: Kadritzke, U. (Hg.): „Unternehmenskulturen" unter Druck. Neue Managementkonzepte zwischen Anspruch und Wirklichkeit, Berlin, S. 201-216.

PEINELT-JORDAN, K: 1996. Männer zwischen Familie und Beruf – ein Anwendungsfall für die Individualisierung der Personalpolitik, München/Mering.

RENDEZ, A. 2001. Praxisbeispiel Schering: Frauen und Männer im Dialog. In: Krell, G. (Hg.): Chancengleichheit durch Personalpolitik, 3. Aufl., Wiesbaden, S 443-447.

RHODES, J. M. 1999. Making the Business Case for Diversity in American Companies. In: Personalführung, 32. Jg., Heft 5, S. 22-26.

RISCH, S. 1999. Der Anfang, der ein Ende ist. Zuerst ist es Liebe, am Ende nicht selten Hass ... In: Manager Magazin, 29. Jg., Heft 9, S. 208-219.

SCHREYÖGG, G. 1989. Zu den problematischen Konsequenzen starker Unternehmenskulturen. In: Zeitschrift für betriebswirtschaftliche Forschung, 41. Jg., S. 94-113.

STAHRENBERG, C. 2001. Praxisbeispiel General Electric: Diversity-orientierte Beurteilung von Führungskräften. In: Krell, G. (Hg.): Chancengleichheit durch Personalpolitik, 3. Aufl., Wiesbaden, S. 45-50.

STEPPAN, R. 1999. Diversity makes Good Business Sense. In: Personalführung, 32. Jg., Heft 5, S. 28-34.

STRAUMANN, L. D., HIRT, M., MÜLLER, W. R. 1996. Teilzeitarbeit in der Führung: Perspektiven für Frauen und Männer in qualifizierten Berufen, Zürich.

THOMAS, R. R. 1991. Beyond Race and Gender. Unleashing the Power of Your Total Work Force by Managing Diversity, New York.

THOMAS R. R. (in Zusammenarbeit mit M. I. Woodruff) 2001. Management of Diversity. Neue Personalstrategien für Unternehmen, Wiesbaden.

THOMPSON, D. E., GOOLER, L. E. 1996. Capitalizing on the Benefits of Diversity through Workteams. In: Kossek, E. E./Lobel, S. A. (Hg.): Managing Diversity. Human Resource Strategies for Transforming the Workplace, Cambridge, Mass./Oxford, S. 392-437.

TONDORF, K., KRELL, G. 1999. „An den Führungskräften führt kein Weg vorbei!" Erhöhung von Gleichstellungsmotivation und -kompetenz von Führungskräften des öffentlichen Dienstes (Editionen der Hans-Böckler-Stiftung, Band 23), Düsseldorf.

VEDDER, G., VEDDER, M. 2001. Wenn Managerinnen und Manager ihre Arbeitszeit reduzieren wollen. In: Krell, G. (Hg.): Chancengleichheit durch Personalpolitik, 3. Aufl., Wiesbaden, S. 295-309.

Paivand Sepehri / Dieter Wagner

Diversity und Managing Diversity

Verständnisfragen, Zusammenhänge und theoretische Erkenntnisse

1. Veränderte Rahmenbedingungen

2. Komplexität der Sichtweisen

3. Differenzierte Betrachtungsweise und Zusammenhänge

4. Definition von Diversity

5. Definition und Verständnis von Managing Diversity

6. Ökonomische Auswirkungen

7. Personalpolitische Herausforderungen

Literatur

Dr. Paivand Sepehri ist Wissenschaftlicher Mitarbeiter der Siemens AG an der Wirtschafts- und Sozialwissenschaftlichen Fakultät der Universität Potsdam und der Faculty of Management, University of Teheran. E-Mail: sepehri@rz.uni-potsdam.de

Prof. Dr. Dieter Wagner ist Vize-Präsident und Lehrstuhlinhaber für Betriebswirtschaftslehre mit dem Schwerpunkt Organisation und Personal, Universität Potsdam. E-Mail: wagner@rz.uni-potsdam.de

1. Veränderte Rahmenbedingungen

„Economic, social, political, and technological changes have converged and emerged to change the contours of the world of work, leaving us with new markets, new corporate institutions to serve those markets, and new jobs to produce new goods for the world's new consumers"[1]. Durch massive Globalisierungstendenzen finden sich insbesondere international tätige Unternehmen zunehmend in vielfältigen Märkten mit kulturell diversen Kunden wieder. Nicht nur die Markt- und Kundenstrukturen sind vielfältiger geworden, sondern auch die Unternehmen selbst entwickeln sich zu heterogen und multikulturell geprägten Organisationen, sei es aufgrund der steigenden Anzahl globaler Kooperationen und Fusionen bzw. aufgrund einer zunehmenden Vielfältigkeit der Belegschaften. Managing Diversity setzt sich die Aufgabe, diese veränderten Rahmen- und Umweltbedingungen als Chance zu begreifen, erfolgreich ins tagtägliche Geschäft zu integrieren und letztendlich auf gesellschaftlich-sozialer sowie ökonomisch-wettbewerbsrelevanter Ebene effektiv zu managen. In Abbildung 1 sind die wichtigsten Argumente bzgl. der Notwendigkeit von Diversity und Managing Diversity in international tätigen Unternehmen dargestellt.

Abb.1: Ausgangslage und Argumente bezüglich der Relevanz von Managing Diversity in international tätigen Unternehmen

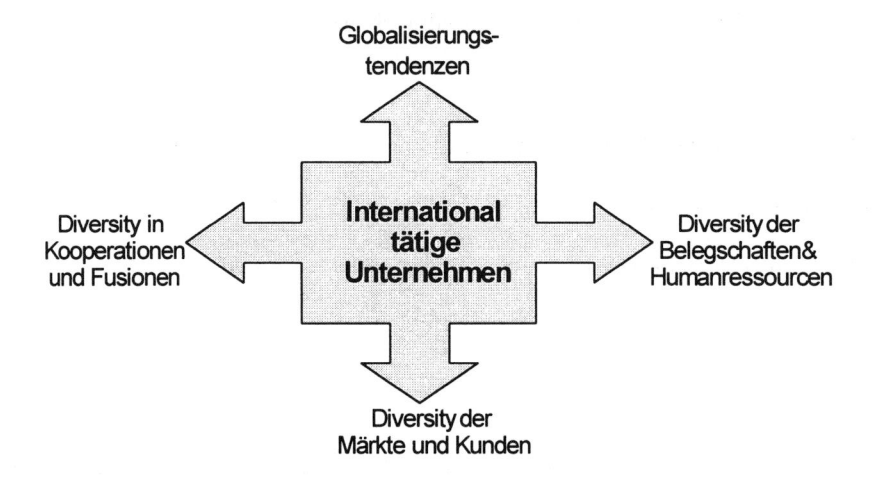

```
                    Globalisierungs-
                      tendenzen
                          ↑
                          │
Diversity in      ←  International  →   Diversity der
Kooperationen         tätige              Belegschaften &
und Fusionen          Unternehmen         Humanressourcen
                          │
                          ↓
                    Diversity der
                    Märkte und Kunden
```

---

[1] O'Hara-Devereaux, M., Johanson, R.,1996, 87

2. Komplexität der Sichtweisen

Diversity einheitlich zu definieren bzw. zu verstehen, ist in vieler Hinsicht kaum möglich. Sowohl Wissenschaftler als auch Praktiker haben bis heute kein umfassendes Verständnis von Diversity und Managing Diversity erzielen können. Autoren wie Thomas (1992), Herriot und Pemperton (1995), Thomas und Ely (1996), Nkomo und Cox (1996), Dass und Parker (1999) und Rosenzweig (1999) stellen diesbezüglich fest, daß „*...yet, as several writers have observed, diversity can be viewed through lenses other than legal or ethical, and diversity has been defined, studied, and approached in quite different ways*"[2]. So betonen Dass und Praker (1999) weiterhin die Problematik und Komplexität der unterschiedlichen Sichtweisen von Diversity und Managing Diversity, denn „*...people define diversity in different even conflicting ways. Consequently, an increasingly diverse workforce is variously viewed as opportunity, threat, problem, fad, or even nonissue. These disparate views lead people to manage workforce diversity in distinct ways, resulting different costs and benefits. Despite the claim by some that there is one best way to manage a diverse workforce, there is little agreement on what it is*"[3].

Mit welcher Selbstverständlichkeit die verschiedenen Akteure sich mit Diversity auseinandersetzen, hängt sehr stark von ihrer demographischen, kulturellen und sozioökonomischen Abstammung, ihrem geographischen Lebensmittelpunkt und ihrer unternehmerischen Tätigkeit ab. Diversity kann sowohl privat als auch beruflich sehr unterschiedlich wahrgenommen werden. Mit anderen Worten, ein weißer Amerikaner, der in einem von Schwarzen dominierten Bezirk in New York lebt, nimmt Diversity und somit auch dessen Relevanz auf eine vollkommen andere Art und Weise wahr, als ein 30 jähriger Deutscher aus einer deutschen Kleinstadt, der mehr oder weniger in einer homogenen Umgebung lebt und somit mit Diversity nicht tagtäglich konfrontiert wird. Allerdings stellt sich hier die Frage, was denn Diversity nun bedeutet bzw. welche Dimensionen dazu gehören, und ob man das US-amerikanische Verständnis ohne weiteres auf hiesige Verhältnisse übertragen kann.

Durch die Vielfalt an Interessengruppen und Beteiligten hat sich die Diskussion um Diversity zu einem komplexen und unübersichtlichen Bündel von Meinungen und Sichtweisen entwickelt. Insbesondere in den letzten 10 Jahren beschäftigten sich, ausgehend von den USA, immer mehr Forscher und Strategen, insbesondere im Kontext international tätiger Organisationen mit diesem Thema. Hinzu kommt, daß die Diskussion um Diversity scheinbar auch nun in Europa beginnt. Das Problem der Komplexität und des Verständnisses wird sich nun auch noch um die europäische(n) Sichtweise(n) erweitern. Deswegen wird es zunehmend notwendig sein, auch im globalen Kontext eine gewisse Kategorisierung dieser Meinungen und Sichtweisen zu entwickeln, da u.a. „*...the best

---

[2] Dass, P., Parker, B., 1999, 69
[3] Dass, P., Parker, B., 1999, 68

approach to diversity management is particular rather than universal. Because pressures for diversity can vary and even conflict, matches made within an organization may also differ, producing different initiatives on sexual orientation, gender, ethnicity, or other types of human differences"[4].

Diversity kann somit nur dann verstanden werden, wenn man nicht zu einseitig nach einer einheitlichen und globalen Definition sucht. Eine global gültige und standardisierte Definition bezüglich der Wahrnehmung von Diversity kann es nach Auffassung der Autoren nicht geben.

3. Differenzierte Betrachtungsweise und Zusammenhänge

Diversity Verständnis- und Erfahrungskurve

Zu Beginn der Auseinandersetzung mit Diversity ist es sinnvoll, eine begriffliche Differenzierung vorzunehmen. *Diversity* ist nicht synonym mit *Managing Diversity* und umgekehrt. Beide Begriffe gehören sicherlich zusammen, jedoch in einem unterschiedlichen und zu differenzierenden Zusammenhang. Aus diesem Grunde werden beide Begriffe zu Beginn getrennt, anschließend aufeinander aufbauend betrachtet (siehe hierzu Abbildung 2):

- Diversity als *Verschiedenartigkeit* bzw. alles, worin sich Menschen unterscheiden oder ähneln und
- Diversity als *Konzept der Unternehmensführung*, mit welchem diese Verschiedenartigkeiten und Gemeinsamkeiten gemanagt werden (Managing Diversity).

Abb.2: Begriffliche Differenzierung von Diversity

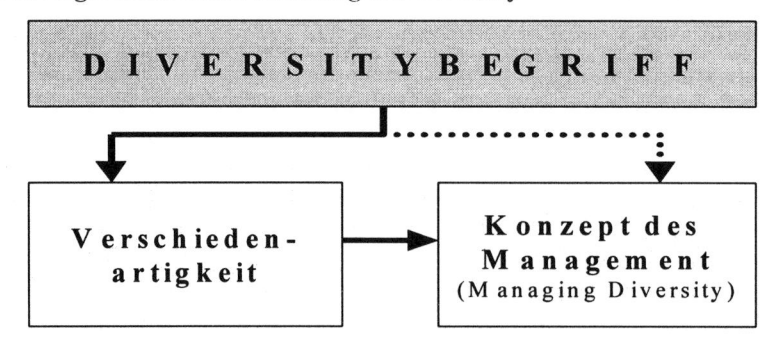

---

[4] Dass, P., Parker, B., 1999, 68

Vielmehr besteht ein Zusammenhang zwischen Diversity und Managing Diversity. So kann die Diversity der Belegschaftsstrukturen als eine notwendige Voraussetzung für die konzeptionelle Anwendung von Managing Diversity betrachtet werden und nicht umgekehrt. Wenn Diversity nicht existieren sollte, gibt es demnach in diesem Zusammenhang auch nichts, was gemanagt werden könnte. Somit kann behauptet werden, daß der Bekanntheitsgrad und damit das Verständnis für Managing Diversity sehr stark von der tatsächlichen Existenz von Diversity im eigenen Umfeld abhängt. Je mehr der Manager tagtäglich mit Diversity konfrontiert wird, je mehr dieser in und mit Diversity lebt und arbeitet, desto mehr wird er sich mit dem Management von Diversity auseinandersetzen.[5] Unter anderem aus diesem Grund, kann dem Grad an Vielfältigkeit innerhalb und außerhalb von Organisationen (= monokulturelle und homogene bzw. multikulturelle und heterogene Organisationsstrukturen) ein besonderer Einfluß auf die jeweilige Wahrnehmung der Führungskräfte zugeschrieben werden. Abbildung 3 verdeutlicht diesen Zusammenhang zwischen der Existenz von Diversity in Organisationen und den jeweiligen Verständnis und somit der Relevanz von Managing Diversity.

- Je vielfältiger die Belegschaftsstrukturen einer Organisation strukturiert sind, desto eher wird das Konzept von Managing Diversity von den entscheidungsbefugten und personalverantwortlichen Führungskräften verstanden.
- Auf der anderen Seite führt ein Mangel an Diversity in den Belegschaftsstrukturen zu einer Unkenntnis bezüglich der Thematik und somit zu einem schwach ausgeprägten Verständnis von Managing Diversity.
- Weiterhin sollte nicht mit allen Mitteln versucht werden, den Grad an Diversity zu steigern. Eine gewisse Einheitlichkeit und gemeinsame Werte sollten beibehalten werden. Die Kunst besteht darin, ein Gleichgewicht zwischen dem Grad an Heterogenität der Belegschaft und der organisationalen Einheit zu finden. Nur wenn eine gemeinsame Sprache und ein einheitliches Wertesystem existieren, können Ideen effektiv kommuniziert und umgesetzt werden. Ein sehr stark ausgeprägter Diversitygrad in den Belegschaftsstrukturen kann zu einem „overshooting" bzw. einer zu stark ausgeprägten Wahrnehmung von Managing Diversity führen. Der Grad an Diversity sollte somit möglichst nicht übertrieben bzw. auch nicht untertrieben werden, daß heißt „...the need for heterogenity, ... , must be balanced with the need for organizational coherence and unity in action to provide competitive edge"[6]. Das Verständnis von Managing Diversity und seinen ökonomischen Wettbewerbsvorteilen „...is best when neither excessive diversity nor excessive homogenity are present"[7].

---

[5] Vgl. Wagner, D., Sepehri, P., 2000a
[6] Cox, T. Jr., Blake, S., 1991, 51
[7] Cox, T. Jr., Blake, S., 1991, 51

Abb.3: Diversity Verständnis- und Erfahrungskurve: Zusammenhang zwischen dem Grad an Diversity in Organisationen und dem Verständnis von Managing Diversity [8]

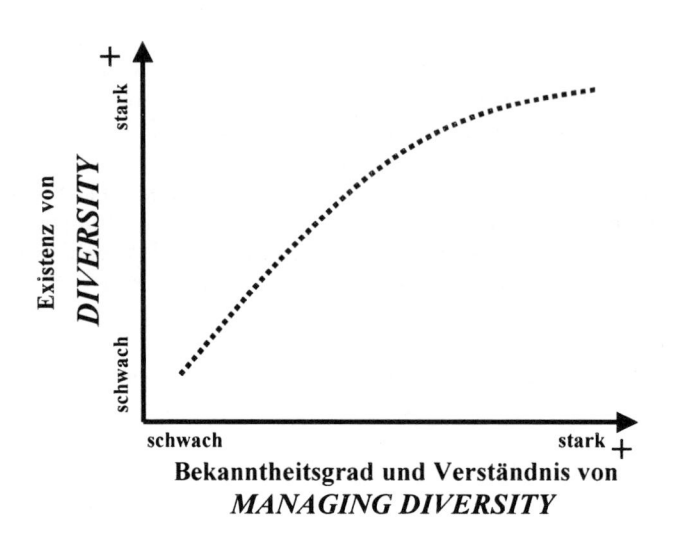

Existenz von DIVERSITY (schwach – stark)

Bekanntheitsgrad und Verständnis von MANAGING DIVERSITY (schwach – stark)

4. Definition von Diversity:

vom „homogenen Ideal" bis hin zur Miteinbeziehung aller „Unterschiede und Gemeinsamkeiten"

Diversity wird oft, besonders im US-amerikanischen Raum, in einem Atemzug mit „Affirmative-Action-Programmen[9]", Quotenregelungen und staatlich verordneten Gesetzgebungen für sogenannte unterrepräsentierte Gruppen genannt. Übersetzt bedeutet Diversity „Vielfältigkeit" bzw. *„...it is a word that simply means variety or a point or*

---

[8] Quelle: Eigene Erstellung, vgl. auch Wagner, D., Sepehri, P., 2000

[9] Affirmative Action ist Mitte der 60er Jahre in den USA eingeführt worden „ .. as a response to deeply entrenched patterns of racial discrimination in institutions of employment and education, and the resulting exclusion , segregation and disadvantage of blacks. Under federal regulation, ... to improve the representation of disadvantaged groups that were underrepresented relative to their labour markets", Agos, C,. Burr, C., 1996, 31.

respect in which things differ"[10]. Unberücksichtigt einer Fülle von verschiedenen Ansichten, ist das einfachste und wohl über nationale Kulturen hinweg verständlichste Synonym zu Diversity die *Verschiedenartigkeit* von Menschen.

Bezüglich des Verständnisses von Diversity kann in der US-amerikanischen Literatur ein sehr starker Fokus der Forscher auf Diversity bezogene „workforce issues" festgestellt werden. Es mangelt jedoch erheblich an einem umfassenderen- und „all inclusive"-Verständnis[11] von Diversity. So definieren Autoren wie z. B. Cox (1993), Cross (1988), Fernandez (1981), Galagan (1991), Jamieson und O'Mara (1991), Loden und Rosener (1991a), Madden (1987) und Thiedermann (1991), Diversity hauptsächlich im Kontext vielfältiger Belegschaftsstrukturen. Thomas (1996) kritisiert in diesem Zusammenhang, daß Diversity erst einmal verstanden und auch vom klassischen „homogenen Ideal"[12] differenziert betrachtet werden muß, da *„...for the past few years, much discussion has taken place around the topics of diversity and related issues .... All these subjects and others are often considered under the umbrella of diversity. Unfortunately, because little time has been devoted to understanding diversity per se (independent of workforce issues), the ongoing discussions have positioned diversity as akin to affirmative action and have caused a substantial amount of confusion"*[13].

Um Diversity zu verstehen, sollte man sich mit seinen vielfältigen komplexen Ausprägungen beschäftigen. Verschiedenartigkeit im Sinne von Diversity bedeutet, daß schlicht und einfach die *individuellen Unterschiede bzw. Ausprägungen der Menschen* im Mittelpunkt der Betrachtung stehen. Auffallend ist, daß es eine einheitliche Definition bzw. Betrachtungsweise dieser möglichen Ausprägungen von Diversity bisher nicht gegeben hat bzw. nicht so geben kann. Zu beobachten ist allerdings, daß in der US-amerikanischen Diversityforschung die Ausprägungen bzw. Erscheinungsformen von Diversity im Laufe der letzten Jahre immer weiter gefaßt wurden. Anders ausgedrückt, hat sich der *Grad der Verschiedenartigkeit* auf immer mehr Dimensionen bzw. Ausprägungen erweitert. Der Grad der Verschiedenartigkeit kann unterschiedlichste Dimensionen beinhalten. Autoren wie Thomas (1992), integrieren bewußt die Beschäftigtengruppen des „homogenen Ideals" in ihre Definitionen. Erheblich einfacher machen es sich Autoren wie u.a. Triandis, Kurowski und Gelfand (1994) und Hayles (1996), die alle individuellen und personenbezogenen Unterschiede von Menschen dazu zählen. Zusätzlich gibt es auch noch Vertreter, wie unter anderem Thomas (1996), die nicht nur die Unterschiede, sondern auch die Gemeinsamkeiten zu den relevanten Diversityerscheinungsformen zählen (siehe Abbildung 4).

---

[10] Siehe in American Heritage Dictionary of the English Language.
[11] In Anlehnung an Gilbert, J.A., Ivancevich, J.M., 2000 und Hayles, V. R., 1996
[12] Vgl. Loden, M., Rosener, J.B. ,1991, 28f.
[13] Thomas, R. R. Jr. , 1996, 245

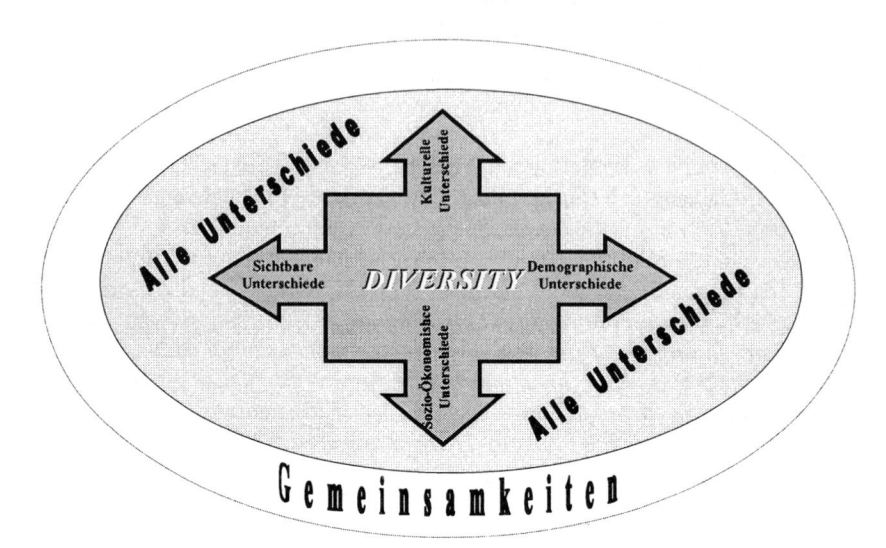

Abb.4: Grad der Verschiedenartigkeit von Diversity

Diversity wurde in den sechziger Jahren hauptsächlich als ein Thema für farbige bzw. nicht-weiße Mitarbeiter in Organisationen betrachtet. Zu dieser Zeit beschäftigte sich Diversity ausschließlich mit „*...any group of people other than white males ...*" bzw. weiter gefaßt ausschließlich mit „*...people of colour ...*"[14]. Die Equal Opportunity Comission, eine den Unternehmen in den Vereinigten Staaten per Gesetz auferlegte staatliche Kommission, hat Verständnisprobleme identifiziert und schließlich Klarheit schaffen wollen, indem diese Diversity als alle *„sichtbaren" Unterschiede* von Individuen definiert hat. Diese sichtbaren Unterschiede wurden explizit eingegrenzt in Rasse und ethnische Herkunft, Geschlecht und Alter[15]. Diese Sichtweise von Diversity befaßt sich sehr stark u.a. mit „ *...assimilation/ affirmation action/ melting-pot model ...*"[16] und wird in der Literatur auch als *„traditionelles"* Verständnis von Diversity[17] bezeichnet. Aufbauend auf den wahrnehmbaren Unterschieden von Diversity gibt es eine Reihe von Definitionen resp. Ansichten, die erheblich weitergehen. Diese Ansichten integrieren zusätzlich noch die *„kaum wahrnehmbaren"* bzw. die *„kaum sichtbaren" Unterschiede* von Diversity.

---

[14] Fine, M. G., 1996a, 487
[15] In Anlehnung an Fine, M. G., 1996, 485ff.
[16] Baytos, L. M., 1992, 92
[17] In Anlehnung an Thomas, R. R. Jr., 1992

Roosevelt Thomas Jr., einer der Pioniere der aktuellen Diversityforschung, beschrieb in seinem Buch „Beyond Race and Gender" Diversity erstmals umfassender, indem er die ausschließliche Betrachtungsweise der Rasse und der ethnischen Zugehörigkeit in Frage stellte. *„ Es geht bei der Definition von Diversity nicht nur einfach um diese klassischen (=traditionellen) Merkmale, sondern alle Beschäftigten sind hinsichtlich bestimmter Kriterien unterschiedlich, und damit divers"*[18]. Somit hat Thomas seinerzeit den Stein weiter ins Rollen gebracht und die Erscheinungsformen von Diversity, welche zu berücksichtigen sind, weiter ausgedehnt. *„Managing Diversity defines Diversity broadly, and it includes white men as well as dimensions other than race, gender and ethnicity"*[19].

Verschiedenartigkeit, um die Dimension der *demographischen Unterschiede* der Individuen zu ergänzen, wirkt in erheblichem Maße begriffserweiternd. So wurde Diversity zusätzlich *„....as demographic characteristic such as age, gender, education, ethnicity, nationality, work status, ..."*[20] definiert. Zusätzlich können Ausprägungen wie unterschiedliche Hierarchieebenen bzw. *„organisational levels"* und *sozio-ökonomische* Hintergründe der Individuen mit einbezogen werden.[21]

Der einseitige Fokus auf die traditionellen demographischen Unterschiede, welche z.B. bei Volkszählungen untersucht werden, limitiert den Blick auf die „wahren" Ausprägungen von Diversity. *„The primary focus is either on physical characteristics (are about what people look like, such as male/ female, white/ black, old/ young,...) or / and cultural characteristics (are concerned with beliefs, norms, goals,...)."*[22] Auch Reed & Kelly (1993) haben neben Rasse, Geschlecht und Alter nun auch Ziele, Wertvorstellungen, Rollenverständnisse und Denkweisen hinzugefügt. Die Diskussion um den Begriff Diversity erweiterte sich nun auch noch um die Ausprägung „Kultur". So wird seit dem Beginn der neunziger Jahre sehr oft, u.a. in Anlehnung an Cox (1993), Henderson (1994) und Watson et al. (1993), von *„Cultural Diversity"* gesprochen.

Noch weitergehendere Definitionen von Diversity kommen unter anderem von Triandis, Kurowski, Gelfand (1994) und Hayles (1996). So umfaßt Diversity *„....all das, worin Menschen sich unterscheiden können, und dabei sowohl auf äußerlich wahrnehmbare als auch subjektive Unterschiede. Rasse, Geschlecht, Alter oder körperliche Behinderungen zählen zur ersten Kategorie, Erziehung, Religion und Lebensstil dagegen zur zweiten"*[23]. Diversity beinhaltet damit jede Eigenschaft, welche Individuen besitzen und welche dazu führen, daß diese sich anders fühlen als die anderen, bzw. *„....Diversity as any attribute that humans are likely to use to tell themselves, that a person is different to*

---

[18] Thomas, R. R. Jr., 1992, 11
[19] Thomas, R. R. Jr., 1992, 92
[20] Fine, M. G., 1996a
[21] Siehe Cox, T. H. Jr., Finley, J. A., 1995 und Robinson, G., Dechant, K. 1997, 22ff.
[22] Fine, M. G., 1996a, 487f.
[23] Wagner, D., Sepehri, P., 1999, 18

me"²⁴. Hayles (1996) geht sogar soweit, daß er Diversity als „*...all the ways in which we differ*"²⁵ definiert. Dieser bezieht sich konkret auf den Menschen als Mitglied einer Organisation. Diese Definition geht davon aus, daß Diversity mehr beschreibt als die Unterschiede in Rasse, Geschlecht, Alter, Behinderungen, etc.. Diversity umfaßt alle möglichen Unterschiede, in denen sich Menschen voneinander unterscheiden. Es kann sich hier um das Vorhandensein von individuell-personenbezogenen Unterschieden handeln, die von kulturellen Ausprägungen, sprachlichen Kenntnissen, Nationalitäten, Rassen und ethnischen Zugehörigkeiten, sexuellen Orientierungen, religiösen Einstellungen, bis hin zu Fähigkeiten, Klassenzugehörigkeiten, Alter, Hierarchieebenen, Persönlichkeiten u. v. m. gehen können. Nach der Definition von Triandis et al. und Hayles, sind alle Individuen somit unterschiedlich, unabhängig davon, ob sie zur dominanten Gruppe (z. B. in der Bundesrepublik die Weißen mit deutscher Nationalität, mittleres Alter) gehören oder nicht.

Die aktuellste und am weitesten umfassendste Definition von Diversity beschreibt R. Thomas Jr. in seinen neuesten Werken. So erweitert er seine Definition mit dem simplen Terminus „similarities". Er stellt fest, daß auch Gemeinsamkeiten und einheitliche Werte zu den Ausprägungen von Diversity gehören sollten. „*Diversity, stripped of its cultural and political baggage ...* "²⁶, wobei es „*.....refers to any mixture of items characterized by differences and similarities*"²⁷. Nach seiner Auffassung ist Diversity nicht nur gleichzusetzen mit Vielfältigkeit und Unterschiedlichkeit, sondern beinhaltet sowohl alle individuellen Unterschiede als auch alle vorhandenen Gemeinsamkeiten. Beide Ausprägungen sollten in Betracht gezogen werden. „*This is a critical distinction. It means that when you making managerial decisions, you no longer have the option of dealing only with the differences or similarities present in the situation; instead you must deal with both simultaneously*"²⁸. Dieser Ansatzpunkt betrachtet somit Diversity in den jeweiligen Gemeinsamkeiten und Unterschieden der Belegschaftsstrukturen.

In diesem Zusammenhang vertritt er drei Argumentationen, welche seine Definition über Diversity untermauern sollen:
- Um Diversity zu verstehen, sollten sowohl die Unterschiede als auch die Gemeinsamkeiten betrachtet werden. Sich auf eine dieser beiden Ausprägungen zu konzentrieren, sollte verhindert werden. Deswegen ist Diversity „*...not synonymous with differences but encompasses differences and similarities*"²⁹.
- Weiterhin sollte man vor einer Diversity-Diskussion, die eigentliche Ausprägung, über die man reden will, festlegen, damit man nicht in die Gefahr kommt, Äpfel mit

---

[24] Triandis, H. C., Kurowski, L. L., Gelfand, M. J., 1994, 769
[25] Hayles, V. R., 1996, 105
[26] Thomas, R. R. Jr., Woodroof, M., 1997, 32
[27] Thomas, R. R. Jr. 1996, 5
[28] Thomas, R. R. Jr. 1996, 5
[29] Thomas, R. R. Jr., 1995, 246

Birnen zu vergleichen. So stellt er fest, daß „*...a discussion of diversity must specify the dimensions in question... A failure to specify can lead to a discussion of apples and oranges. Stated differently, in a very fundamental sense, diversity does not automatically mean with respect to race and gender. When someone says, I am working on diversity issues, I do not know what he or she means unless I inquire about dimensions*"[30].

- Schließlich bedeutet Diversity eine „umfassende und nichts ausschließende" Betrachtungsweise innerhalb der festgesetzten Ausprägung. Das heißt, daß „*Diversity refers to the collective (all-inclusive) mixture of differences and similarities along a given dimension. The managers dealing with diversity, then, are focusing on the collective mixture. For example, the manager coping with racial diversity is not dealing with Blacks, Whites, Hispanics, or Asian-American, but the collective mixture*"[31].

Der Versuch, Diversity zu definieren, hat gezeigt, wie schwierig es für Wissenschaftler und Praktiker sein kann, die unterschiedlichen Ausprägungen von Diversity zu erkennen und zu klassifizieren. Die Art und Weise der Klassifikation der Ausprägungen von Diversity gehen sehr weit auseinander. Die Frage nach dem „*Was gehört zu Diversity und was nicht*", also den sogenannten Erscheinungsformen von Diversity, spaltet die Ansichten der Diversityexperten in erheblichem Maße.

In Anlehnung an Cummings et al. (1993), Jackson et al. (1995) und Tsui et al. (1992) haben Milliken und Martins (1996) die Erscheinungsformen von Diversity in zwei übergreifende Gruppen, nämlich Diversity in „*observable differences*" (wahrnehmbare Unterschiede) und „*unobservable differences*" (kaum wahrnehmbare Unterschiede) kategorisiert. Die „observable differences" (=Synonym mit erkennbaren, spürbaren und wahrnehmbaren Unterschieden von Diversity) gehören sicherlich zu den klassischen bzw. traditionellen Erscheinungsformen von Diversity. Man kann diese auch als „harte" Erscheinungsformen von Diversity bezeichnen. Dazu zählen Unterschiede in Rasse und ethnischer Zugehörigkeit, Nationalität, Geschlecht und Alter. Die „unobservable differences" (=Synonym mit kaum erkennbaren und wahrnehmbaren, nicht sichtbaren und versteckten Unterschieden von Diversity) nehmen immer mehr an Bedeutung zu. Man kann diese auch als „weiche" Erscheinungsformen von Diversity bezeichnen. Diese können wiederum in *Werteunterschiede* (=Diversity in Values) und in *Fähigkeiten- und Wissensunterschiede* (= Diversity in Skills and Knowlegde) eingeteilt werden. Zu Diversity in *Werteunterschiede* zählen u.a. Persönlichkeit, kulturelle Werte, soziale Klasse bzw. sozio-ökonomische Herkunft, sexuelle Orientierung und religiöse Einstellung. Zu Diversity in *Fähigkeiten- und Wissensunterschiede* zählen u.a. Bildung, Fachkompetenz, Betriebszugehörigkeit, Sprachen und Berufserfahrung (siehe Abbildung 5).

---

[30] Thomas, R. R. Jr., 1995, 246
[31] Thomas, R. R. Jr., 1995, 246

Abb. 5: Erscheinungsformen von Diversity [32]

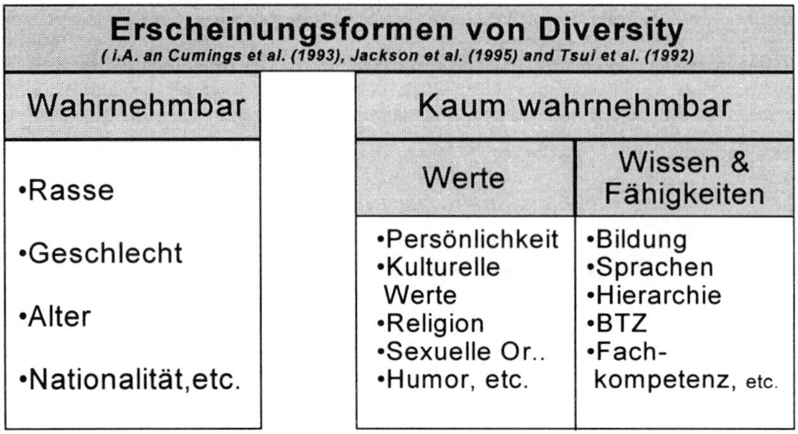

Erscheinungsformen von Diversity (i.A. an Cumings et al. (1993), Jackson et al. (1995) and Tsui et al. (1992))		
Wahrnehmbar	**Kaum wahrnehmbar**	
	Werte	Wissen & Fähigkeiten
•Rasse •Geschlecht •Alter •Nationalität,etc.	•Persönlichkeit •Kulturelle Werte •Religion •Sexuelle Or.. •Humor, etc.	•Bildung •Sprachen •Hierarchie •BTZ •Fach- kompetenz, etc.

5. Definition und Verständnis von Managing Diversity

Nachdem versucht wurde, Diversity als Begriff zu definieren, stellt sich nun die Frage nach den möglichen Auswirkungen und Folgen dieses komplexen Phänomens auf betroffene Organisationen und Institutionen. Insbesondere soll hierbei der Fokus der Betrachtung auf international tätigen Unternehmen liegen, da diese immer mehr mit einer sich rapide veränderten Belegschaft zurechtkommen müssen. Mit anderen Worten besteht der Bedarf, die *existierende* Vielfältigkeit und die potentiellen Gemeinsamkeiten *wahrzunehmen, zu verstehen, wertzuschätzen* und nicht zuletzt optimal zu *managen*. Die effektive Nutzung von Diversity in der Belegschaft mit minimalen Reibungsverlusten kann als Zielgröße betrachtet werden. In der Literatur spricht man in diesem Zusammenhang von *Managing Diversity*. Auch hier stellt sich nun die Frage nach der genaueren Definition aus der Sichtweise von verschiedenen Autoren (vgl. Abbildung 6).

---

[32] Quelle: Eigene Zusammenstellung in Anlehnung an Milliken, F. J., Martins, L. L., 1996, 403ff

Abb.6: Differenzierte Betrachtungsweisen und Definitionen von Managing Diversity

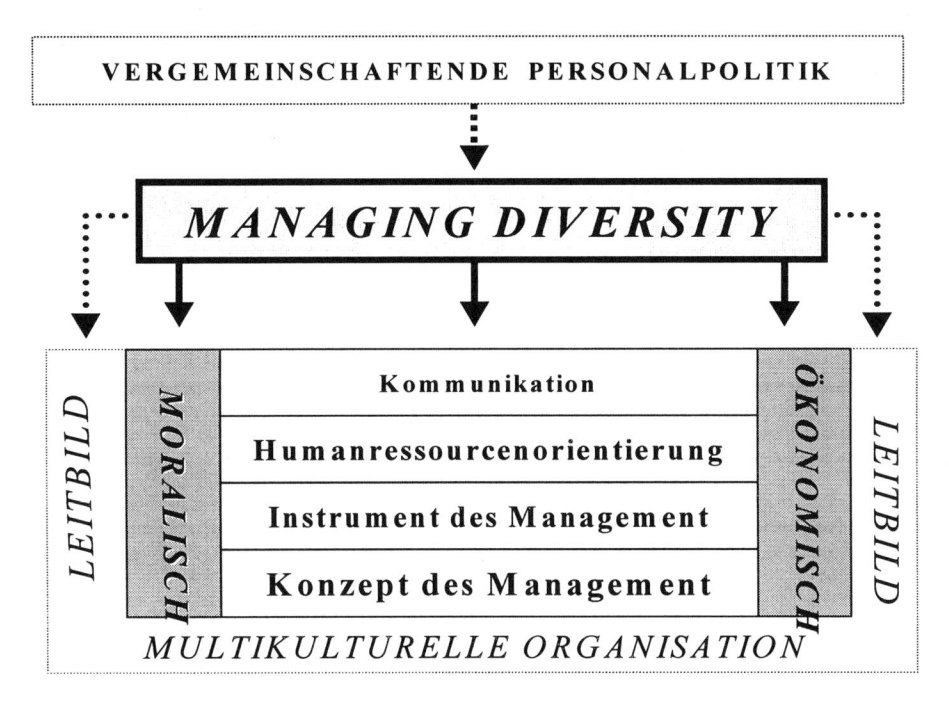

```
         VERGEMEINSCHAFTENDE PERSONALPOLITIK
                          │
                          ▼
    ┌──────────────────────────────────────────┐
····│          MANAGING DIVERSITY              │····
    └──────────────────────────────────────────┘
         │         │         │         │
         ▼         ▼         ▼         ▼
   ┌──┬──────────────────────────────┬──┐
   │  │       Kommunikation          │  │
 L │ M├──────────────────────────────┤Ö │ L
 E │ O│   Humanressourcenorientierung│K │ E
 I │ R├──────────────────────────────┤O │ I
 T │ A│    Instrument des Management │N │ T
 B │ L├──────────────────────────────┤O │ B
 I │ I│    Konzept des Management    │M │ I
 L │ S│                              │I │ L
 D │ C│                              │S │ D
   │ H│                              │C │
   └──┴──────────────────────────────┴──┘
         MULTIKULTURELLE ORGANISATION
```

Hier wird auf einzelne Sichtweisen und Definitionen von Managing Diversity eingegangen, wobei insbesondere auf den Beitrag von Krell in diesem Band und die dort aufgenommenen Ausdifferenzierungen zu verweisen ist (vgl. Krell in diesem Band).

Managing Diversity beschäftigt sich nicht nur primär mit ethnischen und sozio-moralischen Themen, sondern es geht auch um menschliche Leistungen, Gewinnmaximierung und Wettbewerbsfähigkeit[33]. In diesem Zusammenhang erwähnen Gilbert und Ivancevich (2000) zwei grundsätzliche Betrachtungsweisen von Managing Diversity, so die *sozio-moralische* und ethnische und die *ökonomisch-ergebnisorientierte* Sichtweise. *„The rationale for managing demographic diversity includes moral, ethical, and result-based reasons such as fairness, upholding the dignity of every person, and optimizing the full range of skills and abilities of the workforce. It also encompasses legal reasons such as complying with laws that have precendent and historical foundations"*[34]. Auch Agcos und Burr (1996) stellen die berechtigte Frage nach dem grundsätzlichen Verständnis und

---

[33] In Anlehnung an Thomas, R. R. Jr., 1995, 245f
[34] Gilbert, J. A., Ivancevich, J. M., 2000, 93

der Begründung einer vorhergesehenen Managing Diversity-Politik, nämlich einerseits als eine Gleichberechtigungs-, Gleichbehandlungs-, Fairness- und Antidiskriminierungspolitik und/oder andererseits als eine eher ökonomisch, ergebnisorientierte und wettbewerbsrelevante Politik. Diese beiden Positionen zu betrachten und miteinander zu verbinden, haben sich allgemein durchgesetzt.

Organisationen, welche ein eher sozio-moralisches Verständnis für Managing Diversity, im Sinne des Fairness und Antidiskriminierungsansatzes von Thomas und Ely (1996) vertreten, sollten zu allererst ihre Betrachtungsweisen sehr deutlich von den allseits bekannten „affirmative action- and employment equity-policies" abgrenzen. In diesem Zusammenhang könnten u.a. folgende Fragestellungen in den Raum gestellt werden:
- „Yet there is confusion about what this approach has to offer and about how it relates to employment equity, ..., and to affirmative action?
- Is managing diversity a new and higher form of employment equity?
- Is it substitute or replacement for employment equity and affirmative action?
- Or can managing diversity find a place as part of a broader policy approach to inequality in employment?"[35]

Ob nun Managing Diversity tatsächlich ökonomisch definiert wird, hängt sehr stark von den situativen Rahmenbedingungen ab, in denen sich die jeweiligen Organisationen befinden, da „..... *managers who acknowledge they face strong legal and social mandates for diversity may conclude that accomodating racial diversity provides a better fit with organizational circumstances than resisting it*"[36].

Managing Diversity beschäftigt sich u.a. mit einer vielfältigen Arbeitnehmerschaft, welche für das Management als relevante Unternehmensressource einzuordnen ist. Diese Ressource „Diversity" steht den Führungskräften zur Erzielung von Effektivitätsvorteilen zur Verfügung. Managing Diversity ist also u.a. nach Loden & Rosener (1991a) eine unternehmensspezifische Ressource, vergleichbar mit Technologie, Management und Strategie. „*Loden and Rosener title (Workforce America! Managing Diversity as a Vital Resource) is also representative of the dominant conceptual orientation towards diversity in the workplace, which defines diversity as a resource that is available to managers for their use in enhancing organizational effectiveness*"[37]. Die humanressourcenorientierte Betrachtungsweise von Managing Diversity zielt letztendlich auf mögliche Effektivitätsvorteile durch die vielfältigen Unterschiede der Belegschaftsstrukturen. Dieses Effektivitätspotential der einzelnen Mitarbeiter und insbesondere der Führungskräfte zu verbessern, ist eine der größten und wichtigsten aber auch schwierigsten Herausforderungen des humanressourcenorientierten Personalmanagements. „*Das größte Wissen, die besten Talente, alle Intelligenz und Fähigkeiten bleiben wertlos, wenn sie nicht ge-*

---

[35] Agos, C,. Burr, C., 1996, 30
[36] Dass, P., Parker, B., 1999, 68
[37] Fine, M. G., 1996, 487, in Anlehnung an Loden, M., Rosener, J.B., 1991a

nutzt werden"[38]. Managing Diversity im Sinne eines ressourcenorientierten Lern- und Effektivitätsinstruments der Unternehmensführung, kann sicherlich hierzu seinen Beitrag leisten. Es geht hierbei um die Ressource der Vielfältigkeit bzw. der individuellen Unterschiede von Mitarbeitern. Diese Ressource soll nicht nur geschützt, sondern auch gewertschätzt, gefördert und im Sinne von Barney (1991) als wettbewerbsrelevante und unternehmensspezifische Ressource geschützt werden. Ein differenziertes, auf Individuen bezogenes Managing Diversity-Verständnis wird angestrebt. Allerdings wird in der Praxis diese Sichtweise oft vernachlässigt. *„Trotzdem zwingen wir Menschen immer wieder in das Dogma der Gleichmacherei ..."* womit *„...diesen das einzige, was sie wertvoll macht, beraubt wird, nämlich ihrer Individualität, ihrer spezifischen Stärken und Fähigkeiten. Oder man läßt diese ungenutzt"*[39].

Dieselben Autoren betrachten Diversity als ein Instrument zur Erzielung von Effektivitätsvorteilen. Dieses Instrument, die Vielfältigkeit der Belegschaft, steht dem Management zur Verfügung. Managing Diversity kann somit als ein Managementinstrument mit dem Ziel der „organisational effectiveness" definiert werden, bzw. *„...in this conception, diversity is a managerial tool that can be manipulated to achieve organizational ends"*[40].

Die existierende Vielfältigkeit verursacht Kommunikationsprobleme zwischen den unterschiedlichsten Organisationsmitgliedern. Nicht zuletzt deswegen wird Managing Diversity auch als ein Kommunikationsmittel betrachtet und mit dem Ziel eingesetzt, die Kommunikationsfähigkeit zwischen den unterschiedlichsten Organisationsmitgliedern offen und effektiv zu ermöglichen. *„Managing Diversity is negotiating interaction across culturally diverse groups and contributing to get along in an environment characterized by cultural Diversity"*[41].

Einige Autoren gehen eine Stufe weiter und haben ein breiteres Verständnis von Managing Diversity, welches über die individuell-humanressourcenorientierte Betrachtungsweise hinausgeht. Diese betrachten Managing Diversity als ein umfassendes flexibles Managementmodell, gleichzusetzen mit modernen Managementkonzepten wie *„lean management"*, *„managing by objectives"*, *„managing by delegation"* etc.. Taylor Cox Jr. definiert Managing Diversity als ein Konzept, welches das Ziel hat, Organisationen zu entwickeln (multikulturelle Organisationen), in denen die Mitglieder aller sozio-kulturellen Herkünfte ihr volles Potential entwickeln und zum Unternehmenserfolg beitragen können. Dabei geht es um die Planung und Implementierung organisatorischer Systeme und Führungspraktiken, um potentielle Vorteile der Verschiedenheit zu maximieren und die Nachteile zu minimieren *„By managing diversity I mean planing and implementing organizational systems and practices to manage people so that the poten-*

---

[38] Malik, F., 1999, 400
[39] Malik, F., 1999, 400-401
[40] Fine, M. G., 1996a, 487
[41] Walck, C. L., 1995

tial advantages of diversity are maximized while its potential disadvantages are minimized"[42]. Wagner und Sepehri (1999) definieren Managing Diversity ebenfalls als ein Konzept, „*...das über die differenzierte Personalpolitik hinausgeht. Managing Diversity als personalpolitisches Konzept bezieht sich auf eine integrierte, in sich schlüssige Steuerung der Managementprozesse mit Blick auf bestimmte Personenkreise"*[43]. Im Mittelpunkt dieser Sichtweise von Managing Diversity steht die existierende Vielfältigkeit der Belegschaft und deren Bedürfnisse, auf welche Unternehmen eingehen sollten. Folglich besagt Managing Diversity im Sinne eines Managementkonzeptes, daß die Manager „*...should develop policies, practices and systems that are flexible to respond to the unique needs of the diverse individuals"*[44], womit diese Autoren „*...move beyond the individual as a focus of organizational change"*[45].

Autoren wie u.a. Cox (1993), Fine (1995) und Krell (1998), verbinden ihre Forschungen zum Verständnis von Managing Diversity sehr stark mit dem Entwicklungsstand bzw. dem „Ist-Zustand" einer Organisation in Richtung einer *multikulturellen Organisation*. Managing Diversity zielt „ *...auf eine Veränderung der Organisationskultur - von einer am homogenen Ideal orientierten, d.h. monokulturellen, zu einer multikulturellen Organisation"*[46]. Nach diesen Autoren ist eine multikulturelle Organisation die notwendige Voraussetzung und ein gewünschtes Leitbild für Managing Diversity (vgl. Krell in diesem Band).

6. Ökonomische Auswirkungen

In der betriebswirtschaftlichen Forschung stellt sich sehr oft die Frage nach den ökonomischen Auswirkungen bzw. der betriebswirtschaftlichen Relevanz einer neuen Idee, Aktivität, Strategie, Personalpolitik, Konzept u.ä. Ob sich durch Managing Diversity Unternehmen Wettbewerbsvorteile schaffen können oder nicht, hängt sehr stark davon ab, welches Verständnis diese von Diversity haben. Mit anderen Worten geht es um die Frage, inwieweit Management Diversity aus Gleichberechtigungsgründen, aus Markteintritts- und Kundenzugangsgründen oder aus Effektivitäts- und Lerneffektsgründen betrachtet und praktiziert wird.

In der neueren Diversity-Literatur, beschäftigt sich eine Vielzahl von Autoren mit den möglichen ökonomischen Auswirkungen von Diversity. In diesem Zusammenhang wird u.a. über Marktanteils- und Umsatzsteigerungen, verbesserte Rekrutierungsmöglichkei-

---

[42] Cox, T. Jr., 1993, 11
[43] Wagner, D., Sepehri, P., 1999, 18
[44] Jamieson, D., O'Mara, J., 1991
[45] Fine, M. G., 1996a, 487
[46] Krell, G., Emmerich, A., 1998, 329

ten, Abbau von Konflikten, verbesserte Moral und Loyalität zum Unternehmen, Förderung der Gruppenarbeit, Chancengleichheit für Frauen und andere unterrepräsentierte Gruppen, Steigerung der Arbeitszufriedenheit, Verbesserung des Unternehmensimages, Verringerung des Krankenstandes – um nur einige zu nennen – geschrieben und diskutiert.

Ganzheitlich betrachtet sind sich eine Mehrheit der Autoren darin einig, daß Diversity Management - vorausgesetzt es wird individuell und an der Unternehmenskultur angepaßt durchgeführt – zu Produktions- und Umsatzsteigerungen durch verbesserte Marktdurchdringung und Personalmoral führen kann.

Zweifellos kann der Ansatz von Cox und Blake (1991), „Implications for Organisational Competitiveness" als der in der Literatur weitverbreitetste und anerkannteste Ansatz zur ökonomischen Relevanz von Diversity zitiert werden. Man kann sicherlich die Cox'schen Argumente beliebig erweitern. So hat Krell (1999) eine siebente Argumentation - nämlich das Internationalisierungs-Argument von Diversity – hinzugefügt. Sie begründet dieses Argument damit, daß „wenn schon im Innern der Organisationen Multikulturalität erlebt wird, wenn die Beschäftigten lernen, kulturelle Vielfalt zu würdigen und auch mit Menschen, die anders sind als sie selbst, vorurteils- und konfliktfrei zusammenzuarbeiten, dann erleichtert das schlußendlich auch das Agieren auf internationalen Märkten"[47].

7. Personalpolitische Herausforderungen

Notwendigkeit einer situativen, kontextbezogenen und differenzierten Betrachtungsweise: Der Versuch, Diversity und Managing Diversity zu definieren, hat gezeigt, wie schwierig es für Wissenschaftler und Praktiker sein kann, die unterschiedlichen Ausprägungen von Diversity zu erkennen und zu klassifizieren. Die Art und Weise der Klassifikation der Ausprägungen von Diversity gehen sehr weit auseinander. Die Frage nach dem „Was gehört zu Diversity und was nicht", also den sogenannten Erscheinungsformen von Diversity spaltet die Ansichten der Diversityexperten im erheblichem Maße.

Hierbei ist jedoch zu erwähnen, daß die jeweiligen Erscheinungsformen und Definitionen von Diversity von Kontext zu Kontext und von Kultur zu Kultur differenziert betrachtet werden sollten. Mit anderen Worten sollte das Management erst einmal genau definieren, welche Erscheinungsformen von Diversity im Bezug auf ihre Organisation relevant sind und welche außer Betracht stehen sollten. So betont auch Rosenzweig (1999) in diesem Zusammenhang, daß *„...of the many dimensions we can identify, which are worthiest of attention – language, culture, education, race, gender, age, religion or some others? Faced with this complexity, it is hardly surprising that many firms make*

---

[47] Krell, G., 1999, 26

broad pronouncements about the benefits of diversity but do not take any real step, since action demands judgement about which dimension are most important"[48]. Auch Thomas (1996) warnt davor, eine Diskussion über Diversity zu führen, die am Ende Äpfel und Birnen vergleichen wird, da „*...it is no longer sufficient to say; I am working on Diversity issues; you must also specify which dimensions you are dealing with. Otherwise you are very likely to fall into a fruitless discussion of apples and oranges"*[49].

Unter dem Druck der Globalisierung zerbrechen immer mehr nationale Kulturen, und es entwickeln sich Mischkulturen verschiedenster Zusammensetzungen. Daß Diversity mit all seinen erwähnten verschiedenen Erscheinungsformen bereits existiert, wird von vielen Personalmanagern international tätiger Unternehmen noch vernachlässigt. Diese werden jedoch immer mehr konfrontiert mit den unterschiedlichsten Ausprägungen von Diversity, die es zu managen gilt. Das Problem ist - angenommen die Relevanz von Diversity wird erkannt - welche der Dimensionen Wettbewerbsvorteile versprechen können und welche nicht. So fragt sich Rosenzweig (1999) in diesem Zusammenhang zurecht „*Is Diversity on all of the dimensions expected to be a source of advantage? Can we really imagine that more Diversity on all these dimensions will be helpful? Or might differences on some dimensions be a source of fragmentation and conflict?"*[50]. Sich mit Diversity zu beschäftigen, verlangt eine klare Eingrenzung der Thematik.

Effektivitätsvorteile durch Vielfältigkeit mit einem gewissen Grad an Einheitlichkeit:
Weiterhin sollte nicht mit allen Mitteln versucht werden, den Grad an Diversity zu steigern. Eine gewisse Einheitlichkeit und gemeinsame Werte sollten beibehalten werden. Die Kunst besteht darin, ein Gleichgewicht zwischen dem Grad an Heterogenität der Belegschaft und der organisationalen Einheit zu finden. Nur wenn eine gemeinsame Sprache und ein einheitliches Wertesystem existiert, können Ideen effektiv kommuniziert und umgesetzt werden. Und letztendlich geht es ja in der ganzen Diskussion um mögliche Effektivitätvorteile von Diversity. Die Effektivität der einzelnen Mitarbeiter und insbesondere der Führungskräfte zu verbessern, ist ohne Zweifel eine der größten und wichtigsten, aber auch schwierigsten Herausforderungen des Personalmanagements. „*Das größte Wissen, die besten Talente, alle Intelligenz und Fähigkeiten bleiben wertlos, wenn sie nicht genutzt werden"*.[51] Managing Diversity im Sinne eines Lern- und Effektivitätsinstruments der Unternehmensführung, kann sicherlich hierzu seinen Beitrag leisten.

Individualität als Ressource: Auch die humanressourcenorientierte Sichtweise von Managing Diversity sollte im Mittelpunkt der Betrachtung stehen. Es geht um die individuellen Unterschiede von Mitarbeitern. Es gilt, diese zu nutzen und zu wertschätzen. Eine differenzierte, auf Individuen bezogene Diversity-Strategie ist anzustreben. „*Trotzdem*

---

[48] Rosenzweig, P. M., 1999, 2
[49] Thomas, R. R. Jr. 1996, 8
[50] Rosenzweig, P. M., 1999, 2
[51] Malik, F., 1999, 400

zwingen wir Menschen immer wieder in das Dogma der Gleichmacherei ..." womit *"... diesen das einzige, was sie wertvoll macht, geraubt wird, nämlich ihre Individualität, ihrer spezifischen Stärken und Fähigkeiten. Oder man läßt diese ungenutzt".*[52]

Diversity verstehen, führt zu Wettbewerbsvorteilen: Diversity zu praktizieren bzw. zu managen ist eine Seite, es jedoch zu verstehen, die weitaus entscheidendere Seite. Denn Führungskräfte, welche Diversity und dessen geo-kulturelle Relevanz in ihrem Verantwortungsbereich nicht verstehen, werden auch schwer in der Lage sein, diese effektiv zu managen. Wie Diversity wahrgenommen wird, welche Dimensionen als relevant betrachtet werden und welche ökonomischen Auswirkungen man sich dadurch versprechen kann, hängt sehr stark davon ab, ob man *mit* und *in* Diversity lebt, arbeitet und damit tagtäglich konfrontiert wird. Jedenfalls werden diejenigen, welche das Phänomen Diversity innerhalb und außerhalb ihrer Organisation rechtzeitig *erkennen, verstehen, wertschätzen, nutzen* und *effektiv managen,* Wettbewerbsvorteile - in welcher Form auch immer - erzielen können. Insbesondere Wettbewerbsvorteile zu denjenigen Unternehmen bzw. Konkurrenten, die dieses nicht tun.

---

[52] Malik, F., 1999, 400-401

Literatur

AGOS, C./BURR, C. 1996. Employment Equity, Affermitive Action and Managing Diversity: Assessing the Differences, in: International Journal of Manpower, S. 30 ff.

BARNEY, J. 1991. Firm Resources and Sustained Competitive Advantage

BAYTOS, L. M. 1992. Launching Successful Diversity Initiatives. in: HR-Magazine, March 1992, S. 91ff.

CHEMERS, M.M./OSKAMP, S./COSTANZO, M. A. 1996. Diversity in Organizations: New Perspectives for a Changing Workplace, Thousand Oaks, CA, Sage Publications.

COX, T. H. Jr./BLAKE, S. 1991. Managing Cultural Diversity: Implications for Organizational Competitiveness, in: Academy of Management Executive: 5.Jahrgang, 3.

COX, T. H. Jr. 1993. Cultural Diversity in Organizations: Theory, Reserach and Practice, San Francisco.

COX, T. H. Jr./FINLEY, J. A. 1995. An Analysis of Work Specialization and Organizational Level as Dimensions of Workforce Diversity, in: Chemers, M.M./ Oskamp, S./ Costanzo, M. A. (1995): Diversity in Organizations: New Perspectives for a Changing Workplace, S. 62-90, Thousand Oaks, CA, Sage Publications.

CROSS, W.E./FOSTER, B.G./HARDIMAN, R./JACKSON, G. 1988. Worforce Diversity and Business.

CUMINGS, A./ZHOU, J./OLDHAM, G. R. 1993. Demographic Differences and Employee Work Outcomes: Effects on Multiple Comparison Groups, Paper presented at the anual meeting of the Academy of Management. Atlanta, GA.

DASS, P./PARKER, B. 1999. Strategies for Managing Human Resource Diversity: From Resistance to Learning, S. 68-80.

FERNANDEZ, J. P. 1981. Racism and Sexism in Corporate America

FINE, M. G. 1995. Building Successful Multicultural Organizations: Challenges and Opportunities, Westport.

FINE, M. G. 1996. Three Broad Categories of Reserach on Diversity.

FINE, M. G., 1996a. Cultural Diversity in the Workplace: The State of the Field

GALGAN, P.A. 1991. The Power of a Diverse Workforce.

GILBERT, J. A./ IVANCEVICH, J. M. 2000. Valuing Diversity: A Tale of Two Organizations, S. 93-105.

HAYLES, V. R. 1996. Diversity Training and Development, in: Craig, R. L. (Hrsg.): The ASTD Training and Development Handbook, New York 1993, S. 104-123.

HENDERSON, G. 1994. Cultural Diversity in the Workplace, Westport, CT: Quorum Books.

HERRIOT, P., PEMPERTON, C. 1995. Competitive Advantages Through Diversity.

JACKSON, S. E./MAY, K. E./WHITNEY, K. 1995. Understanding the Dynamics of Diversity in Decision Making Teams, in: R.A. Guzzo & E. Salas (Eds.): Team Effectiveness and Decision Making in Organizations, S. 204-261, San Francisco/ Jossey-Bass.

JAMIESON, D./O'MARA, J. 1991. Managing Workforce 2000: Gaining the Diversity Advantage, San Francisco, Jossey-Bass.

KRELL, G. 1998. Managing Diversity-Trainings, in: Aufsatz aus Handbuch Quelle unbekannt , S. 329 ff.

KRELL, G. 1999. Managing Diversity: Chancengleichheit als Erfolgsfaktor, in: Personalwirtschaft, Heft 4/99, S. 24ff.

LEWAN, L. S. 1990.: Diversity in the Workplace, in: HR Magazine, June 1990, S. 42 ff.

LODEN, M./ROSENER, J. B. 1991. Managing Diversity: A Complete Desk Reference and Planing Guide, Burr Ridge/ New York.

LODEN, M./ROSENER, J. B. 1991a. Workforce America! Managing Employee Diversity as a Vital Resource

MADDEN, T. R. 1987. Women vs. Women: The Uncivil Business War

MALIK, F. 1999. Große Aufgaben für das Personalmanagement, in: WISU. 4/99, S. 400-402.

MILLIKEN, F. J./MARTINS, L. L. 1996. Searching for Common Threads, Understanding the Multiple Effects of Diversity in Organizational Groups, S. 402-433.

NKOMO, S. M./COX, T. H. Jr. 1996. Diverse Identities in Organizations, S. 338-356.

Psychology, 4, S. 769 ff., Palo Alto, CA, Consulting Psychologists Press.

O'HARA-DEVEREAUX, M., JOHANSON, R.1996. Global Work: Bridging Distance, Culture & Time, S. 87.

ROBINSON, G./DECHANT, K. 1997. Building a Business Case for Diversity, in: The Academy of Management Executive, 11/3, August 1997, S. 21-31.

ROSENZWEIG, P. M. 1999. Strategies for Managing Diversity, in: Business Day/ Financial Times, June 1999, S. 2 ff.

SEPEHRI, P. 2000. Diversity ist noch kein Thema, in: Mit kulturellen Differenzen erfolgreich umgehen, in: Personal-Magazin, November 2000, S. 56-59.

THIEDERMAN, S. 1991, Bridging Cultural Barriers for Corporate Success: How to Manage the Multicultural Work Force

THOMAS D. A./ELY, J. E. 1996. Making Differences Matter: A New Paradigm for Managing Diversity, in: Harvard Business Review, September/ Oktober 1996. S. 79-90

THOMAS, R. R. Jr. 1992: Beyond Race and Gender. Unleashing the Power of Your Total Work Force by Managing Diversity, New York.

THOMAS, R. R. Jr. 1992a. A Vision for Managing Diversity, in: HR-Magazine, March 1992.

THOMAS, R. R. Jr. 1995. A Diversity Framework, in: Chemers, M.M./ Oskamp, S./ Costanzo, M. A. (1995): Diversity in Organizations: New Perspectives for a Changing Workplace, S. 245-263, Thousand Oaks, CA, Sage Publications.

THOMAS, R. R. Jr. 1996. Redefining Diversity, New York.

THOMAS, R. R. Jr./WOODROOF, M. 1997. Diversity Competencies: Key Capabilities of Global Managers

TRIANDIS, H. C./KUROWSKI, L. L./GELFAND, M. J. 1994. Workplace Diversity, in: N.C. Triandis, M. Dunnette & L. Hough (Eds.), Handbook of Industrial and Organizational, S. 769-827

TRIANDIS, H. C. 1995. A Theoretical Framework for the Study of Diversity, in: Chemers, M.M./ Oskamp, S./ Costanzo, M. A. (1995): Diversity in Organizations: New Perspectives for a Changing Workplace, S. 11-36, Thousand Oaks, CA, Sage Publications.

TSUI, A. S./EGAN, T. D./O'REILLY, C. A. 1992. Beeing Different: Relational Demography and Organizational Attachment. in: Administrative Science Quarterly, 37, S. 549-579.

WAGNER, D./SEPEHRI, P. 1999. Managing Diversity: Alter Wein in neuen Schläuchen? in: Personalführung, 5/99, S.18 ff.

WAGNER, D./SEPEHRI, P. 2000. Manging Diversity – Eine empirische Bestandsaufnahme. in: Personalführung, 7/2000, S. 50-59.

WAGNER, D./SEPEHRI, P. 2000a. Managing Diversity – Wahrnehmung und Verständnis im internationalen Personalmanagement. in: Personal, Sept. 2000, S. 456-461.

WALCK, C. L. 1995. Diverse Approaches to Managing Diversity.

WATSON, W. E./KUMAR, K./MICHAELSEN, L. K. 1993. Cultural Diversity's Impact on Interaction Process and Performance: Comparing Homogeneous and Diverse Task Groups, in: Academy of Management Journal, 36, S. 590-602.

Monika Rühl

Diversity in Deutschland in einem globalisierten Unternehmen

Neuausrichtung des Personalmanagements am Beispiel der Lufthansa

1. Wodurch wird Diversity zum zentralen personalpolitischen Thema?

2. Diversity: Primär- und Sekundärkriterien für Förderung

3. Perspektiven verschiedener Betrachtungsweisen für Förderungen

4. Fazit

Monika Rühl ist Leiterin des Bereiches Change Management und Diversity bei der Deutschen Lufthansa AG, Frankfurt. E-Mail: monika.ruehl@dlh.de

1. Wodurch wird Diversity zum zentralen personalpolitischen Thema?

1.1 Globalität

Diversity-Management ist in Deutschland ein noch eher junges Thema, das sich teilweise durch den Import aus den Vereinigten Staaten von Amerika, wesentlicher jedoch durch die Bündelung bereits vorhandener Aktivitäten in den Unternehmen bildet. Als Hauptauslöser für Diversity sind sicherlich Globalität und zunehmende Internationalität zu nennen. Der Markt fast aller Großunternehmen, einer Vielzahl von mittelständischen und einer wachsenden Zahl von Kleinunternehmen liegt überwiegend außerhalb der deutschen Grenzen. Viele Unternehmen haben darüber hinaus ausländische Produktionsstandorte. Das heißt, sie müssen sich auf Mitarbeitende und Kunden mit einem anderen kulturellen Hintergrund einstellen, die andere Präferenzen haben als die einheimischen. Zwar verändert sich auch der einheimische Markt vom Anbieter- zum Kundenmarkt, aber international wird dieser Effekt noch überlagert durch andere Werte und Erfahrungen. Die Marktreversierung führt dazu, dass nicht mehr die Produzenten bestimmen, was, wie viel und wann angeboten wird, sondern die Kunden durch ihre Nachfrage, wobei ihre Loyalität zu den Herstellern bröckelt. Das bedeutet, die Kunden sind heute nicht mehr bereit zu warten, bis ein bestimmter Anbieter ein Produkt marktfähig hat. Kunden haben die Wahl zwischen einer Vielfalt von Anbietern und entscheiden sich für denjenigen, bei dem nicht nur Preis und Qualität, sondern gleichermaßen der Liefertermin stimmen[1].

Die Mobilität beschränkt sich nicht nur auf die Bezugsquellen. Der Tourismus – zumindest in der westlichen Welt – führte bereits seit Jahrzehnten zu einer zunehmenden Internationalisierung. Am wichtigsten aus der Perspektive der Human Ressources ist die Mobilität der Arbeitskräfte. Auslandseinsätze der jeweiligen Einheimischen wie die Arbeitsmigration aus wirtschaftlichen Gründen oder kultureller Neugier führen zu einer Mischung der Arbeitskräfte[2].

---

[1] Zusätzlich entscheidend, für die hier geführte Diskussion, jedoch nicht vorrangig, ist, dass Kunden eher Servicepakete als Produkte beziehen möchten; also Mobilität und nicht ein Auto, was die Hersteller auch über den Kauftermin hinaus zu weiteren Serviceleistungen verpflichtet.

[2] Die türkischen Gastarbeiter zum Beispiel feierten im Herbst 2001 das Jubiläum ihrer dreißigjährigen Anwesenheit in Deutschland, allerdings ohne auffällige Beteiligung der Führungsebenen in den Unternehmen. Allenfalls als Selbständige dokumentieren sie Leadership in der Praxis. Die Ursachen für die geringere Beteiligung sind vielseitig. Sicherlich spielt der Stellenwert von Bildung in diesem Kulturkreis über alle sozialen Schichten eine entscheidende Rolle.

1.2 Individualisierung

Ein weiterer Faktor, der die Beschäftigung mit Diversity möglich und notwendig macht, ist der in der westlichen Welt anzutreffende Megatrend „Individualisierung", der seinen Höhepunkt noch nicht erreicht hat. Dahinter verbergen sich gewiss auch negative Erscheinungen wie die wachsende Rücksichtslosigkeit und der Egoismus Einzelner. Viel entscheidender ist aber die individuelle Entfaltung in Abhängigkeit von persönlichen Talenten und Begabungen und umgekehrt die Wertschätzung der Individualität beim Empfänger, also in den Unternehmen. Am Beispiel von Innovationsmanagement – unabhängig von der disziplinären Ausrichtung – sei verdeutlicht, dass nicht eine möglichst große Anzahl von Hochschulabsolventen eines Jahrganges mit demselben Studienfach ein Unternehmen voranbringen, sondern viel mehr die Heterogenität seiner Belegschaft. Dabei ist eine Kultur der Offenheit und der Wertschätzung der Vielfalt von Vorschlägen Grundvoraussetzung. Umgekehrt wird ein Unternehmen aus der Homogenität nie die Wünsche aller Kunden erfüllen können. Aber auch im Zusammenhang mit Produkten ist der Gipfel der Individualisierung noch nicht erreicht. Wurde mit Beginn der Industrieproduktion nach Taylor keine oder nur geringe Modifikation der Produkte ermöglicht, so kann heute – trotz Industriefertigung – beispielsweise ein Auto sehr viele verschiedene Komponenten zu einem individuellen Modell kombinieren. In der Bekleidungsindustrie deutet sich die Entwicklung in Richtung auf industrielle Maßanfertigung gerade erst an. Dabei vermisst ein Computer einen Menschen dreidimensional und sendet die Daten direkt an den Hersteller, bei dem bereits Material- und Farbwünsche deponiert sind. Dieser Trend zur Individualisierung wird in Zukunft fast jeden Wirtschaftsbereich erreichen.

1.3 Demografie

Auch wenn viele Wirtschaftszweige – allen voran die Fluggesellschaften und die von ihnen abhängigen Branchen führt die demografische Situation zwingend zu einer stärkeren Fokussierung auf das internationale Potenzial. Bei einer Geburtsrate von 1,3 in Deutschland[3] und hinzukommend einer längeren Populationsfolge muss anderes Potenzial als junge Männer aus dem jeweiligen Kulturkreis in den Fokus genommen werden.

Hinterfragt man die Gründe für die geringe Geburtsrate in Deutschland, kommt man relativ schnell zu der Überzeugung, dass die mangelnden Rahmenbedingungen eine Hauptursache sind. Frauen sind heute wesentlich besser qualifiziert als vor beispielsweise 20 Jahren und möchten ihre Berufstätigkeit nicht unbedingt aufgeben, sobald Nach-

---

[3] Zum Vergleich: Belgien: 1,55; Dänemark: 1,72; Estland: 1,29; Frankreich: 1,71; Finnland: 1,73; Griechenland: 1,28; Großbritannien: 1,72; Italien: 1,2; Niederlande: 1,5; Polen: 1,53; Portugal: 1,37; USA: 1,99; Japan: 1,43

wuchs vorhanden ist. Da es aber für Kinder unter drei Jahren so gut wie keine, für Kinder zwischen drei und sechs Jahren ortsabhängig geeignete bis völlig ungeeignete Betreuungs- und Sozialisationsangebote gibt, verringert sich die Neigung, Kinder zu bekommen. Auch während der Schuljahre gibt es weder Garantieunterricht[4] am Vormittag, von Nachmittagsbetreuung ist in Deutschland ein Großteil der Kinder und Jugendlichen ausgeschlossen. Verständlicherweise möchten qualifizierte Frauen keinen Nachwuchs dieser ungewissen Betreuungssituation aussetzen. Jede Führungskraft würde für unverantwortlich gehalten, fällte es eine auf vergleichbar dünnem Eis gebaute Entscheidung. Warum sollten Frauen bei so wichtigen Fragen intuitiver entscheiden?

Der Mangel an Nachwuchs wird begleitet durch die Erfolge, die die Medizin für sich in Anspruch nehmen kann: Die Deutschen – und andere westliche Nationen – werden immer älter. Dies führt nicht nur zu einem Anwachsen des „grauen Marktes", also dem der älteren Kunden und der Entstehung neuer Dienstleistungen für zahlungskräftige Ältere, es führt auch zu einer Neuorientierung bei den Versorgungssystemen. Es stellt sich nicht nur die Alterspyramide auf den Kopf. Auch die gängigen Modelle von Vorruhestandsregelungen müssen einer Prüfung unterzogen werden. Das heißt dann aber für die Unternehmen, dass sich nicht nur das Durchschnittsalter der Belegschaft erhöhen wird, auch ältere potenzielle Mitarbeitende müssen für eine Mitwirkung im Unternehmen gewonnen werden.

1.4 Personalengpass

Die Unternehmen stehen vor der Herausforderung, geeignetes Personal zu gewinnen. Dabei haben sich in den vergangenen Jahren nicht nur die fachlichen Anforderungen erhöht, es werden zusätzlich Kompetenzen, die Methodik, soziale Interaktion und die Persönlichkeit betreffen, abgefordert. Auf einem durch die geburtsschwachen Jahrgänge enger werdenden Arbeitsmarkt fehlt den Unternehmen geeignetes Potenzial. Hier geht es nicht um die Frage nach Eliten, also weniger um „high potentials" als um „right potentails". Dabei ist das Matching von Anforderungen und bestgeeigneter Person von entscheidender Wirkung. Je nach Art der zu besetzenden Aufgabe wird deutlich, dass das Klientel auch außerhalb des Kreises der Hochschulabsolventen zu suchen ist. Bereits angedeutet wurde die Diskussion um die Verlängerung der Lebensarbeitszeit, die ja eine unmittelbare Folge der Umkehrung der Alterspyramide ist. So steigt nicht nur die Lebenserwartung der Menschen, mangels ausreichendem Nachwuchses fehlt es nicht nur an Rentenzahlern, sondern auch an geeigneten Fach- und Führungskräften. Folglich muss das ganze Potenzial an Arbeitskräften in den Fokus rücken: Ältere, Frauen, Menschen mit physischen Handicaps, Menschen anderer Ethnien und kultureller Hintergründe.

---

[4] Dies setzt sich in einigen Bundesländern erst allmählich durch und beschränkt sich auf die Grundschule.

2. Diversity: Primär- und Sekundärkriterien für Förderung

Bei der Definition von Diversity werden sogenannte Primär- und Sekundärkriterien bemüht, die variabel sind. Teilweise wird die Definitionsgrenze an Unbeeinflussbares gekoppelt, teilweise an personalpolitische Ziele. Lufthansa hat für ihren Ansatz proaktives personalpolitisches Handeln gewählt, wobei je nach Betrachtungsort (Deutschland, USA oder andere) jeweils andere Faktoren zu Primär- oder Sekundärkriterien werden, d.h. je nach Standpunkt des Betrachters (vgl. Kapitel 5). Bei den für Lufthansa eher zu den Sekundärkriterien zählenden Eigenschaften wird Diskriminierung vorgebeugt oder darauf reagiert. Bei den Primärkriterien werden pro-aktive Konzepte entwickelt und realisiert.

2.1 Primärkriterien:

2.1.1 Geschlecht[5]

Bei einem Anteil von 42 Prozent an der Gesamtbelegschaft, der je Geschäftsfeld variiert, ist ein Anteil von 28 % Frauen an allen Menschen mit Personalverantwortung[6] Beteiligten, eine Leistung. Betrachtet man die Führungskräfte als leitende Angestellte, so liegt der Anteil der Frauen bei 11,2 Prozent. Im Cockpit arbeiten bereits knapp 100 Frauen, was einem Anteil von 2,4 Prozent entspricht. In der Technik arbeiten im operativen Bereich ca. 5 Prozent Frauen. In den Sekretariaten arbeiten unter einem Prozent Männer als Gegenüberstellung. In der Breite der Berufe ist auch bei Lufthansa die Verteilung zwischen den Geschlechtern eher klassisch, wenn auch die „Männerdomänen" allmählich bröckeln. Aber eine Gleichverteilung beider Geschlechter wird im Unternehmen nicht als der Idealzustand einer chancengleichen Arbeitswelt betrachtet. Chancengleichheit liegt dann vor, wenn Männer wie Frauen Berufs- und Familienleben gleichermaßen leben können, ohne dabei geschlechtsspezifische Beeinträchtigungen zu erfahren.

2.1.2 Alter

Das Durchschnittsalter aller Beschäftigten im Lufthansa-Konzern liegt bei 38,5 Jahren. Frauen sind im Durchschnitt 36,3 Jahre alt, Männer 40,2. Knapp 20 Prozent der Mitar-

---

[5] Mehr zu diesem Thema in „Chancengleichheit managen – Basis moderner Personalpolitik" von Monika Rühl und Jochen Hoffmann, Gabler, Wiesbaden, 2001.

[6] „Führung" wird bei Lufthansa auf zweierlei Art definiert: Einerseits gilt der Begriff für Menschen, die Personalverantwortung für andere tragen, wozu Kapitäne, Meister/-innen, Teamleiter/-innen, Gruppenleiter/-innen u.a. zählen; andererseits sind es leitende Angestellte im Sinne des Betriebsverfassungsgesetzes.

beitenden liegt in der Altersgruppe des Durchschnitts. 9,8 Prozent aller Mitarbeitenden sind zwischen 50 und 54 Jahre alt, 6,6 Prozent zwischen 55 und 59 Jahre und 1,5 Prozent sind mindestens 60 Jahre alt.

2.1.3 Herkunft

Unter „Herkunft" verbergen sich bei Lufthansa zwei Gruppierungen: Menschen mit einem ausländischen Pass und Menschen mit zwar deutschem Pass aber anderem ethnischem oder kulturellem Hintergrund. In den USA kann Lufthansa – und alle anderen Unternehmen auch – Statistiken zu „Ethnie/Rasse" erheben, jedoch darf das Alter nicht erfragt werden. In Deutschland kann im Hinblick auf Herkunft nur die Nationalität erhoben werden. Dies macht eine Vergleichbarkeit der Zahlen problematisch, aber nicht völlig unmöglich. Lufthansa fliegt in 90, der Verbund „Star Alliance" in 130 Staaten. Menschen aus 150 Nationen arbeiten im Lufthansa-Konzern. 23,7 Prozent aller Mitarbeitenden arbeitet im Ausland. 15 Prozent aller in Deutschland Beschäftigten haben keinen deutschen Pass. 4,6 Prozent der leitenden Angestellten (Führungskräfte) haben keinen deutschen Pass. Obwohl sehr viele Nationen im Unternehmen vertreten sind, überwiegen Deutsche mit großem Abstand: Ca. 45.670 Deutschen folgen ca. 1.100 Türken, 939 Österreicher, 573 Italiener, 561 Spanier, 480 Griechen etc. Die Natur der geschäftlichen Aktivitäten einer Fluggesellschaft stehen in unmittelbarem Zusammenhang mit dem Im- und Export von Internationalität. Der Markt ist ebenso international.

2.1.4 Behinderung

Die Gruppe der schwerbehinderten Menschen in den Unternehmen erfährt zwar einen relativ hohen Schutz durch die Gesetzgebung, jedoch nicht Wertschätzung durch Kollegen/-innen und Vorgesetzte. Bei dieser Gruppe wird das meist körperliche Defizit leider oft auf die Performanz übertragen, was zu einer geringeren Neigung, sie einzustellen führt. Hier ist ein Bewusstseinswandel dringend notwendig. Behindert sind 2,8 Prozent aller Mitarbeitenden des Lufthansa-Konzerns. Die Zahlen variieren je nach Geschäftsfeld und Konzerngesellschaft.

Möglicherweise gibt es Schwerbehinderte in den Unternehmen, die sich als solche nicht zu erkennen geben. Welche Gründe dafür auch jeweils existieren, ganz offenbar gibt es Barrieren, die auf Seiten der Organisation liegen. Nicht ganz vorurteilsfrei ist der Umgang mit Schwerbehinderten, der bei einigen Führungskräften die Neigung, schwerbehinderte Menschen einzustellen, eher verringert. Aufgabe der Schwerbehindertenbeauftragten und -vertretungen ist es daher, diese Vorurteile durch gute Praxisbeispiele zu beseitigen.

2.1.5 Bedingt: sexuelle Orientierung

Mit dem neuen Lebenspartnerschaftsgesetz, das gleichgeschlechtliche Paare, so sie ihre Lebenspartnerschaft eintragen lassen – ein der Eheschließung vergleichbarer Vorgang – in vielen Lebensbereichen Verheirateten gleichstellt, kommt das Kriterium „sexuelle Orientierung" stärker in den Vordergrund. Obwohl diese Orientierung zuallererst eine Privatangelegenheit jedes Menschen ist, bekommt sie für Unternehmen durchaus eine Bedeutung. Firmenleistungen, die bisher nur Verheirateten zugute kam, werden überdacht und sind teilweise diesem Personenkreis erschlossen worden. Lufthansa hat in Bezug auf das reduzierte Fliegen seit Bestehen der Möglichkeit für einen Partner immer auch Gleichgeschlechtliche akzeptiert. In den USA gehört die sexuelle Orientierung zu den Primärkriterien, allein schon deshalb, weil die Herangehensweise an Diversity diskriminierungsorientiert ist.

2.2 Sekundärkriterien

Zu den sogenannten „Sekundärkriterien" zählen eine ganze Fülle von Eigenschaften und Erfahrungen, die das Individuum prägen: Persönliche Ansichten, Werte, Religionszugehörigkeit, Sprache, Kultur, Position, Erfahrungen, Berufserfahrung, Bildungsstand, Firmenzugehörigkeit, Erwartungen, Lebensstil, Arbeitsstil und sicher viele mehr. Es erscheint logisch, dass Unternehmen ihre Mitarbeitenden nicht in jeweils entsprechende „Cluster" sortieren und dann personalpolitische Konzepte entwickeln und realisieren. Obwohl es für einige dieser Sub-Groups durchaus gemeinsame Aktivitäten in den Unternehmen gibt: Personalentwicklungsprogrammme für Menschen der gleichen Hierarchieebene, Sprachprogramme für nicht Muttersprachler und andere. Bei den Sekundärkriterien werden Unternehmen eher bei Diskriminierungen oder Überschreitungen von Grenzen eingreifen, als pro-aktiv personalpolitisch tätig zu werden. Gleichwohl spielt die ganze Bandbreite dessen, was einen Menschen prägt, in der Kommunikation eine große Rolle.

2.3 Diversity am Beispiel des Mentoring-Konzepts bei der Lufthansa

Bei der Feststellung, dass weibliche Karriereverläufe, also bei denjenigen Frauen, die ein klares Commitment pro beruflicher Entwicklung geäußert haben, dennoch anders, oft langsamer verlaufen als die ihrer männlichen Peers, ergab die Ursachenanalyse Unterschiede unter anderem in der Selbstvermarktung. Deshalb wurde zur besseren Sichtbarkeit des hochqualifizierten weiblichen Nachwuchses das unternehmensübergreifende „Cross-Mentoring" von Lufthansa initiiert. Zusammen mit zunächst drei anderen Großunternehmen hatten je drei Mentees pro Unternehmen für die Pilotprojektdauer von einem Jahr einen Mentor auf hoher hierarchischer Ebene eines anderen Unternehmens, um sich über Fragen des Arbeitslebens auszutauschen. Aufgrund des Erfolges dieses Projektes entstanden weitere, interne Mentoring-Programme. Das Cross-Mentoring geht im Frühjahr 2002 bereits in die vierte Generation. Primärkriterium ist folglich das Geschlecht, nicht die anderen Kriterien, auf die im Kontext von Diversity noch verwiesen wird und die auch bei der Lufthansa zum tragen kommen.

Grundsätzlich befürwortet Lufthansa die Integration beider Geschlechter in alle Entwicklungsprogramme und weicht davon nicht ab. Die Mentoring-Programme haben aber zum Ziel, dass sich die Mentees besser vermarkten und damit eher bei Besetzungen von Führungspositionen in Betracht kommen. Am Pilotprojekt beteiligten sich vier Unternehmen: Commerzbank, Deutsche Bank, Deutsche Lufthansa und Deutsche Telekom. Von Lufthansa konzipiert und initiiert, gemeinsam im Detail geplant, ist das erste unternehmensübergreifende Mentoring für Frauen in Deutschland im Oktober 1998 in der Lufthansa School of Business in Seeheim gestartet worden. Zum Zeitpunkt des Verfassens dieser Zeilen befindet es sich bereits in der dritten Durchlaufphase, in der sich nunmehr acht Unternehmen (Bosch, Frankfurter Flughafen, Merck und Procter & Gamble sind hinzugekommen) beteiligen. Die Adressatinnen dieses ungewöhnlichen Programms sind Frauen, die bereits im Unternehmen arbeiten und Interesse und Eignung an weiterführenden Aufgaben gezeigt haben. Die Idee war und ist, die Mentees, die noch keine Managementaufgabe, aber durchaus Fach- oder Führungsverantwortung (z.B. als Teamleiterinnen) tragen, gezielt und zusätzlich zu ihrer Berufstätigkeit ein Programm anzubieten, das sie bei ihrem Ziel unterstützen soll. Für die Ausarbeitung eines differenzierten Kriterienkatalogs zeigten sich verschiedene Schwierigkeiten: Besonders schwierig stellten sich die Unterschiede bei der Definition von „Führung" in den einzelnen Unternehmen dar. Auch die tariflichen Grenzen sind nicht vergleichbar, so dass Kriterien für eine mögliche Vergleichbarkeit der beteiligten Personen – vor allem bei den Mentees – erarbeitet werden mussten, um eine verbindliche Orientierung zu ermöglichen. So sind übertragen auf die Lufthansa-Systematik die Teilnahmevoraussetzungen in der Form präzisiert worden, dass junge Frauen zu dem Zeitpunkt mindestens zwei Jahre im Unternehmen arbeiten und zuvor eine Eignungsuntersuchung für Führungsaufgaben („Entwicklungs-Assessment-Center", AC) erfolgreich passiert haben sollten, um hinreichend für Führungs- und Verantwortungsaufgaben geeignet zu sein. Für die Dauer der Pilotphase, ein Jahr, sollte eine weibliche Mentee einen Mentor (nur eine Frau war Mentorin) aus einem anderen Unternehmen als Kooperations- und Gesprächspartner zur Seite gestellt werden, wobei sich beide verpflichteten, miteinander sowie im Netzwerk untereinander zu kooperieren.

Wesentliche Aufgaben des Mentoringprogramms konzentrieren sich auf die Gestaltung und Ausgestaltung der Interaktion zwischen Mentee und Mentor/-in. Als wichtigster Punkt sind hierbei Fragen der Ziele des Cross-Mentorings, die für die Mentees in ihrem Entwicklungsweg für zukünftige spezifische Führungsaufgaben im Unternehmen als auch für das jeweilige Unternehmen von zentraler Bedeutung sind. Da die Mentees durch das Cross-Mentoring nicht nur ihr Unternehmen nach außen vertreten, sondern sie sich mit dem vom Mentor erworbenen Wissen weiter im Unternehmen entwickeln sollen, wovon auch das Unternehmen profitiert, galt es, eine Vergleichbarkeit durch die Definition von erwünschten Mindestanforderungen bezüglich der Qualifikation der Mentees herzustellen. Diese sind über die Unternehmensgrenzen hinweg alles andere als objektivierbar. Da bereits die Eingangsvoraussetzungen der Mentees äußerst heterogen waren, z.T. bedingt dadurch, dass jedes Unternehmen andere AC-Verfahren einsetzt, infolge fehlender Standardisierung und Vergleichbarkeit, werden die Ziele anders definiert und damit kommt jedes Unternehmen zu anderen Bewertungen. Dennoch schafft der sehr vorsichtige Versuch einer größtmöglichen Harmonisierung hinlänglich Vergleichbarkeit, Transparenz und Reflexivität. Ähnliches gilt für die Auswahl der Mentoren. Bei ihnen wurde im Organisations-Team, den Beauftragten für Chancengleichheit und den Personalentwicklern der beteiligten Unternehmen, intensiv über die stärkere Einbeziehung von Frauen diskutiert. Da das Cross-Mentoring neben der Sichtbarmachung von weiblichem Nachwuchs (Mentees) und dem Vergleich von Unternehmenskulturen auch auf die Weitergabe sogenannter „versteckter Spielregeln" zielte, erschien (als Mentoren) die Hierarchieebene direkt unter dem Konzernvorstand, die über langjährige Unternehmens- (und Durchsetzungs-) Erfahrungen verfügt, optimal. Da auf der Ebene direkt unter dem Vorstand bzw. maximal eine weitere Ebene darunter keine bzw. kaum Frauen anzutreffen sind, wurde zugunsten Hierarchie und gegen mehr weibliche Mentoren entschieden.

2.3.1 „Versteckte Spielregeln"

Aus wissenschaftlicher Literatur sowie Ratgebern und Karriereführern ist bekannt, dass unter Frauen eher die Einschätzung vorherrscht, sie schafften den sogenannten Aufstieg allein und ausschließlich vor dem Hintergrund ihrer Leistung. Ob z.B. Schwangerschaften ihren Weg dorthin begleiten oder gar unterbrechen oder andere Lebensereignisse zu bewältigen sind – sie zählen allein auf ihre Leistung und Leistungsfähigkeit. Deshalb suchen sie sich im Gegensatz zu ihren männlichen Pendants meist nicht den Rat und das Wissen älterer Kollegen, sogenannten inoffiziellen Mentoren. Frauen pflegen in ihren Selbstbildern – ganz allgemein gesprochen – den mehr oder weniger stark ausgeprägten Verdacht, dass weibliche Berufsverläufe anders sind als die ihrer männlichen Kollegen. Die Unterschiede, wie biographische Einschnitte durch Schwangerschaft und Mutterschaft werden als zentrale Differenzierungskriterien angesehen. Dies lässt sich in ihrer Ursache gewiss nicht monokausal begründen. Dennoch ist die Möglichkeit einer Schwangerschaft längst nicht mehr hinreichende Erklärung für die Verlangsamung weiblicher Karriereverläufe in dieser Alterphase. Möglicherweise ist das mangelnde Commitment mitverantwortlich. Wir leben auch heute noch in einer von Männern geprägten Arbeitswelt, die sich voraussichtlich erst dann verändern kann, wenn Frauen die kritische Masse von schätzungsweise 20 % in Führungsfunktionen erreicht haben und damit relativ breit in inoffiziellen Formen von Spiel- und Normenregeln vertreten sind. Im Sinne von „Diversity", also einer größeren Vielfalt, kommen durch den weiblichen

Blick relativierende Momente in die Arbeits- und Entscheidungsprozesse und wirken so auf eine Veränderung der „Spielregeln" und damit der Arbeitswelt insgesamt hin. Dies kann zur Folge haben, dass eine größere Anzahl von Frauen bereit ist, sich den Anforderungen zu stellen, die bei Fach- und Führungsaufgaben für beide Geschlechter unumgänglich sind. So könnte sich die Unterrepräsentanz von Frauen in Fach- und Führungspositionen allmählich auflösen. Solange dies nicht der Fall ist, wird nach männlichen „Spielregeln" verfahren. Diese, sie umfassen auch ein fast uneingeschränktes zeitliches Commitment, behagen nur sehr wenigen Frauen, die folglich nicht bereit sind, jeden Preis für berufliches Fortkommen zu zahlen. Ein weiterer Erklärungsansatz kann der Unterschied zwischen männlichem und weiblichem Selfmarketing sein.

Im Sinne von bilateralen offenen Diskussionen ohne Anleitungen gibt das Cross-Mentoring-Programm Unternehmen und Mentoren/-innen hinreichend Gelegenheit, dass sich Topmanager mit den eigenen informellen Spielregeln auseinandersetzen, die sie voraussichtlich daran hindern, die Qualifikationen und Kompetenzen von anderen, sprich Frauen, die nicht zu den informellen Netzwerken gehören, wahrzunehmen. Über die Bewusstmachung bestehender, aber nicht kommunizierter Spielregeln, können Männer lernen, bisher „stille" (übersehene) Frauen zu entdecken. Derartige Fragen sind hochsensibel und unreflektierter Teil von Organisationsstrategien, die durch ein Mentoringprogramm nicht ohne weiteres offengelegt werden. Die "Spielregeln" werden jedoch dann der Reflexion zugänglich, wenn die zieloffenen Gespräche in geschützter Atmosphäre über Zielvorstellungen und die Einbindung der Mentees in die Prozessstrukturen des Unternehmens erfolgen können. Die meisten Frauen sind es bisher gewohnt, Auseinandersetzungen aus dem Weg zu gehen, bzw. sich ganz auf ihre Leistungsorientierung zu verlassen und sachorientiert zu arbeiten, bzw. das Umfeld zu vernachlässigen. Wenn sich jedoch ein „Kampf" nicht mehr vermeiden lässt, artet er dann allerdings meist in einen Vernichtungskampf aus. Frauen fehlt da oft die spielerische Leichtigkeit der Männer, neue Optionen zu probieren. Es fehlen ihnen Erfahrungen und Vorbilder, schlicht: Sie bewegen sich spätestens dann in ihnen nicht vertrauten Räumen. Auch hier können Mentoren behilflich sein.

2.3.2 Cross-Mentoring in der Praxisphase

Nachdem im Organisations-Team festgelegt war, aus jeweils welchem Unternehmen die „Tandems" (Mentor/Mentee) zusammenkommen würden, wurden sie mittels der vorliegenden Lebensläufe zu „Tandems" zusammengesetzt. Keine Person des Organisations-Teams kannte alle Beteiligten. Da der Erfolg eines Mentorings jedoch von der „Chemie" zwischen Mentor/Mentee abhängt, ist die Tandem-Bildung entscheidend. Die Gesprächsinhalte sind teilweise persönlicher Natur, und das erfordert die Schaffung einer unbedingten Vertrauensbasis.

Bevor im Oktober 1998 die Auftaktveranstaltung stattfinden konnte, wurden ein paar einfache Spielregeln vereinbart: So wurden alle Beteiligten darauf verpflichtet, für die

Dauer von zwei Jahren sich weder abwerben zu lassen noch selber abzuwerben. Freiwilligkeit, also auch die Möglichkeit, jederzeit aus dem Mentoring auszusteigen, und Vertraulichkeit verstehen sich von selbst. Ziel des Programms ist die Stärkung des weiblichen Nachwuchses. Einerseits sollen die beteiligten Frauen sichtbarer als bisher werden und dadurch für potenzielle Führungsaufgaben neben dem männlichen Führungsnachwuchs miteinbezogen werden. Sie sollen aber auch die Spielregeln, die das Arbeitsleben bestimmen und eben nirgends niedergeschrieben sind, verstehen und vielleicht idealerweise Freude entwickeln, sie selbst spielerisch einzusetzen. Die Frauen als Mentees sollen ihre Kompetenzen selber besser kennen lernen und lernen, wie im Kontext von Netzwerken eigene Fähigkeiten gezielt eingesetzt werden können. Der dritte entscheidende Faktor ist das Vertrauen und die Vertraulichkeit zwischen Mentee und Mentor. Wenn z.B. eine Mentee von ihrem Mentor erführe, dass Karrierewege bestimmte Strukturprobleme mit sich bringen und individuelle Lösungswege von einer Vielzahl von Optionen ihren Sinn entfalten, werden Zweifel und vielleicht sogar Ängste authentisch und erleichtern es, in gegebener Situation selbst einen Weg zu wählen, der der eigenen Person sowie der Kontextsituation im Unternehmen angemessen sein dürfte.

Der Charme dieses Programms liegt u.a. darin begründet, dass es parallel zu den anderen Aufgaben von Führungstätigkeiten flankierend in Anspruch genommen werden kann, kaum strukturell bedingte Kosten verursacht und nicht überfrachtet durch Vorgaben ist, da die Spielregeln der Kommunikation und Kooperation von Mentor/-in und Mentee allein ausgehandelt werden. Die Inhalte der Gespräche zwischen Mentee und Mentor/-in waren bzw. sind vertraulich, so dass auch keine Aussagen über die Wirksamkeit besprochener Strategien oder gegebener Empfehlungen gemacht werden können. Bei den Tandems, bei denen die „Chemie" stimmte, dürfte auch das Vertrauen und damit die Aufrichtigkeit größer gewesen sein. Um Schwächen oder Fehler einzugestehen, bedarf es nicht nur des vertrauensvollen Umfeldes, sondern auch der Gewissheit, dass das Wissen nicht missbraucht wird und negative Folgen haben könnte. Hier ist nicht weiter nachgeforscht worden, sondern es kann von einer positiven Wirkung ausgegangen werden sowie einer individuellen Unterstützung der Mentees durch die Mentoren.

2.3.3 Ergebnisse, Erfahrungen, Transformation

Um gezieltere Informationen im Sinne einer Ergebnissicherung aufgreifen zu können, fand nach einem halben Jahr eine halbtägige Zwischenveranstaltung statt, bei der das Programm Korrekturen erfahren hätte, wenn das Feedback eine Modifikation sinnvoll erscheinen lassen hätte. Die Resonanz war bis auf wenige Abweichungen eine positive Bestätigung für den Rahmen des Programms. Am Ende des Pilotprojektes wurde das Feedback für den zweiten Durchlauf des Programms (Start Ende März 2000) benötigt. Obwohl das Programm in der zweiten Generation über achtzehn Monate laufen sollte, blieb es bei einer Dauer von zwölf Monaten, da einige Tandems bereits diese zwölf Monate als recht lang (wenige andere als zu kurz) empfanden. Insgesamt darf das erste Pilotprojekt von Cross-Mentoring in Deutschland als ein großer Erfolg betrachtet werden, da nicht nur alle Beteiligten zufrieden sind, sondern das zunächst nur theoretisch auf dem Papier erdachte Konzept dem Praxistest standgehalten hat und fast nichts für die zweite Generation verändert wurde.

In dem Ende März 2000 gestarteten zweiten Durchlauf, das unter Einbeziehung weiterer Unternehmen (Bosch, FAG, Merck und Procter & Gamble) und einer sehr unterschiedlichen Teilnehmerzahl (von zwei bis 9 Mentoren und gleichviel Mentees je Unternehmen) stattfand, gab es einen zusätzlichen Qualifikationsbaustein für die Mentees. Diese hatten den Wunsch nach stärkerer Vernetzung geäußert, so dass diesem Wunsch durch das Zusammentreffen bei der weiteren Veranstaltung entsprochen wird. Im April 2001 begann die dritte Generation mit insgesamt 60 Tandems. Für das Frühjahr 2002 ist die vierte Generation in Vorbereitung. Das Interesse seitens junger Frauen an diesem Programm ist ungebrochen. Allerdings hat sich in der Praxis die Anzahl von 60 Tandems als überdimensioniert erwiesen, was dazu führte, sie auf insgesamt 48 zu reduzieren. Bei den drei Veranstaltungen des Pilotprojektes und bei allen weiteren der Nachfolgegenerationen, wurde die Frage gestellt, warum ein solches Programm nur für weibliche Mentees durchgeführt wird. Interessanterweise sind es vor allem die jungen Frauen, die diese Frage aufwerfen und die davon überzeugt sind, dass ihre Karriere ohne jede Unterstützung zum jeweiligen individuellen Ziel führen werde. Gleichwohl haben die Mentees der Pilotphase bestätigt, dass sie durch das Projekt sicherer geworden seien. Generationen von Frauen haben bewiesen, dass Personalentwicklung ohne Unterstützung leider nur in Ausnahmefällen zutrifft. Gewiss sind strukturelle Barrieren größer als personelle. Da greift heute eher das Prinzip der Gedankenlosigkeit denn des Verhinderungsvorsatzes, d.h. die oberen Führungskräfte fällen Personalentscheidungen eher unbewusst zugunsten von Männern, denn als bewusste Vermeidung des weiblichen Nachwuchses.

Dass das Thema Chancengleichheit noch immer ein so schwieriges, angstbesetztes (bei Frauen wie bei Männern) ist liegt sicherlich an den Folgen der Emanzipationsbewegung der vergangenen 30 Jahre. Auch wenn diese für den Veränderungsprozess in der Gesellschaft insgesamt notwendig war, lässt sich nicht verhehlen, dass der Ansatz der Geschlechtertrennung (und teilweise -wertung) eher kontraproduktiv war, da sich mancher Mann noch immer persönlich bedroht fühlt, wenn eine Frau die Karriereleiter erklimmt. Allmählich gewinnt die Erkenntnis über die Vielfalt der Menschen - also auch der von Männern und Frauen - an Bedeutung. Das aus der Unterschiedlichkeit entstehende Gemeinsame, unter Einbezug der Fähigkeiten aller, wird zum entscheidenden Wettbewerbsvorteil.

2.3.4 Weitere Mentoring-Programme im Lufthansa-Konzern

Der überwältigende Erfolg des Cross-Mentorings innerhalb Lufthansas führte zum Start weiterer Programme: Interessierte weibliche Führungskräfte, die sich im „Managerinnentag" zusammengefunden haben, haben Mentoren auf der obersten Führungsebene des Unternehmens – allerdings in einem anderen Bereich oder einer anderen Konzerngesellschaft. Etwa 30 Prozent der Managerinnen sind selbst Mentorinnen für männliche und weibliche Nachwuchskräfte, die jeweils auch aus anderen Bereichen oder Konzerngesellschaften stammen. Diese beiden Programme haben keinen formalen Rahmen und können jederzeit gestartet, erweitert oder beendet werden. Nicht gender-orientiert, aber sehr innovativ ist das „web-Mentoring". Hierbei sind die Mentoren und Mentorinnen internet-kompetente junge Menschen, die Mentees obere Führungskräfte. Es handelt sich dabei also um ein Mentoring „von unten".

2.3.5 Gender-Mentoring: zukunftsweisende Programme?

Natürlich ist es sinnvoll, Mentoring-Programme für Männer oder gemischte Mentee-Gruppen anzubieten. Diese Aktivitäten sind jedoch besser bei der Personalentwicklung angesiedelt. Mentoring kann eine Maßnahme für Mitarbeiter und Mitarbeiterinnen aller Hierarchiestufen darstellen, da auch Wissen von den „Alten" an die „Jungen" weitergegeben wird – ein wichtiger Seiteneffekt in einer Wissensgesellschaft. Mentoring sei hier exemplarisch beschrieben für eine Fülle von Aktivitäten, die auf ein chancengleiches Miteinander abzielen.

3. Perspektiven verschiedener Betrachtungsweisen für Förderungen

Wie bereits zu Beginn dieses Beitrags angedeutet, ist es wichtig, zwischen der internationalen und der nationalen Perspektive zu differenzieren. Wichtig dafür ist gewiss die Frage nach den rechtlichen Rahmenbedingungen, also danach, was die Gesetze bereits vorgeben und wie viel Spielraum sie lassen. Dann ist sicher auch von zentraler Bedeutung, ob es sich um einen freiwilligen Weg oder um die Vermeidung von möglichen Schadensersatzklagen handelt. Auch deutsche Unternehmen unterliegen in ihren amerikanischen Dependancen dem amerikanischen Recht. Also wird ihre Personalpolitik dort zwangsläufig anders aussehen als in Deutschland. In Deutschland ist – wie wir gesehen haben – sexuelle Orientierung noch immer überwiegend ein Sekundärkriterium, weil – außer bei Inanspruchnahme der durch das Lebenspartnerschaftsgesetz geregelten Tatbestände – kein Unternehmen etwas über diese private Veranlagung seiner Mitarbeitenden erfährt. Anders sieht es damit in den USA aus. Wegen der Gefahr zur Diskriminierung zählt diese Facette zu den Primärkriterien. Leicht vorzustellen ist, dass in Singapur dies von untergeordneter Bedeutung ist. In Japan ist das Kriterium „Geschlecht" sicher auch geringer zu bewerten als andere. In den USA kann nach „race" gefragt werden, nicht nach Religionszugehörigkeit oder gar nach Alter. In Deutschland ist die Religionszugehörigkeit aufgrund des Kirchensteuerabzuges durch den Arbeitgeber bekannt – völlig undenkbar in den Vereinigten Staaten. In Deutschland kann bei Personalabbau gezielt nach Menschen einer bestimmten Alterskategorie gesucht werden, auch das ist in den USA nicht möglich.

Auf der Basis dieser kurzen, alles andere als umfassenden Beschreibung lässt sich leicht erahnen, dass es für global agierende Unternehmen unmöglich ist, valide Statistiken über das Gesamtunternehmen zu erstellen. Es stellt sich die Frage, ob es eine Harmonisierung zwischen den Staaten geben wird und in welcher Richtung. Wird es sich entlang des Beispiels der USA entwickeln? Werden Antidiskriminierungsgesetze auch in Europa Fuß fassen? Zusätzlich zu den nationalen Differenzierungen gibt es die unternehmensspezifischen. Jedes Unternehmen wird seine Diversity-Aktivitäten anders gestalten. Nach einer Status-quo-Analyse wird es für sich ein Ziel bestimmen und den Weg, dieses zu erreichen. Diese werden stark von der Natur des Geschäftes und der Struktur der Kunden abhängen. Den für alle verbindlichen Weg gibt es also nicht.

4. Fazit

Diversity allgemein zielt auf die Wertschätzung jedes Mitarbeitenden. Sie ist also nicht „Sozialromantik", sondern eine Frage der Produktivität. Mitarbeitende sind nur dann bereit, ihre volle Arbeitskraft zu entfalten, wenn sie dies in einer willkommenen Umgebung tun können. Diversity ist Inklusion aller. Ein Diversity-Management zielt auf die Erhöhung der interkulturellen Kompetenz der Mitarbeitenden eines Unternehmens, um so ein Maximum an Missverständnisvermeidung zu erreichen und auf die heterogenen Wünsche der Kunden optimal reagieren zu können. Ein Unternehmen, das sich nicht verändert, stirbt irgendwann, in unserer schnelllebigen Zeit wahrscheinlich rasch. Betrachtet man Unternehmen als einen Organismus, so ist der Wandel nicht der Ausnahme-, sondern der Normalzustand. Wandel, soll er nicht sinnloser Aktivismus sein, ist Entwicklung. Entwicklungen brauchen Innovationen – und ein innovationsfreundliches Klima. Innovationen kommen meist durch Abgrenzung von dem Existierenden, dem Normalen. Diese erfolgt mit größerer Wahrscheinlichkeit durch die Vielfalt der Menschen. Erfahren die Individuen eines Unternehmens Wertschätzung in ihrer Individualität, so steigt die Überlebenschance und die Prosperität des Unternehmens. Wertschöpfung und Wertschätzung sind daher einander bedingende Parameter.

Geht man der Frage nach, ob Diversity ein neues Thema ist, so lässt diese sich gewiss verneinen. Die meisten Großunternehmen haben zumindest Programme zu den Primärkriterien. Bei Lufthansa gehen Aktivitäten zu diesen Themen auf die sechziger Jahre zurück. Neu ist die Bündelung unter einem Dach. Auch wenn es in Deutschland den gestalterischen und nicht die diskriminierende Herangehensweise gibt, so gibt es in der EU bereits Überlegungen zu einer rechtlichen Regelung. Auch ohne einen solchen Hintergrund bietet Diversity einen großen Spielraum, in dem sich Unternehmen das für sie passende aussuchen können.

Nicole Gundlach / Pamela Koseck

Diversity Is Much More Than A Workforce Issue

1. Different levels of "doing" diversity

2. Embrace the key factors of the diversity stage

3. Challenges to overcome

4. The inclusive diversity strategy

5. Chances of success

6. Future Outlook

Sources

Nicole Gundlach ist Personalbetreuerin Human Resource Management, DaimlerChrysler Services AG.
E-Mail: nicole.gundlach@daimlerchrysler.com

Pamela Koseck ist Sr Manager Human Resource Home Office, DaimlerChrysler Services Nafta L.L.C..
E-Mail: pamela.koseck@daimlerchrysler.com

Diversity in the United States has been a topic of discussion and a topic of business policy since the early 1960's. As populations have become more diverse and competition in the marketplace has become intense, diversity in the United States has moved from Human Resource initiatives to boardroom decisions.

1. Different levels of "doing" diversity

According to Venessa J. Weaver, Ph.D., President and CEO of Alignment Strategies, Inc. and Alignment Strategies International, in Washington, DC, Diversity in the United States has evolved from a legal and moral mandate to a distinct competitive advantage for an organization.

Although the military organizations and the Young Women's Christian Association (YMCA) had issues and policies on race relations and equality in the 1940's and 1950's, the diversity "movement" began in earnest in the 1960's as a legal and moral mandate. Affirmative Action and Equal Employment Opportunity (EEO) laws that focused on integrating minorities, mainly African American men and women, into the workforce characterized this process. The goal was to provide equal opportunity to those groups of people, who historically had been denied access to reflect their availability in the labor market. These groups were thought of as "different" and "deficient" and unable to perform to the standards set by the white majority. Once these individuals were recruited the expectation was that they would "overcome" their deficiencies and adapt to the organization. Federal contractors have been expected to make a positive effort to recruit, hire, train, and promote qualified employees of previously excluded groups. To ensure implementation of affirmative action and to enforce the Civil Rights Act, the Federal government created the Equal Employment Opportunity Commission (EEOC), which is responsible for identifying and eliminating discrimination in America's workplace. According to SHRM, the Office of Federal Contract Compliance Initiatives (OECCP) within the U.S. Department of Labor is charged with implementing Executive Order #11246, which prohibits employment discrimination and establishes affirmative action requirements of nonexempt Federal contractors and subcontractors.

Multiculturalism evolved in the 1970's and was built on the premise of social responsibility and developing a positive corporate image. In addition to African Americans, this stage was characterized by the inclusion of multicultural people in the workforce, e.g. Hispanic-Americans and Asian-Americans. This stage also brought an influx of white females into the workforce. Its goal was to create a melting pot workforce that blends rather than acknowledges differences.

The Diversity Stage, which began in the 1980's, represents a driving principle that businesses, which appreciate these differences create value and enhance competitive advantages. At this stage differences become more inclusive and the focus shifts from a social responsibility to "bottom line" business necessity. Differences are defined to include dimensions such as sexual orientation, age, religion, work-styles, work life/balance, global cultural and functional diversity (differences in business/organization units within the same company). In this stage, the white male category is also included as a legitimate and integral part of diversity.

According to Society for Human Resource Management (SHRM) "Affirmative Action is based on an assimilationist model that focuses on getting people into an organization rather than changing organization culture." The multiculturalism stage was based on changing the organization culture to one of valuing diversity while the diversity stage includes a pragmatic business strategy that focuses on maximizing the productivity, creativity and commitment of the workforce while meeting the needs of diverse consumer groups.

2. Embrace the key factors of the diversity stage

Ms. Weaver, in Mosaics *"Diversity: One Size does not fit all"* suggests that organizations can utilize the above stages as descriptors for their current diversity efforts. She states that once an organization recognizes where it falls on the Diversity Continuum, the next action is to recognize and embrace the key success factors of diversity. In "Workplace Diversity Toolkit" by SHRM it is charged that in order to embrace these factors businesses must realize that diversity initiatives are important to their business success for reasons beyond social or moral responsibility. These business success factors include:

Capitalizing on new markets:
By mirroring the customer base, your workforce is better able to
- understand your customers' needs
- implement solutions to meet those needs
- communicate better with the customers and
- suggest new product niches for the customer base.

Better return on investment in human capital (ROI):
The return on investment is reduced when commitment and productivity are lost because employees feel disregarded, therefore time is spent with conflicts and misunderstandings, and money is lost on legal fees and settlements. Hence, an environment where employees feel integrated and valued yields greater commitment and motivation. In return, this dedicated workforce results in fewer resources spent on training, turnover and grievances.

Attract the best and the brightest employees to a company:
The best and the brightest are a very diverse group of people. In order to attract high caliber employees an organization needs to have a culture in which people will feel comfortable, challenged and have opportunities for career development.

3. Challenges to overcome

In the SHRM White Paper by Cornelius Grove and Associates, published February 2001, the argument is made that an organization may want to implement diversity; however, diversity brings challenges that an organization must overcome:

Challenge #1: Diversity is a long-term change process
Working in a truly diverse environment requires individuals to change behaviors. Change is difficult to implement. It takes planning and persistence and it requires a complete understanding of why the change is necessary. All too often organizations lack the persistence to complete a major cultural change. The workforce will resist it leaders who fail to fully explain why the change is necessary. To be truly successful in implementing diversity, leaders need to understand that this is a long-term change process that needs to be managed just like any major organizational change.

Challenge #2: Working on skills to behave successful in a diverse surrounding
Once the change has been implemented; the reality of working effectively with people unlike themselves proves far more difficult than most leaders or employees envisioned. Most people prefer a homogeneous work group. It is much less demanding if employees are surrounded with people who mirror themselves in beliefs, lifestyles, backgrounds, religion, etc. In homogeneous groups the informal rules of behavior are known to all, and behavior is carried out in a very predictable manner. In a diverse group, the informal rules of behavior are less well known. The members of the diverse group are then forced to explore various behaviors and judge reactions to those behaviors. Then they have to change behaviors if the reactions are negative. This takes time and energy which people may not be willing to expend. To be successful at implementing diversity, an organization must assist employees to acquire the skills necessary to behave successfully in a diverse environment. The general awareness of differences and uniqueness is not enough.

Challenge #3: Adequate measurement
Another barrier to implementing diversity is that it has no legal or standard definition. There are groups protected by law, but there are no standards by which an organization can judge its diversity efforts. Without standards or legal definitions, benchmarking and measuring diversity progress or initiatives is very difficult. Companies are left to their own devices in crafting a corporate diversity plan because government agencies have

only defined the "basics" (e.g. race and gender).These standard legal criteria are fallback measurements that do not truly measure a diverse population.

4. The inclusive diversity strategy

As organizations begin their journey toward a diverse workforce, there are inherent problems that must be solved before the effort will be successful. Chris Laudescher writes in *People Dynamics* issue of September 2001, that there are intrinsic problems with the implementation of an inclusive diversity strategy. These problems include the following:
1. Many managers do not understand what diversity really means
2. Despite being told about the value of diversity to the organization, many managers are not convinced that diversity makes sound business sense or that diversity will help them improve their organization
3. Diversity skills, which are transferable to any context, are not always explicated in a practical way
4. Diversity is often not integrated with other core business and other people management principles and practices
5. Diversity is often not performance managed in the same way as other strategic objectives

5. Chances of success

There are no clear pathways to a truly diverse organization, but according to Eric Raimy in *Human Resource Executive*, experience suggests that there are several things that organizations can do to heighten the chances of success. Mr. Raimy believes that organizations that are successful achieving diversity realize it is not something that will be fixed quickly. Those who understand that diversity is a way of life will be the ones who implement a truly diverse culture.

Companies that are committed to a diverse culture are the ones who successfully draw the link between diversity and business advantages. Diversity needs to be actively and fully incorporated into the organizational culture. These organizations are determined to achieve a lasting competitive advantage by leveraging diversity to meet strategic goals.

DaimlerChrysler Corporation for example communicates the following Diversity Statement that discusses the goal and the business reason for diversity:

"DaimlerChrysler is committed to enhancing the value of our enterprise by creating an inclusive environment that encourages and values teamwork and inspires all employees

to work with passion and enthusiasm. The success of our business depends on a well-qualified workforce that is reflective of the customers who use our products and services and of the communities in which we operate.

- *Only people are capable of creating the value that will ensure the success of our company.*
- *DaimlerChrysler is people-driven. Being a people-driven company demands equal opportunity in our employment policies and programs. In this context, it is of utmost importance to have initiatives that create a flexible workplace and harmonize professional and family interests.*
- *Building globally competitive products and offering future-oriented services requires that we use the unique talents of every employee in our workforce worldwide. The best decisions result when all perspectives are considered. Therefore, we must value all employees for their unique talents, backgrounds, cultures and experiences.*
- *We also believe the scope of equality extends beyond the walls in which we do business. We are committed to promoting diversity among our suppliers, dealers, investment managers, customers and communities.*
- *Diversity creates value and is an integral part of being the premier global company. Diversity makes good business sense."*

Clayton Osborne, Vice President of Diversity and Workforce Development at Bausch and Lomb states in *Human Resource Executive* that a diverse culture is achieved only when employees embrace the concept that diversity is desirable. "Just having a diverse workforce isn't enough. Employees must embrace the concept that diversity is desirable and they must be able to understand and collaborate with people who are very different from themselves."

Mr. Sibbernsen, Bell South's HR Vice President, indicates in *"Dynamic Diversity"* a strong feeling that in order to be effective in diversity implementation an organization needs to take diversity out of the Human Resources realm and include diversity in the goals and objectives of each operating business unit. Diversity must be defined as a business imperative as opposed to merely a Human Resource initiative. The line operations must adopt diversity. All leaders need to be held accountable for diversity just as they would be accountable for any financial or performance objective.

6. Future Outlook

So, what does the future hold for Corporations and their efforts to become diverse? The introduction of SHRM toolkit "Workplace Diversity" gives us a glimpse of the future. It states that "America is at a pivotal point in history – demographic studies show that the composition of the population is more diverse than it has ever been. According to the

Census Bureau[1], non-whites will represent more than one-third of the U.S. population by the year 2010 and close to half of the U.S. population by the year 2050. By the year 2005, the ethnic minority shares of the workforce will likely reach 28 percent, up from 18 percent in 1980 and 22 percent in 1990. It is projected that the Hispanic-American population will be the largest minority group in the U.S. by the year 2010. These developments present powerful opportunities for organizations and individuals to capitalize on the array of ideas, creativity, and potential contributions inherent in a diverse workforce. Companies that are forward thinking and that want to fully and aggressively compete in the marketplace will take note of the nation's demographic future and strive to maximize the contribution of every employee. Attracting, recruiting, developing and retaining qualified workforce from diverse populations will be critical for business survival.

Successful organizations will also recognize that their markets are becoming increasingly more diverse. African-Americans, Asian-Americans/Latinos, Pacific Islanders, Native-Americans, people with disabilities and women represent a growing percentage of the buying power in the U.S. Competitive advantage will be impossible unless an organization truly understands clients, members and employees."

The challenge for corporations will be two-fold; the first is to get concrete proof that diversity makes good business sense. With these numbers in hand it will be much easier to overcome the second challenge of the leadership and workforce buy-in of diversity.

---

[1] Census Bureau is a government agency that collects information on population of the United States

Sources

Diversity Statement of DaimlerChrysler Corporation from Dashboard

HR MAGAZINE, Vol. 45, No. 3, "Is Diversity Working?", by Robert J. Grossman

HUMAN RESOURCE EXECUTIVE, October 1, 2001, "Dynamic Diversity" by Eric Raimy

MOSAICS, Volume 6, No. 3, "Diversity: One Size Doesn't Fit All" by Vanessa J. Weaver, Ph.D.

PEOPLE DYNAMICS, September 2001, "At The Diversity Game" by Chris Laubscher

SHRM White Paper, "Diversity in Business" by Cornelius Grove & Associates, June1995, Reviewed May 2000

"Workplace Diversity" – Toolkit, the Society for Human Resource Management (SHRM) in collaboration with Lee Gardenschwartz, PhD and Anita, Rowe, PhD of Gardenschwartz & Rowe, www.shrm.org

Katharina Heuer

„Managing Diversity" in einem globalen Unternehmen

Best-practice-Beispiele bei DaimlerChrysler Services

1. „People are our success" – Die Bedeutung der „Human Resources" bei DaimlerChrysler Services
2. Instrumente, Methoden und Prozesse für erfolgreiches „Diversity Management"
3. Auf dem Weg zur „diverse workforce"

Literatur

Katharina Heuer ist Senior Managerin, Human Resources Management, DaimlerChrysler Services AG Berlin.
E-Mail: katharina.heuer@daimlerchrysler.com

1. „People are our success" – Die Bedeutung der „Human Resources" bei DaimlerChrysler Services

Als globales Dienstleistungsunternehmen von DaimlerChrysler konzentriert sich DaimlerChrysler Services auf die Bereiche Finanz- und Mobilitätsdienstleistungen: Finanzierung und Leasing von DaimlerChrysler-Produkten, Flottenmanagement, Versicherungen und Telematik.

Über 100 operative Gesellschaften rund um den Globus spannen ein Dienstleistungsnetz, das den Rahmen für kundenorientierte Wertschöpfung entlang der automobilen Wertschöpfungskette als einer der weltweit führenden Finanzdienstleister bietet. Um die individuellen Bedürfnisse und Anforderungen unserer Kunden in aller Welt unmittelbar wahrnehmen und diesen entsprechen zu können, ist das Unternehmen insbesondere in den Märkten Amerika, Europa und Asien verstärkt präsent.[1]

DaimlerChrysler Services ist sich der strategischen Bedeutung seiner Mitarbeiterinnen und Mitarbeiter bewußt: Ihr Wissen, ihre Motivation sowie ihre Kundenorientierung und Teamfähigkeit sind entscheidend für den Geschäfts- und Unternehmenserfolg. Es sind die Mitarbeiterinnen und Mitarbeiter, die unser Geschäft vorantreiben und fortlaufend attraktive Marktchancen identifizieren und gemeinsam mit unseren Kunden gestalten. Der Mensch steht im Dienstleistungsunternehmen zweifach im Mittelpunkt: als Kunde, der anspruchsvoller Abnehmer der individuellen Dienstleistung ist, und als Mitarbeiter, der kundenorientiert seine Leistung erbringt. In den diversen Facetten dieser personengebundenen Interaktion liegt das Erfolgsgeheimnis von DaimlerChrysler Services: People are our success!

Für DaimlerChrysler Services als globales Dienstleistungsunternehmen ist neben der Gewinnung der richtigen Mitarbeiter, die Identifizierung, Bindung und Entwicklung des vorhandenen Mitarbeiterpotentials oberstes Gebot, um global erfolgreich zu sein und zu bleiben. Human Resources Management in einem globalen Unternehmen bedeutet, jeden einzelnen Mitarbeiter – unabhängig von Geschlecht, Nationalität, ethnischer Zugehörigkeit, Religion und Lebenskonzepten – ganzheitlich zu fordern und zu fördern, damit er – oder sie – den Herausforderungen der Dienstleistungsgesellschaft erfolgreich begegnen und sie mitgestalten kann. Dazu gehört es nicht nur, Human Resources-Methoden, Instrumente und Prozesse zu implementieren, die jeden Mitarbeiter individuell bei seiner fachlichen und persönlichen Entwicklung unterstützen, sondern es gilt darüber hinausgehend, die Eigenverantwortung des Mitarbeiters für seine Leistung, seine Entwicklung sowie seine Bereitschaft und Fähigkeit zum Lebenslangen Lernen zu stärken. Diese

---

[1] In 38 Ländern der Welt sind rund 10.000 Mitarbeiterinnen und Mitarbeiter als Dienstleister für unsere internationalen Kunden im Einsatz, mehr als drei Viertel von ihnen außerhalb Deutschlands. Ein Blick auf die regionale Verteilung der Mitarbeiter spiegelt die Internationalität des Geschäftes und der Mitarbeiter von DaimlerChrysler Services wider: Ende 2001 arbeiteten rund 2.400 Mitarbeiter in Deutschland, etwa 1.400 in Europa (ohne Deutschland), 5.200 in der NAFTA-Region sowie rund 700 in den übrigen Weltmärkten.

Eigenverantwortung wird zur Grundvoraussetzung für Beschäftigung und schafft die Voraussetzungen für eine lebenslange erfolgreiche Erwerbstätigkeit auf den globalen Arbeitsmärkten. Im Vordergrund steht nun nicht mehr „permanent employment", sondern „permanent employability" unserer Mitarbeiter: Der Mitarbeiter wird verstärkt zum „Mitunternehmer in eigener Sache". Er plant eigenverantwortlich seine berufliche und persönliche Entwicklung und Karriere und entwickelt sich so kontinuierlich weiter.[2]

Vielfalt schätzen heißt in diesem Zusammenhang für das Human Resources Management, individuelle Arbeits- und Lebensplanung und -gestaltung zu ermöglichen und zu respektieren. DaimlerChrysler Services hat erkannt, dass die Motivation und Top Performance unserer Mitarbeiter auf der Balance von beruflichen Herausforderungen auf der einen Seite und einem ausgewogenem Privatleben auf der anderen Seite basiert. Die Mehrdimensionalität des Lebens – „work-life-balance" – spielt hier die entscheidende Rolle, wobei jeder einzelne Mitarbeiter diese Elemente je nach persönlicher und beruflicher Situation und Lebensphase unterschiedlich gewichtet. Diese Erkenntnis ist weder überraschend noch einzigartig: In einer Befragung, die Arbora Global Career Partners 2001 unter multinationalen Unternehmen durchführte, stimmten 94 Prozent der befragten Human Resources Manager der Aussage zumindest teilweise zu, dass „the best employees are those able to keep a good balance between work responsibilities and personal life"[3]. Work-life-balance schafft eine Win-Win-Situation für Unternehmen und Mitarbeiter. Zu den Vorteilen für das Unternehmen zählen größere Produktivität durch Mitarbeiterzufriedenheit und -loyalität, Kosteneinsparung durch geringere Fluktuation und krankheitsbedingte Abwesenheiten sowie größere Attraktivität des Unternehmens als Arbeitgeber. Physisches und mentales Wohlbefinden, Mitarbeiterzufriedenheit, größere Motivation und Bereitschaft zu Leistung zählen zu den möglichen Auswirkungen auf der Mitarbeiterseite.

Vielfalt allein ist allerdings noch kein Erfolgsfaktor. Voraussetzung ist, dass sie „richtig", das heißt ziel- und kundenorientiert, gemanagt wird[4]. Bei DaimlerChrysler Services haben wir erkannt, dass ein ganzheitlicher, breiter Managementansatz notwendig ist, um Vielfalt zu fördern. „Diversity" wird in den Unternehmensstrategien berücksichtigt, in den Unternehmensleitlinien festgeschrieben, in der Unternehmens- und Personalpolitik verankert und im operativen Geschäft umgesetzt, um als umfassendes Managementkonzept des 21. Jahrhunderts die Verbreitung in unserem Unternehmen zu finden, die ihm gebührt. Darüber hinaus liegt die Stärke von DaimlerChrysler Services aber auch darin, Raum für regionalen Besonderheiten zu geben und flexibel auf lokale Anforderungen und Interessen zu reagieren. Die bei uns eingesetzten Human Resources Methoden und Instrumente zielen darauf ab, auf globaler Ebene gleiche Einstiegs-, Entwicklungs- und Karrieremöglichkeiten für alle Mitarbeiter anzubieten. Gleichzeitig etablieren wir auf lokaler Ebene Programme, die einzelne Mitarbeitergruppen unterstützen, die Eigenver-

---

[2] Bensel (2001), S. 32-39
[3] Arbora Global Career Partners (2001)
[4] Vgl. auch den Beitrag von Bensel

antwortung der Mitarbeiter stärken und eine Umsetzung individueller „work-life-balance"-Konzepte ermöglichen.

In diesem Sinne umfasst „Diverse Human Resources Management" bei DaimlerChrysler Services
- die Schaffung einer globalen und diversen Unternehmenskultur,
- die Entwicklung dienstleistungsgerechter Arbeitsbedingungen
- die Etablierung einer geeigneten Arbeits-, Führungs- und Lernkultur im Unternehmen sowie
- die gezielte Gewinnung, Identifizierung und Förderung von Potentialträgern für Fach- und Führungsaufgaben.

„Managing Diversity" – also der effiziente Umgang mit Verschiedenartigkeit und Vielfalt – ist bei DaimlerChrysler Services demnach bereits in vielen Bereichen Realität. Gleichzeitig ist „Managing Diversity" aber auch Herausforderung und Vision für ein erfolgreiches Human Resources Management der Zukunft.

2. Instrumente, Methoden und Prozesse für erfolgreiches „Diversity Management"

2.1 Globale und diverse Unternehmenskultur

Im Rahmen des Mergers von Daimler und Chrysler 1998 wurde eine konzernweit gültige Unternehmensvision sowie Ziele, Werte und Maßstäbe entwickelt. Diese sind nicht nur die Grundlage für die Ziele einzelner Geschäftsfelder, Business Lines und Bereiche, sondern sind auch der Maßstab bei der Performance- und Potentialeinschätzung unserer Führungskräfte und Mitarbeiter. So stellen wir sicher, dass unsere Mitarbeiter die Vision, die Werte, Maßstäbe und Ziele von DaimlerChrysler verstehen und mittragen und sich dadurch jeden Tag aufs Neue für die Erreichung der Unternehmensziele einsetzen.

Ebenfalls 1998 hat der DaimlerChrysler-Konzern ein weltweit gültiges Diversity Statement verabschiedet, das die Grundlage für den Umgang mit Vielfalt in allen Gesellschaften des Konzerns darstellt:[5] "DaimlerChrysler is committed to enhancing the value of our enterprise by creating an inclusive environment that encourages and values teamwork and inspires all employees to work with passion and enthusiasm (...) Building globally competitive products and offering future-oriented services requires that we use the unique talents of every employee in our work force worldwide. The best decisions result when all perspectives are considered. Therefore, we must value all employees for their unique talents, backgrounds, cultures and experiences. We also believe that the scope of equality extends beyond the walls in which we do business. We are committed

---

[5] Vgl. auch den Beitrag von Gundlach/Koseck

to promoting diversity among our suppliers, dealers, investment managers, customers and communities. Diversity creates value and is an integral part of being the premier global company. Diversity makes good business sense."

Abb.1: Globale DaimlerChrysler Unternehmensvision

Was wir sind
Wir sind ein weltweit tätiger Anbieter von Automobilen, Transportprodukten und Dienstleistungen. Wir schaffen hervorragenden Wert für unsere Kunden, unsere Mitarbeiter und unsere Aktionäre.

Was wir wollen
Wir wollen zwei herausragende Unternehmen zu einem globalen Unternehmen zusammenführen - einem Unternehmen, das bis zum Jahr 2001 der erfolgreichste und angesehenste Anbieter von Automobilen, Transportprodukten und Dienstleistungen ist.
Wir wollen unsere Kunden mit Produkten und Dienstleistungen begeistern, die sich durch hohe Qualität und Innovation auszeichnen - aufgrund hervorragender Prozesse, fähiger und motivierter MitarbeiterInnen und der Stärke unseres Portfolios.

Unsere Ziele
Kundenorientierung | Profitabilität | Portfolio | Wachstum | Integration | Globalität

Unsere Werte und Maßstäbe
• Kundenorientierung • Innovation • Teamwork • Leistung • Offenheit • Agilität
• Qualität • Schnelligkeit • Professionalität • Profitabilität • Verantwortung

Als Unternehmensrichtlinie präzisiert die DaimlerChrysler Corporation Policy diesen allgemeinen Ansatz: „DaimlerChrysler`s policy is to provide equal employment opportunity without regard to race, color, gender, sexual orientation, age, veteran status, marital status, religion, national origin, disability unrelated to the ability to perform a job or any other basis protected by law. This applies to all aspects of employment, including hiring, job assignment, training, career development, promotion and compensation."

Ergänzt werden diese Richtlinien durch den sogenannten „Integrity Code", einer internen Verhaltensrichtlinie zum korrekten Umgang mit verschiedenen Interessengruppen, die das Handeln jedes Einzelnen bestimmt. Zum Umgang mit Mitarbeitern und Geschäftspartnern heißt es dort: „DaimlerChrysler erwartet, dass alle Mitarbeiter (auch die Mitarbeiter von Lieferanten, Händlern und anderen Geschäftspartnern) fair behandelt und ihre Rechte sowie ihre Privatsphäre respektiert werden. Eine unterschiedliche Behandlung von Mitarbeitern wegen des Geschlechts, der Rasse, einer Behinderung, der Herkunft, der Religion, des Alters oder wegen gleichgeschlechtlicher Veranlagung darf nicht erfolgen. Das Unternehmen duldet weder Belästigung am Arbeitsplatz noch eine damit zusammenhängende Benachteiligung. DaimlerChrysler gewährleistet Sicherheit und Gesundheitsschutz am Arbeitsplatz."

Der offene, respektvolle und wertschätzende Umgang mit Vielfalt ist somit einer der Grundwerte der Unternehmenskultur von DaimlerChrysler und DaimlerChrysler Services. Als Global Player können wir von den verschiedenartigen Einflüssen, die unseren Geschäftsalltag prägen, nur profitieren und lernen. Diese Grundwerte beeinflussen auch die Human Resources-Strategie von DaimlerChrysler Services, die, international entwickelt und abgestimmt, seit 2001 umgesetzt wird. Getragen wird diese Strategie von der gemeinsamen Vision von Human Resources, „Your partner for success through people" zu sein. Die Förderung einer „diverse workforce" ist ein Bestandteil der Human Resources-Strategie. Konkret heißt es dort: „Wir sind uns der kulturellen Vielfalt unserer Mitarbeiter bewusst und nutzen diese, um Talente für uns zu gewinnen und diese zu entwickeln. Dadurch erzielen wir im globalen Wettbewerb einen Vorteil."

Abb.2: Weltweite Human Resources-Mission von DaimlerChrysler Services

2.2 Dienstleistungsgerechte Arbeitsbedingungen

Der **Dienstleistungstarifvertrag**, der 1998 von der DaimlerChrysler Services im Namen der Arbeitgeberverbände mit der IG Metall und der Deutschen Angestellten Gewerkschaft abgeschlossen und 1999 bei DaimlerChrysler Services in Deutschland eingeführt wurde, bietet die Rahmenbedingungen für ein gleichberechtigtes Miteinander im Unternehmen, ausgerichtet auf eine individuelle Balance zwischen Arbeiten, Lernen und Leben.[6] Gleichzeitig stärkt der Dienstleistungstarifvertrag die Eigenverantwortung der

---

[6] Klasen 2001, S. 40-65

Mitarbeiter für ihr berufliche und persönliche Entwicklung. Der Dienstleistungstarifvertrag setzt einen tarifpolitischen Meilenstein für die internationale Wettbewerbsfähigkeit des deutschen Dienstleistungssektors. Er beinhaltet die folgenden Elemente:

Variable Vergütung: Die variable Vergütung fördert und honoriert individuelle Leistung und beteiligt gleichzeitig alle Mitarbeiterinnen und Mitarbeiter am Unternehmensergebnis. Der individuelle Teil der variablen Vergütung bemisst sich nach der Leistungsbeurteilung und dem Grad der Erreichung der vereinbarten individuellen Ziele. Mit den vereinbarten Beurteilungskriterien der Leistungsbeurteilung „Arbeitsergebnis" (qualitativ und quantitativ), „Kundenorientierung", „Teamorientierung", „Einsatzbereitschaft" und (soweit relevant) „Führungsverhalten", wird das Leistungsverhalten des Mitarbeiters in seinen wesentlichen Ausprägungen abgedeckt. Darüber hinaus ermöglicht die Zielvereinbarung - sozusagen als „Lupenfunktion" - einen besonderen Fokus auf einzelne Aufgaben und Verhaltensweisen zu richten. Die Beteiligung am Unternehmensergebnis wird auf Basis eines Vergleiches zwischen geplanten und tatsächlich erreichten Ergebniszahlen ermittelt.[7]

Abb.3: Leistungshonorierendes und -förderndes Jahreszielgehalt

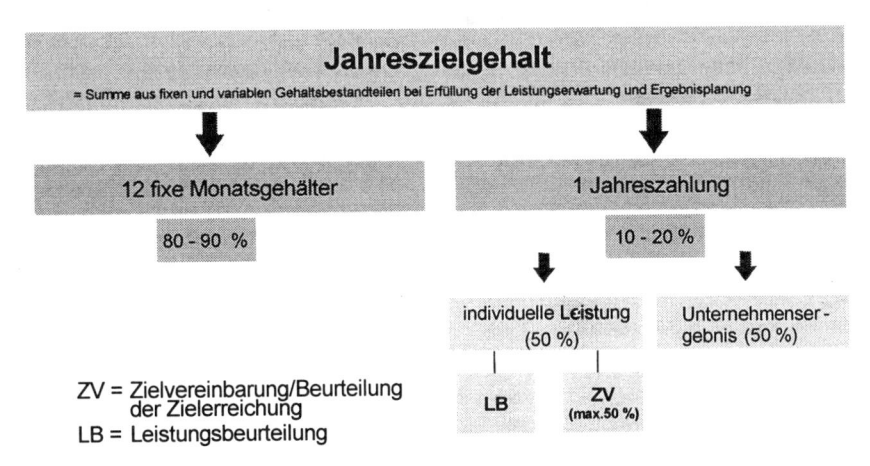

```
                        Jahreszielgehalt
      = Summe aus fixen und variablen Gehaltsbestandteilen bei Erfüllung der Leistungserwartung und Ergebnisplanung
                 ↓                              ↓
      12 fixe Monatsgehälter              1 Jahreszahlung
           80 - 90 %                         10 - 20 %
                                      ↓              ↓
                              individuelle Leistung   Unternehmenser-
                                   (50 %)             gebnis (50 %)
                                 LB      ZV
      ZV = Zielvereinbarung/Beurteilung       (max.50 %)
           der Zielerreichung
      LB = Leistungsbeurteilung
```

Flexible Arbeitszeiten: Unternehmen und Mitarbeiter haben durch Gleitzeit, Arbeitszeitbudgets und altersreduzierte Arbeitszeit die Möglichkeit, die Arbeitszeit flexibel auf die jeweiligen Bedürfnisse zuzuschneiden. Neben der kurzfristigen Variierung der Arbeitszeit durch Gleitzeit kann aufgaben- oder projektbezogen zwischen dem Mitarbeiter und seinem Vorgesetzten ein zusätzliches, über die Normalarbeitszeit hinausgehendes, Budget an Arbeitsstunden vereinbart werden. Diese Arbeitszeiten werden als Guthaben in Langzeitkonten eingebracht. Der Mitarbeiter kann dieses Guthaben für Qualifizierungsmaßnahmen, Blockfreizeiten, befristete Arbeitszeitverkürzungen sowie vor-

---

[7] Deller / Münch (1999)

zeitigen Ruhestand nutzen oder in Versorgungskapital für die Altersversorgung anlegen. So wird die Arbeitszeit nicht mehr allein auf die Tages- oder Wochenarbeitszeit abgestellt, vielmehr erfolgt eine lebensarbeitszeitbezogene Betrachtung.

Abb.4: Arbeitszeitbudget

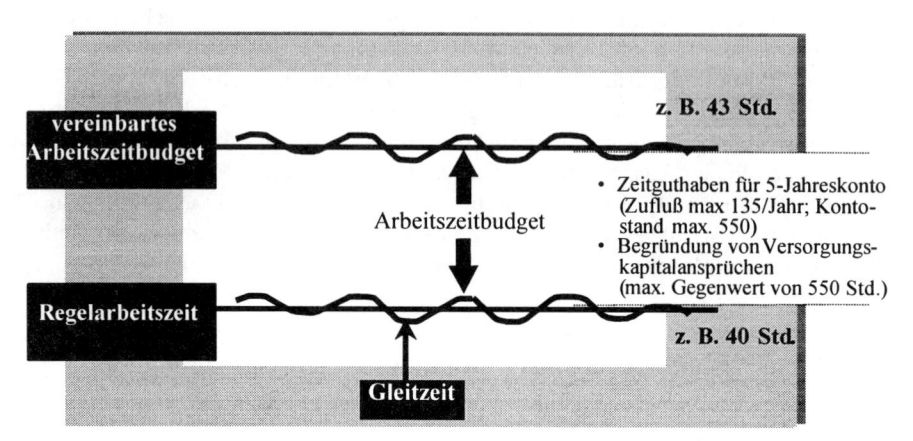

Speziell für Mitarbeiter ab dem 50. Lebensjahr bietet der Dienstleistungstarifvertrag sehr flexible Regelungen. Entweder der Mitarbeiter arbeitet weiterhin 40 Stunden in der Woche. Dafür erhält der Mitarbeiter Zeitgutschriften auf seinem Langzeitkonto. Alternativ kann auf Wunsch die wöchentliche Arbeitszeit ab dem 50. Lebensjahr schrittweise bis auf 35 Stunden in der Woche reduziert werden; in diesem Falle ohne Zeitgutschriften.

Anspruch auf Qualifizierung und Eigenbeitrag der Mitarbeiter: Jeder Mitarbeiter hat einen Mindestanspruch auf Qualifizierungsmaßnahmen von 25 Tagen in fünf Jahren, der die kontinuierliche Entwicklung aller Mitarbeiterinnen und Mitarbeiter garantiert und damit die notwendige Plattform für lebenslanges Lernen schafft. Die Basis für die Vereinbarung von Qualifizierungsmaßnahmen bilden dabei die strategische und operative Planung des Unternehmens. Aus dieser Planung wird der generelle Bildungsbedarf abgeleitet. Der daraus resultierende individuelle Qualifizierungsbedarf wird dann auf der Grundlage der konkreten Aufgabenstellung und Entwicklungsplanung zwischen Führungskraft und Mitarbeiter im Rahmen eines Mitarbeitergesprächs (ausführlich siehe unten) erörtert. Die Verantwortung für Qualifizierungsmaßnahmen wird auf Unternehmen und Mitarbeiter verteilt. Ausgangspunkt der Regelungen zur Qualifizierung ist, dass der Erhalt oder die Erweiterung einer beruflichen und persönlichen Qualifikation sowohl im Interesse des Unternehmens als auch der Mitarbeiter liegt. Sofern die Maßnahmen überwiegend im Interesse des Unternehmens liegen (z.B. Einarbeitung, notwendige Qualifizierung zur Aufgabenerfüllung), werden der Zeitaufwand und die Kosten für die Qualifizierung komplett vom Unternehmen getragen. Steht jedoch die persönliche Entwicklung des Mitarbeiters im Vordergrund (durch Qualifikationen, die außerhalb des Unternehmens verwertbar sind, die nicht DaimlerChrysler Services-spezifisch sind oder die den Marktwert des Mitarbeiters erhöhen), leistet der Mitarbeiter einen Eigenbeitrag für Qualifizierungsmaßnahmen in Form von Arbeitszeitbudgets für die Hälfte der Zeit. Die Kosten der Qualifizierungsmaßnahme wird in jedem Fall vom Unternehmen getragen. Die Entscheidung über die Auswahl geeigneter Maßnahmen sowie über den möglichen einzubringenden Zeitanteil wird einvernehmlich von Führungskraft und Mitarbeiter getroffen.

2.3 Arbeits-, Führungs- und Lernkultur

Um die Eigenverantwortung unserer Mitarbeiter zu fördern und Raum für „work-life-balance" zu schaffen, ist ein neues Verständnis für Zusammenarbeit und Führung bei Führungskräften und Mitarbeitern nötig. Unsere Unternehmensstrukturen basieren weniger auf starren Hierarchien als zunehmend auf komplexen Netzwerkstrukturen, bei denen die Mitarbeiter temporär in globalen Teams und Projekten zusammenarbeiten. In diesen Strukturen werden unsere Führungskräfte zum Dienstleister für ihre Mitarbeiter. Sie haben bei uns die Aufgabe, die vorhandenen Leistungs- und Entwicklungspotenziale ihrer Mitarbeiter zu erkennen und gezielt zu fördern. Sie agieren so als Coach und Personalentwickler ihrer Mitarbeiter. Führung basiert auf einem gemeinschaftlichen Verständnis von offenem Dialog, Zusammenarbeit und Feedback zwischen Führungskraft und Mitarbeiter. Mitarbeiter wiederum agieren nun als „Mitunternehmer in eigener Sache", indem sie eigenverantwortlich Aufgaben und Projekte vorantreiben sowie ihre fachliche und persönliche Entwicklung gemeinsam mit ihrer Führungskraft erörtern, festlegen und umsetzen.

Das **Mitarbeitergespräch** stellt dabei das zentrale Element der Arbeits- und Führungskultur bei DaimlerChrysler Services dar.[8] Die Verantwortung von Vorgesetzten und Mitarbeitern für die Gestaltung der Aufgabeninhalte und die Zusammenarbeit wird dadurch gestärkt. Führung findet auf der Ebene der unmittelbar Beteiligten statt; entsprechend unseres Ziels, eigenverantwortliches Denken und Handeln zu fördern, erhält der einzelne Mitarbeiter dabei weitgehende Mitgestaltungsrechte und -pflichten. Ein Mitarbeitergespräch zwischen Führungskraft und Mitarbeiter findet bei DaimlerChrysler Services mindestens einmal im Jahr statt. Dabei wird dem Mitarbeiter die Beurteilung der individuellen Leistung durch die Führungskraft eröffnet und gemeinsam mit ihm diskutiert. Dieses Gespräch dient der Bilanzierung von Leistung und Zielerreichung des Mitarbeiters im vergangenen Jahr sowie zur Vereinbarung der Ziele für das kommende Jahr. Dadurch nehmen Führungskraft und Mitarbeiter eine berufliche Standortbestimmung vor; der Mitarbeiter erhält Transparenz über die Einschätzung ihres/seines Potenzials. Darauf aufbauend werden Förder- und Entwicklungsmaßnahmen vereinbart. Zusätzlich können dort weitere wichtige Themen wie z.B. die Festlegung eines Arbeitszeitbudgets thematisiert werden. Das Mitarbeitergespräch erschöpft sich jedoch nicht nur in einer

---

[8] Deller / Hartstein / Wallmichrath (2000)

jährlich einmaligen Aktion, sondern wird in regelmäßigen Abständen zur Standortbestimmung vorgenommen.

Strukturierte Prozesse für ein horizontales Feedback zwischen Teammitgliedern und bottom-up-Gespräche zwischen Team und Führungskraft ergänzen die Feedback-Kultur bei DaimlerChrysler Services. Angestrebt wird eine Verbesserung von Zusammenarbeit zwischen Führungskraft und Mitarbeitern sowie von Führungsverhalten durch die Förderung des offenen Dialogs. Dies steigert die Motivation der Führungskraft, sich mit ihrem Führungsverhalten zu befassen sowie die Motivation der Mitarbeiter, sich mit Fragen der Zusammenarbeit zu beschäftigen.

Lebenslanges Lernen fordern und fördern verlangt neben strukturierten Feedback-Prozessen, Performance- und Potenzialeinschätzungen auch nach einer umfassenden Qualifizierungsoffensive, die das Potenzial der Mitarbeiter und Mitarbeiterinnen entwickelt. Die **DaimlerChrysler Services Academy** bietet als globale Plattform maßgeschneiderte Entwicklungs- und Qualifizierungsprogramme für alle Mitarbeiterinnen und Mitarbeiter und steht für unser Bekenntnis zu lebenslangem Lernen aller Mitarbeiter weltweit.

Die DaimlerChrysler Services Academy stellt für Mitarbeiter und Führungskräfte ein umfassendes Angebot an Qualifizierungs- und Entwicklungsmaßnahmen bereit. Trainings und Online-Angebote der Academy bilden die unternehmensweite Plattform für die Förderung von Wissenstransfer, Netzwerkbildung und Kulturentwicklung weltweit. Im Mittelpunkt steht bei allen Angeboten die Förderung der fachlichen und individuellen Kompetenzen unserer Mitarbeiter sowie die Weiterentwicklung von Teams und Bereichen.

Abb.5: DaimlerChrysler Services Academy Online - Lernplattform im Intranet

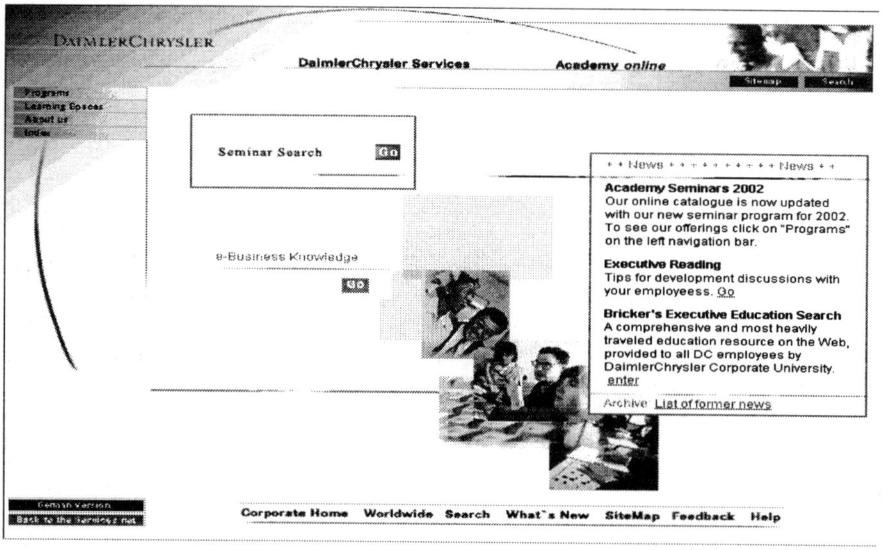

Mit der „DaimlerChrysler Services Academy Online" hat die Academy ihr Bildungsangebot im Jahr 2000 erfolgreich auf den Online-Bereich ausgeweitet. Diese innovative Lernplattform setzt neue Medien wie z.B. Web Based Trainings für die Personalentwicklung und Qualifizierung innerhalb des Konzerns ein. Die Online-Lernplattform ist auf individuelle Bedürfnisse abgestimmt und ermöglich erstmals ein zeit- und ortsunabhängiges, selbstgesteuertes und selbstorganisiertes Lernen am Arbeitsplatz für Mitarbeiter und Führungskräfte. Neben selbstgesteuerten Lernformen werden Seminare in virtuellen Klassenräumen durchgeführt, die durch einen Tutor begleitet werden. Auch die Teilnehmer an Präsenzseminare profitieren von der Lernplattform im Intranet, denn zahlreiche Seminare werden inzwischen im Wechsel zwischen Präsenzphasen und „virtuellen" Lernabschnitten gestaltet, bei denen die Teilnehmer Arbeitsmaterialien zur Vor- oder Nachbereitung einzelner Präsenzphasen im Intranet erhalten und sich in speziellen Foren dazu austauschen. Newsgroups, Chats sowie Wissensnetzwerke zu ausgewählten Hochschulen und Business Schools erweitern und vertiefen dieses umfassende Angebot.

2.4 Gewinnung, Identifizierung und Entwicklung der Potenzialträger für Fach- und Führungsaufgaben

Personalentwicklung ist bei DaimlerChrysler Services ein systematischer und maßgeschneiderter Prozess, der der individuellen Entwicklung unserer Mitarbeiter Rechnung trägt. Den Rahmen für diesen Prozess stellt seit 2000 das konzernweit gültige Performance- und Potenzialeinschätzungsverfahren **LEAD (Leadership Evaluation And Development)** für Führungskräfte dar. Dadurch garantieren wir weltweit einheitliche Standards für die Beurteilung und Entwicklung unserer gesamten Führungskräfte. Als integrativer Prozess schafft LEAD ein konzernweit einheitliches Führungsverständnis und -instrument.

- Dieser findet auf der Grundlage gemeinsamer Prinzipien, den fünf Leadership-Kriterien, statt. Dadurch fördern wir die Identifikation mit dem Unternehmen und die Bildung einer gemeinsamen Führungskultur. Jede Führungskraft kennt die Bewertungsmaßstäbe für ihr/sein Handeln und kann sich daran orientieren. Die fünf Leadership-Kriterien sind aus den oben dargestellten Unternehmenswerten und -zielen abgeleitet und geben einen weiteren Einblick in die strategische Wertausrichtung von DaimlerChrysler und DaimlerChrysler Services. Die fünf Kriterien sind:
- „Denkt und handelt strategisch und gibt Orientierung"
- „Initiiert und treibt Veränderungen"
- „Fordert und ermöglicht Top-Performance"
- „Geht mit Wissen und Informationen professionell um"
- „Schafft Wertschöpfung und handelt im Sinne des Unternehmens"

Abb.6: LEAD - Ein Diskurs über Performance und Potenzial

```
              Ziel-
           vereinbarung
   Feedback   Strategien, Werte,   Performance-
      und     5 Leadership-        Bewertung
   Entwicklung   Kriterien
              Potenzial-
             einschätzung
```

LEAD wird im Unternehmen als Diskurs über Performance und Potenzial aufgefasst. Durch den Dialog zwischen Führungskraft und Vorgesetztem bei Zielvereinbarung und Feedback-Gespräch über die Performance- und Potentialeinschätzung schaffen wir Transparenz über die Ergebnisse, den Prozess und die für die Beurteilung zugrunde gelegten Werte und Maßstäbe. Dabei wird im Rahmen des Prozesses neben der Messung der Zielerreichung durch den Vorgesetzten auch das Führungsverhalten beurteilt. Dies geschieht bei DaimlerChrysler Services durch ein 360° Feedback, in dem Vorgesetzte, Mitarbeiter und Kollegen/interne Kunden auf Basis der fünf Leadership-Kriterien eine detaillierte Rückmeldung über Stärken und Lernfelder der zu bewertenden Person geben.

LEAD bildet als weltweit anerkanntes Performance- und Potenzialeinschätzungsverfahren einen wichtigen und integralen Bestandteil unseres 1999 eingeführten **Leadership Development Curriculum**. Durch das Leadership Development Curriculum stellen wir sicher, dass Potenzialträger über alle Ebenen hinweg gezielt, umfassend und interkulturell gefördert werden. Die einzelnen Programme im Rahmen des Curriculums greifen ineinander und gestalten ein komplexes Lernumfeld, das individuell genutzt und ausgebaut werden kann. Dabei legen wir Wert darauf, dass in allen Phasen des Programms in möglichst gleichem Maße Frauen und Männer aus unterschiedlichen Kulturkreisen für einzelne Fördermaßnahmen vorgeschlagen werden bzw. die Auswahlgremien bei Assessment Centern bilden.

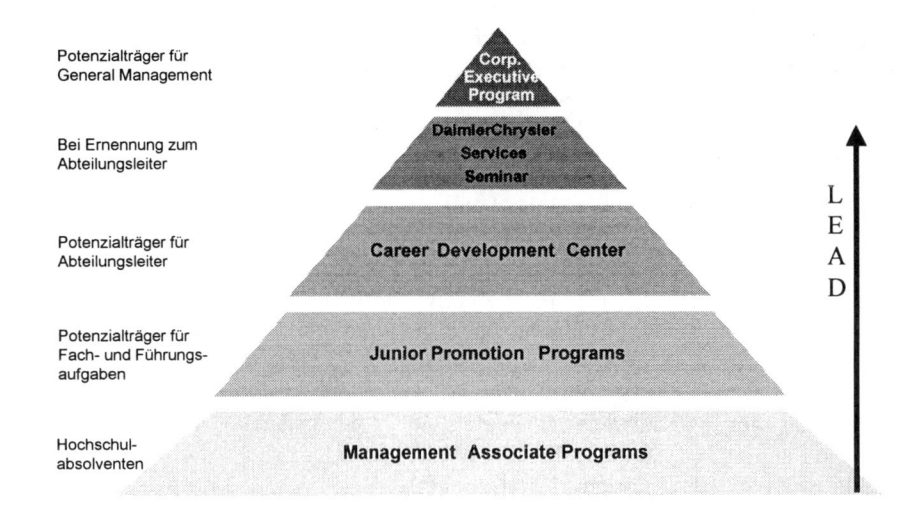

Abb. 7: Führungskräfteentwicklung als systematischer Prozess

Potenzialträger für General Management — Corp. Executive Program

Bei Ernennung zum Abteilungsleiter — DaimlerChrysler Services Seminar

Potenzialträger für Abteilungsleiter — Career Development Center

Potenzialträger für Fach- und Führungsaufgaben — Junior Promotion Programs

Hochschulabsolventen — Management Associate Programs

LEAD

Die strukturierte Entwicklung unserer Potenzialträger beginnt bereits mit dem Eintritt in unser Unternehmen. So werden für die Mitglieder unserer Nachwuchsgruppen zu Beginn individuelle Entwicklungspläne festgelegt, die auf den individuellen Stärken und Lernfeldern basieren. Zur Förderung ihrer Projektmanagement-Fähigkeiten sowie ihrer interkulturellen Kompetenz werden alle Nachwuchsgruppenmitglieder in internationalen und nationalen Projekten eingesetzt; ergänzend werden persönlichkeitsorientierte und interkulturelle Qualifizierungsmaßnahmen „off the job" angeboten. Eine erfahrene Führungskraft steht den Nachwuchskräften als Mentor beratend zur Seite.

9-12 Monate nach ihrem Eintritt ins Unternehmen werden gezielt Potenzialträger für weiterführende Fach- und Führungsaufgaben identifiziert und ab diesem Zeitpunkt auf Basis der LEAD-Kriterien regelmäßig beurteilt. In Nachwuchsförderprogrammen in den einzelnen Geschäftsbereichen werden sie über alle Ebenen hinweg in übergreifenden Projekteinsätzen, durch Hospitationen in anderen Bereichen oder Ländern sowie durch spezielle Qualifizierungsmaßnahmen zum Ausbau ihrer Führungsfähigkeiten und zur Weiterentwicklung ihrer Persönlichkeit gezielt gefordert und gefördert. In Round Table Gesprächen mit der Geschäftsführung wird die strategische Ausrichtung des Bereiches diskutiert.

Ist Potenzial für Abteilungsleiter-Aufgaben erkennbar, folgt eine umfangreiche Analyse der Stärken, der Lern- und Arbeitsfelder im Career Development Center, einem Entwicklungs-Assessment. [9] Die Teilnahme am Career Development Center ist von einer

---

[9] Deller / Schoop (2000)

positiven Potenzialaussage und dem Beschluss der Geschäftsführung des jeweiligen Bereiches abhängig. Die Veranstaltung dauert zweieinhalb Tage, in der Regel fungieren Linienmanager - Männer und Frauen aus unterschiedlichen Kulturkreisen - als Beobachter. Bestandteile des Seminars sind neben Rollenspielen, Interviews und anderen Testverfahren auch eine persönliche Entwicklungsplanung. Das Resultat: eine genaue Analyse der Stärken, Lern- und Arbeitsfelder der Teilnehmer und deren daraus abzuleitender Entwicklungsbedarf. Je nach Ergebnis der Analyse findet eine zielgerichtete Entwicklung der Potenzialträger für die Abteilungsleiter-Ebene statt.

Wird ein Potenzialträger zum Abteilungsleiter ernannt, nimmt er am DaimlerChrysler Services Seminar teil. Das DaimlerChrysler Services Seminar ist das zentrale Führungskräfteseminar des Unternehmens. Es integriert die Führungskräfte in den Führungskreis des Unternehmens und gibt Impulse für die aktive Gestaltung der neuen Führungsaufgaben sowie der Führungskultur. Während dieser neuntägigen Veranstaltung erhalten die Teilnehmer aus aller Welt Einsicht in die Strategie, die Unternehmenskultur und das Dienstleistungsspektrum der Geschäftsbereiche. Außerdem wird das Thema „Führung in einem Dienstleistungsunternehmen" behandelt und in einem Dialog mit dem Unternehmensvorstand vertieft. Mit allen Teilnehmern wird außerdem nach Abschluss des Seminars ein individueller Entwicklungsplan erarbeitet.

Führungskräfte, die General Management Aufgaben übernehmen, nehmen am Corporate Executive Development Program teil, ein Seminar zu internationalen Management-Themen in der Dienstleistungsbranche, das neben zwei einwöchigen Präsenzphasen eine begleitende Projektarbeit umfasst. Die Teilnehmer setzen sich hier intensiv mit strategischen und unternehmerischen Themen sowie der Steuerung von Change-Management-Prozessen in komplexen Organisationen auseinander. Die Teilnehmer arbeiten in dieser Zeit auf einem virtuellen Campus, auf dem sie sich austauschen und Seminarmaterialien abrufen können. Der Fokus des Programms liegt auf strategischen Themen wie etwa die Chancen und Herausforderungen des internationalen Marktes; die Inhalte wurden zusammen mit weltweit führenden Business Schools erarbeitet. Durch internationale Teilnehmerinnen und Teilnehmer aus Europa, Asien, der NAFTA Region und Südafrika fördert das Curriculum das Entstehen einer gemeinsamen Unternehmens- und Führungskultur sowie die weltweite Vernetzung von Potenzialträgern im Unternehmen.

3. Auf dem Weg zur „diverse workforce"

DaimlerChrysler Services versteht „Managing Diversity" als breit angelegten und umfassenden Ansatz, der jedenfalls aus Human Resources Sicht alle Aspekte der Human Resources Arbeit mit einschließt. „Diverse Human Resources Management" gestaltet somit die Rahmenbedingungen, Methoden, Instrumente und Prozesse, die jeder Mitarbeiterin und jedem Mitarbeiter die Entfaltung der Eigenverantwortung, des eigenen beruflichen und persönlichen Potenziales sowie work-life-balance ermöglicht. „Gender" ist dabei nur eine der zahlreichen Ausprägungen von Vielfalt im Sinne von Diversity. Im

Unterschied zu herkömmlichen Frauenförderungs- und Chancengleichheitsprogrammen versucht DaimlerChrysler Services im Rahmen von „Managing Diversity", den komplexen Anforderungen des Unternehmens und den vielschichtigen Bedürfnissen und Interessenlagen aller Mitarbeitergruppen – und damit auch beider Geschlechter – zu entsprechen ohne zu stereotypisieren.

Das statistische Zahlenmaterial zeigt, dass DaimlerChrysler Services auf dem richtigen Weg zur Förderung einer „diverse workforce" ist. Ende 2001 war etwa die Hälfte der Belegschaft bei DaimlerChrysler Services weiblich. Der Frauenanteil lag damit bei DaimlerChrysler Services erheblich über dem des Gesamtkonzerns DaimlerChrysler (11,5 %). Verglichen mit DaimlerChrysler liegt auch der Anteil der Frauen in Managementpositionen bei DaimlerChrysler Services höher. Bei DaimlerChrysler Services waren Ende 2001 7,3 Prozent der Management-Positionen in Deutschland und elf Prozent der Management-Positionen außerhalb Deutschlands mit Frauen besetzt. Der Prozentsatz von Frauen in Führungspositionen liegt damit deutlich über dem des Mutterkonzerns (Ende 2001: 6,1 Prozent), er befindet sich aber noch nicht in dem von DaimlerChrysler für das Jahr 2005 angestrebten Zielbereich von acht bis zwölf Prozent.

Prüft man andere Großunternehmen in Deutschland, können sich die Zahlen von DaimlerChrysler Services durchaus sehen lassen: Laut Hoppenstedt sind deutschlandweit lediglich 5 Prozent der Topführungskräfte weiblich, der Anteil von Frauen im mittleren Management beträgt acht Prozent. Eine aktuelle Kienbaum-Umfrage bestätigt dies:[10] Unter 1.017 befragten Geschäftsführern waren weniger als drei Prozent Frauen. Und auch in puncto Gehalt erreichen Frauen nicht das Niveau der Männer: Im Schnitt verdienen die weiblichen Geschäftsführer 40 Prozent weniger als ihre männlichen Kollegen, bei leitenden Angestellten beträgt die Differenz immerhin noch 20 Prozent.

Auch wenn diese Zahlen deutliches Verbesserungspotenzial aufzeigen: Frauen waren in Deutschland noch nie so gut ausgebildet, so selbstbewusst und so motiviert wie heute. Frauen stellen derzeit über die Hälfte aller Abiturienten (laut Mikrozensus waren es im Jahr 2000 54,4 Prozent). Im Vergleich dazu: 1960 waren es lediglich 39,8 Prozent. Immerhin 45,9 Prozent aller Studierenden waren 2000 weiblich. Auch der Anstieg der Erwerbsbeteiligung von Frauen in Deutschland ist beachtlich. Vor allem die Erwerbsorientierung verheirateter Frauen wächst. „Frauen unterbrechen ihre Erwerbstätigkeit wegen Familienpflichten seltener, und die Unterbrechungszeiten werden kürzer. Dies hängt auch maßgeblich vom steigenden Schul- und Berufsbildungsniveau der Frauen und nicht zuletzt von der Verfügbarkeit von Teilzeitstellen ab", heißt es dazu in einer aktuellen Publikation der Bundesanstalt für Arbeit.[11]

Woran liegt es also, dass immer noch so wenige Frauen in verantwortungsvollen Positionen zu finden sind? Offensichtlich fehlt uns ein Katalysator, der diese Tendenzen

---

[10] Kienbaum Consultants International 2001
[11] Bundesanstalt für Arbeit 2000, S. 388

verstärkt und Veränderungen beschleunigt. Um „Managing Diversity" tatsächlich auf breiter Basis umzusetzen, ist ein
- gesellschaftliches Umdenken,
- Umdenken in den Unternehmen und
- Umdenken bei den Frauen notwendig.

Wenn wir in Deutschland auf Dauer die Chancen für Frauen erhöhen wollen, erfolgreich im Unternehmen (weiter) zu arbeiten und sich beruflich und persönlich weiterzuentwikkeln, müssen diese drei Voraussetzungen erfüllt sein. Es geht mir dabei nicht um eine wissenschaftliche Erhebung, sondern vielmehr um Überlegungen aufgrund meiner persönlichen Erfahrungen als Personalleiterin der DaimlerChrysler Services AG mit rund 1.200 Mitarbeitern in Deutschland und als weibliche Führungskraft.

1. Wir brauchen ein **gesellschaftliches Umdenken**, denn wir befinden uns in Deutschland noch stärker als in anderen westlichen Ländern in den traditionellen Rollenbildern. Auch wenn in Deutschland die Zahl der Doppelverdienerhaushalte stetig zunimmt, nimmt doch meistens noch die Frau die aus beruflicher Weiterentwicklungsperspektive sehr lange Familienpause. In den USA dagegen sind Doppelverdienerhaushalte der Regelfall. Deutsche Arbeitnehmer haben im Vergleich zu anderen westlichen Ländern das große Privileg, dass sowohl Mütter als auch Väter Erziehungsurlaub nehmen können. Dennoch entscheiden sich viele Paare dazu, den traditionellen Rollenbildern zu entsprechen: Die Frau gibt ihre Karriere zugunsten des Mannes und der Kinder auf oder stellt sie zurück. Wünschenswert wäre, dass Paare in eine Diskussion eintreten, eine gemeinsam getragene Entscheidung treffen und damit traditionelle Rollenbilder aufbrechen. Es gibt zahlreiche Familien, die diese Diskussion geführt und einen gemeinsam getragenen Weg bzw. Entscheidung für sich gefunden haben. Es geht mir hierbei nicht um das Wer sondern mehr um das Wie – d.h. um den Weg zum Ziel.

2. Wir brauchen ein **Umdenken in den Unternehmen**, in den Köpfen der Führungskräfte und der Mitarbeiterinnen und Mitarbeitern - bei Männern und Frauen. In deutschen Unternehmen spielt immer noch das Thema Anwesenheit eine Rolle. Die Quantität der Arbeitszeit ist noch immer ein wichtiges Kriterium für Karriere oder Anerkennung. In den USA wird das Thema Leistung nicht im Zusammenhang mit Anwesenheit, sondern mit Output gemessen. Dies ist in den Unternehmen und in der Gesellschaft in Deutschland noch nicht selbstverständlich. Daneben gilt, dass zu viel Arbeit auch schadet. Jeder, der seine Familie oder das soziale Umfeld vernachlässigt und nur im Büro sitzt, verspielt einen großen Teil seiner Kreativität und Leistungsfähigkeit. Auch hierbei haben wir als Unternehmen die Verantwortung, darauf zu achten, dass die Mitarbeiter sich nicht vom gesellschaftlichen Leben abkoppeln. Wir haben hier noch einen weiten Weg vor uns, den Führungskräften zu verdeutlichen, dass zu einer qualifizierten Tätigkeit ein soziales Umfeld gehört, zu dem auch Kultur, Familie und anderes zählen.

3. Nicht zuletzt brauchen wir ein **Umdenken bei den Frauen**, was ihre berufliche Orientierung angeht. Dies beginnt bei der Auswahl der Abiturfächer über die Wahl

der Berufsausbildung oder des Studienfaches bis hin zur Karriereorientierung während des Berufslebens. Frauen sind unter den deutschen Abiturienten in der Mehrheit, ebenso studieren mehr Frauen als Männer.[12] Dennoch findet sich nur ein verschwindend geringer Anteil Frauen in Management-Positionen. Viele Frauen verzichten darauf, ihre Karriere eigenverantwortlich voranzutreiben und entscheiden sich häufig gegen den Beruf für die Familie. Dies wird in den USA anders gehandhabt. In der amerikanischen Wirtschaft befindet sich der Ansatz der Eigenverantwortlichkeit aller Mitarbeiter und damit auch der Frauen im Vormarsch. Durch „Empowerment" und Delegation von Verantwortung sowie durch die Bildung eigener Netzwerke können Frauen und Männer gleichermaßen ihre Fähigkeiten unter Beweis stellen, und sie können sich so durch gute Ergebnisse und wiederholte Bekundung des Interesses an einer weiterführenden Entwicklung für den nächsten Karriereschritt qualifizieren. „Don't ask for permission, ask for forgivingness" ist eine Arbeitsphilosophie in den USA, denn Mitarbeiter werden an ihren Ergebnissen und ihrer Fähigkeit zur Teamarbeit gemessen.

Wenn das Umdenken auf gesellschaftlicher, unternehmerischer und persönlicher Ebene gelingt, dann kann "Managing Diversity" auch in Deutschland zu dem erfolgversprechendsten Management-Konzept des neuen Jahrzehnts werden.

---

[12] Bundesministerium für Bildung und Forschung 2001

Literatur

ARBORA GLOBAL CAREER PARTNERS (2001): Get a life! The global phenomenon of workplace stress and its impact on work/life balance

BENSEL, N. (2001): Herausforderungen an die Personalarbeit eines internationalen Dienstleistungsunternehmens, in: Bensel, N. (2001): Von der Industrie- zur Dienstleistungsgesellschaft. Arbeit und Tarifpolitik im 21. Jahrhundert, FAZ Buch, S. 32-39

Bundesanstalt für Arbeit (2000): Arbeitsmarkt für Frauen. Aktuelle Entwicklungen und Tendenzen im Überblick, ANBA-Sonderdruck Nr. 4

Bundesministerium für Bildung und Forschung (2001): Gutachten zur Bildung in Deutschland

DELLER, J./MÜNCH, S. (1999): Das Zielvereinbarungssystem der DaimlerChrysler Services (debis) AG. Personalführung 1999, S. 70 - 80

DELLER, J. /SCHOOP, U. (2000): Personalentwicklung als Business Partner: Das debis Career Development Center als ein prozessorientiertes Entwicklungsinstrument für Führungsnachwuchskräfte. In M. Kleinmann & B. Strauß (Hrsg.), Potentialfeststellung und Personalentwicklung (2., überarbeitete und erweiterte Aufl., S. 271-285). Göttingen: Verlag für Angewandte Psychologie

DELLER, J./HARTSTEIN, T. /WALLMICHRATH, K. (2000): „Wir führen fair" – das Mitarbeiter-Feedback als Instrument der Weiterentwicklung der Unternehmenskultur der DaimlerChrysler Services (debis) AG. In M. Domsch & D. Ladwig (Hrsg.), Handbuch Mitarbeiterbefragung (S. 257–271). Berlin: Springer

KIENBAUM Management Consultants GmbH & European Compensation Network (2001): Remuneration in Europe 2001

KLASEN, K. (2001): Der Dienstleistungstarifvertrag - tarifpolitischer Meilenstein der Dienstleistungsgesellschaft, in: Bensel, N. (2001): Von der Industrie- zur Dienstleistungsgesellschaft. Arbeit und Tarifpolitik im 21. Jahrhundert, FAZ Buch, S. 40-65

www.daimlerchryslerservices.com

www.daimlerchrysler.com

Elisabeth Ferrari, Friedlinde Rothgängel, Ebrû Sonuç

Das Hütchenspiel

1. System
2. Kultur
3. Systemische Beratung
4. Systemdiagnose
5. Zuschreibungen
6. Das Hütchenspiel
7. Regeln verändern sich
8. Kultur in Organisationen
9. Mensch, Familie und System
10. Nutzen und Preis
11. Diversity managen

Elisabeth Ferrari ist Leiterin des Geschäftsfelds „Systemdiagnose". E- Mail: elisabeth.ferrari@ferrari-org.de

Friedlinde Rothgängel ist Netzwerkpartnerin des Geschäftsfelds „Systemdiagnose". E-Mail: friedlinde.rothgaengel@t-online.de

Ebrû Sonuç ist Beraterin der Beratergruppe Neuwaldegg. E-Mail: ebru.sonuc@neuwaldegg.at

Einführung

"Systeme ordnen für einen Beobachter den Zusammenhang von Freiheit, Blindheit und Abhängigkeit: Systeme sind frei in der Setzung ihrer Ausgangsunterscheidung; blind für die Folgen; und für den Erfolg dieser Setzung abhängig von allem, was sie ausschließen." (Dirk Baecker)

Menschen leben in unterschiedlichen Systemen. Sie sind Teil der Gesellschaft, leben in Familien, sind Mitglied von Organisationen wie Unternehmen oder Vereinen. In den Systemen haben sie verschiedene Rollen, üben sie unterschiedliche Funktionen aus: Sie sind Mütter oder Töchter, Chefs oder Angestellte, Vereinsleiter oder Sportler, Kundenbetreuer oder Sachbearbeiter. Je nach Rolle werden unterschiedliche, teilweise auch widersprüchliche Anforderungen an sie gestellt. Dies prägt das Verhalten der Menschen. Meist können wir blitzschnell zwischen diesen verschiedenen Welten hin und her wechseln, ohne dass uns der Unterschied allzu bewusst wird. Je nachdem, in welchem System wir uns befinden und welchen Hut wir gerade aufhaben, zeigen wir unterschiedliche Verhaltensmuster. Blitzschnell wie beim Hütchenspiel wechseln wir die Hüte. Doch manche Hüte kann man nicht ablegen.

Unternehmen sehen sich zunehmend in der Situation, sukzessive neue Managementstrategien einzuführen. Das kann im Kontext von Managing-Diversity oder von Change-Management erfolgen. Vor einem Einstieg in komplexe Veränderungsprozesse, deren Erfolg eng mit der jeweiligen Unternehmenskultur verknüpft ist, empfiehlt es sich, das oder die Systeme eines Unternehmens durch eine diagnostische Brille zu betrachten. Systemdiagnose als Beratungsansatz soll hier vorgestellt werden.

1. System

Der Begriff „System" markiert die Unterscheidung zwischen der inneren Umwelt eines geordneten Zustandes und dessen Beziehung zu einer äußeren Umwelt. Diese Unterscheidung ermöglicht die Beobachtung der wechselseitigen Relationen auf einer Ebene, die die Vielfältigkeit und eine höchstmögliche Differenzierung der Verhältnisse zwischen den beiden Umwelten ermöglicht. Ein System besteht aus Beziehungen, aus Kommunikationen und Handlungen. Unternehmen sind soziale Systeme, die aus Personen bestehen, die wiederum durch ihre Handlungen und Interaktionen untereinander das System ermöglichen. Nur die Handlungen der Personen, die eindeutig einer Organisation zuzuschreiben sind, sind für die Organisation relevant. Die persönlichen und psychischen Voraussetzungen der einzelnen Akteure innerhalb eines Systems sind für die Beobachtung und Beschreibung eines Systems nicht ausschlaggebend. Die Menschen in einem System sind nicht, sondern sie verhalten sich in Rollen des Systems. Die Menschen in Systemen handeln nicht nur nach Eigenschaften, die ihrem persönlichen „Wesen" entspringen. Sie handeln auch nach den Eigenschaften, die ihnen innerhalb des Systems zugeschrieben werden. Sie bewirken dadurch, dass andere sich ihnen gegenüber auch diesen Zuschreibungen entsprechend verhalten. Die Frage ist also nicht: Wer bin ich eigentlich, dass ich so handle, wie ich handle? Sondern: In welchem Kontext und in welcher Rolle handle ich so und nicht anders?

2. Kultur

Regeln, Normen und gemeinsame Werte, die bestimmen, wie man sich in einer Kultur – Gesellschaft, Bevölkerungsgruppe oder Organisation – zu verhalten hat, prägen die Menschen, die in diesem System agieren. Sie bestimmen die Kultur dieses Systems. Sie geben den Menschen vor, wie man in bestimmten Rollen agiert, wie man sich in bestimmten „Kreisen" zu bewegen hat, was erwünscht wird, was nicht erwünscht ist. Als Mitglied einer Kultur weiß ich, in dieser Situation, in dieser Rolle, in diesem Umfeld etc. muss ich mich in dieser bestimmten Weise verhalten oder ich beachte eine Regel nicht. Ich weiß auch, wenn ich gegen diese Regel verstoße, kann dies mehr oder weniger hart geahndet werden. In dem alten Sprichwort „Mädchen, die pfeifen, und Hühner, die krähen, soll man beizeiten die Hälse umdrehen" wird eine Regel sehr hart formuliert. Sie zeigt, dass man Geschlecht nicht einfach dadurch außer Kraft setzen kann, dass Frauen das Pfeifen lernen, was üblicherweise dem anderen Geschlecht zugeschrieben wird. Kulturell festgelegte Zuschreibungen zu den Geschlechtern sind wirksam, zunächst unabhängig davon, wie man sich verhält. Sie wirken auf unterschiedlichen Ebenen weiter, in Organisationen, in Beziehungen etc.. Die Weitergabe und Übernahme der Regeln in einem System geschieht zu großen Teilen unbewusst, bzw. gehört zu dem „Nicht-Wissen" von Organisationen. Wir nehmen Verhaltensweisen wahr und übernehmen sie. Wir erfahren Sanktionen in einem System und erkennen daran die Grenzen, die in diesem System gelten, unabhängig davon, dass potenziell morgen andere Regeln gelten können.

Für die Übernahme von Rollen, für das Hineinwachsen in neue Funktionen kann sich so ein Regelkatalog als hilfreich erweisen. Ich erhalte dadurch Hinweise, die mir sagen, wie ich die Rolle ausfüllen kann und wie ich die an mich gestellten Erwartungen erfüllen kann. Der Pressesprecher, der vor die Presse tritt, weiß, dass er jetzt nicht seine Meinung kundgeben darf, sondern die vereinbarten Aussagen seines Auftraggebers. Er wird sich möglicherweise vor dem Auftritt jenes Mäntelchen von Indifferenz und distanzierter Sachlichkeit umlegen, das er bei anderen Pressesprechern wahrgenommen hat. Ein Politiker „weiß", dass er seine Fähigkeit als Politiker dadurch unter Beweis stellt, dass er sicher und selbstbewusst auftritt und eindeutige Meinungen vertritt. In Diskussionen in den Medien hat er wahrgenommen, dass ihm Zweifel, Nachdenklichkeit, Abwägen von Positionen als Schwäche, als Versagen ausgelegt werden können.

Je länger man einem System angehört, je stärker man auch dazu gehören möchte – z.B. weil man dort seine „Heimat" sieht – umso stärker bemüht man sich, den Regeln zu entsprechen. Die Regeln werden Teil des Alltags und damit als „normal" empfunden. Die Kultur wird ein Teil der Identität. Wir erkennen es dann deutlich, wenn wir anderen Kulturen begegnen. So bedeutete der Begriff „Siemensianer" oder „MAN-ler" bis Mitte des letzten Jahrhunderts nicht nur, dass die betreffende Person in dem Unternehmen Siemens oder MAN arbeitet oder dort gearbeitet hat. Er bedeutete auch, dass diese Person sich als Teil des Unternehmens fühlt, sich stolz damit identifiziert und damit auch bestimmte Werte und Verhaltensweisen verbindet.[1]

3. Systemische Beratung

Aus Sicht der systemischen Beratung fokussieren wir uns bei unserer Arbeit auf typische Handlungsmuster innerhalb eines Systems, die wie gesagt bereits Teil des Alltagshandelns geworden sind. Dabei geht es nicht darum, Personen zu verändern oder Zuschreibungen zu verurteilen. Ziel ist es, die spezifischen Muster, die das Funktionieren des Systems ermöglichen, aufzudecken und mit diesen Mustern zu arbeiten, sie auf ihr Funktionalität und Nicht-Funktionalität zu überprüfen, um das System arbeitsfähig zu halten. Es geht darum, die verinnerlichten Regeln zu hinterfragen. Es gilt, Unterschiede aufzumachen, die Grenzen zu akzeptieren, Freiräume für Gestaltung zu schaffen und das System bei der Entwicklung von neuen Kommunikations- und Handlungsstrukturen zu unterstützen, das erworbene Verhalten wird neu betrachtet.

Als systemische Beraterinnen kommunizieren wir mit dem Kundensystem auf Basis von Interventionen. Systemische Beratungen sind Interventionen, die auf der Grundlage von Hypothesen entwickelt und gezielt eingesetzt werden, um die Bewegungen und Veränderungen im Kundensystem zu erzeugen, die neuen vereinbarten Zielen dienen. Durch unsere Interventionen versuchen wir, andere Sichten zu vermitteln, Sichtweisen in einen anderen Rahmen zu stellen, Hemmschwellen und Überzeugungen in den angenommenen Rollen bewusst zu machen. Es geht immer darum, Handlungsmuster besprechbar zu machen und nicht das Verhalten von Personen als persönliche Verhaltensmuster zu diskutieren. Es gilt, die jeweilige Systemlogik für die Funktionalität des Systems herauszuarbeiten.

Das systemische Paradigma erhebt nicht den Anspruch, objektiv zu sein und nach der Wahrheit zu suchen, sondern es fordert dazu auf, ein System durch unterschiedliche Brillen zu betrachten, die verschiedenen Wahrnehmungen und Strömungen als Ressource aufzugreifen. Damit schafft es für sie alle innerhalb des Systems einen Raum und erhöht so die Komplexität. Das systemische Paradigma greift das Bild eines arbeitsteiligen

---

[1] Wesentlich früher war das Arbeitsumfeld noch bestimmender, da sich über die Arbeit der gesellschaftliche Stand definierte.

Organismus auf, bei dem die Funktionsfähigkeit der einzelnen Teile in unterschiedlichen Abhängigkeiten zu den anderen Teilen stehen. Erst durch das Zusammenwirken aller Teile ergibt sich das Ganze. Dieser Prozess beinhaltet Wechselwirkungen, Gegensätze und Widersprüche, die ihrerseits sowohl zu Funktionsstörungen und Blockaden eines Systems führen können als auch als Energiequelle für kreative Lösungsansätze auf das System dynamisierend wirken. Wir richten den Blick darauf, wie gesellschaftliche Werte sich im Unternehmen widerspiegeln und was sie dort auslösen können. In jedem Fall gilt es, die Muster, Zuschreibungen und Wechselwirkungen bewusst zu machen. Die Führungskräfte und die Mitarbeiterinnen und Mitarbeiter können sich bewusst zu diesem Bild positionieren und gemeinsam entscheiden, was sie als nützlich erleben, was sie behalten möchten und was sie ändern möchten, bzw. wovon sie sich trennen möchten.

4. Systemdiagnose

Vorrangige Aufgabe in der systemischen Beratung ist es, zum Start eines jeden Prozesses die Muster, Normen, Werte, Zuschreibungen etc. bewusst und somit besprechbar zu machen. In allen Systemen gibt es eine manifeste und eine latente Ebene. Die manifeste Ebene lässt sich anhand der alltäglichen Aktivitäten, der Sprache, der Umgangsformen, der Werte, etc. als für alle von außen wahrnehmbare Zeichen ablesen und einschätzen. Die latente Ebene, die für das Funktionieren eines Systems wesentlich ist, lässt sich erst zwischen den Zeilen lesen. Innerhalb eines Systems entstehen Konflikte, wenn das Versteckte und Verborgene sich mit der manifesten Ebene nicht in Einklang bringen lässt. Diese Konflikte können nur dann bearbeitet werden, wenn der Unterschied zwischen der manifesten und latenten Ebene zum Vorschein geholt und damit bewusst gemacht wird. Dies zu tun ist eine wichtige Grundlage unserer beraterischen Arbeit. Um die Muster, Normen, Werte, Zuschreibungen eines Systems auch auf der latenten Ebene aufdecken zu können, ist ein Instrumentarium erforderlich, das das Lesen zwischen den Zeilen ermöglicht: die Systemdiagnose. Dabei wird auch deutlich, welche Rolle und Bedeutungen gesellschaftliche Zuschreibungen z. B. aufgrund des Geschlechts in der Logik des betrachteten Unternehmens haben: Verhindern sie die Ausschöpfung von Potenzialen? Entsprechen sie weitgehend der gesellschaftlichen Sicht beziehungsweise dem, was auch in anderen Unternehmen zu finden ist oder sind in diesem System weniger Zuschreibungen vorhanden? Welche Folgen ergeben sich hieraus?

Aus unserer Erfahrung wissen wir, dass Unternehmen ihre Systemlogik, wenn sie sich diese bewusst machen, ändern, bzw. erweitern. Dies gilt auch und ganz besonders für die Zuschreibungen, die aufgrund des Geschlechtes vorgenommen werden, da diese oft innerhalb eines Systems keinen wirklichen funktionellen Nutzen mehr haben.[2] Die Ge-

---

[2] Ein eindrucksvolles Beispiel für die Gestaltung eines Prozesses, mit dem Mann-Frau-Zuschreibungen verändert werden konnten, finden sich bei Douglas M. McCracken 3/2001, 18 ff.

genüberstellung von Aussagen aus unterschiedlichen Systemen zeigt unterschiedliche Realitätskonstruktionen, macht sie bewusst und lässt auch Vergleiche zu.[3] „Frauen werden in unserem Unternehmen nicht benachteiligt. Sie können jeden beruflichen Weg einschlagen. Problem ist nur, dass sie, wenn sie wegen der Familienphase aussetzen und dann mit Mitte Dreißig oder Ende Dreißig zurück ins Unternehmen kommen, altersgleiche Kolleginnen und Kollegen schon Jahre im Ausland hinter sich haben und ihnen daher ohne Auslandserfahrung Führungspositionen verschlossen sind." Oder: „Jahre der Kindererziehung sind eine wertvolle bereichernde Erfahrung im Leben eines Menschen und erhöhen seine soziale Kompetenz."

Worüber wir sprechen und wie wir darüber sprechen macht den Unterschied. Unterschiede können genutzt werden, um relevante Zuschreibungen in einem System zu hinterfragen und veränderbar zu machen. Die Wahrnehmung von Kindererziehung als ein individuelles Problem oder eine qualifizierende Erfahrung macht sowohl einen Unterschied in der Art, wie wir darüber sprechen, als auch darin, wo wir nach Lösungen suchen.

Über die Systemdiagnose können Werte in einen Kontext gestellt werden, in dem die Mitglieder der Organisation sie distanziert und ganzheitlich betrachten können und unter Umständen zurücknehmen werden. So kann die Systemlogik die Realitätskonstruktion öffnen und damit einen Raum schaffen, in dem sich neue Konstruktionen und neue Bedeutungen entwickeln können.

5. Zuschreibungen

Wenn wir einem Menschen begegnen, identifizieren wir ihn über die Funktion, in der er uns gegenüber tritt, über die Kleidung, über Symbole etc.. Wir stecken ihn in eine Schublade, in der die Menschen versammelt sind, die wir in gleicher Weise identifiziert haben. Wir beobachten ihr Verhalten, vergleichen es mit dem Verhalten anderer Menschen und setzen es in Beziehung zu den Funktionen oder Rollen, die wir mit diesem Menschen verbinden. Von den Menschen in der gleichen, ihm zugewiesenen Schublade erwarten wir ähnliche Verhaltensweisen, ähnliche Werte und Muster. Wir schreiben ihnen Verhaltensweisen zu und suchen diese dann wieder bei ihnen. In dem wir durch Beobachtung Muster erkennen, die durch Wiederholungen und durch häufiges Vorkommen verstärkt werden und durch Seltenheit verloren gehen und indem wir aus diesen Mustern Regeln ableiten, tragen wir dazu bei, Regeln festzuschreiben. Wir versuchen, diesen Regeln Genüge zu tun – oder erwarten von anderen das gleiche.[4] Damit sind wir

---

[3] Insofern stellen Systemdiagnosen und die Art ihrer Rückspiegelung schon eine Veränderung dar.

[4] Einen ähnlichen Kreislauf der sich selbst bestätigenden Vorannahmen finden wir zum Beispiel bei Verhaltenstrainings. In Bewerbungstrainings wurde den Teilnehmern beigebracht: Kaffee, den man dir anbietet, musst du annehmen. Wenn du ihn ablehnst oder wegschiebst, wird dies dein Gegenüber als Ablehnung wer-

in einen Kreislauf eingetreten, in dem sich Beobachtungen zu Regeln, Regeln zu Vorschriften verfestigen. Sie werden so zu einer sich selbst erfüllenden Prophezeiung. Dadurch, dass wir diese Regel annehmen, bestätigen wir sie und setzen sie fort: In der Beobachtung wird dieses Muster künftig noch deutlicher hervortreten.

6. Das Hütchenspiel[5]

Irritationen oder Konflikte entstehen, wenn widersprüchliche Zuschreibungen aufeinander treffen. Sie treten zum Beispiel auf, wenn unterschiedliche Kulturen aufeinander treffen. Paul Watzlawik berichtet von einem Reitklub in Sao Paolo, in dem das Geländer der Veranda erhöht werden musste. Mit dieser Maßnahme sollten die nordamerikanischen Gäste davor bewahrt werden, über das Geländer zu stürzen, während sie sich bemühten, den „richtigen" Abstand zwischen sich und einem südamerikanischen Gesprächspartner herzustellen. Die „richtige" Entfernung, die man im Gespräch zu einer anderen Person einnehmen soll, ist in den beiden Kulturkreisen unterschiedlich definiert: In westlichen Kulturkreisen ist dieser Abstand größer als in südlichen Kulturen. Ein Südamerikaner wird daher – unbewusst – immer wieder versuchen aufzurücken, nachdem ein Nordamerikaner – ebenso unbewusst – wieder den für ihn richtigen Abstand hergestellt hat. Dies kann solange geschehen, bis der nordamerikanische Mensch nicht mehr ausweichen kann – weil er an der Wand steht oder über das Geländer fällt – oder bis einer der beiden sich des Dilemmas bewusst wird und die Irritation durch den „falschen" Abstand aushält.[6] Irritationen oder Konflikte entstehen auch dann, wenn ein Mensch mit widersprüchlichen Zuschreibungen konfrontiert wird, die er gleichzeitig ausfüllen müsste, um seinen verschiedenen Rollen oder Funktionen gerecht zu werden.

Menschen eignen sich die Regeln der Systeme, in denen sie sich bewegen, meist sehr schnell an. Sie beherrschen unterschiedliche Muster und können zwischen ihnen hin und her wechseln, je nachdem, in welchem Umfeld sie sich bewegen und welchen „Hut" sie gerade auf haben. Der Mitarbeiter, der zum Vorgesetzten befördert wird, passt sich in seinem Verhalten der neuen Rolle an. Er setzt sich einen neuen Hut auf und „wird" Vorgesetzter. Wenn unterschiedliche Anforderungen in demselben Lebensraum auftreten, bedeutet dies üblicherweise, dass Menschen zwischen alternativen Handlungsmustern

---

ten. In Seminaren zu Personalauswahl wird den Teilnehmern beigebracht: Achten Sie auf die Signale, die Ihr Gegenüber (unbewusst) setzt. Wenn ein Bewerber den angebotenen Kaffee ablehnt oder wegschiebt, lehnt er Sie ab. Das was unbewusst als Körpersignale mit bestimmten Haltungen in Verbindung gebracht wurde, wird durch die Schulungen zu einer Regel ausgeformt. Der Bewerber wird künftig zeigen, dass er die Regel beherrscht. Die Menschen, die die Auswahlgespräche des Unternehmens führen, achten darauf, ob der Bewerber diese Regel beachtet.

[5] Das Hütchenspiel ist ein illegales Glücksspiel, das die Mitspieler durch die Schnelligkeit von Aufdecken und Verschieben der Hütchen zu verwirren versucht. Assoziationen zu de Bonos Denkhüten sind ebenfalls erlaubt. Vgl. die 6-Hüte-Methode zum interaktiven Dialog nach E. De Bono 1996.

[6] Paul Watzlawik, 2001, 23 f.

entscheiden müssen. Gleichzeitig entscheiden sie damit darüber, welcher der konkurrierenden Kulturen, welcher Rolle sie gerade den Vorzug geben, das heißt: welchen Hut sie sich aufsetzen. Der Konflikt wird in den einzelnen Menschen hineingetragen. Wenn Führungsfähigkeit überwiegend Männern zugeschrieben wird und eine Frau, der dieses Merkmal als Frau nicht zugeschrieben wird, Chefin ist, befindet diese sich in einem solchen Konflikt. Verhält sie sich wie ein Mann, erfüllt sie die Erwartungen des Systems Unternehmen. Gleichzeitig verletzt sie aber die in der Gesellschaft üblichen Regeln. Wenn sie die gesellschaftlichen Regeln einhält, disqualifiziert sie sich möglicherweise als Führungskraft, da sie den Maßstäben nicht genügt, die in ihrem Unternehmen für Führungskräfte gelten. Diese Ambivalenz führt dazu, dass Frauen sich zum Beispiel wie Männer anziehen (grauer Hosenanzug), um die anderen leichter vergessen zu lassen, dass sie in dieser Rolle die gesellschaftlich geltenden Zuschreibungen verletzen. Da sie den Hut „Frau" nicht abnehmen können, versuchen sie sich als Frauen zu „neutralisieren". Andere entscheiden sich für eine betont weibliche Kleidung, damit deutlich wird: „Hier bin ich in einer bestimmten Rolle, aber ich bleibe Frau, und in anderen Zusammenhängen erlebst du mich anders."

Der Konflikt, in dem sich Frauen hier befinden, kann aufgelöst werden, wenn sich die Zuschreibungen an „Frau/Mann" und an „Führungskraft" ändern. Frauenförderung, mit der Frauen verstärkt in Führungspositionen gebracht und in der Ausübung dieser Funktion (d.h. auch im Umgang mit den daran geknüpften Zuschreibungen) unterstützt werden, versucht die Veränderung von Zuschreibungen auf evolutionärem Wege herbeizuführen. Die Hoffnung ist, dass mehr Frauen in Führungspositionen die Beobachtungskategorien in den Schubladen „Frau/Mann" und „Führung" vermischen und so die vermeintliche Unvereinbarkeit von weiblichen Zuschreibungen und den Anforderungen an Führungskräfte aufheben.

Andere versuchen, Zuschreibungen mit Nutzen und Preis für das Unternehmen offen zu hinterfragen und die Zuschreibungen zu verändern, die sich als nicht mehr nützlich erweisen, bei denen der Preis, den das Unternehmen zu zahlen hat, zu hoch ist. Der Nutzen ist meist weitreichender als der Aspekt, als Unternehmen „political correct" zu handeln. Er lässt sich deutlich auch in wirtschaftlichen Kategorien fassen.[7] Über die funktionelle Vernetztheit von Systemen zeigen sich oft weitere Effekte von Veränderungen in ganz anderen Bereichen. Ein Überdenken der Zuschreibungen beim Thema Frau überprüft das Unternehmen in seinem gesellschaftlichen Zusammenhang und öffnet damit oft weitere Themenfelder. So kann sichtbar werden, dass auch Männer heute offensichtlich andere Erwartungen an ihre Lebensgestaltung haben, dass beruflicher Erfolg, der Familie und Freizeit auf ein Minimum beschränkt, für die jüngere Generation nicht mehr attraktiv ist. Lifestyleformen sind offen für Wandlungen.

---

[7] Douglas M. McCracken, 3/2001, 18 ff

7. Regeln verändern sich

Regeln verändern sich laufend. Einflüsse aus anderen Kulturen werden aufgenommen. Umweltfaktoren haben sich geändert. Sie stellen neue Anforderungen, fordern neue Verhaltensweisen. Die Menschen reagieren darauf und verändern damit die Regeln. So verlangten die Lebensumstände im und kurz nach dem Krieg von vielen Frauen, dass sie Aufgaben übernahmen, die sonst üblicherweise ihre Männer erledigt hätten. Sie waren berufstätig, oft bei harter körperlicher Arbeit, sie regelten die Familiengeschäfte als Haushaltsvorstand, sie trafen alle Entscheidungen, die die Familie betreffen, allein. Als nach dem Krieg die Männer wieder nach Hause kamen, hofften sie, das Familienleben genauso wieder aufnehmen zu können, wie sie es vor dem Krieg erlebt hatten. Die Frauen wollten nicht in die Rolle zurückkehren, die ihnen nach Meinung der Männer zugeschrieben war. Sie hatten sich daran gewöhnt, selbstständiger zu sein. Viele dieser Veränderungen geschehen in kleinen Schritten, oft fast unbemerkt. Regeln werden von Einzelnen laufend außer Kraft gesetzt. Der Verstoß wird immer seltener als Fehler empfunden und geahndet. Der Erfolg bestätigt das Handeln und animiert zu neuen „Verstößen". Die Gemeinschaft zieht aus bestimmten Entwicklungen den Schluss, dass die Regel nicht mehr zeitgemäß ist und gibt sie auf oder entwickelt daraus neue. Formale Regelungen (Gesetze, Verordnungen, Geschäftsordnungen etc.) ziehen meist erst später nach und reagieren damit auf die Veränderung. Veränderungen werden bewusst nur dann über politische Prozesse angestoßen, wenn es zum Beispiel für die sozial- und wirtschaftspolitische Entwicklung der Gesellschaft nützlich ist. Dazu lassen sich viele Beispiele finden, wie z.B. die Förderung und Öffnung von Arbeitsmärkten für Frauen in Abhängigkeit von Konjunkturen.

8. Kultur in Organisationen

Wenn wir Kulturen in Organisationen erfassen wollen, versuchen wir die Muster, die Regeln, Normen und Werte dieser Organisation aufzudecken. Dies geschieht vor dem Hintergrund der Kultur, die das gesellschaftliche Umfeld der Organisation bildet. Ein deutsches Unternehmen ist eingebettet in den westlichen Wertekanon, in deutsche und europäische Rechtsprechung und in den Normenkatalog der deutschen Gesellschaft. Wir erfassen die Besonderheiten, die die Organisation vor anderen auszeichnet, die ihr Eigenleben gestaltet und sie unterscheidet von dem, was man in anderen Organisationen findet. Die Kultur des Umfeldes gibt den Rahmen vor, den die Organisation für sich ausfüllt und dabei ihre Besonderheit definiert. Dabei wirken die gesellschaftlichen Zuschreibungen in eine Organisation hinein. Eine Organisation kann sich davon absetzen, indem sie für sich bewusst andere Werte oder Regeln definiert. Sie wird aber dieses Anderssein stets pflegen und stützen müssen, damit die Muster der Umwelt – über die

Mitarbeiter mitgebracht – nicht über kurz oder lang dominieren. Es gibt Unternehmen, die das elegant darüber gelöst haben, dass sie ihr Anderssein als Elite definieren.

9. Mensch, Familie und System

Es gibt zahlreiche Beispiele für sich widersprechende Regeln zwischen Familiensystem und Beruf: zwei sollen hier kurz skizziert werden. In einem Unternehmen ist die Frau eines Bereichsleiters ihrem Mann unterstellt und Abteilungsleiterin. Privat ist es nach Darstellung der Kollegen und Kolleginnen eher umgekehrt, der Mann „steht unter dem Pantoffel der Frau". Infolge einer massiven Restrukturierungsmaßnahme ist der Bereichsleiter nun für das Controlling in seinem Bereich selbst verantwortlich und nicht mehr eine zentrale Stelle. Scheinbar widerspricht es der ehelichen Regel, dass er seine Frau in ein Controllingsystem einbindet. Da er seine Frau als Abteilungsleiterin nicht anders behandeln kann als die anderen Abteilungsleiter, sieht er sich nicht in der Lage, das Controllingsystem einzuführen und zu praktizieren. Seit 1½ Jahren stoppt die Restrukturierung an dieser Stelle. Dies führt zu einem Kontrollverlust im Unternehmen und zu einer kontinuierlichen Verschlechterung der finanziellen Lage.

In einem anderen Unternehmen ist der Geschäftsführer mit einer ihm direkt unterstellten Abteilungsleiterin verheiratet. Als Geschäftsführer spricht er jedoch zu Hause nicht über die Regelungen, die für das Unternehmen wichtig sind und kann damit die eheliche Regel des offenen und partnerschaftlichen Umgangs verletzen, wenn sich beide Partner darauf verständigt haben. Auf die dauerhafte Verletzung der ehelichen Regeln reagiert die Frau mit einer schweren Krankheit.

Die enge Verbindung zu familiären Regeln ergibt sich aus zwei Gründen:
- Die Gesellschaft ist ein Gesamtsystem mit Subsystemen, die spezialisiert Funktionen innerhalb der Gesamtgesellschaft übernehmen. Die Funktion von Familie und Unternehmen haben sich dabei ausdifferenziert und es haben sich unterschiedliche Beziehungsformen und Spielregeln herausgebildet.
- Die meisten Menschen gewinnen ihre Vorstellungen über die Natur der zwischenmenschlichen Beziehungen in ihrer Herkunftsfamilie, es liegt daher nahe, Beziehungsmuster zu übertragen.[8]

Jeder Mensch muss sich in seinen Handlungen auf die Eigenlogiken der jeweils relevanten Teilsysteme (Unternehmen, Sportverein, Familie, etc.) beziehen. Von den Menschen wird eine Integrationsleistung gefordert, wenn sich die Regeln, die für sie als Mensch gelten, ihre persönlichen Werte und Normen, die Regeln, die in der Familie gelten und die Regeln in dem Unternehmen unterscheiden. Im allgemeinen kommen Menschen gut damit zurecht, dass Regeln, die Kommunikation, emotionale Bindung und

---

[8] Fritz B. Simon , 4/1999, S. 16 ff.

Konstanz der Zugehörigkeit betreffen, in den verschiedenen Systemen unterschiedlich sind. Ähnlich wie sie sich auch in unterschiedlichen Sprachräumen zurechtfinden, bewegen sie sich in den Systemen. Wer die Hierarchie im Unternehmen ernst nimmt, kann sie trotzdem im Karnevalsverein auf den Kopf stellen. In manchen Fällen ist es jedoch schwierig. Um Peter M. Senge aufzugreifen: Wie kann eine Führungskraft zu Hause das Selbstwertgefühl eines Kindes aufbauen, wenn er es gewohnt ist, das Selbstwertgefühl der Mitarbeiter zu untergraben?[9] Solche unterschiedlichen Regeln führen dazu, dass man im Sinne Hellingers[10] nicht schuldlos bleiben kann. Man muss ausgleichen beziehungsweise sich entscheiden und einem System den Vorrang geben. In Familiensystemen ist Mann/Frau eine relevante Unterscheidung. Die Übertragung dieser Unterscheidung auf Unternehmen führt dazu, dass unternehmensrelevante Zuschreibungen unterstützt werden, die für das Unternehmen nicht funktional sind.

10. Nutzen und Preis

Jede Realitätskonstruktion hat ihren Nutzen und ihren Preis:
- Wenn Tochtergesellschaften der Holding die strategievorgebende Funktion zuschreiben, braucht sie sich nicht selbst mit Strategie zu beschäftigen. Der Preis, den sie dafür zahlen, ist, dass sie auf eigene Gestaltungsräume verzichten.
- Wenn Unternehmen Frauen nicht in die Chefetage aufnehmen, vermeiden sie Konflikte zwischen System Unternehmen – System Gesellschaft – System Familie. Der Preis: Ressourcen werden nicht optimal genutzt und die Investition in weibliche Mitarbeiter kommt nicht zum Tragen.

Manchmal fällt es schwer, den Nutzen auf den ersten Blick zu erkennen. Im Zweifel ist es ein Festhalten am Gewohnten, am Sicheren. Man möchte sich nicht auf einen unsicheren Boden begeben und Energie in Veränderung investieren, deren Erfolg noch nicht feststeht und der nicht voraussehbar ist. Das ist ein Nutzen, der berücksichtigt werden muss. In jedem Fall wird bei einer Veränderung etwas durchschnitten, es entstehen neue Schnittstellen, die betrachtet werden müssen. Wir müssen aber auch den Preis im Blickfeld behalten. Der Preis für ein Festhalten und Bewahren des Alten und Bekannten kann sein, den Anschluss an Veränderungen der Gesellschaft und des Marktes zu verlieren.

Voraussetzung für jede bewusste Veränderung ist die gezielte und bewusste Auseinandersetzung mit dem eigenen System, mit seinem Eigenleben und der Art und Weise, wie es agiert. Bewusstsein sowohl hinsichtlich eines Unternehmens als auch der eigenen Person im Unternehmen (Beziehung zwischen Person und Unternehmen) wird durch

---

[9] Peter M. Senge, 2001, S. 371 ff
[10] siehe zum Beispiel Bert Hellinger, 2001

Reflexion erzeugt.[11] Aus der bewussten Betrachtung der Systemlogik ergeben sich Konsequenzen und Veränderungen. Die Systemdiagnose bietet mit ihrer ganzheitlichen konzentrierten Form eine Plattform, die eine gemeinsame Ausgangsbasis für alle Beteiligten darstellen kann. Werden in der Reflexionsphase alle relevanten Strömungen berücksichtigt, so kann man schnell zu Veränderungen übergehen, die von und im Unternehmen getragen werden. Ausgehend von der Systemdiagnose überlegen wir gemeinsam zwischen Beratungssystem und Kundensystem, welche Veränderungen vor dem Hintergrund der Ziele möglich und zweckmäßig sind und welche auch in einem angemessenen Aufwand-Nutzenverhältnis stehen. Dabei sind die vielen Zusammenhänge zu bedenken, die sich aufgrund der Vernetztheit von Systemen nach innen und mit anderen Systemen außerhalb ergeben. Veränderungen an einer Stelle können Veränderungen an anderen, möglicherweise weit entfernten Stellen hervorrufen. Bei jeder Veränderung sollte die Frage der Potenzialerhöhung im Vordergrund stehen. Schöpft das Unternehmen das Potenzial der Mitarbeiterinnen und Mitarbeiter aus? Wo geht Potenzial verloren? Wo liegt der Nutzen und wo zahlen wir einen Preis?

11. Diversity managen

Sicherlich kann man, indem man die gesellschaftlichen Zuschreibungen akzeptiert, Komplexität reduzieren. Fraglich ist jedoch, ob diese Reduzierung bei einer immer komplexer werdenden Realität noch angemessen ist oder ob man hiermit nicht langfristig auf der Verliererstrecke bleibt. Ein Unternehmen muss sich fragen: Wie viel Diversity verkraftet mein System, um noch arbeitsfähig zu bleiben? Sich für mehr Diversity zu entscheiden, erlaubt es, den Blick zu öffnen, neue Sichten wahrzunehmen, Entwicklungspotenziale in Unterschieden zu erkennen. Diversity eröffnet so Optionen, die vorher im Verborgenen lagen. Wenn wir als Beraterinnen Systeme betrachten, haben wir manchmal den Eindruck, einer gigantischen Theateraufführung beizuwohnen. Auf der Bühne, die sich vor uns öffnet, laufen parallel mehrere Theaterstücke mit unterschiedlichen Handlungssträngen ab. Die Schauspieler wechseln während der Aufführung mehrmals ihre Rollen. Schnell schlüpfen sie aus ihren Kostümen, setzen einen neuen Hut auf und erscheinen plötzlich mit einem ganz anderen Habitus in einem anderen Stück. Fasziniert versuchen wir, diese Vielfalt zu aufzunehmen und die Zusammenhänge zwischen den Stücken und handelnden Personen zu erkennen. Doch während wir uns auf eine Handlung konzentrieren, können wir Szenen in anderen Stücken nur am Rand mitbekommen. Um wenigstens einige der Geschichten aufnehmen zu können, richten wir unsere Aufmerksamkeit auf die Szenen, die uns besonders interessant erscheinen. So ging es uns auch mit diesem Thema.

---

[11] Roswita Königswieser, 2001

Literatur

DE BONO, E. Serious Creativity. Die Entwicklung neuer Ideen durch die Kraft lateralen Denkens, Stuttgart 1997.

HELLINGER, B. 2001. Ordnungen der Liebe. München

McCRACKEN, D. M. 2001. Wie Firmen weibliche Spitzenkräfte an sich binden. In: HARVARD BUSINESSmanager 3/2001

KÖNIGSWIESER, R. 2001. Das Wasser des Lebens, in: Roswita Königswieser, Uwe Cichy, Gerhard Jochum (Hg.) SIMsalabim. Veränderung ist keine Zauberei. Stuttgart

KÖNIGSWIESER, R./EXNER, A 1999. Systemische Intervention. Architekturen für Berater und Veränderungsmanager. Stuttgart

SENGE, P. M. 2001. Die fünfte Disziplin. Stuttgart

SIMON, F. B. 1999. Familien, Unternehmen und Familienunternehmen. Zeitschrift für Organisationsentwicklung 4/1999

WATZLAWIK, P. 2001. Vom Unsinn des Sinns oder Vom Sinn des Unsinns. München

Teil III

Best Practice: Diversity-Konzepte für und Erfahrungen von Organisationen im Diskurs

Gerlinde Kuppe / Kristin Körner

Gender Mainstreaming

Ein Beitrag zum Change Management in Politik und Verwaltung

1. Gender Mainstreaming als neue gleichstellungspolitische Handlungsstrategie
2. Geschlechterpolitik durch Gender Mainstreaming
3. Wie funktioniert Gender Mainstreaming?
4. Gender Mainstreaming als Organisationsentwicklungsansatz

Literatur

Dr. Gerlinde Kuppe ist Ministerin für Arbeit, Frauen, Gesundheit und Soziales und Stellvertretende Ministerpräsidentin des Landes Sachsen-Anhalt; Schirmherrin der von der Herausgeberin geführten Ringvorlesung „Frauen im Management" an der Otto-von-Guericke-Universität Magdeburg. E-Mail: kuppe@ms.LSA-net.de

Dr. Kristin Körner ist Referatsleiterin im Ministerium für Arbeit, Frauen, Gesundheit und Soziales des Landes Sachsen-Anhalt. E-Mail: koerner@ms.LSA-net.de

1. Gender Mainstreaming als neue gleichstellungspolitische Handlungsstrategie

Seit einigen Jahren entwickelt sich eine neue gleichstellungspolitische Handlungsstrategie, die die Annahme/These einer vermeintlichen Geschlechtsneutralität von Strukturen der Verwaltung, Wirtschaft und Politik in Frage stellt. Im Zuge eines gesamten gesellschaftlichen Rationalisierungsprozesses werden auch Ordnungsmuster von Staat und Kommune angesichts zunehmender Globalisierung Flexibilisierungen ausgesetzt. Innovative Konzepte und neue politische Strategien beherrschen die Diskussion um die Reorganisation öffentlicher Verwaltungen. Die Kategorie „Geschlecht" wird in diesen Umstrukturierungsprozessen als eine zentrale Kategorie aufgenommen. Dies impliziert, dass im Kontext von Reorganisationsprozessen auch Potenziale zur Herstellung von Chancengleichheit zwischen Männern und Frauen die Diskussion bestimmen. Gender Mainstreaming geht davon aus, dass sich die Lebenswirklichkeiten von Frauen und Männern in vielen Bereichen unterscheiden: Frauen und Männer haben nicht die gleichen Ressourcen, Bedürfnisse, Interessen. Sie nehmen nicht im gleichen Maße an Entscheidungsprozessen teil. „Frauenarbeit" wird anders bewertet als „Männerarbeit". Nicht erkannte Unterschiede können dazu führen, dass scheinbar „neutrale" politische Maßnahmen Frauen und Männer in unterschiedlicher Weise beeinflussen und sogar bestehende Unterschiede noch verstärken.

Gender Mainstreaming ist vor diesem Hintergrund eine neue gleichstellungspolitische Handlungsstrategie, die die vermeintliche Geschlechterneutralität von Politik und Verwaltung durch innovative Verfahren und Maßnahmen aufgreift und in Geschlechterdemokratie überführen will. Es geht darum, den Mythos der Geschlechterneutralität von Politik zu enthüllen und die Zielgenauigkeit und die Qualität von Politik zu erhöhen = Gender Mainstreaming. In die Reorganisation von Verwaltungen ist somit die Geschlechterfrage eingebunden.

Gender Mainstreaming setzt voraus, dass
- die Geschlechterfrage zunehmend als politische Frage anzusehen ist,
- politische Interventionen dem Ziel der Geschlechtergerechtigkeit und der Schaffung demokratischer Verhältnisse zwischen Frauen und Männern zu dienen haben,
- bisherige politische Strategien als ergänzungsbedürftig anzusehen sind.

Der Blickwinkel auf die Geschlechterfrage ist im Gender Mainstreaming-Ansatz neu. Gender Mainstreaming führt den Blick durch die „Geschlechterbrille" als selbstverständliches Element komplexer Problemlösungen ein.

Die Entwicklung von Förderplänen für Frauen konnte aus der Perspektive politischer Entscheidungsstrukturen in Institutionen öffentlicher Verwaltung kaum greifen. Die sogenannte Geschlechtsneutralität von staatlichen Organisationsstrukturen wirkte als Prellbock. Gender Mainstreaming entwickelt jedoch in Politik und Verwaltung zielorientiert

Strategien, die die Interessen und Lebenswelten von Frauen ebenso wie die von Männern in die Planung, Durchführung und Auswertung politischer Maßnahmen selbstverständlich einbeziehen. Das heißt, dass vor allen politischen Entscheidungen – egal ob im Bereich Wirtschaft, beim Städtebau, in der Innenpolitik oder im Gesundheitswesen – immer die Frage zu beantworten ist, wie sich die zur politischen Beratung anstehenden Fragen auf Frauen und Männer auswirken und wie die Lösungen zu einer Chancengleichheit der Geschlechter beitragen bzw. beitragen können.

2. Geschlechterpolitik durch Gender Mainstreaming

Der Begriff „Gender Mainstreaming" lässt sich ohne erheblichen Bedeutungsverlust nicht ins Deutsche übersetzen: „Gender" steht in Abgrenzung zum biologischen Geschlecht für „soziales Geschlecht" und meint, dass Geschlechterrollen und geschlechtsspezifische Handlungsweisen nicht angeboren, sondern ein Ergebnis gesellschaftlicher Sozialisation sind. Soziale Unterschiede zwischen Frauen und Männern werden erlernt, können sich im Laufe der Zeit verändern und sowohl innerhalb als auch zwischen den Kulturen sehr unterschiedlich sein. „Mainstreaming" soll ausdrücken, dass ein bestimmtes Handeln (hier: ein geschlechterbewusstes) sich zum integrierten Bestandteil des normalen Handlungsmusters einer Organisation (des „Mainstreaming") entwickeln soll. Gender Mainstreaming beinhaltet die Analyse und Aktivierung aller Potentiale während einer Implementierung politischer Strategien, d.h. dass

- die Geschlechterverhältnisse als selbstverständliche Elemente komplexer Problemlösungen betrachtet werden und bereits im Planungsstadium zu berücksichtigen sind,
- vielfältige Methoden zur spezifischen Analyse des Geschlechterverhältnisses in allen Sachfragen gegeben und zu nutzen sind,
- alle politischen AkteurInnen gender-sensibel sind und zwar sowohl in ihrem persönlichen Verhalten als auch in ihrer Problemsicht,
- die Effekte politischer Maßnahmen in ihren Auswirkungen auf das Geschlechterverhältnis evaluiert und Maßnahmen, die nicht zur Gleichstellung der Geschlechter führen, umgesteuert werden.

Gender Mainstreaming kann für frauen- und geschlechterpolitische Verhältnisse auf eine bemerkenswerte Karriere zurückblicken. Erst 1995 wurde Gender Mainstreaming durch die 4. Weltfrauenkonferenz offiziell etabliert. Etwa zeitgleich haben die skandinavischen Länder Gender Mainstreaming zur Regierungspolitik erklärt. 1996 ist bereits das erste Grundsatzpapier der Europäischen Union zur Umsetzung des Gender Mainstreaming in den Mitgliedsstaaten verabschiedet worden. Mit der Ratifizierung des Amsterdamer Vertrages 1999 besteht nunmehr auch eine gesetzliche Verpflichtung zur Einführung des Gender Mainstreaming. Heute, im Jahr 2001, ist Gender Mainstreaming eines der Top-Themen auf Konferenzen und in Veröffentlichungen.

3. Wie funktioniert Gender Mainstreaming?

Gender Mainstreaming will eine bewusste Verknüpfung weiblicher und männlicher Perspektiven:
- auf der Subjektebene durch Einbeziehen von Frauen und Männern als verantwortliche Akteurinnen und Akteure und
- auf der inhaltlichen Ebene durch Sichtbarmachen und in Bezug setzen unterschiedlicher und paralleler Lebenswirklichkeiten, Interessen und Ressourcen von Frauen und Männern.

Nun ist es bei allem berechtigten Optimismus nicht so, dass alle Welt – insbesondere die Männerwelt – auf „Gender Mainstreaming" gewartet hat und sich voller Vergnügen in die Umsetzung stürzt. Im Kern geht es schließlich um die gleichen Widerstände, die zurückliegend auch gegenüber der Frauenförderpolitik entfacht wurden: auch Gender Mainstreaming rüttelt an den über zwei Jahrtausenden gewachsenen Grundfesten der Machtzuteilung – den Männern der öffentliche Raum und den Frauen der private. Gender Mainstreaming unterscheidet sich jedoch von „traditioneller" Frauenpolitik in der Art und Weise des Umgangs mit diesen Widerständen und hinsichtlich der Gestaltung des Verhältnisses von Männern und Frauen. Gender Mainstreaming arbeitet nicht gegen diese Widerstände sondern greift sie auf, um den Veränderungsprozess bewusst und unter Einbeziehung und zum Nutzen von Frauen und Männern zu gestalten.

3.1 Gender Mainstreaming holt Frauen- und Geschlechterpolitik von der Nebenstraße auf die Hauptstraße

Zurückliegend wurde die Verantwortung für Frauen- und Gleichstellungspolitik in der Regel ausgelagert in die Kompetenz von bescheiden ausgestatteten Arbeitseinheiten. Dies bedeutete, dass Frauenpolitik von „außen" und meist mit einem Informations- und Zeitdefizit in „fachpolitische Getriebe" hineinagieren musste, um frauen- und geschlechterpolitische Fragen und Positionen als Tagungsordnungspunkte aufzunehmen. Alle anderen Verwaltungsbereiche konnten im Vertrauen auf die „Allzuständigkeit" der für Frauen- und Gleichstellungspolitik zuständigen „Sonderarbeitseinheit" diese Thematik dorthin delegieren. Das Ergebnis dieser Delegierung von Verantwortung war nicht selten die, dass frauenpolitische „Störungen" ignoriert werden konnten. Mit Gender Mainstreaming wird die Verantwortung für chancengleichheitsorientiertes Handeln in den jeweiligen Fachpolitiken verankert. Damit dieses gelingt, müssen Entscheidungsprozesse und Arbeitsstrukturen in ihren Abläufen verändert werden. Dieser Veränderungsprozess ist so zu gestalten, dass sich die Wahrnehmung von Geschlechterdifferenzen zu einem selbstverständlichen Qualitätsmerkmal fachpolitischen Herangehens entwickelt.

So kann es gelingen, die Rahmenbedingungen für die an Chancengleichheit interessierten Akteurinnen und Akteure zu erweitern:
- Die Fachebene fühlt sich in ihrer Kompetenz ernst genommen und sieht Chancengleichheitsansprüche nicht mehr als Störung, sondern als kritische Bereicherung fachpolitischen Handelns,
- Gleichstellungspolitische Akteurinnen werden in ihrer Kompetenz für die Unterstützung und Begleitung fachpolitischer Arbeit gleichwertig integriert.

Gender Mainstreaming hat den Anspruch, ganz neue „Produkte" zu entwickeln. Unterschiedliche Lebenswirklichkeiten und Bedürfnisse von Frauen und Männern sollen bei der Steuerung innovativer Prozesse von vornherein gleichermaßen berücksichtigt werden, um Ungleichgewichte bereits in der Konzeptionsphase minimieren bzw. ausschließen zu können. Dieses Konstrukt bezieht „Wurzelbehandlungen", also den Blick auf die Ursachen von Ungleichgewichten, mit ein. Ziel ist die gemeinsame Koordinierung politischer Aktivitäten mit einem erweiterten Blick für Transparenz, nicht Verengung des Problems. Gender Mainstreaming vergrößert den Handlungsradius „traditioneller" Frauen- und Gleichstellungspolitik: Bisher konzentrierte sich Frauenpolitik vor allem auf die Förderung von Frauen als „benachteiligte Gruppe" mittels „positiver Aktionen" (affirmative action). Diese Strategie kann zweifellos sehr wichtige Erfolge verbuchen, bringt jedoch auch gewisse, nicht beabsichtigte Nebeneffekte mit sich. Insbesondere wird damit indirekt vermittelt, dass letztlich das Problem der Ungleichheit auf „Defizite" bei den Frauen zurückzuführen sei und nicht auf gesellschaftliche Strukturen, die in ihrer vermeintlichen Neutralität diskriminierende Auswirkungen haben. Gender Mainstreaming bereichert Gleichstellungspolitik um diese strukturbezogene Komponente. Es zielt darauf ab, Systeme, Voraussetzungen und Bedingungsgefüge, die die gesellschaftliche Ungleichbehandlung von Frauen und Männern produzieren und reproduzieren, zu analysieren und zu verändern.

3.2 Gender Mainstreaming ermöglicht Männern positive und aktive Rollen auf dem Wege zu Geschlechterdemokratie

„Traditionelle" Frauen- und Gleichstellungspolitik wird in der Außenwahrnehmung mit einem eindimensionalen Blick auf Männer verbunden: Männer als Mächtige, Bevorzugte, Benachteiligende, Verbündete und Täter. Traditionell eingestellte Männer haben es somit leicht, sich zu verweigern und aus der Verantwortung zu gehen. Gender Mainstreaming schafft die Voraussetzungen, um Männer neben der genannten auf mehreren weiteren Ebenen anzusprechen, wie z.B.:
- als Unterstützer und Partner,
- als Nutznießer von Chancengleichheitspolitik, insbesondere in Bezug auf mehr persönliche Lebensqualität (z.B. neue Formen der Verknüpfung von Arbeits- und Pri-

vatwelt, Abnahme männlicher Gesundheitsrisiken, Erhöhung der Kontaktmöglichkeiten und -fähigkeit zu privaten Bezugspersonen),
- als Innovatoren einer zukunftsfähigen und nachhaltigen gesellschaftlichen Entwicklung und nicht zuletzt,
- als „Motoren" der Verwirklichung demokratischer Grundwerte.

3.3 Gender Mainstreaming verknüpft den berechtigten Demokratieanspruch von Frauen- und Geschlechterpolitik mit dem ökonomischen Kalkül

Die Zukunftsfähigkeit von Wirtschaft, Wissenschaft und Politik wird davon abhängen, wie es gelingt, die Potenziale und Sichtweisen von Frauen und Männern gleichwertig einzubringen. Gender Mainstreaming schafft den strukturellen Rahmen, um diesen Anspruch umzusetzen. Hier wird auch die Verbindung von Gender Mainstreaming mit dem Diversity-Konzept, das in der Wirtschaft präferiert wird, am deutlichsten: Gender Mainstreaming schärft den Blick für die Zielgruppen politischer Maßnahmen und erreicht auf diese Weise eine höhere Qualität und Effektivität. Beispielsweise im Bereich Gesundheitspolitik: Bis vor kurzem galt die koronare Herzerkrankung als reine Männerkrankheit. Neuere Untersuchungen belegen dagegen, dass Frauen stärker infarktgefährdet sind als vermutet, und dass sich das Erkrankungsrisiko bei Frauen und Männern über 50 Jahren sogar angleicht. In der Infarktforschung gab es bis vor kurzer Zeit fast nur männliche Probanden. In der Folge werden koronare Herz-Kreislauf-Erkrankungen bei Frauen oft nicht frühzeitig erkannt. Männer und Frauen haben nämlich unterschiedliche Erkrankungsrisiken und Krankheitssymptome. So erhöhen bei Frauen z.B. Diabetes und die Pille das Infarktrisiko beträchtlich. Durch die gesundheitspolitische Umsetzung vorhandener Erkenntnisse und die Förderung einer geschlechterbewussten Infarktforschung lassen sich nicht nur eine Verbesserung von Gesundheitsprävention erreichen, sondern auch Diagnose- und Behandlungskosten senken.

3.4 Gender Mainstreaming ist Veränderungsmanagement

Im Fazit handelt es sich bei „Gender Mainstreaming" um ein sehr anspruchsvolles Konzept, dessen Umsetzung ein intensives Veränderungsmanagement erfordert. Die systematische und umfassende Einbeziehung der Geschlechterperspektive in politisches Handeln verlangt
- die strukturelle Veränderung von Entscheidungsprozessen,
- ein verändertes Informations- und Wissensmanagement,
- die Neugestaltung insbesondere fachübergreifender Kommunikations- und Kooperationsprozesse,

■ und die Entwicklung entsprechender personaler Kompetenzen und Arbeitsformen.

Das Gender Mainstreaming-Konzept kann somit einen grundlegenden Beitrag zu Change Management in Verwaltung und Politik leisten. Selbstverständlich ist jedoch auch Gender Mainstreaming kein Zaubermittel für Geschlechtergerechtigkeit. Veränderungen von Arbeitsstrukturen und Arbeitsgewohnheiten gestalten sich insbesondere in der Verwaltung als langwieriger und oft zäher Prozess, der motivational und fachlich sorgfältig begleitet werden muss. Deshalb kann Gender Mainstreaming nur auf dem Boden der Strukturen und des Engagements bisheriger Frauen- und Gleichstellungspolitik gedeihen: auf den Erfahrungen und Kompetenzen frauen- und gleichstellungspolitischer Akteurinnen, den Erkenntnissen von Frauen- und Geschlechterforschung, durch Netzwerke und eine andere Sichtweise auf und in Organisationen. Bei dem Gender Mainstreaming-Ansatz geht es nicht um Ersatz des einen Konzepts durch ein anderes, sondern um Synergie und wirkungsvolle Verzahnung: Gender Mainstreaming wird durch konzeptionelle und strukturelle Intervention für langfristige Veränderungen Sorge tragen, Frauen- und Gleichstellungspolitik weiterhin über Förderprogramme und spezifische Maßnahmen kurz- und mittelfristig Benachteiligungen und Ungleichgewichte kompensieren.

4. Gender Mainstreaming als Organisationsentwicklungsansatz

Wenn Gender Mainstreaming zum Change Management in Verwaltung und Politik beitragen soll, so muss auch seine Einführung als Personal- und Organisationsentwicklungsprozess gestaltet werden. Anfang Februar 2000 startete im Ministerium für Arbeit, Frauen, Gesundheit und Soziales ein Pilotprojekt für die Landesverwaltung Sachsen-Anhalts. Das Projektkonzept geht von der Hypothese aus, dass die Einführung des Gender Mainstreaming am nachhaltigsten im unmittelbaren Arbeitskontext gelingt. Neue Arbeitsstrukturen, -inhalte und -formen werden von Führungskräften sowie Mitarbeitern und Mitarbeiterinnen nur dann akzeptiert, wenn sie einen Gewinn für Qualität, Effektivität und auch Spaß bei der Erledigung ihrer ureigenen Arbeitsaufgaben erwarten lassen. Eine solche Interessenkongruenz ist nur erreichbar, wenn über die Unterstützung von Kommunikations- und Kooperationsprozessen Erkenntniszuwächse gestaltet, neue Sichtweisen ermöglicht und traditionelle Lösungsansätze wertschätzend hinterfragt werden können. Um diese Ziele des Ministeriums politisch entsprechend umsetzen zu können, wird für erforderliche Kooperationen der Fokus des Projekts auf die Fortbildung aller Ebenen der öffentlichen Verwaltung gesetzt. Im Bereich der Fortbildung ist es Ziel des Projekts, Mitarbeiterinnen und Mitarbeiter zu motivieren und zu befähigen, konkrete Arbeitsinhalte unter männer- und frauenspezifischen Blickwinkeln zu betrachten, geschlechtspezifische Auswirkungen politischer Maßnahmen zu erkennen, und diese Erkenntnisse bei der Gestaltung zu berücksichtigen.

Auf dem Weg zu diesem Ziel sind folgende Aufgaben zu erfüllen:
- Sensibilisierung der Mitarbeiterinnen und Mitarbeiter für ihre eigenen individuellen Handlungsmuster in Bezug auf ihre Geschlechterrollen und damit Förderung der kritischen Reflektion des eigenen Verhaltens,
- Schärfung der Wahrnehmung für unterschiedliche gesellschaftspolitische, strukturelle und organisatorische Rahmenbedingungen der Lebenswirklichkeiten von Männern und Frauen, z.B. der geschlechtsspezifischen Arbeitsteilung,
- Sensibilisierung für die Notwendigkeit, die Möglichkeit und die Vorteile der Veränderung - sowohl des eigenen Verhaltens als auch der Rahmenbedingungen,
- Erarbeitung der fachlichen Kompetenzen, d.h. Vermittlung von fachbezogenem Gender-Wissen und Befähigung, Erkenntnisse aus der Wissenschaft, insbesondere der Frauen- und Geschlechterforschung, und aus politischen Analysen zu nutzen,
- auf dieser Grundlage Vertiefung der Fähigkeit, Ungleichbehandlungen der Geschlechter zu identifizieren und die Hemmnisse auf dem Wege zu Chancengleichheit zu analysieren und zu beschreiben.

4.1 Organisationsberatung

Organisationsberatung soll dabei unterstützen, Entscheidungsprozesse im Hinblick auf Chancengleichheit der Geschlechter zu evaluieren, zu (re-)organisieren und weiterzuentwickeln. Hierbei sind folgende Elemente von Entscheidungsprozessen einzubeziehen:
- Analyse: Identifizierung der Zielgruppen einer politischen Maßnahme; Identifizierung von unterschiedlichen Ausgangsbedingungen für die Zielgruppen (auch von eventuellen mittelbaren Diskriminierungen) und deren Ursachen; Beschreibung der Hemmnisse, Chancengleichheit zu erreichen;
- Entwicklung von Handlungsalternativen zur Verbesserung der Chancengleichheit sowie deren Bewertung in Bezug auf ihre Kosten-Nutzen-Relation;
- Auswahl einer Handlungsalternative und Umsetzung;
- Erfolgskontrolle und ggf. Nach- oder Umsteuerung.

Mit dem Ziel der Neueinführung dieser Elemente und damit der Veränderung bisheriger Entscheidungsabläufe im Vorfeld politischer Maßnahmen wird sich der Organisationsberatungsprozess vor allem solcher Arbeitsformen und Methoden bedienen, wie Förderung der themenbezogenen Kommunikation und Kooperation in Workshops und angeleiteten Projektgruppen, Initiierung und Begleitung neuer Arbeitsformen, wie z.B. Kompetenzzentren oder Vernetzung mit externen Experten und Expertinnen, geschlechtersensiblen Teamentwicklungsmethoden, Zukunftswerkstätten zur Identifikation von fachspezifischen Handlungsbedarfen und -möglichkeiten. Zusammenfassend lassen sich Ziele und Struktur des Gender Mainstreaming-Pilotprojektes wie folgt abbilden:

Personenbezogene Fortbildungsangebote	und	**Abteilungsbezogene Organisationsberatung**
mit den Zielen		*mit den Zielen*
▪ Sensibilisierung und Motivierung für einen geschlechterbewussten Arbeitsansatz ▪ Aufbau bzw. Erweiterung des fachbezogenen Gender-Wissens sowie Befähigung zur effektiven Informationsbeschaffung		▪ Identifizierung geschlechterpolitischer Handlungsfelder ▪ Unterstützung der Bearbeitung durch Entwicklung geeigneter Arbeitsformen, Analyseverfahren und anderer Methoden

Das Projekt ist eine schwierige beraterische Herausforderung, die eine hohe Prozesskompetenz mit viel Gespür für „geschlechterspezifische Zwischentöne" und ein breites interdisziplinäres Fachwissen mit dem Fokus „Gender" verlangen. Es wurde die Entscheidung getroffen, mit externen und geschlechtergemischten Beratungsteams zu arbeiten. Verwaltungskultur ist bekanntermaßen durch eine starke Hierarchiebezogenheit, starre Strukturen und Verregelung geprägt. Veränderungsprozesse lassen sich daher nur sehr schwer in Gang bringen. Eine externe Position des Beratungsteams ist demzufolge Voraussetzung, um Lernprozesse anzuregen: „Althergebrachtes" in Frage zu stellen, Eingeschliffenes wieder bewusst zu machen, Konflikte anzusprechen und zu bearbeiten. Darüber hinaus lehren die Erfahrungen in skandinavischen Ländern, dass Gender Mainstreaming in der Verwaltung am besten top-down eingeführt werden sollte. Die Belegschaft wird sich nur einlassen, wenn sie die Identifikation und das Engagement der Führungsebene deutlich spürt.

4.2 Fortbildung der Führungskräfte

Als Projektauftakt hat im Februar 2000 eine zweitägige Gender Mainstreaming-Fortbildung für die gesamte Führungsebene des Ministeriums – 8 Frauen und 9 Männer – stattgefunden. Die Trainerin und der Trainer gliederten die Fortbildung in drei Hauptphasen. Als erstes erläuterten sie den Gender Mainstreaming-Ansatz, gaben statistikgestützte Inputs zu Geschlechterdifferenzen im öffentlichen und privaten Bereich und erweckten die Statistiken mit eigenen Beispielen und Beispielen der Teilnehmenden zum Leben. Anschließend näherten sich die Teilnehmer und Teilnehmerinnen dem Gender-Thema in Sensibilisierungsübungen sehr persönlich. Ausgehend von der Diskussion über Familien-, Karriere- und Zeitkonzepte wurden Denkmuster sichtbar, Vorbehalte und – auch unbewusste – Defizite offen angesprochen. Die Selbstreflektion offenbarte vor allem zwei Seiten des Themas: Strukturell bedingte Ungerechtigkeiten zwischen Frauen und Männern sind fast allen aus persönlichem Erleben bekannt und – geschlechtergemischte

Teams sind kreativer und produktiver. Letzteres zeigte sich besonders in der nachfolgenden Kleingruppen- und Plenumsarbeit an abteilungsübergreifenden Fachthemen, die den Schwerpunkt der Veranstaltung bildete. Zu insgesamt 4 Themenkomplexen erarbeiteten die Teilnehmenden Zielmarken für Chancengleichheit und leiteten konkrete Projektvorhaben ab: Außendarstellung des Ministeriums, soziale Sicherungssysteme für Frauen und Männer, Berufsfindung für Mädchen und Jungen und Chancengleichheit in der Personalentwicklung. So wurde beispielsweise zum Themenkomplex soziale Sicherung verabredet, die durch die politische Wende 1989/90 verursachten Brüche in den Erwerbsbiografien hinsichtlich der Geschlechterdifferenzen zu untersuchen. Für das Themenfeld „Personalentwicklung" wurde eine Projektgruppe gegründet, die Kriterien für geschlechtergerechte Personalauswahl- und Personalbewertungsverfahren entwickeln soll. Die hohe Motivation und Energie bei den fachbezogenen „Gender-Diskussionen" und die Bereitschaft, veränderte Standpunkte einzunehmen, konnten als eine erste Bestätigung des Projektkonzeptes gewertet werden.

4.3 Anwendungsprojekte in den Abteilungen

Nach dem Auftaktworkshop für die Führungsebene ist über einen Zeitraum von 2 Jahren sukzessive die gesamte Mitarbeiterschaft des Ministeriums einbezogen worden. Jede Fachabteilung des Ministeriums erhielt die Möglichkeit, in Projektteams konkrete und reale Fachthemen über einen Zeitraum von ca. 6 Monaten unter Gender-Gesichtspunkten zu bearbeiten. Die Auswahl der Arbeitsbeispiele gestaltete sich sehr vielfältig: Sie reichten von der qualitätsorientierten Analyse von Fachaufgaben, wie z. B. einer geschlechterdifferenzierten Analyse des Luftrettungswesens, über die Entwicklung geschlechtersensibler Kriterien für die Ausschreibung von Forschungs- und Gutachtenaufträgen, hier am Beispiel eines Landes-Armuts- und Reichtumsberichtes, die Integration des Gender-Ansatzes in moderne Steuerungsinstrumente, wie z. B. Zielvereinbarungen mit Trägern der Jugendhilfe bis zur Erprobung abteilungsübergreifender Formen der Unternehmens- und Trägerbratung, z. B. hinsichtlich der Schaffung geschlechtergerechter Arbeitsschutzbedingungen und entsprechender Fördermöglichkeiten. Die Heterogenität der Anwendungsprojekte förderte vor allem das Verständnis der Beteiligten, dass eine zielgruppenorientierte, damit auch geschlechterdifferenzierte Herangehensweise genauso wie etwa Wirtschaftlichkeitsuntersuchungen oder Gesetzesfolgenabschätzungen die Qualität jeder fachpolitischen Lösung beeinflussen wird. Die Arbeit in den Projektteams stärkte zudem die Erkenntnis, dass die erfolgreiche Umsetzung von Gender Mainstreaming ein sehr komplexes Unterfangen ist, welches unter anderem ein abteilungs- und behördenübergreifendes Informations- und Wissensmanagement erfordert. Sachsen-Anhalt hat somit mit diesem Pilotprojekt und Organisationsenwicklungsvorhaben zumindest in der Bundesrepublik Neuland betreten. Es bleibt zu hoffen, dass dieses Projekt im Kontext von Verwaltungsreform Schule macht.

Literatur

Bundesanstalt für Arbeit - Ibv 20/01.Gender Mainstreaming. Es wird Zeit....

HOECKER, B. 1998. Frauen und Männer in der Politik. Bonn

HÖYNG, S., PUCHERT, R. 1998. Die Verhinderung der beruflichen Gleichstellung. Berlin

JUNG D., KÜPPER G. 2001. Gender Mainstreaming und betriebliche Veränderungsprozesse. Bielefeld

KOMMISSION DER EUROPÄISCHEN GEMEINSCHAFTEN. 1998 Leitfaden zur Bewertung geschlechtsspezifischer Auswirkungen

KOMMISSION DER EUROPÄISCHEN GEMEINSCHAFTEN. 1998. Fortschrittsbericht der Kommission über Folgemaßnahmen zu der Mitteilung „Einbindung der Chancengleichheit in sämtliche politische Konzepte und Maßnahmen der Gemeinschaft"

KRANNICH, M. (Hrsg.) 1999. Geschlechterdemokratie in Organisationen. Dokumentation einer Fachtagung vom 10. und 11. Juni 1999 in Frankfurt am Main. Böll-Stiftung

Ministerium für Arbeit, Frauen, Gesundheit und Soziales des Landes Sachsen-Anhalt. 2000. Gender Mainstreaming in Sachsen-Anhalt.

REGENHARD, U. (Hrsg.) 1998. Die männliche Wirtschaft – Geschlechtertrennung und Konzept zur Frauenintegration. Berlin

STARK, A. 1998. Gender Mainstreaming – Targeting Management. Speech for the European Commission's Directorare - General V Congress „Equality is the Future" 21-22 September 1998 in Brussels

STEPANEK, B. Gleichstellung für Frauen ... und Männer? Studie zur Gleichstellungspolitik in Schweden. Hrsg. vom Frauenbildungsnetz Ostsee

STIEGLER, B. 1998. Frauen im Mainstreaming. Politische Strategien und Theorien zur Geschlechterfrage. Hrsg. von der Friedrich-Ebert-Stiftung, Abt. Arbeits- und Sozialforschung

STIEGLER, B. 2000. Wie Gender in den Mainstream kommt. Hrsg. von der Friedrich-Ebert-Stiftung, Abt. Arbeits- und Sozialforschung

TONDORF K., KRELL G. An den Führungskräften führt kein Weg vorbei! Düsseldorf

WIMMER, R. (Hrsg.) 1995. Organisationsberatung – Neue Wege und Konzepte. Wiesbaden

Entschließung zur Mitteilung der Kommission vom 16. September 1997: „Einbindung der Chancengleichheit in sämtliche politische Konzepte und Maßnahmen der Gemeinschaft", ABl. C304 vom 6.10.1997

Mitteilung der Kommission: Einbindung der Chancengleichheit in sämtliche politischen Konzepte und Maßnahmen der Gemeinschaft, KOM (96) 67 endg. vom 21.12.1996

Progress Report on European Community Activities related to the two Areas of Concern. Institutional Mechanismus for the Advancement of Women. Women and Health. United Nations Commission on the Status of Women 1999

Dorothea Jansen / Helga Lukoschat

Netzwerke und Empowerment

Die Europäische Akademie für Frauen in Politik und Wirtschaft Berlin

1. Ziele der Akademie

2. Die Organisationsform der Akademie

3. Aufgaben und Tätigkeitsfelder der Akademie

4. Die Pilotprojekte der Akademie

5. Mentoring- und Careerbuilding-Programme

Literatur

Dorothea Jansen ist für die Europäische Akademie für Frauen in Politik und Wirtschaft Berlin tätig und Leiterin eines Online-Services. E-Mail: jansen@eaf-berlin.de

Dr. Helga Lukoschat ist stellvertretende Vorsitzende und Geschäftsführerin der Europäischen Akademie für Frauen in Politik und Wirtschaft Berlin sowie Geschäftsführerin der Femtec. Hochschulkarrierezentrum für Frauen Berlin GmbH. E-Mail: lukoschat@eaf-berlin.de

1. Ziele der Akademie

Mit der Europäischen Akademie für Frauen in Politik und Wirtschaft ist erstmals in der Bundesrepublik eine unabhängige Institution der Kooperation, Kommunikation und Bildung entstanden, in der Frauen parteien-, generationen- und länderübergreifend zum Erfahrungs- und Informationsaustausch zusammen kommen und sich weiterqualifizieren können. Die Akademie will den Gestaltungswillen und die Handlungsfähigkeit der individuellen Frau gezielt unterstützen. Dafür steht der Begriff *Empowerment*, der ursprünglich aus der Entwicklungshilfe kommt und die Stärkung der Selbstverfügungskräfte des Subjekts bezeichnet. Wir wollen aber auch die kollektive Handlungs- und Bündnisfähigkeit von Frauen im politischen, wirtschaftlichen und gesellschaftlichen Raum fördern – und das heißt für uns vor allem: *Netzwerke* schaffen.

Netzwerke sind eine entscheidende Voraussetzung dafür, dass Frauen ihre gemeinsamen Interessen bündeln, geeignete Durchsetzungsstrategien entwickeln und machtvolle Allianzen für gesellschafts- und wirtschaftspolitisch notwendige Reformen bilden können. Solange Frauen zu den etablierten „old-boys-networks" kaum Zugang haben, müssen Frauennetzwerke äquivalente Unterstützungsaufgaben übernehmen und als Foren fungieren, in denen Frauen sich über die Gestaltung einer geschlechtergerechten Gesellschaft verständigen und die nötige Gestaltungsmacht zur Durchsetzung ihrer Forderungen organisieren. Nur so lassen sich mittel- und langfristig die historisch bedingten, strukturellen Barrieren abbauen, die den Berufs- und Karriereweg von Frauen behindern.

Wichtiges Ziel der Akademie ist es, die gleichberechtigte Teilhabe von Frauen an politischen und wirtschaftlichen Führungspositionen zu fördern. Wir brauchen eine ausgewogene Beteiligung von Frauen an den Entscheidungsprozessen, damit die Interessen von Frauen in allen gesellschaftlichen Handlungsfeldern angemessen vertreten werden. Darüber hinaus dürfen die Qualifikationen und Potenziale von Frauen für die politischen und gesellschaftlichen Entwicklungen und vor allem für die Entwicklung und Modernisierung der Wirtschaft nicht ungenutzt bleiben. Vor dem Hintergrund von Fachkräftemangel und demografisch bedingtem Rückgang des Arbeitskräftepotenzials werden gerade die Wettbewerbsfähigkeit und das Wachstum der Wirtschaft künftig von der verstärkten Integration der Frauen in das Berufsleben und der Erschließung ihrer Kompetenzressourcen abhängig sein. Chancengleichheit ist daher nicht nur eine Frage der Gerechtigkeit, sondern ein Gebot der ökonomischen Vernunft und ein wettbewerbsstrategischer Erfolgsfaktor.

Bereiche und Positionen für Frauen zu öffnen, die bislang Männern vorbehalten oder von ihnen dominiert waren, ist dabei nur ein erster Schritt. Mit der Akademie wollen wir zugleich Konzepte entwickeln und deren Umsetzung unterstützen, die zu einer kinderfreundlichen Gesellschaft beitragen und die es Frauen und Männern ermöglichen, Beruf und Familie zu vereinbaren. Die Politik, um die es uns geht, richtet sich also nicht nur an Frauen. Sie richtet sich an alle: an Frauen, Männer und Kinder. Denn die Frage, wie künftig eine bessere "work-life-balance" ermöglicht wird und welche Rahmenbedingungen von der Politik, aber auch in den Unternehmen dafür geschaffen werden müssen, betrifft in einem sehr umfassenden Sinn die soziale Reproduktionsfähigkeit der Gesellschaft und die Bedingungen, unter denen künftige Generationen aufwachsen werden. Dass es heute die Frauen sind, die das stärkere Interesse an mehr Geschlechterdemokratie in Beruf und Familie haben, kann angesichts ihrer Lebenssituation kaum verwundern. Um Frauen zu durchsetzungsfähigen "social change agents" zu qualifizieren, haben wir Empowerment, Kooperation und Vernetzung von Frauen sowie die Förderung des weiblichen Führungsnachwuchses zu zentralen Anliegen unserer Arbeit gemacht.

2. Die Organisationsform der Akademie

1996 wurde der gemeinnützige Verein und das Kuratorium gegründet und mit dem Aufbau der Akademie begonnen. Spätestens mit dem Umzug von Bundestag und Bundesregierung nach Berlin sollte die Akademie ihre Arbeit aufnehmen. "Wenn die Männer kommen, sollen die Frauen schon da sein", war unsere Parole. Vorstandsvorsitzende der Akademie ist Barbara Schaeffer-Hegel, Professorin an der Technischen Universität Berlin (vgl. den Beitrag von Schaeffer-Hegel in diesem Band). Zur Technischen Universität bestehen vielfältige und sehr fruchtbare Kooperationsbeziehungen, die sich in den ersten Jahren vor allem in der Zusammenarbeit bei den Pilotprojekten zur Förderung des weiblichen Führungsnachwuchses niederschlagen und Ende 2000 in die gemeinsame Gründung der *Femtec. Hochschulkarrierezentrum für Frauen Berlin GmbH* mündeten.

1998 wurde der Förderverein ins Lebens gerufen, der allen Frauen und Männern offen steht, die die Ziele der Akademie unterstützen. Ihm gehören namhafte Persönlichkeiten aus Politik, Wirtschaft und Wissenschaft an. Im Frühjahr 1999 fand unter großer öffentlicher Resonanz der offizielle Gründungskongress in Berlin statt (vgl. den Beitrag von Limbach in diesem Band). Akademie und Förderverein bieten einmal im Monat einen Club-Abend an, der für ihre Mitglieder und solche, die es werden wollen, Gelegenheit zur Begegnung, zum Austausch und zum Networking schafft.

Die Akademie finanziert sich im wesentlichen über drei Quellen: Für Projekte und Forschungsvorhaben werden öffentliche Gelder aus Bund, Land und Europäischer Union eingeworben. Weitere Einnahmen erzielt die Akademie aus ihrer Beratungstätigkeit für Wirtschaft, Politik und Verbände sowie aus den Seminar- und Trainingsprogrammen, die sie für Unternehmen und Organisationen realisiert. Schließlich kommen Spenden und Mitgliedsbeiträge aus dem Förderverein den gemeinnützigen Aufgaben der Akademie zu gute.

3. Aufgaben und Tätigkeitsfelder der Akademie

Die Akademie versteht sich als ein Bildungszentrum für weibliche Führungs- und Führungsnachwuchskräfte und entwickelt Qualifizierungsprogramme für die Karriereentwicklung unterschiedlicher Zielgruppen. Unsere Programme richten sich an Schülerinnen, Studentinnen, Hochschulabsolventinnen und Frauen auf dem Karriereweg.

Die Akademie verfolgt ein praxis- und handlungsorientiertes Konzept. Das heißt nicht, dass Frauen sich nur anpassen oder aus ihnen „150prozentige" Männer werden sollen. Aber Frauen müssen die Spielregeln in Politik und Wirtschaft kennen und beherrschen – und zwar gut und souverän beherrschen –, damit sie die Regeln auch verändern und gegebenenfalls neu schreiben können.

Methodisch kombiniert die Akademie in ihren Programmen drei bewährte Instrumente: Qualifizierung, Praktika und Mentoring. Inhalte der Seminare und Trainings sind Karriereplanung und Karrierestrategien, die Vermittlung von Management- und Führungskompetenzen und die Schulung professioneller Kommunikations- und Präsentationstechniken. Einblicke in die Praxis gewinnen die Teilnehmerinnen über Internships und/oder das so genannte *Shadowing*, die Begleitung und Beobachtung von Fach- und Führungskräften in ihrem Arbeitsalltag. Ein wesentliches didaktisches Element, das alle Nachwuchsprogramme der Akademie auszeichnet, ist der Transfer von Erfahrung und Wissen über Personen, das *Lernen am Vorbild*. Frauen mangelt es an beruflichen *role models* und dass nicht nur, wenn es um die Besetzung von Führungspositionen geht. Auch für die Wahl technischer Ausbildungen und Studiengänge, die außergewöhnlich gute Berufs- und Karrierechancen eröffnen, haben junge Frauen kaum weibliche Vorbilder. Neben Networking und Empowerment ist daher *Mentoring* ein wichtiger Leitbegriff für uns und eine unserer mit großem Erfolg eingesetzten Methoden. In den Programmen der Akademie werden Mentoring-Beziehungen gezielt angebahnt, begleitet und gefördert. Die erfahrenen Führungskräfte, die die Rolle einer Mentorin oder eines Mentors übernehmen, fungieren als Vorbilder, die den Frauen Orientierungshilfen geben, sie beraten und bei ihrer persönlichen und beruflichen Entwicklung unterstützen.

Ein weiteres Tätigkeitsfeld der Akademie ist Forschung und Beratung zum Bereich betrieblichen Gleichstellungsmanagement. Für Unternehmen und Verbände bieten wir Programme zur gezielten Förderung der Ein- und Aufstiegschancen von Frauen mit Führungspotenzialen an. Wir entwickeln innovative Konzepte für das betriebliche Gleichstellungsmanagement und beraten bei deren Umsetzung. In Kooperation mit dem Bundesministerium für Familie, Senioren, Frauen und Jugend haben wir den bundesweit ersten Online-Service „www.e-quality-management.de" entwickelt, der von den spezifischen Bedingungen kleiner und mittlerer Unternehmen ausgeht und diese mit praxisnahen Informationen und individueller Beratung rund um die betriebliche Gleichstellungspolitik unterstützt.

Die Akademie fördert darüber hinaus den Dialog zwischen Politik und Wirtschaft. Die Konferenzen, Tagungen und Seminare der Akademie bieten für Entscheidungsträgerinnen und Entscheidungsträger aus Politik und Wirtschaft vielfältige, offizielle wie informelle Möglichkeiten zu Kontakt, Austausch und Information. Es gehört zum Selbstverständnis der Akademie, zu einer wirtschaftlich erfolgreichen und gesellschaftspolitisch verantwortlichen Unternehmens- und Wirtschaftspolitik beizutragen.

4. Die Pilotprojekte der Akademie

Drei Pilotprojekte hat die Akademie zwischen 1997 und 2000 konzipiert und in Kooperation mit der Technischen Universität Berlin durchgeführt. Die Erfahrungen und Ergebnisse, die wir mit diesen Projekten gewonnen haben, bildeten die Grundlage für die Careerbuilding-Programme, welche die Akademie seither entwickelt hat.

Preparing Women to Lead. Starthilfen für den weiblichen Führungsnachwuchs war ein internationales, von der Europäischen Union gefördertes Projekt, dass wir mit Partnerinnen aus Belgien, Österreich und den Niederlanden durchführten. Zielgruppe waren besonders qualifizierte Hochschulabsolventinnen aus unterschiedlichen Disziplinen, denen wir Führungsfrauen aus Politik und Wirtschaft als Mentorinnen vermittelten. Ein dreimonatiges Internship bei der Mentorin wurde durch ein mehrwöchiges Qualifizierungsprogramm ergänzt. Die jungen Mentees lernten Managementanforderungen, Führungstechniken und Durchsetzungsstrategien kennen, gewannen Einblicke in Entscheidungsstrukturen der jeweiligen Organisation, wurden in Netzwerke eingeführt und professionalisierten ihre Selbstpräsentation. Mit gestärktem Selbstbewusstsein und gesteigertem Vertrauen in ihre Führungsfähigkeiten gingen sie aus dem Projekt hervor. Zwei Drittel der Teilnehmerinnen bekamen im Anschluss ein Beschäftigungsangebot seitens „ihrer" Organisation, und die Mehrzahl setzte die Beziehung mit ihrer Mentorin fort. Ganz wichtig erwies sich, dass die Frauen ihre eigenen Netzwerke bildeten und den Kontakt über das Projekt hinaus gehalten haben.

Innovation durch (E)-Quality- Management. Weiblicher Führungsnachwuchs für den Mittelstand, ebenfalls für Hochschulabsolventinnen entwickelt, wurde von 1998-2000 durchgeführt. Angesichts besonders guter Karrieremöglichkeiten in mittelständischen Unternehmen des IT-Sektors und der Biotechnologie richtete sich das Projekt vor allem an Frauen aus den natur- und ingenieurwissenschaftlichen Studiengängen. Ziel war es, die Ein- und Aufstiegschancen der Frauen durch eine gezielte Managementweiterbildung zu verbessern und den Transfer zwischen Wissenschaft und mittelständischer Wirtschaft zu fördern. Inhalte der zehnwöchigen Intensivschulung waren betriebswirtschaftliche Grundlagen und moderne Unternehmensführung, Qualitätsmanagement und innovative Gleichstellungsmaßnahmen für kleine und mittlere Unternehmen. Drei Monate hospitierten die Teilnehmerinnen in vorwiegend technologieorientierten, forschungsnahen Unternehmen des Berliner Raums. Ein Großteil der Teilnehmerinnen wurde im

Anschluss von den Firmen übernommen und in verantwortungsvollen Positionen eingesetzt.

It's our turn. Junge Frauen für die Politik von morgen war das erste Schülerinnen-Projekt der Akademie. Es zielte darauf ab, das politische Interesse und das Engagement von Schülerinnen im Alter zwischen 16 und 18 Jahren zu unterstützen und zu stärken. Das Projekt wurde vom Bundesfrauenministerium gefördert und im Mai 1999 erstmalig aus Anlass des 50jährigen Bestehens des Grundgesetzes durchgeführt. 25 junge Frauen aus der gesamten Bundesrepublik waren eine Woche lang in Berlin zu Gast, um Politik hautnah und vor Ort zu erleben. Sie begleiteten und befragten Politikerinnen, diskutierten mit Vertretern der Jugendorganisationen der Parteien und lernten verschiedene Frauenprojekte kennen. Sehr beeindruckend war für die Schülerinnen das eintägige Shadowing einer führenden Politikerin, aber auch der Austausch mit anderen politisch interessierten jungen Frauen ermutigte die Teilnehmerinnen in ihrem Engagement. *It's our turn* hat die Akademie inzwischen weiterentwickelt und für den Bereich der Wirtschaft adaptiert. Im Oktober 2001 fand *It's our turn. Junge Frauen für die Wirtschaft von morgen* als einwöchiges Programm für Abiturientinnen statt. Im Gespräch mit Frauen in wirtschaftlichen Führungspositionen und in Seminaren lernten die jungen Frauen Führungsanforderungen kennen und trainierten Führungstechniken. Das "Shadowing" ermöglichte ihnen Einblicke in den Alltag einer weiblichen Führungskraft und in frauenuntypische Berufs- und Tätigkeitsfelder der Wirtschaft. Erneut zeigte sich, dass die Begegnung mit weiblichen Vorbildern besonders geeignet ist, um bei Mädchen und jungen Frauen geschlechterstereotype Vorstellungen abzubauen und sie zu ermutigen, "ungewöhnliche" Wege zu gehen.

5. Mentoring- und Careerbuilding-Programme

Der Erfolg der Pilotprojekte hat die Akademie darin bestärkt, ihre Angebote zu einem ganzheitlichen Careerbuilding-Konzept für verschiedenen Zielgruppen auszubauen und zu verstetigen. Ein entscheidender Schritt war Ende 2000 die Gründung der *Femtec. Hochschulkarrierezentrum für Frauen Berlin GmbH* gemeinsam mit der Technischen Universität Berlin. In *private-public-partnership* mit international tätigen Wirtschaftsunternehmen will die Femtec junge Schülerinnen für natur- und ingenieurwissenschaftliche Studiengänge gewinnen und die Karrierebereitschaft und den Unternehmerinnengeist von Studentinnen und Absolventinnen fördern. Durch die Kooperation zwischen Hochschule und Wirtschaft wird die Praxisorientierung des Studiums befördert; Unternehmen kommen frühzeitig in Kontakt mit weiblichen High Potentials. Kooperationspartner bei der Femtec sind zur Zeit die Siemens AG, die DaimlerChrysler AG, die Porsche AG, die Boston Consulting Group sowie die Wintershall AG aus der BASF Group.

Im Mai 2001 hat die Femtec ihr Careerbuilding-Programm für Frauen im Grundstudium und im November das Programm für Studentinnen im Hauptstudium gestartet. Den

Teilnehmerinnen, die sich für das Programm bewerben müssen, bietet die Femtec ein studienbegleitendes Qualifizierungsprogramm an, das Workshops und Trainings, Innovationswerkstätten, Planspiele sowie öffentliche Ringvorlesungen umfasst. Dabei werden Präsenzformen mit virtuellen Formen des Lernens und der Projektzusammenarbeit verbunden. Die E-Learning-Plattform der Femtec bietet den jungen Frauen schon frühzeitig die Möglichkeit, zukunftsorientierte Arbeitsformen zu erproben. Der studentische Mentoring-Service vermittelt den Teilnehmerinnen Mentorinnen und Mentoren aus höheren Semestern, die sie beim Studieneinstieg unterstützen. Weiterer wichtige Bestandteile der Femtec-Programme sind Praktika und Exkursionen zu den beteiligten Unternehmen.

Für Schülerinnen der Sekundarstufe 2 bzw. der 10. und 11. Klassen sowie für Abiturientinnen bietet die Femtec Technik-Workshops an, um sie für die naturwissenschaftlich-technischen Fächer zu begeistern und sie zu motivieren, diese Fächer als Leistungskurse bzw. als Studienfächer zu wählen. Der Anteil von Studentinnen in den „harten" ingenieurwissenschaftlichen Fächern wie Maschinenbau und Elektrotechnik liegt in der TU Berlin zur Zeit unter 10 Prozent. Umso wichtiger ist es, den jungen Frauen kurz vor ihrer Studienwahl die Arbeitsfelder der Natur- und Ingenieurwissenschaften nahe zu bringen und ihnen die Berufs- und Karrierechancen, die ein solches Studium bietet, vor Augen führen. Langfristig will die Femtec mit ihren Programmen, die alle wissenschaftlich begleitet und evaluiert werden, ein übertragungsfähiges Ausbildungsmodell entwickeln, das künftig auch an weiteren Universitäten und Hochschulen zur Anwendung kommen kann.

In der Nachfolge von *Preparing Women to Lead* hat die Akademie inzwischen auch spezielle Careerbuilding-Programme für weibliche Professionals auf dem Karriereweg entwickelt. Im Auftrag der B. Braun Melsungen AG und der Wintershall AG konzipierten wir ein Mentoring-Internship-Programm, das externes und internes Mentoring kombinierte. Mit dem Programm wollten die Unternehmen ausgewählte Mitarbeiterinnen mit Führungspotenzialen fördern sowie gegebenenfalls neue Mitarbeiterinnen gewinnen. In einem neuntägigen Schulungsprogramm wurden die Mentees beider Unternehmen und die externen Mentees zusammengeführt und auf zukünftige Führungsaufgaben vorbereitet. Die externen Mentees absolvierten anschließend ein dreimonatiges Internship im Tätigkeitsbereich ihrer Mentoren. Die internen Mentees blieben hingegen in ihren Arbeitsfeldern und vereinbarten mit ihren Mentorinnen und Mentoren feste Meetings für Gespräche und spezielle Shadowing-Termine. Profitiert haben von diesem Programm nicht nur die Frauen, deren Aufstiegsambitionen deutlich gefestigt und verstärkt wurden. Mentoring ist keine Einbahnstrasse: Auch die Mentorinnen und Mentoren haben hinzu gelernt, in dem sie ihre Erfahrungen reflektierten, von der Mentee Feedback zu ihren Führungstechniken bekamen und eine neue Form der Mitarbeiterführung und -entwicklung erproben konnten. Die beteiligten Unternehmen können das Programm darüber hinaus als Konzept für ihre Führungsnachwuchskräfteentwicklung nutzen und mit Mentoring den Wissenstransfer und die interne Kommunikation verbessern.

Zum ersten Mal hat die Akademie jetzt auch ein Mentoring-Programm für den Wissenschafts- und Forschungsbereich aufgelegt. In Kooperation mit dem Forschungszentrum Jülich führt die Akademie das Programm „Careerbuilding für Frauen in der Wissenschaft: Coaching – Training – Mentoring" durch. Hochqualifizierte Wissenschaftlerinnen und Frauen aus der Wissenschaftsadministration werden durch Führungstrainings und bedarfsgerechte Fachseminare auf Führungsaufgaben im Forschungs- und Wissenschaftsmanagement vorbereitet. Mit individuellem Coaching und mit Mentoring wollen wir ihre Karrierebereitschaft stabilisieren und sie bei ihrer Karriereplanung unterstützen. Durch Besuchsprogramme bei anderen Forschungseinrichtungen und bei wissenschaftspolitischen Organisationen können die Teilnehmerinnen ihre Institutionenkenntnis verbessern und ihre Kontaktnetze erweitern. Im Sommer 2002 werden wir das Programm abschließen und auswerten.

Zu den jüngsten Entwicklungen gehört schließlich ein neues Konzept für ein Politikerinnen-Kolleg, mit dem die Akademie die Professionalisierung von Frauen in der Politik gezielt fördern und unterstützen will. Zielgruppen sind Frauen, die politisch aktiv werden möchten, Kommunalpolitikerinnen, Politikerinnen auf dem Karriereweg und Spitzenpolitikerinnen. Auch hier wollen wir Qualifizierungsprogramme und spezielle Angebote entwickeln, die dem Bedarf der verschiedenen Zielgruppen Rechnung tragen und den Ein- und Aufstieg von Frauen in der Politik fördern. In Kooperation mit der Bundeszentrale für Politische Bildung wird das Projekt 2002 mit einer einjährigen Pilotphase starten.

Netzwerke und Empowerment-Strategien haben sich bewährt, um die hartnäckigen Segregations-strukturen in Wirtschaft, Wissenschaft und Politik zu lockern. Sicher ist die „ganze Demokratie" (vgl. Fosther u. a. 1998) noch Zukunftsmusik. Aber die Stimmen der Frauen sind schon deutlich zu hören.

Literatur

FOSTER, H./SCHAEFFER-HEGEL, B./LUKOSCHAT, H. 1998,: Die ganze Demokratie: Zur Professionalisierung von Frauen für die Politik, Herbolzheim

Ursula Raue

Der Deutsche Juristinnenbund

Ein Frauen-Netzwerk

1. Einführung
2. Arbeitsweise
3. Geschichte
4. Themen und Erfolge
5. Chancengleichheit und Gender Mainstreaming

Ursula Raue ist Rechtsanwältin und Mediatorin in Berlin; Vorstandsmitglied des Bundesverbandes des Deutschen Juristinnenbundes. E-Mail: uraue@compuserve.com

1. Einführung

Im Deutschen Juristinnenbund (*djb*) haben sich ca. 2.800 Frauen – überwiegend Juristinnen aber auch Volks- und Betriebswirtinnen – zusammen gefunden. Der Verband ist unabhängig, überparteilich und überkonfessionell. Ziel ist es, die Gleichberechtigung und Gleichstellung der Frau in allen gesellschaftlichen Bereichen zu verwirklichen und die Lebenssituationen von Frauen, Kindern und älteren Menschen rechtlich abzusichern. Dieses wird verwirklicht durch wissenschaftliche Veranstaltungen und Seminare, Rechtsgutachten und Stellungnahmen gegenüber Regierungen von Bund und Ländern und dem Bundesverfassungsgericht und die Veröffentlichung von Arbeitsergebnissen.

Im März 2000 wurde in Berlin die European Women Lawyers Association (EWLA) gegründet, der inzwischen etwa 300 persönliche Mitglieder und 15 Verbände aus allen 15 Mitgliedstaaten der Europäischen Union angehören. Die EWLA setzt sich ein für:

- die Förderung der Belange der Frauen in den Institutionen der Europäischen Union in Frauenfragen im Allgemeinen und auf dem Gebiet des Rechts im Besonderen;
- die Verbesserung der Kenntnisse über die europäische Gesetzgebung im Hinblick auf die Chancengleichheit - mit Bezug auf Frauen,
- die Zusammenführung von Juristinnen aus den Ländern der Europäischen Union,
- die Vertretung der europäischen Juristinnen und Förderung ihrer Belange (EU-weit)

Aktuelle Themen sind die europäische Grundrechtscharta, die Änderung der EU-Gleichbehandlungs-Richtlinie, das Bekämpfen des Menschenhandels und die Vereinbarkeit von Beruf und Familie.

2. Arbeitsweise

Die Veränderung und Entwicklung des Rechts mit frauenspezifisch-fachlichem Blick sind die Hauptaufgaben sowohl des *djb* als auch der EWLA. Beide vereinigen Juristinnen aller Berufssparten. Diese Art der berufsspartenübergreifenden Organisation ist ein wesentlicher Grund für die Qualität der Arbeit, die im *djb* geleistet wird. In den Kommissionen und Arbeitsstäben sind immer alle in der Sache betroffenen juristischen Berufe – als da sind: Richterinnen, Rechtsanwältinnen, Staatsanwältinnen, Verwaltungsjuristinnen und Frauen aus der Wirtschaft – vertreten, so dass ein gesellschaftspolitisches oder juristisches Problem umfassend beurteilt werden kann. So können in fast allen relevanten Rechtsgebieten Frauen ihre persönlichen beruflichen Kenntnisse und Erfahrungen einbringen, die Erfahrungen und Sichtweisen anderer Berufsgruppen kennen lernen und gemeinsam Lösungen suchen und finden, die dem Interesse der sozial Schwächeren dienlich sind. Ebenso arbeiten Expertinnen aus verschiedenen Rechtsgebieten erfolgreich zusammen – so z.B. auf dem Gebiet des Familienlastenausgleichs. Hier führt erst eine Zusammenschau von Rentenrecht, Steuerrecht, Sozialrecht und Unterhaltsrecht zu einem wirklichen Ausgleich der Leistungen und Lasten sowohl zwischen den Geschlechtern als auch zwischen den Generationen. Alle diese Expertinnen, die im glücklichsten Falle dann auch noch an Entscheidungsstellen sitzen, in einem Verband vereint zu haben, macht die Arbeit spannend und eben auch immer wieder erfolgreich. Hinzu kommt, dass in einer Runde von 10 bis 12 Frauen ein politisch und juristisch brisantes Reformvorhaben wesentlich präziser und sachlicher diskutiert werden kann, als das beispielsweise in großen Anhörungen der Fall ist. Die Politik im *djb* ist niemals auf die Interessen eines Berufsstandes ausgerichtet, sondern immer an den Interessen von Frauen, Kindern, alten Menschen und den sozial Schwachen orientiert. Viele der Frauen im *djb* haben auf ihrem eigenen Lebensweg viel erreicht und sind erfolgreich im Beruf, aber sie wissen aus eigener Erfahrung um die Stolpersteine und Tücken, wenn es um die Partizipation an der Macht geht. Sie wissen, dass Frauen angewiesen sind auf die Unterstützung und Förderung von Frauen in Führungspositionen, und viele haben selbst erfahren, dass sich das soziale System in unserer Gesellschaft an der männlichen Normalbiographie orientiert, in der die Risiken am Arbeitsplatz abgesichert sind, in dem sich aber Kindererziehung einkommens- und rentenmindernd auswirkt. Dass hier inzwischen einiges in Bewegung geraten ist und Erfolge zu verzeichnen sind, ist der Arbeit und der Zusammenarbeit aber nicht zuletzt auch dem Netzwerk vieler engagierter Frauen zu verdanken.

3. Geschichte

Das Wissen um die größere Schlagkraft gemeinsamer Aktionen hat vor etwa 100 Jahren die Anfänge der Frauenbewegung bestimmt. Die wenigen Frauen, die damals zunächst um den Zugang zum Abitur und dann zum Studium der Rechtswissenschaft gekämpft hatten, gründeten bereits 1914 den Juristinnenverein. Damals wurden Frauen noch nicht zum Staatsexamen zugelassen und dementsprechend konnten sie natürlich auch keinen juristischen Beruf ausüben. Erst 1919 – mit der Weimarer Reichsverfassung – wurden Männern und Frauen „die gleichen staatsbürgerlichen Rechte und Pflichten" zugestanden. Um die Zulassung zu den juristischen Berufen musste allerdings noch sehr gekämpft werden. Viele der Männer konnten sich einfach keine Frauen in ihren Reihen vorstellen. Die einen sahen das Ende der göttlichen Weltordnung gekommen, andere sprachen den Frauen wegen Menstruation und Schwangerschaft die Fähigkeit zum logischen Denken ab und wieder andere konnten sich einfach nicht vorstellen, dass eine Frau über einen Mann richten sollte. Am vorläufigen Ende der langen Debatte war es dann allerdings 1922 so weit, dass Frauen Anwältinnen, Richterinnen und Verwaltungsjuristinnen werden konnten. Das hielt aber nicht lange an, denn ab 1934 galt nur noch der arische Mann als Krone der Schöpfung. Anwältinnen wurden nicht mehr zugelassen, Richterinnen nicht mehr eingestellt und wenn sie bereits eine gute Position im öffentlichen Dienst hatten, dann wurden sie an Stellen mit wenig oder gar keinem Publikumsverkehr versetzt und auf diese Weise „unsichtbar" gemacht. Der Juristinnenverein, dem viele jüdische Frauen angehörten, tauchte nicht mehr auf.

Im Herbst 1948 – in der Zeit, in der der Parlamentarische Rat seine Arbeit an einer Verfassung für die westlichen Besatzungszonen aufnahm – gründeten 7 Frauen in Dortmund den Juristinnenbund. Zunächst suchten – und fanden – sie Juristinnen und Volkswirtinnen, die gemeinsam ihre Interessen im öffentlichen Leben wahrnehmen wollten. Nach gut einem Jahr waren sie schon mehr als 100 Frauen, die sich gegenseitig unterstützten, sich mit Literatur versorgten, Unterricht in Staatsbürgerkunde gaben und gleiche Rechte für Frauen forderten. 1950 wurde im Bundesinnenministerium ein Frauenreferat eingerichtet. Ebenfalls im Winter 1948/49 kämpfte Elisabeth Selbert, eine von vier Frauen im Parlamentarischen Rat, gegen den erbitterten Widerstand vieler Männer um den Satz *„Männer und Frauen sind gleichberechtigt."* in der neuen Verfassung. Sie war letzten Endes erfolgreich, weil sie in allen Frauenvereinen für diese klare Formulierung warb und deren Konsequenzen erklärte. Sie hatte ihr Ziel erreicht, nachdem der Parlamentarische Rat waschkörbeweise Post von Frauen bekommen hatte, die die klare und eindeutige Formulierung von Elisabeth Selbert einforderten. Der Hinweis darauf, dass 4 Millionen mehr Frauen als Männer wahlberechtigt seien, hat dann doch die Mehrheit der Männer überzeugt.

4. Themen und Erfolge

In den ersten Jahren der Bundesrepublik haben Frauen enorme Aufbauarbeit geleistet. Viele hatten ihre Männer im Krieg verloren und mussten allein eine Familie durchbringen. Juristinnen waren im öffentlichen Leben gut vertreten. Sie waren – weil sie in der Nazizeit ihre Berufe nicht ausüben durften – politisch meistens unbelastet. So wirkten sie vor allem bei dem Aufbau der kommunalen Verwaltungen und der Gerichte mit. An den fünf Bundesgerichten waren insgesamt sechs Frauen als Richterinnen. Um effektiv zu arbeiten, mussten die Frauen des *djb* gute Informationsquellen haben und so wurden alle weiblichen Bundestagsabgeordneten laufend über die Arbeit informiert und gebeten, ihrerseits den *djb* über die Vorbereitung von Gesetzen im Rechtsausschuss zu unterrichten, damit rechtzeitig Stellung genommen werden konnte. Mit der Einführung des Gleichberechtigungsgrundsatzes war klar, dass viele Regelungen des Bürgerlichen Gesetzbuches (BGB) von 1900 – vor allem im Familienrecht und Erbrecht – verfassungswidrig waren. So bedurften zum Beispiel Frauen, wenn sie berufstätig sein wollten, der Genehmigung des Ehemannes und dieser hatte das Recht, ihren Arbeitsvertrag zu kündigen, wenn er der Meinung war, dass sie die Hausarbeit vernachlässigte. Der gesetzliche Güterstand in der Ehe sah so aus, dass dem Ehemann das Recht der Verwaltung und Nutzung des Vermögens der Frau zustand. Weil man die Gefahr eines rechtlichen Vakuums sah, hat der Parlamentarische Rat bestimmt und im Grundgesetz festgeschrieben (Art. 117 GG), dass das alte Recht noch bis zum 31.3.1953 weiter gelten sollte. In 4 Jahren – so meinten die Väter und wenigen Mütter des Grundgesetzes – hätte die Anpassung der Gesetze an die neue Verfassung geleistet werden können. Aber die Frist verstrich und nur das massive Einfordern neuer Gesetze von Frauenverbänden – vor allem seitens den Juristinnenbundes – brachte mit vielen Jahren Verspätung dann das erste Gleichberechtigungsgesetz, das am 1. Juli 1958 in Kraft trat und das u.a. das Kündigungsrecht des Ehemannes bei Erwerbstätigkeit der Frau aufhob und die Zugewinngemeinschaft als gesetzlichen Güterstand der Ehe einführte.

Im öffentlichen Dienst galt noch in den 50er Jahren die sogenannte Zölibatsklausel, wonach eine Frau entlassen werden konnte, wenn sie heiratete und ihre Versorgung damit dauerhaft gesichert war. Ebenso konnten bei Arbeitslosigkeit Doppelverdiener – das waren dann natürlich die Frauen – entlassen werden. Diese Regelungen entsprangen dem für den öffentlichen Dienst geltenden Alimentationsprinzip, das besagt: Der Staat sorgt für den angemessenen Lebensunterhalt seiner Beamten – und auch ihrer Familien (durch Verheirateten- und Kinderzulagen) – im Gegenzug dazu stellt der Beamte seine volle Leistungskraft in den Dienst des Staates. Die logische Folgerung daraus ist dann, dass die Beamtenfamilie nur einmal alimentiert wird. Diese Argumentation, die einem Obrigkeitsstaat, nicht aber einer ansonsten leistungsorientierten Gesellschaft entspricht, wurde sogar in den späten 60er Jahren – als es um die Möglichkeit von Teilzeitarbeit für Beamtinnen und Richterinnen mit Familienpflichten ging – immer noch benutzt.[1] Schon 1953 forderte der Juristinnenbund in einer Eingabe an das Frauenreferat des Bundesinnenministeriums eine Anweisung an alle Behörden, dass alle Frauen, unabhängig davon, ob verheiratet oder nicht verheiratet, ob sie Kinder oder keine Kinder haben, mit „Frau" anzureden sind. Die erste Vorsitzende des Juristinnenbundes – Rechtsanwältin Dr. Hildegard Gethmann – wurde im Oktober 1957 bei Bundeskanzler Adenauer vorstellig, um ihn zu überzeugen, dass er eine Frau in seinem Kabinett haben müsse. Sie war erfolgreich: bald darauf wurde Dr. Elisabeth Schwarzhaupt – Mitglied im Juristinnenbund – die erste Ministerin der Bundesrepublik Deutschland. Zwar wurde für sie ein eigenes – heute würden wir sagen „weiches" – Ressort geschaffen, dennoch war es ein großer Schritt auf dem Weg an die Macht. Als dann allerdings 1961 ein Bundesfrauenministerium eingerichtet werden sollte, sandte die damalige Vorsitzende Dr. Renate Lenz-Fuchs ein Telegramm in das Palais Schaumburg – damals Sitz des Bundeskanzlers – mit folgendem Inhalt: „So sehr wir die Besetzung eines Ministeriums durch eine Frau wünschen, so entschieden widersprechen wir der Neugründung eines nicht notwendigen Ministeriums, nur um eine Frau in das Kabinett aufzunehmen. Wir halten dieses Verfahren für unwürdig." Diese Reaktion lässt erkennen, dass man damals noch fest glaubte, Frauen müssten nur gute Arbeit leisten, dann werde die Teilhabe an der Macht sich von alleine einstellen. Es brauchte weitere 20 Jahre bitterer Erfahrung, um zu erkennen, dass die Sache der Frauen keineswegs von selbst lief, sondern dass sie tatsächlich der Unterstützung durch ein eigenes Ministerium in der Regierung bedurfte.

---

[1] Lore-Maria Peschel-Gutzeit hielt auf der Arbeitstagung des Juristinnenbundes 1967 dazu ein richtungsweisendes Referat; 1968 gab der djb dazu eine umfangreiche Stellungnahme ab

Häufig musste erst das Bundesverfassungsgericht angerufen werden, um verfassungswidrige Gesetze zu Fall zu bringen. So hatte im Jahre 1959 das Bundesverfassungsgericht über den sogenannten Stichentscheid des Vaters[2] zu entscheiden. Vier Mütter – unter ihnen djb-Mitglied Rechtsanwältin Dr. Müller-Lütgenau – hatten sich mit einer Verfassungsbeschwerde dagegen gewandt, dass bei Uneinigkeit der Eltern in Fragen der elterlichen Sorge der Vater nach dem Gesetz das letzte Wort hatte (BVerfGE 10, 59). Die Frauen waren erfolgreich, der Stichentscheid des Vaters wurde als verfassungswidrig aufgehoben. Heute entscheidet – wenn die Eltern sich nicht einigen können – das Familiengericht darüber, wer entscheiden darf. Der Auftritt vor dem Bundesverfassungsgericht war gut vorbereitet. Zwei angesehene Professoren (Familienrechtler und Verfassungsrechtler) wurden mit der Vertretung beauftragt. Das Honorar für beide von DM 2.483,38 (das schon ein kleines Vermögen war) konnte nur sehr mühsam durch Sonderspenden der Mitglieder aufgebracht werden, aber der Erfolg gab den djb-Frauen Recht. Die patriarchalischen Familienbilder waren noch zu sehr in den Köpfen vieler Menschen verwurzelt, und so war es gut, dass nicht nur kämpferische Frauen, sondern auch angesehene Männer den gleichen Rechten von Frauen und Männern zum Durchbruch verhalfen. Neben dem oben schon erwähnten Recht auf Teilzeitarbeit und Beurlaubung für Beamtinnen und Richterinnen waren die Rechte der nichtehelichen – damals hießen sie noch uneheliche – Kinder und vor allem das Ehe- und Scheidungsrecht Hauptthemen der 60er und 70er Jahre. Die Reform des Scheidungsrechts von 1977 brachte das Zerrüttungsprinzip an Stelle des Verschuldens eines Ehepartners als Grund für die Scheidung. Bis dahin war vor allem eine außereheliche Beziehung ein hinreichender Scheidungsgrund, geschlechtliche Beziehungen zwischen den Eheleuten nach dem „Seitensprung" galten als Versöhnung mit der Folge, dass in Scheidungsverfahren immer wieder „schmutzige Wäsche gewaschen" werden musste, um einen Schuldigen zu überführen. Nach dem nun geltenden Recht ist eine Ehe dann als zerrüttet anzusehen, wenn die Eheleute seit einem Jahr getrennt leben und beide die Scheidung wollen. Spätestens nach drei Jahren der Trennung wird die Zerrüttung unwiderleglich vermutet. Zur Sicherung des nachehelichen Unterhalts des sozial schwächeren Partners im Alter – in der Regel der Frau – wurde der Versorgungsausgleich eingeführt, eine gesetzlich vorgeschriebene Teilung der Rentenansprüche, die allerdings durch Ehevertrag ausgeschlossen werden kann.

Auch das Recht auf Beibehaltung des Mädchennamens bei der Eheschließung wurde über Jahrzehnte gefordert, bis das Bundesverfassungsgericht 1991 endlich entschied, es sei verfassungswidrig, den Namen des Mannes Ehename werden zu lassen, wenn die Ehegatten keinen ihrer Geburtsnamen dazu bestimmen. Der Deutsche Juristinnenbund hatte auch zum Namensrecht eigene Vorschläge erarbeitet. Wesentliche Passagen der Stellungnahme des djb zu der Entscheidung des Bundesverfassungsgerichts fanden sich in den Urteilsgründen wieder. Das Familienrecht war und ist das Ur- und Kernthema, in dem die Frauen des djb immer wieder Vorschläge erarbeitet haben, die sowohl der ei-

---

[2] Letztentscheidungsrecht §§ 1628, 1629 Abs. 1 BGB a.F.

genständigen Sicherung der Frauen als auch der Sorge um die Kinder Rechnung tragen. Beispielsweise sei genannt: Anrechnung von Kindererziehungszeiten, das gemeinsame Sorgerecht für Eltern, die nicht oder nicht mehr miteinander verheiratet sind, die rechtliche Gleichstellung von nichtehelichen Kinder mit ehelichen. Bei den Renten tritt der *djb* für eine eigenständige Absicherung von Frauen ein, die Familienarbeit leisten und geleistet haben. Im Steuerrecht soll nicht die Ehe, sondern die Familie begünstigt werden. Im Strafrecht sind alle Arten von Gewalt gegen Frauen und Kinder immerwährende Themen im Kampf um den Schutz der Schwächeren.

5. Chancengleichheit und Gender Mainstreaming

Unabhängig von den Erfolgen im Einzelnen konnte man sich aber der Erkenntnis nicht entziehen, dass allein die rechtliche Gleichstellung nicht die gewünschte Teilhabe an der Macht in Wirtschaft, Politik und Gesellschaft gebracht hatte. Zwar ist festzustellen, dass der Zugang zur Bildung für Mädchen und Jungen, für Frauen und Männer in gleicher Weise gewährleistet ist, dennoch ist an den Schaltstellen der Macht der Anteil an Frauen nach wie vor beschämend gering. Vor allem in den Universitäten der Bundesrepublik besetzen Frauen gerade 5% der Lehrstühle. Frauen mussten die bittere Erfahrung machen, dass die rechtliche Gleichheit und die tatsächliche Verteilung von Macht und Geld in der Gesellschaft weit auseinander klaffen. Die gleichen Rechte hatten zwar vieles zum Besseren für die Frauen verändert, aber von der „Hälfte des Himmels" ist man noch meilenweit entfernt. Manchmal musste frau sogar lernen, dass die für die Förderung von Frauen vielgeschmähte Quote für Männer ohne weiteres Anwendung fand. So wurde z.B. auf einer Tagung der Präsidenten aller Oberlandesgerichte die Befürchtung geäußert, dass es demnächst mehr weibliche als männliche Richter geben werde, weil die einfach bessere Examina machten. Um dieser furchterregenden Vision rechtzeitig zu begegnen, wurde vorgeschlagen, man solle die Anforderungen an die Examensnoten für Männer angemessen senken.

Die Frage, ob Art. 3 des Grundgesetzes mit der rechtlichen Gleichstellung erfüllt sei, oder ob nicht doch die gleiche Teilhabe der Frauen in allen gesellschaftlichen Bereichen gemeint sei, mit der Folge, dass kompensatorische Maßnahmen, die dann zwangsläufig zu Lasten von Männern wirken, von dem Gleichberechtigungsartikel gedeckt seien, wurde vehement und sehr kontrovers geführt. Im Kern ging es darum, ob der Fortgang der Gleichberechtigung und der Aufstieg von Frauen beschleunigt werden sollte oder nicht, denn in den Eingangspositionen waren und sind Frauen gut vertreten.

Als nach der Wende und dem Beitritt der DDR auch Änderungen des Grundgesetzes zur Diskussion standen, wurde im *djb* eine Verfassungskommission gebildet, die Vorschläge zu frauenrelevanten Fragen erarbeitete. Im Ergebnis wurden bei den Änderungen nicht alle Wünsche der Frauen erfüllt, aber der Gleichheitssatz wurde zugunsten der Zulässigkeit von Frauenförderung geändert. So heißt es nun – seit 1993 – in Art. 3 Abs. 2:

> *"Frauen und Männer sind gleichberechtigt. Der Staat fördert die tatsächliche Durchsetzung und Gleichberechtigung von Frauen und Männern und wirkt auf die Beseitigung bestehender Nachteile hin."*

Der Deutsche Juristinnenbund hatte schon 1987 eine Kommission für Fragen der tatsächlichen Gleichstellung eingesetzt, die zunächst eine umfangreiche Ist-Analyse über die tatsächliche Präsenz von Frauen in allen gesellschaftlichen Bereichen erstellte, und die auf dieser Basis Eckpunkte für ein Gleichstellungsgesetz erarbeitete. Die Expertinnen des *djb* sind bundesweit anerkannt und stehen den Parteien und Ausschüssen als kompetente Gesprächspartnerinnen zur Verfügung. Auch auf EU-Ebene hat der Amsterdamer Vertrag vom Mai 1999 in Art. 119 Abs. 4 den Mitgliedstaaten der EU spezifische Vergünstigungen zum Ausgleich von Benachteiligungen des unterrepräsentierten Geschlechts in der beruflichen Laufbahn im Gender Mainstreaming Ansatz empfohlen. Danach soll alles gesetzgeberische und Verwaltungshandeln unter dem Gesichtspunkt betrachtet werden, ob es unterschiedlich Auswirkungen auf Frauen oder Männer hat. Damit ist die Rechtslage in Europa nun eindeutig zu Gunsten der Förderung von Frauen ausgestaltet. Dennoch ist noch vieles zu tun. So arbeiten die Juristinnen an einer europäischen Grundrechtscharta, an Vorschlägen für den Zugang zu den verfassungsmäßigen Institutionen der Europäischen Union sowie an der Erweiterung der Kompetenzen des Europäischen Parlamentes und der Kommission. Die nationalen Gesetze müssen - beispielsweise zu Fragen der unmittelbaren und mittelbaren Diskriminierung – den europäischen Vorgaben angepaßt und untereinander harmonisiert werden. Im internationalen Rechtsraum wird an einem Völkerstrafgesetzbuch für die Verfahren vor den internationalen Strafgerichtshöfen in den Haag und Arusha gearbeitet und das geltende Völkerrecht insbesondere im Hinblick auf den Schutz von Frauen und Kindern überarbeitet. Neben der beruflichen Förderung von Frauen mit dem erklärten Ziel, nicht nur zahlenmäßig am Arbeitsleben beteiligt zu sein, sondern vor allem auch in angemessener Form Führungspositionen zu besetzen, bleiben die „klassischen" Betätigungsfelder – manchmal mit neuen Fragen – weiter im Blickfeld von *djb* und EWLA:

- das Strafrecht, insbesondere die Ahndung von Gewalttätigkeit,
- der Opfer- und Zeugenschutz;
- der Schutz von Kindern und sozial schwächeren Partnern in der sich neu definierenden Familie,
- die Ansprüche auf Unterhalt zwischen den Generationen,
- das Rentensystem und
- das Steuerrecht.

In der zweiten Hälfte des 20. Jahrhunderts haben die Frauen in Europa vieles zu ihren Gunsten verändern können, allerdings ist das Ziel – gleiche Teilhabe an Macht, Geld und Entscheidungen – noch keineswegs erreicht. Aber Wunsch und Wille sind vorhanden und die Netzwerke *djb* und EWLA werden mehr denn je die notwendigen Strukturen für einen erfolgreichen Weg durch das neue Jahrhundert bieten.

Simone Schönfeld / Nadja Tschirner

Mentoring-Programme für Frauen – Ein Anstoß zum Aufstieg

1. Einführung

2. Trotz gestiegener Qualifikation kaum Chancen auf Erfolg

3. Mentoring – Förderung durch Beziehungen?

4. Mentoring-Programme – was bewirken sie?

5. Mentoring – Erfolg nur unter bestimmten Bedingungen

6. Fazit: Mentoring – ein innovatives und effizientes Konzept als Anstoß zum Aufstieg

Literatur

Dr. Nadja Tschirner und Dipl.-Soz. Simone Schönfeld: Forschung und Begleitung von Mentoring-Programmen, bis 2000 als Wissenschaftliche Referentinnen am Deutschen Jugendinstitut e.V., Abteilung Geschlechterforschung und Frauenpolitik tätig; Expertinnen zum Thema Mentoring; Gründerinnen von imento (Institut für Mentoring, Training und Organisationsentwicklung), München. E-Mail: n.tschirner@t-online.de

1. Einführung

Seit einigen Jahren ziehen auch in Deutschland Mentoring-Programme zur beruflichen Förderung von Frauen immer mehr Aufmerksamkeit auf sich. Unternehmen, Gewerkschaften, Forschungseinrichtungen, Parteien und andere Organisationen haben sich entschlossen, dieses Instrument der Führungskräfteentwicklung in Pilotprogrammen auszuprobieren oder es in ihre Führungskräfteentwicklung zu integrieren. Verstanden die Unternehmen bis Mitte der 90er Jahre unter Maßnahmen zur Chancengleichheit noch vornehmlich Maßnahmen zur Vereinbarkeit von Familie und Beruf, so haben progressive Unternehmen und Organisationen nun erkannt, dass auch der Thematik „Entwicklung der weiblichen Humanressourcen" mehr Aufmerksamkeit gewidmet werden muss, will man Frauen als Kundinnen oder hochqualifizierte Mitarbeiterinnen für das Unternehmen gewinnen. Die ersten Mentoring-Pilotprogramme sind mittlerweile abgeschlossen, die ersten Erfahrungen ausgewertet. Nun gilt es, ähnlich wie in vielen skandinavischen Unternehmen bereits geschehen, Mentoring als dauerhafte Strategie zur Entwicklung von weiblichen Führungskräften zu etablieren, um Frauen den entscheidenden Anstoß zum Aufstieg zu geben.

Im vorliegenden Artikel soll das Konzept des Mentoring erläutert, Beispiele laufender Mentoring-Programme gegeben und Erfahrungen erfolgreicher Programme dargestellt werden. Dabei soll auch der Frage nachgegangen werden, wo sich Mentoring-Programme etablieren lassen und unter welchen Bedingungen Mentoring-Programme tatsächlich einen Anstoß zum Aufstieg für Frauen darstellen können. Die Autorinnen stützen sich bei ihren Ausführungen einerseits auf Ergebnisse einer transnationalen Evaluation und andererseits auf gewonnene Erkenntnisse aus ihrer Beratung verschiedener Unternehmen und Organisationen bei der Konzeption und Durchführung von Mentoring-Programmen.

2. Trotz gestiegener Qualifikation kaum Chancen auf Erfolg

Die Bildungsoffensive der 70er und 80er Jahre hat zwar dazu beigetragen, das Bildungs- und Qualifikationsniveau der Frauen zu steigern. Das Bild in den Führungsetagen der Unternehmen ist jedoch das gleiche geblieben, Frauen sind eine Seltenheit. Hierfür verantwortlich sind unterschiedliche Mechanismen, die vielfach erforscht und dokumentiert sind. Traditionelle Rollenerwartungen, die Hegemonie der kontinuierlichen Vollzeiterwerbstätigkeit sowie subtile Diskriminierungsmechanismen in den Organisationen verhindern weiterhin die berufliche Gleichstellung von Frauen. Hat die gestiegene Erwerbsbeteiligung der Frauen auch dazu beigetragen, den Frauenanteil in den Unternehmen zu erhöhen, so kann nicht übersehen werden, dass Führungspositionen von dieser Entwicklung weiterhin ausgenommen sind. Der *Zeit* zufolge war 1996 in den Aufsichtsräten der zehn Top-Unternehmen Deutschlands nur eine einzige Frau vertreten (vgl. Franks 1999, 63). Dieses Muster, je höher die Position, desto geringer der Frauenanteil, zieht sich, so Franks, durch die gesamte deutsche Wirtschaft und gilt gleichermaßen für den Lehrbereich, den öffentlichen Dienst und die Industrie. Während in Deutschland z.B. Top-Positionen in der Privatwirtschaft nur zu 4,5% von Frauen besetzt sind,[1] gibt der Labour Market Survey für England einen weiblichen Anteil von 9% im Top-Management an (Konrad-Adenauer-Stiftung, 1998, 20). Frankreich übertrifft Großbritannien hier sogar mit einem Anteil von 16% Frauen in Top-Führungspositionen (vgl. Dienel 1996, 16), wobei bei der Definition einer Führungsposition hier von Land zu Land und Branche zu Branche zum Teil erhebliche Unterschiede bestehen. Die Zahlen sind von daher mit äußerster Vorsicht zu genießen. Sie zeigen aber dennoch einen dringenden Handlungsbedarf, sollen die Kompetenzen eines mittlerweile nicht unerheblichen Anteils der Arbeitnehmerschaft nicht ungenutzt bleiben.

Empirische Untersuchungen in verschiedenen Branchen und Beschäftigungsbereichen weisen nach, dass sich die geringe Anzahl von Frauen in Tätigkeiten mit Managementcharakter auf vielfältige Ursachen zurückführen lässt (Wunderer/Dick 1997). Neben den von Männlichkeitsbildern geprägten Kriterien bei der Personalauswahl und Personalbeurteilung, die für einen weiteren Aufstieg im Unternehmen entscheidend sind, lassen auch die Arbeitszeiten für Mitglieder des Managements eine Vereinbarkeit von Familie und Beruf unmöglich erscheinen. Diese antizipierte Unvereinbarkeit trifft bei der Personalauswahl und -beförderung aber nicht nur die Frauen, die eine Familie haben, sondern wirkt sich unabhängig von den persönlichen Lebensumständen auf alle Frauen aus. Frau und Mitglied des Managements zu sein, scheint sich für viele Unternehmen nach wie vor per se auszuschließen. Darüber hinaus führen informelle Netze zwischen den männlichen Mitarbeitern dazu, dass Männer bereits vor dem Beginn offizieller Stellenbesetzungsverfahren als potenzielle Führungskräfte wahrgenommen und gefördert werden. Obwohl Frauen aufgrund ihrer herausragenden Qualifikationen eingestellt werden, leisten es sich viele Unternehmen in der Folge, auf das weibliche Potenzial zu verzichten. Und dabei zeigen neuere Studien, dass sich die berufsbezogenen Werthaltungen und Motive weiblicher und männlicher Führungskräfte kaum unterscheiden. Bei beiden Geschlechtern dominiert demnach die „klassische Karriereorientierung", d.h. dass dem Status, der hierarchischen Position und dem Einkommen ein hoher Stellenwert beigemessen wird (Wunderer/Dick 1997, 185ff.). Darüber hinaus konnte nachgewiesen werden, dass weibliche Führungskräfte tendenziell sogar aufstiegsorientierter sind als ihre männlichen Kollegen. Hier zeigt sich, dass die von Unternehmen häufig angenommene geringere Karrieremotivation von Frauen ein widerlegbares Vorurteil ist, das aber dazu beiträgt, Frauen bei der Vergabe von Führungspositionen nur selten in Betracht zu ziehen.

Da die Frauen also nachweislich motiviert sind, Führungsaufgaben zu übernehmen, liegt es bei den Unternehmen, durch die Einrichtung von Mentoring-Programmen auf die

---

[1] Nach Stern 1997 beträgt der Anteil von Frauen in Spitzenpositionen großer deutscher Unternehmen sogar nur 3% und im mittleren Management 5,5%

qualifizierten und motivierten Frauen im Unternehmen aufmerksam zu machen und ihnen neue Perspektiven zu eröffnen. Nur so kann erreicht werden, dass alle Humanressourcen des Unternehmens entsprechend ihrer Qualifikation und Motivation eingesetzt werden.

Wer nicht ermutigt wird, sich für einen höheren Posten zu bewerben und zu qualifizieren, wird jedoch langfristig im Unternehmen keine Entwicklungschancen sehen und entweder die Entscheidung fällen, das Unternehmen zu verlassen oder im Falle der Geburt eines Kindes nicht mehr an den Arbeitsplatz zurückzukehren. Die Vorurteile der Unternehmen scheinen in letzterem Fall bestätigt, ohne dass hinterfragt würde, warum die zunächst hohe Arbeitsmotivation auf einmal nachgelassen hat.

Mentoring-Programme versuchen dem Phänomen Rechnung zu tragen, dass Frauen hochqualifiziert und motiviert sind, Führungsaufgaben zu übernehmen. Sie werden in den Unternehmen jedoch vielfach übersehen, so dass ihr Potenzial nicht ausreichend genutzt werden kann.

3. Mentoring – Förderung durch Beziehungen?

Bei einer repräsentativen Umfrage unter 500 amerikanischen Top-Managerinnen gaben 85% der Befragten an, dass Mentoring eine der erfolgreichen Maßnahmen sei, die Unternehmenskultur frauenfreundlicher zu gestalten (Assig/Beck 1996, 23). Während Mentoring-Programme in den USA und einigen nordeuropäischen Staaten bereits seit Jahren ihren festen Platz in der Personalentwicklung von Unternehmen und anderen Organisationen haben, steckt dieses Instrument in vielen anderen Ländern noch in den Kinderschuhen. In Deutschland hat sich in den letzten Jahren das Bewusstsein verstärkt, dass Mentoring eine hervorragende Möglichkeit bietet, Mitarbeiterinnen durch eine persönliche Beziehung mit einer Führungskraft zu unterstützen, zu fördern und sie für ihren weiteren beruflichen Weg zu motivieren.

Im Mittelpunkt des Mentoring steht die direkte Beziehung zwischen Mentor(in) und Mentee. Wird ein Mentoring-Programm mit dem Ziel etabliert, mehr Frauen den Zugang zu Führungspositionen zu ermöglichen, handelt es sich bei den Mentor(inn)en in der Regel um erfahrene Personen der Führungsmannschaft. Sie sichern den Mentees, die zu den jüngeren Mitarbeiterinnen zählen, für einen vereinbarten Zeitraum ihre Unterstützung zu, stehen ihnen bei Entscheidungen zur Seite und begleiten sie ein Stück auf ihrem Weg. Sie helfen den Mentees mit ihrem persönlichen Wissen und ihrer Erfahrung bei der beruflichen Entwicklung und Karriere. Dabei versuchen die Mentor(inn)en im Idealfall, den Mentees Zugang zu wichtigen Netzen und Kontakten zu verschaffen und die Sichtbarkeit der Mentee im Unternehmen bzw. in der Organisation zu verbessern. Eine wegweisende Definition für eine Mentoring-Beziehung hat Kram formuliert:

„A mentor is a higher ranking, influential, senior organization member with advanced experience and knowledge who is committed to provide upward mobility and support to a protege's[2] professional career."(Kram 1988, 38)

Dem Grundgedanken nach ist diese Beziehung zunächst geschlechtsneutral, d.h., dass sowohl Frauen als auch Männer als Mentees oder Mentor(inn)en in Frage kommen. Wird mit dem Mentoring-Programm jedoch das Ziel verfolgt, Frauen neue Möglichkeiten zu eröffnen und ihnen den Zugang zu Führungspositionen zu erleichtern, bietet es sich an, Mentoring-Programme ausschließlich für weibliche Mentees zu konzipieren. Da in vielen Unternehmen aber nur sehr wenige Frauen Führungsverantwortung haben, werden vor allem Männer als Mentoren eingesetzt. Grundsätzlich ist es einerseits eine Frage der Zielsetzung, ob Männer wie Frauen gleichermaßen als Mentor(inn)en berücksichtigt werden und andererseits eine Frage der Realisierbarkeit. Gibt es im Unternehmen nur sehr wenige Frauen in Führungspositionen, werden dementsprechend kaum Mentor(inn)en zur Verfügung stehen. In manchen Programmen wird hingegen explizit das Ziel verfolgt, den Mentees weibliche Vorbilder zu präsentieren. Um dieses Ziel verwirklichen zu können, werden Mentor(inn)en ausgewählt, die nicht zum Top-Management gehören. Letztlich muss jedes Unternehmen aber für sich entscheiden, welche Variante in Frage kommt.

Je nach Zustandekommen und Begleitung der Mentoring-Beziehung spricht man von informellem oder formellem Mentoring. Während bei informellem Mentoring der Kontakt zwischen Mentor(in) und Mentee formlos und zufällig entsteht, wird die Beziehung bei formellem Mentoring durch eine dritte Person oder eine Organisation vermittelt. Hintergrund für die Entwicklung formeller Mentoring-Programme sind die Konflikte, die sich insbesondere bei gemischtgeschlechtlichen Mentoring-Beziehungen ergeben können. Diese können daraus resultieren, dass im Falle entscheidender Karriereschritte der Mentee ihre Erfolge auf andere Gründe als ihre erbrachten beruflichen Leistungen zurückgeführt werden. Die Formalisierung soll somit dazu beitragen, eine Sexualisierung der Unterstützungsbeziehung zu verhindern, bzw. Gerüchten, die für die weitere berufliche Entwicklung der Mentee hinderlich sind, den Boden zu entziehen.

Bei formellen Mentoring-Programmen bietet sich darüber hinaus die Möglichkeit, gewisse Regeln für die Mentoring-Beziehung zu vermitteln und damit den Mentoring-Prozess zu unterstützen. So ist es wichtig, dass es sich bei Mentoring um einen begleitenden Prozess handelt, in dem die Mentorin bzw. der Mentor die Mentee außerhalb einer normalen Vorgesetzten-Untergebenen-Beziehung unterstützt. Indem darauf geachtet wird, dass zwischen Mentor(in) und Mentee keine direkte Abhängigkeit besteht, kann sich die Beziehung in einem geschützten Raum entwickeln, in dem Lernen und Experimentieren stattfinden und potenzielle Fähigkeiten und neue Kompetenzen entwickelt werden können. Wie die Beteiligten diese Beziehung gestalten, liegt ausschließlich in

---

[2] In anderen Ländern werden statt des Begriffes der Mentee für die jüngere, geförderte Person, folgende Begriffe verwendet: Protegé, Mentoree, Adepter, Aktor.

ihrem Ermessen. Sie werden jedoch ermutigt, in einem Dialog nach neuen Lösungsmöglichkeiten zu suchen, wechselseitig voneinander zu lernen und neue Perspektiven wahrzunehmen.

Mentoring-Beziehungen im Rahmen von Programmen sind als funktionale Partnerschaften auf Zeit angelegt. Die meisten Programme dauern zwischen 9 und 15 Monaten, wobei die Mentoring-Beziehung bei Zufriedenheit beider Seiten nach Abschluss des Programmes noch informell weitergeführt werden kann. Die Begrenzung der Programme auf einen festgelegten Zeitraum soll gewährleisten, dass auch andere Beschäftigte die Gelegenheit erhalten, am Programm teilzunehmen. Darüber hinaus ist es mit einer zeitlichen Begrenzung einfacher, Mentor(inn)en für eine Teilnahme zu gewinnen.

Besonderes Charakteristikum formeller Mentoring-Programme ist die Unterstützung der Mentoring-Beziehung durch die Programmorganisation. Die Beteiligten werden in ihre Rollen eingeführt, auf ihre Aufgaben vorbereitet, bei der Aufnahme ihrer Beziehung unterstützt und im Prozess begleitet. Je nach Konzept der Programme können die Mentees im Rahmen von Fortbildungsseminaren zusätzlich auf die Übernahme einer Führungsfunktion vorbereitet werden. Zudem erhalten sie die Möglichkeit, sich mit den anderen Mentees zu vernetzen. Durch den Austausch mit Frauen, die sich in einer ähnlichen Situation befinden, können die Mentees feststellen, dass sie mit ihren Erfahrungen zur Förderpraxis im Unternehmen nicht alleine stehen, sondern mögliche Erfahrungen struktureller Diskriminierung mit anderen Frauen teilen. Für viele ist es vielleicht sogar das erste Mal, dass sie Schwierigkeiten, denen sie begegnen, nicht mehr nur auf eigene Fehler und Schwächen zurückführen, sondern sich des Einflusses struktureller Barrieren im Unternehmen bewusst werden. Diese Erkenntnis hat oftmals eine Stärkung der Mentees zur Folge, die sich der Situation nicht mehr ausgeliefert fühlen, sondern nun das Gefühl entwickeln, ihre Situation und auch ihre beruflichen Perspektiven aktiv mitgestalten zu können.

3.1 Internes und externes Mentoring[3]

Nicht alle Mentoring-Beziehungen sind jedoch innerhalb eines Unternehmens oder einer Organisation angesiedelt. Nur große Unternehmen, die gewährleisten können, dass Mentee und Mentor(in) in keiner direkten hierarchischen Beziehung zueinander stehen, sind letztlich in der Lage, interne Mentoring-Programme durchzuführen. Externe Mentoring-Programme, bei denen Mentee und Mentor(in) aus unterschiedlichen Unternehmen kommen, bieten sich hingegen für kleinere und vor allem für mittelständische Unternehmen an. Anders als bei internen Programmen muss bei externen Programmen jedoch ein Träger gefunden werden, der sich der Organisation und Durchführung der Programme annimmt. Auch wenn sich der konzeptionelle Rahmen von internen und externen Programmen in manchen Punkten unterscheidet, bleibt das Konzept im Kern dasselbe.

---

[3] vgl. den Beitrag von Nele Haasen in diesem Band

3.2 Cross-Mentoring: ein zusätzlicher Anreiz

Eine besondere Variante des externen Mentoring sind Cross-Mentoring Programme. Bei dieser Form des Mentoring schließen sich einige Unternehmen und Organisationen zusammen, und vereinbaren den gegenseitigen Austausch von Mentees und Mentor(inn)en. Die Vermittlung der Tandems erfolgt durch ein Team bestehend aus den Programmverantwortlichen der einzelnen Unternehmen. Neben dem Wunsch, die Mentees zu fördern und mit ihren Kompetenzen auch unternehmensintern sichtbar zu machen, verfolgen Unternehmen, die Cross-Mentoring-Programme durchführen, das Ziel, den Mentees und den Mentor(inn)en Einblick in andere Organisationskulturen zu vermitteln. Dieser zusätzliche Anreiz hilft dabei, Mentoring als Instrument zur beruflichen Förderung von Frauen in den Unternehmen bekannt zu machen. Die Chance auf die Einführung eines internen Mentoring-Programmes, in dessen Rahmen weitere Frauen unterstützt werden können, erhöht sich dadurch erheblich. Ein prominentes Beispiel in Deutschland ist das Cross-Mentoring-Programm namhafter Unternehmen, das im März 2001 in München begonnen hat. Die Unternehmen Deutsche Telekom AG, Deutsche Bank AG, Allianz und Fraunhofer Gesellschaft führen unter der Schirmherrschaft der Landeshauptstadt München und mit externer Beratung ein Cross-Mentoring-Programm durch, in dem insgesamt 13 unternehmensübergreifende Tandems gebildet wurden. Im Jahr 2002 wird das Programm auf voraussichtlich acht Unternehmen ausgeweitet (vgl. den Beitrag von Rühl).

3.3 Mentoring – ein Instrument, verschiedene Einsatzorte

Mentoring-Programme können für unterschiedliche Zielgruppen und an verschiedenen Orten durchgeführt werden. Je nach Zielsetzung werden sie für männliche und weibliche Mentees oder aber als reine Frauenprogramme angeboten. Die Auswahl der Zielgruppe erfolgt in der Regel je nach Bedarf der Unternehmen und Organisationen. Allen möglichen Zielgruppen gemeinsam ist, dass sie trotz vorhandener Kompetenzen und nachweisbarer Qualifikationen nicht ihren Fähigkeiten entsprechend eingesetzt werden und ihre Aufstiegsmöglichkeiten bzw. die Möglichkeit, qualifizierte und verantwortungsbewusste Tätigkeiten zu übernehmen, im Vergleich zu ihren männlichen Kollegen eher beschränkt sind. Die Unternehmen und anderen Organisationen verzichten damit auf eine sinnvolle Ausnutzung ihres gesamten Humankapitals. Darüber hinaus werden Frauen in männerdominierten Berufsfeldern häufig weiterhin mit stereotypen Vorurteilen konfrontiert, die dazu führen, dass sie täglich beweisen müssen, dass auch Frauen diese Art von Tätigkeit ausüben können. Auch bei hervorragender Qualifikation sind ihre Chancen, verantwortungsvolle Tätigkeiten zu übernehmen, in der Regel noch geringer als in anderen Bereichen. Mentoring kann hier dazu beitragen, Vorurteile abzubauen und Frauen wichtige Kontakte zu erschließen. Eine andere wichtige Zielgruppe können Frauen vor Beginn der Familienphase sein. Viele Unternehmen beklagen immer wieder, dass es sich nur bedingt lohne, in Frauen zu investieren, da bei jungen Frauen weiterhin damit gerechnet werden müsse, dass sie wegen der Geburt eines Kindes dem Unternehmen nur bedingt zur Verfügung stehen. Dabei wird jedoch übersehen, dass es heute Wunsch vieler Frauen ist, Beruf und Familie zu vereinbaren. Indem das Unternehmen schwangeren Frauen einen Mentor oder eine Mentorin zur Verfügung stellt, kann den Mitarbeiterinnen signalisiert werden, dass das Unternehmen sie unterstützt und ihre Rückkehr an den Arbeitsplatz aktiv fördert, sich gleichzeitig aber auch Gedanken darüber macht, wie die junge Mutter oder auch der junge Vater Beruf und Familie miteinander vereinbaren können. In welchen Bereichen Mentoring-Programme zur Förderung des weiblichen Potenzials mittlerweile überall zum Einsatz kommen wird im folgenden ausführlicher erläutert.

Wirtschaft und Wissenschaft – spannende Tandems

Nicht nur Unternehmen, auch diverse Forschungseinrichtungen haben in den letzten Jahren Mentoring zur Förderung ihres weiblichen Potenzials eingesetzt bzw. beteiligen sich an externen Programmen. Zu ihnen gehören neben der Fraunhofer Gesellschaft und dem Deutschen Zentrum für Luft- und Raumfahrt e.V. auch die GMD (Forschungszentrum Informationstechnik GmbH). Ziel der Programme ist es, den Wissenschaftlerinnen neue berufliche Perspektiven zu eröffnen. Hierzu zählen neben den Karrieremöglichkeiten innerhalb der Forschungseinrichtungen aber auch bessere Kontakte in die Industrie. Eine erste Vermittlung zwischen Mentees und Mentor(inn)en aus Wissenschaft einerseits und Forschung andererseits fand im Rahmen des Münchner Cross-Mentoring-Programms statt. Hier wurden Tandems gebildet zwischen der Fraunhofer Gesellschaft, der Allianz und der Deutschen Bank. Das Programm bietet sowohl den Wissenschaftlerinnen als auch den Mentorinnen und Mentoren interessante Einblick in andere Organisationskulturen und fördert damit u.a. das Verständnis zwischen Forschung und Industrie.

Mentoring zur Generierung des Nachwuchses und Fachkräftepotenzials

Die Studentenzahlen z.B. in Disziplinen wie Maschinenbau, Elektrotechnik und Informatik sind nach wie vor rückläufig und das, obwohl der Bedarf an Akademiker(inn)en in diesen Disziplinen ständig steigt. Einige Unternehmen sind daher bereits dazu übergangen, gezielt mit Schulen und Universitäten zusammen zu arbeiten, um zum einen mehr Schüler(inn)en zur Aufnahme eines einschlägigen Studiums zu ermutigen und zum anderen bereits Studentinnen und Studenten auf ihre Unternehmen aufmerksam zu machen, damit sie sich nach dem Studium bei ihnen bewerben. Einschlägige Mentoring-Programme können dazu beitragen, dieses Ziel zu erreichen. Ein Beispiel hierfür ist das Ada-Lovelace-Projekt der Universität Koblenz, das darauf abzielt, Schülerinnen für die Aufnahme eines technisch-naturwissenschaftlichen Studienganges zu gewinnen. Auch die Technische Universität München wird sich ab 2002 mit einem breit angelegten Mentoring-Programm für Schülerinnen, Studentinnen und Absolventinnen dieser Zielgruppe zuwenden. Darüber hinaus hat es sich auch das Mentorinnen-Netzwerk hessischer Universitäten und Fachhochschulen zum Ziel gesetzt, Studentinnen naturwissenschaftlich-technischer Fachrichtungen mit berufserfahrenen Frauen aus Wirtschaft und Wissenschaft zusammen zu bringen, um ihnen den Berufseinstieg zu erleichtern.[4]

Auch die Gewerkschaften machen mobil

Nicht nur die Unternehmen, sondern auch die Gewerkschaften haben erkannt, dass Mentoring-Programme dazu beitragen können, das vorhandene Humankapital zu fördern und das Knowledgemanagement innerhalb der Organisation zu verbessern. Die Deutsche Postgewerkschaft (jetzt ver.di) hat als erste Gewerkschaft in Deutschland ein Programm für hauptamtliche Gewerkschafterinnen aufgelegt. Zielgruppe hier waren Frauen, die eine neue Position übernommen hatten. Sie sollten mit Hilfe des Programms die notwendige Unterstützung für die Arbeit auf ihrer neuen Position erhalten. Darüber hinaus hat sich gezeigt, dass Mentoring-Programme insbesondere in Umstrukturierungsprozessen, hier die Fusion mit vier anderen Gewerkschaften, dazu beitragen können, in schwierigen Umbruchsituationen zu unterstützen.

4. Mentoring-Programme – was bewirken sie?

Zahlreiche Untersuchungen haben in den letzten Jahren ein Hauptaugenmerk auf die Situation der Frauen im Management gelegt sowie auf Barrieren, denen Frauen, die Karriere machen möchten, begegnen. Nur wenige Studien haben sich hingegen mit praktischen Ansätzen befasst, die zur Veränderung der bestehenden Situation beitragen können. Die im Rahmen eines EU-Projektes durchgeführte Evaluation des Deutschen Jugendinstitutes von drei verschiedenen Mentoring-Programmen hat hingegen Programme auf den Prüfstand gestellt, deren Ziel es ist, langfristig die Anzahl von Frauen in Führungspositionen zu erhöhen (Hofmann-Lun/ Schönfeld/ Tschirner, 1999). Die im folgenden dargestellten Ergebnisse der Evaluationsstudie werden durch die Ergebnisse unternehmensinterner Programmevaluationen ergänzt.

Zentrales Ziel der Untersuchung ist es, herauszufinden, inwieweit und auf welche Art und Weise die Mentees und Mentor(inn)en von ihrer Teilnahme an einem Mentoring-Programm profitieren. Im Mittelpunkt steht dabei die Frage, welche Erfolge sich durch die Teilnahme ergeben können. Hierbei interessieren neben einer möglichen Entwicklung im Bereich der beruflichen Karriere der Mentees auch persönliche Entwicklungen der Mentees und Mentor(inn)en. Als Bewertungskriterien stehen dabei zum einen die

---

[4] vgl. auch Jansen/Lukoschat, die auf ähnliche Projekte in Zusammenarbeit mit der Technischen Universität Berlin verweisen

subjektiven Erfolgseinschätzungen der Teilnehmer(innen) und zum anderen die programmeigenen Zielsetzungen der verschiedenen Mentoring-Programme zur Verfügung.

Evaluiert wurden drei Mentoring-Programme in verschiedenen europäischen Ländern. Dabei ging es nicht darum, europäisch vergleichend zu arbeiten, sondern eine möglichst große Bandbreite an Umsetzungsmöglichkeiten des Mentoring-Konzeptes zu erfassen. Bei den evaluierten Programmen handelt es sich um ein internes Mentoring-Programm eines international agierenden Unternehmens der Kommunikationsindustrie mit Sitz in Deutschland, ein internes Programm einer Provinzialverwaltung im öffentlichen Sektor Schwedens, sowie ein externes Mentoring-Programm, das von einer finnischen Frauenorganisation durchgeführt wurde. Unterschiede der einzelnen Programme bestanden vor allem hinsichtlich des Auswahlverfahrens der Teilnehmer(innen), dem Verfahren der Vermittlung bzw. Bildung der Mentoring-Paare sowie der Anzahl und Qualität der programmbegleitenden Seminare und Veranstaltungen. Während z.B. im Rahmen des schwedischen Programmes eine ganze Reihe von Seminaren und Veranstaltungen sowohl für die Mentees als auch für die Mentor(inn)en angeboten wurde, sah das Programm des deutschen Unternehmens lediglich einige Vorträge für die Mentees vor.

Mit der Evaluation sollten die Entwicklungsbereiche beleuchtet werden, in denen die Mentees durch ihre Teilnahme am Mentoring-Programm profitiert haben. Ausgehend von den Karrierefunktionen und den psychosozialen Funktionen, die Mentoring hat, kann zwischen zwei Entwicklungsbereichen unterschieden werden: der Karriereentwicklung und der persönlichen Entwicklung. Karrierefunktionen bezeichnen all diejenigen Aufgaben, die dazu beitragen, die berufliche Stellung der Mentee durch die Mentoring-Beziehung zu verbessern. Hierzu gehört für die Mentees z.B. die Möglichkeit, kritisch-konstruktives Feedback zu bekommen und Unterstützung bei der Karriereplanung sowie beim Zugang zu firmeninternen Netzwerken zu erhalten. Als psychosoziale Funktionen können diejenigen Anstöße betrachtet werden, die die Mentee zu ihrer persönlichen Weiterentwicklung erhält. So sollen Mentoring-Programme den Mentees u.a. ermöglichen, ihre eigenen Kompetenzen und Fähigkeiten zu erkennen und weiter zu entwickeln sowie ihr Selbstvertrauen zu stärken, eine wichtige Voraussetzung, um langfristig in Führungspositionen aufzusteigen.

4.1 Mentees gestärkt für den Weg nach oben

Wie schätzen die Mentees aber selbst ihre Teilnahme an einem Mentoring-Programm ein? Haben sich für sie Veränderungen ergeben, die sie für den Weg nach oben stärken können? Betrachtet man die Karrierefunktion der Mentoring-Programme, so lässt sich feststellen, dass in allen drei evaluierten Programmen 18% der Mentees angeben, dass sich ihre berufliche Position verändert hat. Dieses Ergebnis zeigt, dass mit Hilfe von Mentoring-Programmen kurzfristig nur wenige Mentees in den Genuss einer unmittelbaren Karriereentwicklung kommen. Es wird deutlich, dass eindeutige Effekte auf die persönliche Karriereentwicklung eher mittelfristig zu erwarten sind.

Auch wenn die objektive Bestimmung des hierarchischen Status keine großen Veränderungen für die Mentees dokumentiert, so kann die individuelle Einschätzung der eigenen Karrieremöglichkeiten aber hiervon abweichen.[5] So sieht bei allen drei Programmen ca. ein Drittel der Mentees für sich selbst hohe Karriereeffekte. Auch wenn kein unmittelbarer Aufstieg erfolgt ist, hat eine bedeutende Gruppe der Mentees im Hinblick auf karriererelevante Faktoren umfassend von der Teilnahme am Mentoring-Programm profitiert. Ein weiteres Drittel stellt für sich mittlere Karriereeffekte fest, d.h. dass sie in der Summe einen positiven Effekt des Programmes auf die Karriereentwicklung sehen. Somit teilen mehr als 60% der befragten Mentees die Erfahrung, dass Mentoring-Programme grundsätzlich ein Instrument der Karriereförderung sein können, auch wenn sie selbst nach Abschluss des Programmes nicht unmittelbar aufgestiegen waren.

Ein noch positiveres Bild zeigt sich, wenn man die psychosoziale Funktion der Programme und damit die persönliche Entwicklung der Mentees betrachtet. So trägt die Teilnahme an einem Mentoring-Programm offenbar zu einer Steigerung des Selbstbewusstseins bei. Den Mentees fällt es leichter vor großen Gruppen zu sprechen, ihre Entscheidungen zu vertreten, ihre eigenen Stärken und Schwächen zu erkennen und nach neuen beruflichen Perspektiven zu suchen. Die gewonnene Sicherheit, auch hervorgerufen durch das Gefühl der Rückendeckung durch den Mentor, macht den Mentees Mut, ihre beruflichen Ziele neu zu formulieren und sich auf bessere Positionen zu bewerben.

Bei der Formulierung von Zielen für die Mentoring-Programme sollte daher berücksichtigt werden, dass gerade auch diejenigen Aspekte, die die persönliche Entwicklung der Mentees beschreiben, einen entscheidenden Einfluss auf die weitere Karriereentwicklung der Mentees haben können. So muss die persönliche Entwicklung als eine Voraussetzung für die berufliche Entwicklung gesehen werden.[6]

Insgesamt hat sich also gezeigt, dass nach einer Programmdauer von 9-15 Monaten vor allem im Bereich der persönlichen Entwicklung Fortschritte erzielt werden können. Während die Teilnahme am Mentoring-Programm offenbar dazu beiträgt, das Selbstbewusstsein der Mentees zu stärken und ihnen die Einschätzung ihrer eigenen Fähigkeiten zu erleichtern, können direkte Karriereeffekte, wie z.B. Veränderungen der beruflichen Stellung nur langfristig erreicht werden. So lässt sich abschließend sagen, dass Mento-

---

[5] Zu diesem Zweck wurden den Mentees verschiedene Aussagen zur Bewertung vorgelegt. Aus den drei Aussagen "Ich bin mehr in Entscheidungsprozesse eingebunden", "Ich habe bessere Aufstiegschancen", "Mein Vorgesetzter/ meine Vorgesetzte zieht mich zu Rate und informiert mich", wurde ein sogenannter Karriereindex gebildet, der verschiedene Aspekte einer möglichen Karriereentwicklung der Mentee abbildet. Der Wertebereich des Index reicht von Wert 3 bis 15. Zur weiteren Analyse wurde der gesamte Wertebereich in drei Bereiche aufgeteilt: Wert 3 bis 7: niedriger Karriereeffekt, Wert 8 bis 10: mittlerer Karriereeffekt, Wert 11 bis 15: hoher Karriereeffekt. Der Index wurde mit einer konfirmatorischen Faktorenanalyse und bezüglich seiner internen Konsistenz überprüft (Hofmann-Lun/Schönfeld/Tschirner 1999).

[6] Um möglichst viele Aspekte einer psychosozialen Entwicklung erfassen und analysieren zu können, wurden den Mentees folgende Aussagen vorgelegt, die sie beurteilen sollten: "Ich kann mich besser behaupten", "Ich vertrete meine Entscheidung mit mehr Selbstbewußtsein" sowie "Es fällt mir leichter vor großen Gruppen zu sprechen". Auch hier wurde ein Index aus den vorhandenen Aussagen gebildet (Hofmann-Lun/Schönfeld/Tschirner 1999).

ring-Programme keinen kurzfristigen beruflichen Aufstieg garantieren, dass sie langfristig aber dazu beitragen, die Aufstiegschancen der Mentees zu verbessern.

Wie sieht es jedoch mit neuen Kontakten und Netzen aus? Männer verfügen traditionellerweise über bessere Netzwerke als Frauen. Das eigentliche Problem der Frauen, so die Analyse von Franks, bestehe darin, weniger gut ein Kontaktnetzwerk aufbauen zu können, das in erster Linie auf dem Golfplatz oder beim Tennis gepflegt werde (Franks 1999, 71). Dazu komme das mangelnde Selbstvertrauen oder auch der fehlende Wille, das politische Spiel der Männer mitzuspielen. Mentoring-Programme, so die Hypothese der Evaluation, verhelfen den Mentees zu neuen Kontakten und verschaffen ihnen Zugang zu den Netzwerken der Mentor(inn)en. Die Evaluation verschiedener Mentoring-Programme hat gezeigt, dass Mentees nur dann Zugang zu den Netzwerken des Mentors erhalten, wenn diesem Thema in den einzelnen Programmen ausreichend Aufmerksamkeit gewidmet wird. Das bedeutet, dass sich diese Netzwerkkontakte nicht automatisch ergeben. Vielmehr muss bereits zu Beginn des Programmes darauf hingewiesen werden, dass es wünschenswert ist, den Mentees neue Kontakte zu ermöglichen und ihnen so auch zu mehr Sichtbarkeit zu verhelfen. Ansonsten kann es passieren, dass sich der Mentoring-Prozess in einem überwiegenden Anteil der Mentoring-Beziehungen auf den persönlichen Austausch zwischen Mentees und Mentor(inn)en beschränkt. Haben in den evaluierten Programmen auch nur einige wenige Mentor(inn)en ihren Mentees Türen geöffnet und sie in ihre Netze eingeführt bzw. ihnen zu neuen Kontakten verholfen, bestätigt trotz dieses offensichtlichen Defizits der Programme jedoch ein weit überwiegender Anteil der Mentees und Mentor(inn)en, dass Mentoring-Programme dazu beitragen können, die beruflichen Perspektiven der Mentees zu verbessern.

Insgesamt wird deutlich, dass es von vielen Faktoren abhängt, ob Mentoring-Programme tatsächlich dazu beitragen können, ein Anstoß zum Aufstieg zu sein. Hierzu gehören neben der Zielsetzung der Programme, der Dauer und der Qualität der Beziehung auch die Konzeption und Ausgestaltung der Mentoring-Programme.

Wichtige Erkenntnisse zur Unterstützung der Mentees

Die Evaluation hat verschiedene Ansatzpunkte zur Verbesserung der Mentoring-Programme deutlich gemacht. An dieser Stelle sollen nur die Aspekte benannt werden, die dazu beitragen können, den Erfolg für die Mentees zu verbessern. In der Evaluation ist deutlich geworden und unsere Beratungserfahrung bestätigt es immer wieder, dass die Mentees bei der Gestaltung ihrer Mentoring-Beziehung unterstützt werden sollten. Zu dieser Unterstützung gehören verschiedene Elemente. Zum einen ist es wichtig, die Mentees und Mentor(inn)en gleichermaßen intensiv auf den Mentoring-Prozess vorzubereiten. Für die Mentees bedeutet dies, dass sie sich Gedanken über ihre Erwartungen, Ziele und Wünsche hinsichtlich des Programmes und ihrer Beziehung zum Mentor machen müssen. Für die Mentor(inn)en bedeutet dies, dass sie Gelegenheit erhalten, ihre Erwartungen zu thematisieren und Vorstellungen von ihrer Rolle zu entwickeln sowie ihre Beziehung zur Mentee zu reflektieren. Wichtig ist, dass beiden Parteien ein gewisser

Erfolgsdruck genommen wird, der automatisch entsteht, der für eine partnerschaftliche und gewinnbringende Beziehung aber sehr hinderlich sein kann.

Zur weiteren Unterstützung der Mentees sollte ihnen Supervision angeboten werden. Supervision bietet den Mentees die Möglichkeit, auftauchende Fragen zur Mentoring-Beziehung und mögliche Konflikte zu klären sowie ihre Persönlichkeitsentwicklung zu unterstützen.

Alle Begleitseminare und Veranstaltungen tragen darüber hinaus zur Netzwerkbildung zwischen den Mentees bei. Der Austausch mit Frauen in ähnlichen beruflichen Situationen wird dabei von allen Mentees als gewinnbringend und bereichernd eingeschätzt.

4.2 Neue Impulse für die Mentor(inn)en

Mentoring-Programme werden von vielen Organisationen zwar primär mit der Zielsetzung durchgeführt, langfristig mehr Frauen in Führungspositionen zu bringen. Dennoch bieten sie auch den teilnehmenden Mentor(inn)en Entwicklungsmöglichkeiten und neue Impulse. Mentoring-Beziehungen, die nicht als einseitiger Wissenstransfer sondern als nicht-hierarchische und partnerschaftliche Beziehungen angelegt sind, bieten auch für die Mentor(inn)en Entwicklungschancen. So können Mentoring-Programme, die die spezielle berufliche Förderung von Frauen im Blick haben, dazu beitragen, vor allem männlichen Mentoren neue Einblicke in die Lebens- und Arbeitssituation von Frauen zu ermöglichen. In einigen Mentoring-Programmen wird dieser Aspekt noch durch zusätzliche Rahmenveranstaltungen unterstrichen, die Themen wie die Situation von Frauen in Führungspositionen, männliches und weibliches Kommunikationsverhalten und Vereinbarkeit von Beruf und Familie zum Gegenstand haben. Neben dem individuellen Gewinn, den jeder Mentor und jede Mentorin aus der Teilnahme ziehen kann, kann durch die Vermittlung von Kenntnissen im Bereich der Geschlechterverhältnisse eine gewisse Sensibilität erreicht werden, was sich positiv auf die Organisationskultur auswirken kann.[7]

Wie haben die Mentor(inn)en nun aber ganz konkret von ihrer Teilnahme an den Mentoring-Programmen profitiert? Zunächst lässt sich feststellen, dass sich ein weit überwiegender Anteil der Mentor(inn)en mit ihrer Teilnahme zufrieden zeigt. Dies wird durch die Tatsache unterstrichen, dass sich 90% der Mentor(inn)en erneut als Mentor(in) zur Verfügung stellen würden.

Darüber hinaus hat sich gezeigt, dass die Mentoring-Beziehung von den Mentor(inn)en als eine Möglichkeit gesehen wird, den eigenen Werdegang zu reflektieren. Durch den

---

[7] So bietet imento (Institut für Mentoring, Training und Organisationsentwicklung) den Mentorinnen und Mentoren im Rahmen von Mentoring-Programmen Gendertrainings an, die dazu beitragen, Männer und Frauen bezüglich ihrer geschlechtsspezifischen Verhaltensweisen zu sensibilisieren und für einen partnerschaftlichen Dialog zu motivieren.

Austausch mit der Mentee werden die Mentor(inn)en ermutigt, die eigenen Karriereschritte kritisch zu beleuchten und sich mit der Frage auseinander zu setzen, wie sie ihren Aufstieg geplant, beeinflusst oder ob er sich letztlich einfach ergeben hat. Wie sich in der Untersuchung gezeigt hat, hat die Vorbereitung der Mentor(inn)en einen großen Einfluss auf die Wahrnehmung der eigenen Lerneffekte. So waren die deutschen Mentor(inn)en von Seiten des Unternehmens nicht auf mögliche eigene Lerneffekte in der Mentoring-Beziehung vorbereitet gewesen. Den schwedischen Mentor(inn)en wurde von Anfang an vermittelt, dass auch sie von ihrer Teilnahme profitieren können und dass sie durchaus auch etwas lernen sollen. Die Erwartungen der Mentor(inn)en bezüglich der eigenen Entwicklung waren dementsprechend ausgeprägter und führten letztlich dazu, dass mehr Entwicklungen und Veränderungen wahrgenommen wurden.

Obwohl sich die Mentor(inn)en überwiegend mit ihrer Teilnahme an den Mentoring-Programmen zufrieden zeigten, konnte mit der Untersuchung nur ansatzweise gezeigt werden, inwieweit sie selbst etwas gelernt haben. In Gesprächen mit Mentor(inn)en ist darüber hinaus aber deutlich geworden, dass der bereichernde Austausch in der persönlichen Beziehung mit der Mentee entscheidend zur Zufriedenheit der Mentor(inn)en beiträgt. Das Gefühl, dass die eigenen Erfahrungen und das Wissen nachgefragt werden, gibt dem beruflichen Erfolg der Mentor(inn)en einen neuen Sinn und kann auch sie motivieren. Nicht zu unterschätzen ist auch das ehrliche Feedback, das die Mentor(inn)en in einer auf Vertrauen basierenden Beziehung mit der Mentee erhalten können. Häufig erhalten Manager(innen) weder von Kolleg(inn)en noch von Mitarbeiter(inne)n ehrliches Feedback, auch wenn sie jene dazu ermuntern. Sorgen die Mentor(inn)en jedoch für Gelegenheiten, dass die Mentee sie zu Sitzungen oder Versammlungen begleiten können, auf denen die Mentor(inn)en eine aktive Rolle spielen, können sie sich im Anschluss mit der Mentee über den eigenen Auftritt und das Verhalten austauschen. Insgesamt hat sich gezeigt, dass die Mentoring-Beziehung für die große Mehrheit der Mentor(inn)en eine positive persönliche Erfahrung darstellt, auch wenn direkte Lerneffekte sowohl im beruflichen als auch im persönlichen Bereich kurzfristig nicht eindeutig zu bestimmen sind.

4.3 Und noch ein Gewinner: die Unternehmen

Mentoring-Programme bieten die Chance, durch die aktive Einbeziehung verschiedener Akteursebenen in das Programm, betriebliche und gesellschaftspolitische Veränderungen anzustoßen. Auf dieser Basis kann es gelingen, Win-Win-Situationen in Organisationen herzustellen, die Rudolph und Grüning als Leitsatz aller erfolgreichen Implementierungen von Gleichstellungsmaßnahmen formulieren (Rudolph/ Grüning; 1994). In Win-Win-Situationen profitieren mehrere Akteursgruppen innerhalb einer Organisation von den durchgeführten Maßnahmen. Mentoring bietet hier einen möglichen Ansatz, da sich die Programme zwar in erster Linie an Frauen richten, Männer aber über die Mentorenrolle dennoch in den Prozess miteinbezogen werden können und somit verschiedene Mitarbeitergruppen von der Teilnahme an und der Durchführung eines Mentoring-

Programmes profitieren. So haben auch andere Untersuchungen darauf hingewiesen, dass eine partizipative Strategie bei der Implementierung von Gleichstellungsmaßnahmen empfehlenswert ist (Jüngling 1997), also eine Strategie, bei der mittlere und untere Ebenen des Managements sowie Fachkräfte maßgeblich an der Planung und Umsetzung von Neuerungen beteiligt werden.

In welcher Form profitieren die Unternehmen oder Organisationen nun aber ganz konkret von den Mentoring-Programmen? Positive Effekte zeigen sich für die Unternehmen auf verschiedenen Ebenen. Zum einen profitieren sie von der positiven Entwicklung der Mentees, deren Arbeitsmotivation sich erhöht und die nun zielgerichteter ihre berufliche Entwicklung verfolgen werden. Zum anderen können die neuen Einblicke, die die Mentor(inn)en durch ihre Teilnahme am Mentoring-Programm erhalten haben, zu einer verbesserten Kommunikation zwischen Männern und Frauen sowie zwischen verschiedenen Bereichen und Hierarchiestufen im Unternehmen beitragen. Darüber hinaus tragen die positiven Signale, die das Unternehmen mit der Durchführung eines Mentoring-Programmes an die Mitarbeiter(innen) sendet, dazu bei, die Identifikation der Mitarbeiter(innen) mit dem Unternehmen zu erhöhen. Das Gefühl, vor allem der Mentees, von der Organisation gefördert zu werden, trägt zu der gestiegenen Identifikation mit dem Unternehmen und der erhöhten Arbeitsmotivation bei.

Entgegen der häufig geäußerten Annahme, Mentoring-Programme könnten nicht nur soziale Kontakte der Mitarbeiterinnen und Mitarbeiter verbessern, sondern unter Umständen auch zu Spannungen zwischen den Frauen und Männern in einer Organisation führen, hat sich jedoch gezeigt, dass diese Sorge offenbar unberechtigt ist. So geben 65,7% der Mentees und 70,9% der Mentor(inn)en an, dass sie nicht davon ausgehen, dass es durch Mentoring-Programme zu solchen Spannungen kommen kann (Hofmann-Lun/Schönfeld/Tschirner 1999, 112). Die meisten Kolleg(inn)en haben offenbar positiv auf die Teilnahme der Mentees am Mentoring-Programm reagiert. Erstaunlicherweise berichtet aber ein nicht unerheblicher Anteil der Mentees und ein überwiegender Anteil der Mentor(inn)en, überhaupt keine Reaktionen wahrgenommen zu haben. Hier stellt sich die Frage, ob die Teilnahme am Programm von den einzelnen ausreichend kommuniziert wurde. Um Transparenz zu schaffen und dazu beizutragen, dass Mentoring-Programme das Kommunikationsverhalten im Unternehmen positiv beeinflussen können, müssen die Mentees und Mentor(inn)en darauf achten, mit gutem Beispiel voranzugehen, indem sie ihrem Arbeitsumfeld von ihrer Teilnahme am Programm erzählen.

5. Mentoring – Erfolg nur unter bestimmten Bedingungen

Die Evaluation von drei verschiedenen Mentoring-Programmen hat deutlich gemacht, dass vor allem drei Faktoren dafür verantwortlich sind, ob die Mentees und Mentor(inn)en von ihrer Teilnahme am Mentoring-Programm profitieren können. Neben der Qualität der Mentoring-Beziehung sind die Zielsetzungen sowie die Konzeption und Gestaltung der Programme von großer Bedeutung.[8] Im folgenden werden einige Rahmenbedingungen erläutert, die dazu beitragen können, dass Mentoring-Programme nach der Durchführung eines Pilotprojektes nicht wieder eingestellt werden, sondern als Bestandteil der Personalentwicklung langfristig zu den beschriebenen positiven Effekten führen können. Rahmenbedingungen wie z.B. eine sorgfältige Planung, qualifiziertes Personal für die Durchführung, externe Beratung bei fehlendem internem Know-how sowie die Bereitstellung ausreichender finanzieller und personeller Ressourcen sind generell wichtig für die erfolgreiche Durchführung der Programme. Im folgenden sollen zehn Kriterien benannt werden, die insbesondere für die Durchführung von Mentoring-Programmen von Bedeutung sind:

1. Klare Zielsetzung

Es ist wichtig, die Zielsetzung des Programmes klar zu benennen und zu kommunizieren. Es sollte darauf geachtet werden, dass die ausgewählte Zielgruppe mit den propagierten Zielen kompatibel ist. Zusätzlich ist es wichtig, Instrumente auszuwählen, mit denen diese Ziele erreicht werden können. Erst dann können die einzelnen Elemente des Programmes bestimmt und geplant werden.

2. Unterstützung durch das Top-Management

Vom Top-Management bzw. der Leitungsebene einer Organisation sollte ein klares Bekenntnis zur Förderung der weiblichen Beschäftigten verlangt werden. Nur wenn das Programm vorbehaltlos unterstützt wird, können die Programme ihre Wirkung entfalten. Für die Akzeptanz des Programmes ist die Wertschätzung durch das Top-Management von zentraler Bedeutung.

3. Ausreichende Informationen über die Ziele und das Konzept des Programmes

Alle Gruppen, sowohl die Beschäftigten als auch das Management und der Betriebsrat sollten über die Ziele, die Zielgruppe, die Teilnahmebedingungen, die Auswahlkriterien sowie das Konzept und die geplante Durchführung des Programmes informiert werden.

4. Berücksichtigung der Erwartungen der Mentees und Mentor(inn)en

Da die Erwartungen der Mentees und Mentor(inn)en ein Gradmesser für die Beurteilung von Mentoring-Programmen aus Sicht der Teilnehmer(inn)en sind, sollten die Erwartungen bei der Durchführung der Programme berücksichtigt werden. Dies gilt auch für geäußerte Wünsche bezüglich zusätzlicher Seminare und Unterstützungsangebote durch die Programmverantwortlichen.

5. Ein an der Zielsetzung orientierter Auswahl- und Matching-Prozess

Die Festlegung des Auswahl- und Matching-Prozesses (Bildung der Mentoring-Paare) sollte sich an der Zielsetzung des Programmes orientieren. Je nach Auswahlverfahren

---

[8] Die Ergebnisse der transnationalen Evaluationen sind in den Programmevaluationen anderer interner von uns begleiteter Mentoring-Programme bestätigt worden. (u.a. Deutsche Postgewerkschaft – jetzt ver.di; Deutsches Zentrum für Luft- und Raumfahrt e.V.)

wird sich die Gruppe der Mentees unterschiedlich zusammensetzen. Beim Matching hat sich die Mitsprache der Mentees als sinnvoll erwiesen. Zumindest sollte darauf geachtet werden, dass sowohl den Mentees als auch den Mentor(inn)en die Möglichkeit geboten wird, den Mentor bzw. die Mentee zu wechseln, wenn die Chemie nicht stimmt.

6. Begleitseminare für die Mentees

Seminare für die Mentees stellen eine wichtige Ergänzung zur individuellen Mentoring-Beziehung zwischen der Mentee und der Mentorin oder dem Mentor dar. Sie erhalten in den Seminaren die Möglichkeit, sich mit anderen auszutauschen. Zudem können Seminarinhalte vermittelt werden, die auch im Rahmen anderer gemischtgeschlechtlicher Führungskräfteentwicklungsseminare angeboten werden. So wird gewährleistet, dass das Mentoring-Programm in die Führungskräfteentwicklung integriert und nicht als ein Sonderprogramm behandelt wird. Darüber hinaus können die Mentees in den Seminaren etwas über die strukturellen Rahmenbedingungen der Organisation erfahren und Strategien erlernen, um mit auftretenden Problemen bzw. Barrieren umzugehen.

7. Training für die Mentor(inn)en

Da viele Mentor(inn)en nicht wissen was von ihnen erwartet wird, können die Mentor(inn)en in Vorbereitungsseminaren einen Einblick in die Rolle des Mentors oder der Mentorin bekommen. Wichtig ist, dass den Mentor(inn)en verdeutlicht wird, wie vielfältig sie ihre Rolle ausfüllen können, was unter Umständen hinderlich und was förderlich für die Entwicklung der Mentee sein kann.

8. Ausreichender Raum für den Austausch innerhalb der Gruppe der Mentees und der Mentor(inn)en

Sowohl den Mentees als auch den Mentor(inn)en sollte es ermöglicht werden, sich innerhalb der Gruppe auszutauschen. Während die meisten Programme den Mentees den Austausch ermöglichen, wird vernachlässigt, dass sich auch die Mentor(inn)en über die Rolle, ihr Vorgehen, die Grenzen ihres Tuns sowie die möglichen Konsequenzen austauschen möchten, bzw. dass sie einfach die Gelegenheit haben möchten, andere zu treffen, die eine ähnliche Erfahrung machen.

9. Integration des Mentoring-Programmes in die Führungskräfteentwicklung

Mentoring-Programme sollten als ein Bestandteil der Führungskräfteentwicklung behandelt werden. Das bedeutet, dass die Programme als ein Element für die Karriereentwicklung der weiblichen Beschäftigten konzipiert und implementiert werden sollten. Daher müsste auch über eine Einbeziehung des Vorgesetzten der Mentee nachgedacht werden. Im Anschluss an das Mentoring-Programm sollte zusammen mit dem Vorgesetzten und eventuell einem Vertreter oder einer Vertreterin der Personalabteilung darüber nachgedacht werden, welche nächsten Schritte für die Mentee innerhalb des Unternehmens/der Organisation denkbar wären.

10. Realistische Erwartungen und Anforderungen

Da viele andere Förderkonzepte und Entwicklungsprogramme keine Wirkung gezeigt haben, werden Mentoring-Programme als Lösung für vielfältige Probleme gesehen. Hier ist es jedoch wichtig, zu berücksichtigen, dass Mentoring-Programme kaum dazu beitragen können, die gesamte Unternehmens- und Organisationskultur zu modernisieren.

6. Fazit: Mentoring – ein innovatives und effizientes Konzept als Anstoß zum Aufstieg

Wie die Erfahrungen mit Mentoring-Programmen zeigen, können diese dazu beitragen, langfristig Frauen den Zugang zu Führungspositionen zu öffnen. Da es sich bei Mentoring um ein für Deutschland noch relativ neues Instrument der Personalentwicklung handelt, hat es zudem den Vorteil, dass mit der Diskussion des Mentoring-Konzeptes auch andere Themen Aufmerksamkeit bekommen. Hierzu gehören die ungleiche Beurteilung von Frauen und Männern in der Arbeitswelt, der schwierige Zugang von Frauen zu Informationen, die mangelnde Kommunikation zwischen verschiedenen hierarchischen Ebenen ebenso wie der Luxus, den sich die Gesellschaft durch die Nichtberücksichtigung des weiblichen Potentials leistet. Unternehmen, die Mentoring als Strategie zur beruflichen Förderung von Frauen ausprobiert haben, preisen es als ein innovatives und effizientes Konzept. Innovativ deshalb, da es einerseits Frauen als Vorbilder sichtbar macht aber andererseits Männer einbezieht. Anders als bei herkömmlichen Maßnahmen der Frauenförderung, werden Männer nicht ausgegrenzt und als Gegner deklariert, sondern dem Konzept inhärent ist die Notwendigkeit des Austausches zwischen den Geschlechtern und die Chance voneinander zu lernen. Innovativ ist Mentoring auch, da es sich nicht um einen Defizitansatz handelt, sondern die vorhandenen Kompetenzen der Frauen betont und sichtbar macht. Damit wird aber auch deutlich, dass diskriminierende Strukturen vorhanden sind, gegen die jede einzelne Frau immer wieder anrennen wird, wenn sie nicht aufgedeckt und sichtbar gemacht werden. Ein innovatives Element ist zudem die Professionalisierung des Netzwerkens unter den Frauen. Durch die Schaffung neuer Unterstützungsstrukturen erleben die Frauen ihre Situation nicht als unabänderlich oder durch eigene Defizite hervorgerufen, sondern erkennen, dass es Möglichkeiten gibt, bestehende Probleme konstruktiv und mit Hilfe und Unterstützung anderer anzugehen.

Als effizient haben sich Mentoring-Programme erwiesen, da sie verschiedene hierarchische Ebenen einbeziehen und somit den Dialog im Unternehmen über Bereichsgrenzen hinaus fördern. Dadurch entstehen Synergieeffekte, die sich für das Unternehmen auszahlen können. Knowledge-Management ist heute ein viel diskutiertes Thema, dennoch stehen viele Unternehmen vor der scheinbar unlösbaren Aufgabe, das vorhandene Wissen verfügbar zu machen und für die nächste Generation zu bewahren. Mentoring bietet hier neben vielen anderen Vorteilen einen möglichen Ansatz. Menschen werden ermutigt, ihr Wissen zu teilen und es anderen zur Verfügung zu stellen. Dabei erfahren sie, was für eine Bereicherung dies sein kann. Die Mentees selbst machen die Erfahrung, dass ihnen von anderen geholfen wird. Für sie wird es daher in Zukunft selbstverständlicher sein, auch anderen ihre Unterstützung und ihren Rat anzubieten. Langfristig kann dies zu einer Veränderung der Kultur im Unternehmen führen. Knowledge-Management wird dadurch praktiziert und gelebt. Anders als bei gängigen Seminaren zur Führungskräfteentwicklung werden nicht alle Führungskräfte nach dem gleichen Schema geschult. Stattdessen erlauben Mentoring-Programme eine individuelle Nachwuchsförderung unter Berücksichtigung vorhandener Kompetenzen, die dazu beiträgt, das kreative Potential der Mitarbeiter zu entfalten.

Nicht zuletzt ist Mentoring eine äußerst kostengünstige Methode, um Nachwuchskräfte auf Führungsaufgaben vorzubereiten und sie mit der Unternehmenskultur vertraut zu machen. Werden einige Grundregeln beachtet, das Mentoring-Programm vom Top-Management unterstützt und sorgsam konzipiert und vorbereitet, darf es getrost als das zur Zeit effizienteste Instrument in der Personalentwicklung bezeichnet werden, das Frauen einen Anstoß zum Aufstieg geben kann.

Literatur

ASSIG, D., BECK, A. 1996. Frauen revolutionieren die Arbeitswelt. München

DIENEL, C. 1996. Frauen in Führungspositionen in Europa. München

FRANKS, S. 1999. Das Märchen von der Gleichheit. Frauen, Männer und die Zukunft der Arbeit. Stuttgart

HAASEN, N. 2001. Mentoring – Persönliche Karriereförderung als Erfolgskonzept. München

HOFMANN-LUN, I./ SCHÖNFELD, S./ TSCHIRNER, N. 1999. Mentoring für Frauen. Eine Evaluation verschiedener Mentoring-Programme, Ergebnisbericht, Deutsches Jugendinstitut. München

JÜNGLING, C. 1997. Strategien der Implementierung von Gleichstellungsmaßnahmen. In: Krell, G. (Hrsg.): Chancengleichheit durch Personalpolitik, Wiesbaden, S. 47-56,

KRAM, K. 1998. Mentoring at Work, Developmental Relationships in Organizational Life, Lanham

KONRAD-ADENAUER-STIFTUNG 1998. Aktuelle Fragen der Politik, Nr. 52

REGNET, E. 1997. Frau im Beruf – Stereotype und Aufstiegsbarrieren. In: Wunderer, R., Dick, P (Hrsg.): Frauen im Management, Neuwied, S. 241-266

RUDOPH, H., GRÜNING, M. 1994. Frauenförderung: Kampf- oder Konsensstrategie?, In: Beckmann, P., Engelbrech, G. (Hrsg.): Arbeitsmarkt für Frauen 2000 – Ein Schritt vor oder ein Schritt zurück? Kompendium zur Erwerbstätigkeit von Frauen. Beiträge zur Arbeitsmarkt- und Berufsforschung 179, Nürnberg, S. 773-796

STERN, S. 1997. Berufstätige Frauen in Deutschland heute. Chancen, Hindernisse, Karrieren. Inter Nationes

WUNDERER, R., DICK, P.1997. Frauen im Management. Besonderheiten und personalpolitische Folgerungen – eine empirische Studie. In: Wunderer, R., Dick, P. (Hrsg.): Frauen im Management, Neuwied, S. 5-208

Nele Haasen

Mentoring für Frauen – Faktoren für die erfolgreiche Umsetzung

1. Einleitung
2. Mentoring ist nicht gleich Mentoring
3. Was erfolgreiche Programme auszeichnet
4. Fazit

Literatur

Nele Haasen arbeitet als Journalistin und Beraterin von Mentoring-Programmen in Unternehmen und von freien Trägern. E-Mail: nele.haasen@planet-interkom.de

1. Einleitung

Viele Unternehmen setzen derzeit Mentoring-Programme ein, mit denen junge weibliche Führungskräfte unterstützt werden sollen. Damit diese Programme erfolgreich sind, gilt es, bei der Konzeption und Umsetzung eine Reihe von Faktoren zu beachten. Dann kann es Wirkungen im Unternehmen entfalten, die nicht nur die Frauen selbst, sondern auch die Führungskräfte insgesamt und die Unternehmenskultur betreffen.

Was können Mentoring-Programme für Frauen bewirken? Jungen Frauen soll der Karriereweg erleichtert und Zugang zu höheren Führungspositionen ermöglicht werden. Umgekehrt sollen Mentoren, die in höheren Führungspositionen oft männlich sind, für die besonderen Hindernisse des weiblichen Karrierewegs sensibilisiert werden. Erhofft wird, dass sie dann auch in ihrem eigenen Umfeld Mitarbeiterinnen fördern und so dazu beitragen, dass Frauen mit verantwortungsvollen Stellen und Projekten betraut werden. Mittelfristig soll über interne Mentoring-Programme auch die Unternehmenskultur im Hinblick auf Gleichstellung positiv beeinflusst werden.

Mentoring kann also Wirkungen auf verschiedenen Ebenen haben:
- Durch Mentoring werden Wissen und Erfahrungen ausgetauscht und neue Kontakte geknüpft. Junge Frauen werden in die informellen Spielregeln der Macht und in informelle Netzwerke eingeführt. Sie haben die Chance, in ihrer Karriere voran zu kommen, indem sie sich gemäß dieser Spielregeln verhalten. Gemeinsam mit dem Mentor können sie ihre Karriere strategisch planen und erste Schritte umsetzen.
- Frauen in ersten Führungspositionen erhalten Unterstützung im beruflichen Alltag. Sie können schwierige Situationen mit ihrem Mentor besprechen, Fragen der Mitarbeiterführung diskutieren, ihren Führungsstil entwickeln.
- Mentoring kann dazu beitragen, dass junge Frauen ihr Selbstbild positiv verändern: durch gezielte Gespräche mit dem Mentor werden ihnen ihre Stärken bewusster und ihr Selbstvertrauen wächst. Durch den Kontakt mit Top-Führungskräften erhalten sie nicht nur einen Einblick in höhere Führungsaufgaben, sondern merken auch und werden darin bestenfalls bestärkt, dass sie selbst das Potential haben, diese im Verlauf ihrer Karriere auszufüllen. Das Gespräch und der Kontakt mit Mentoren zeigt ihnen dabei auch, welche oft als „unweiblich" tradierten Verhaltensweisen (Selbstdarstellung, Durchsetzungsvermögen etc.) in diesen Positionen wichtig sind. Daraus können sie Anregungen für ihr eigenes Verhalten ableiten, diese umsetzen und so mit der Zeit einschränkende Einstellungen darüber, was „als Frau" angeblich erreichbar, akzeptabel oder gesellschaftsfähig ist, verändern.
- Umgekehrt können sich auch bei den oft männlichen Mentoren innere Einstellungen verändern. Sie werden sensibilisiert für besondere Hindernisse, die Frauen in ihrer Karriere überwinden müssen – sei das nun die Vereinbarung einer Führungsposition mit Kindern, die Konfrontation mit Vorurteilen bei Vorgesetzten oder das oft zu beobachtende Verhalten, dass bewusst oder unbewusst gefördert wird, was „ähnlich", sprich männlich, ist.

■ Mentoring trägt dazu bei, für das Thema Gleichstellung im Unternehmen zu sensibilisieren. Zusammen mit anderen Maßnahmen kann Mentoring bewirken, dass Frauen mehr Chancen erhalten, sich in Führungspositionen zu bewähren.

Das alles können Konsequenzen von Mentoring-Programmen sein. Aber sie stellen sich nicht automatisch und nicht bei jedem Mentoring-Programm ein. Es kommt immer auch darauf an, wie und unter welchen Rahmenbedingungen Mentoring umgesetzt wird. Veränderungen in Einstellungen und inneren Haltungen brauchen Zeit. Deshalb können sie auch nicht unmittelbar als Folge eines Programms erwartet werden.

2. Mentoring ist nicht gleich Mentoring

Mentoring ist ein weiter Begriff – viele Programme werden so genannt, die sich inhaltlich aber deutlich unterscheiden. Worüber ist also die Rede, wenn von Mentoring gesprochen wird?

Die größte Verwechslung besteht meist mit Patenschaften: Ein Auszubildender, neuer Mitarbeiter oder eine Nachwuchsführungskraft erhält einen „Mentor" an die Seite gestellt, der aber tatsächlich eine Art unverbindliche Anlaufstelle darstellt. Hier und da besteht Kontakt, besonders, wenn Probleme auftauchen, aber regelmäßige Gespräche sind nicht vorgesehen.

Von Mentoring kann auch keine Rede sein, wenn ein Vorgesetzte gleichzeitig die Rolle des Mentors übernimmt. Ein Mentor ist eine außenstehende Person, die nicht bewertet und beurteilt, sondern wohlwollend unterstützt. Der Vorgesetzte dagegen sollte nicht nur die persönliche Entwicklung seines Mitarbeiters im Blick haben, sondern gleichzeitig auch das Gelingen der Projekte und die sachlichen Ergebnisse. Das kann zu Interessenkonflikten führen. Außerdem kann es für einen Mitarbeiter von Nachteil sein, wenn er aus der Rolle des Mentees heraus seinem unmittelbaren Vorgesetzten Schwächen und Schwierigkeiten offenbart. Sowohl für den Vorgesetzten wie auch für den Mitarbeiter können aus einer solchen Konstellation Rollenkonflikte entstehen.

Unter Mentoring im Bereich der Unternehmensführung verstehe ich deshalb die regelmäßige Begleitung eines Jüngeren durch eine erfahrene Führungskraft über einen festgelegten Zeitraum. Die Führungskraft steht mindestens zwei Hierarchiestufen über der Mentee. Ziel ist die Entwicklung der Persönlichkeit des oder der Mentee. Sie soll durch Vermehrung ihres Wissens, durch Zugang zu den Erfahrungen ihres Mentors, durch Knüpfen neuer Kontakte mit dessen Hilfe sowie durch dessen angemessene Unterstützung in die Lage versetzt werden, höhere Führungspositionen wahrzunehmen.

3. Was erfolgreiche Programme auszeichnet

Eine ganze Reihe von Unternehmen setzen Mentoring-Programme bereits seit mehreren Jahren erfolgreich im Rahmen von Gleichstellungsprogrammen um: Dazu gehören beispielsweise die Volkswagen AG, die Deutsche Telekom AG, die Deutsche Lufthansa AG oder die Deutsche Bank AG. Diese und andere Programme habe ich in meinem Buch „Mentoring. Persönliche Karriereförderung als Erfolgskonzept" ausführlich dargestellt.

Alle diese Programme wollen mittelfristig den Anteil weiblicher Führungskräfte erhöhen. Was sie in diesem Sinne erfolgreich macht, ergibt sich aus einer ganzen Reihe von zusammenwirkenden Faktoren:
- Dauer des Programms
- Gesamtkonzept für Gleichstellung
- Professionelle Organisation
- Unterstützung von der Unternehmensspitze
- Begleitendes (Trainings-)Programm.

3.1 Dauer des Programms

Mentoring kann dann seine Wirkung entfalten, wenn es für einen längeren Zeitraum, beziehungsweise als dauerhaftes Instrument der Personalentwicklung angelegt ist. Wenn also jedes Jahr eine neue Runde mit neuen Tandems startet und möglichst viele junge wie höhere Führungskräfte daran als Mentees und Mentoren mitwirken.

Mentoring soll dazu beitragen, dass sich Einstellungen verändern – und das braucht Zeit. Als Mentoren beteiligen sich anfangs meist Führungskräfte, die dem Gedanken der Gleichstellung aufgeschlossen gegenüber stehen. Andere, weniger aufgeschlossene Führungskräfte wird das Konzept und das damit verbundene Anliegen der Gleichstellung, wenn überhaupt, erst mittelfristig erreichen. Mentoring trägt aber dazu bei, dass eine Diskussion und Denkprozesse zum Thema im Unternehmen stattfinden. Manche Führungskräfte reagieren ablehnend, andere gleichgültig oder mit passivem Widerstand. Je länger das Programm aber dauert und je mehr Führungskräfte daran beteiligt sind (und positiv darüber berichten), desto mehr müssen sich auch andere mit dem Thema Gleichstellung auseinandersetzen. Nicht bei allen wird es Einsicht und Selbstreflexion bewirken, aber „steter Tropfen höhlt den Stein". Je intensiver und kompetenter diskutiert wird, umso schwieriger ist es, sich dem zu verschließen.

Um die Diskussion über Gleichstellung in Gang zu setzen, ist es wichtig, dass Mentoring über lange Zeit läuft, da pro Runde ja nur eine begrenzte Anzahl von Mentees und Mentoren einbezogen sind. Mentoring ist ein exklusives Instrument. Pro Jahr werden bei internen Mentoring-Programmen in der Regel zwischen zehn und zwanzig Tandems in einem Unternehmen oder seiner Niederlassung gebildet. Es muss ja für jede Mentee ein fachlich wie menschlich passender Mentor oder Mentorin gefunden werden – je größer die Anzahl, desto größer ist auch der damit verbundene organisatorische Aufwand. Wenn also in einem Großunternehmen regelmäßig junge Führungsfrauen von Mentoring profitieren und möglichst viele der höheren Führungskräfte als Mentoren wirken sollen, muss Mentoring fest installiert werden.

3.2 Gesamtkonzept für Gleichstellung

Zu erwarten, Mentoring alleine könnte eine Veränderung von Einstellungen bei Frauen und Führungskräften bewirken, ist aber unrealistisch. Mentoring als einzige Maßnahme, um das Ziel Gleichstellung von Frauen zu erreichen, ist zu wenig. Im Gegenteil: Führt ein Unternehmen, das sonst keine Gleichstellungsmaßnahmen ergriffen hat, ausschließlich Mentoring ein, um den Frauenanteil in Führungspositionen zu erhöhen, so wird das Programm höchstwahrscheinlich auf großen Widerstand stoßen. Angefangen bei der Zielgruppe, der es nutzen soll. Erfahrungsgemäß wollen viele Frauen Frauenförderung nicht „nötig" haben. Sie glauben, Karriere aufgrund ihrer Kompetenz und Qualifikation schaffen zu können. Zunächst muss also dafür sensibilisiert werden, warum Maßnahmen der Gleichstellung von Frauen nötig sind, und zwar von „top down". Die Unternehmensspitze muss glaubwürdig darstellen, warum sie sich für Gleichstellung einsetzt und welche Vorteile für das Unternehmen und seine Mitarbeiter damit verbunden sind. Dadurch werden die Führungskräfte animiert, sich mit dem Thema auseinander zu setzen und sind eher bereit, sich an Mentoring-Programmen zu beteiligen.

Gleichstellungsmaßnahmen erwecken erfahrungsgemäß auch Unmut, Neid und Ängste. Deshalb ist es wichtig, dass die Unternehmensspitze fest dahinter steht und deutlich macht, dass nicht die Frauen, sondern die Unternehmen Gleichstellung von Frauen nötig haben. Ansonsten besteht die Gefahr, dass sich dieser Unmut gegen die Teilnehmerinnen eines solchen Programms richtet. Die Frauen könnten mit dem Label „Frauenförderung" stigmatisiert werden, und die Teilnahme eher der Karriere abträgliche Effekte haben.

Möglichkeiten, das Thema ins Gespräch zu bringen, Fakten zu liefern und Diskussionen zu bewirken, sind:
- Untersuchungen über den Ist-Zustand, Bedarfsanalyse
- Dokumentationen, schriftliches Informationsmaterial
- Berichte im Intranet, Hauszeitschriften etc.
- Veranstaltungen zum Thema Gleichstellung, die durch die Anwesenheit der Unternehmensspitze, für Führungskräfte verpflichtend werden
- Netzwerke und Veranstaltungen von und für Frauen, in denen Informationen geliefert, Erfahrungen ausgetauscht und Vorschläge gemacht werden können

■ Organisatorische Zuständigkeit für das Thema Gleichstellung, beispielsweise in Form einer Frauenbeauftragten. Ihre Position muss die Bedeutung des Themas widerspiegeln.

Parallel dazu muss ein Gesamtkonzept für Gleichstellung erarbeitet werden, in dem festgestellt wird, in welchen Bereichen welche Maßnahmen notwendig sind. Mentoring ist beschränkt auf den Kreis der weiblichen Nachwuchsführungskräfte. Gleichstellung betrifft aber alle Mitarbeiterinnen eines Unternehmens, nicht nur die Führungskräfte. Auch deshalb ist klar, dass ein Unternehmen weitere Maßnahmen zur Gleichstellung umsetzen muss, wenn es die Chancengleichheit umfassend voranbringen will.

Mentoring ist ein Instrument der Förderung für eine bestimmte Zielgruppe – neben etlichen anderen. Und auch hier muss dieser Zielgruppe, Frauen vor oder in ersten Führungspositionen, veranschaulicht werden, warum Mentoring sie in ihrer Karriere unterstützt und welche Vorteile sie davon haben. Ihnen muss klar werden, dass ihnen Mentoring angeboten wird, weil sie hochqualifiziert sind und man ihnen mehr zutraut. Das bedeutet auch, dass die Perspektive des Aufstiegs realistisch sein muss. Bietet man jungen weiblichen Führungskräften Mentoring an, ohne dass sich daraus nach einer Zeit konkrete Veränderungen ergeben, wird es bald als „Publicity-Maßnahme" durchschaut werden. Die Glaubwürdigkeit dieser Maßnahme wäre schnell dahin.

Die Frage nach den Ergebnissen ist ein heikles Thema. Natürlich ist Mentoring kein Fahrschein in die Topetage. Man würde die Programme überfordern, würde man umgehend konkrete Ergebnisse und Karriereschritte von ihnen erwarten. Durch Mentoring können hochqualifizierte Frauen viel über die Spielregeln der Macht lernen sowie hilfreiche Netzwerke im Unternehmen aufbauen. Ihr Aufstieg ist dann eine Frage ihres Potenzials, ihrer Strategie, ihres Ehrgeizes und ihrer Durchsetzungsstärke. Aber eben nicht nur. Umgekehrt muss die Bereitschaft ihrer Chefs vorhanden sein, ihnen höhere Führungspositionen anzubieten und zuzutrauen. Und es muss die Bereitschaft des Unternehmens vorhanden sein, ihnen flexible Lösungen anzubieten, wenn sie mit Kind und Familie Führungspositionen ausüben. Dass Mentoring Erfolg hat, hängt also nicht nur von dem Programm alleine ab, sondern auch von grundlegenden Einstellungen und Angeboten des Managements. Auch deshalb kann Mentoring immer nur Bestandteil eines Gesamtkonzepts für Gleichstellung sein.

Sollen diese Verhaltens- und Einstellungsänderungen im Management bewirkt werden, so sind Trainings und Seminare zum Thema „gender" wichtig. Hier können persönliche Haltungen, Prägungen und Glaubenssätze bezüglich dessen, was der Einzelne über Kompetenzen, Verhaltensweisen, gesellschaftliche Rollen oder Barrieren von Männern und Frauen bewusst oder unbewusst denkt oder fühlt, überprüft, offengelegt und hinterfragt werden. Das Thema Gleichstellung bzw. im weiteren Rahmen Diversity-Maßnahmen zur Integration verschiedenster Gruppen und Kulturen im Unternehmen sollten als Workshops oder Workshop-Einheiten feste Bestandteile von Führungskräftetrainings wie auch von Teamtrainings, Seminaren zu Konfliktmanagement u.a. sein.

Diese Trainings sollten bewirken, dass Führungskräfte aktiv den Frauenanteil in Führungspositionen erhöhen: indem sie bei der Besetzung einer Führungsposition von sich aus geeignete Frauen in Betracht ziehen; indem sie sich kritisch hinterfragen, aus welchen Gründen sie einen Mann auswählen, wenn dies der Fall ist; oder indem sie sich sogar bewusst für eine Frau entscheiden, wenn sie gleiche Qualifikationen wie ein männlicher Bewerber hat. Der Erfolg von Gleichstellungsprogrammen wird letztlich immer daran gemessen werden, wie hoch der Anteil von Frauen in (strategisch bedeutsamen) Führungspositionen wirklich ist.

Bedenkenswert in der Diskussion um Gleichstellung ist auch: Mentoring für Nachwuchsführungskräfte orientiert sich an der klassischen Karriere, die auf männliche Zeitstrukturen hin ausgerichtet ist. Frauen können dabei lernen, die (männlichen) Spielregeln der Macht leichter zu durchschauen, um in Führungspositionen aufzusteigen, die traditionellerweise immer noch Ganztagsjobs sind. Jungen Managerinnen, die Kinder kriegen, ist Mentoring nur ansatzweise eine Unterstützung. Einzelne mögen mithilfe ihres Mentors individuelle Strategien, wie sie Kind und Karriere vereinbaren können, planen und umsetzen. Auch die im Mentoring geknüpften Netzwerke sind in der Erziehungszeit wichtig, um Kontakt zum Unternehmen zu halten und rasch wieder einen adäquaten Einstieg zu finden. Aber alternative Lösungen, die eine Karriere leichter mit Kind oder Familie vereinbar machen würden, bietet das Mentoring generell nicht an. Auch deshalb ist es wichtig, dass Mentoring von anderen Maßnahmen, die zeitliche Flexibilität und Mobilität erlauben, begleitet wird.

3.3 Professionelle Organisation

Ein essentieller Aspekt für die erfolgreiche Umsetzung von Mentoring ist eine professionelle Organisation. Mentoring-Programme kontinuierlich zu organisieren und kompetent zu begleiten, ist ein Fulltime-Job. In den großen Unternehmen werden Mentoring-Programme für Frauen oft von Gleichstellungsbeauftragten angestoßen. In der Praxis hat sich vielfach gezeigt, dass diese sich entweder fast ausschließlich auf das Thema Mentoring konzentriert haben oder aber eine spezielle Mitarbeiterin mit der organisatorischen Umsetzung betraut wurde, damit die Gleichstellungsbeauftragte ihren übrigen Aufgaben nachkommen konnte. In Unternehmen, in denen Mentoring ernsthaft und umfassend umgesetzt wurde, erwies sich diese Position auch schon als Karrieresprungbrett, da die Verantwortliche sich selbst in der Führungsetage exponieren konnte.

Die professionelle Organisation des Programms stellt hohe Anforderungen an die Verantwortliche:
- Effizientes Management der Organisation, des Ablaufs und des Rahmenprogramms
- Kompetente Auswahl geeigneter Frauen als Mentees
- Gutes Netzwerk im Unternehmen, um geeignete Mentoren zu finden
- Geschicktes Matching der Tandems (meist in Zusammenarbeit mit anderen Personalverantwortlichen)
- Hohe soziale Kompetenzen, um mit möglichen (zwischenmenschlichen) Schwierigkeiten bei Tandems lösungsorientiert und diplomatisch umgehen zu können
- Gute Kommunikationskompetenzen, um das Programm im Unternehmen sowie nach außen positiv zu präsentieren.

Wichtig ist, dass Mentoring in der Personalabteilung angesiedelt oder eng mit dieser zusammengearbeitet wird. Auch wenn der Anstoß von der Frauenbeauftragten kam (und sie nicht in der Personalabteilung angesiedelt ist), sollte Ziel sein, Mentoring als gängiges Instrument der Personalentwicklung einzuführen. Nicht nur, um eine breite Akzeptanz auch innerhalb der dafür Verantwortlichen zu schaffen. Mentoring ist ja kein ausschließliches Instrument, um die Gleichstellung von Frauen in Führungspositionen voranzubringen. Es ist auch ein probates Mittel, um allgemein Führungskräftenachwuchs zu unterstützen. So kann Mentoring auch in Förderkreisen, für Expatriats oder andere Zielgruppen eingesetzt werden. Die Möglichkeiten des Mentoring sollten sich nicht nur auf Gleichstellungs-Programme beschränken, auch wenn es gerade für junge Managerinnen hervorragend geeignet ist.

3.4 Unterstützung von der Unternehmensspitze

Wie bereits dargestellt, ist es für den Erfolg von Gleichstellungsprogrammen in Unternehmen absolut notwendig, dass die Unternehmensspitze offenkundig dahinter steht. Notwendig ist auch, dass sie speziell hinter einem Mentoring-Programm steht. Denn im Mentoring wird, je nach Konzept, von mittleren bis hohen Führungskräften erwartet, dass sie sich als Mentoren engagieren. Mentoren investieren das, was sie am wenigsten haben: ihre Zeit. Das muss sich lohnen – nicht nur durch die Informationen und das Feedback, das sie direkt aus den Gesprächen mit ihrer Mentee ziehen. Es muss auch eine Steigerung ihres Image bedeuten, wenn sie sich als Mentor betätigen, bestenfalls ein Plus für ihre eigene Karriere darstellen.

Auf längere Sicht werden Führungskräfte sich nur dann in ausreichender Zahl zur Verfügung stellen, wenn sie dafür Anerkennung und Prestige bekommen. Wenn beispielsweise, wie das bei der Volkswagen AG der Fall ist, pro Runde ein Mitglied des Vorstands die Patenschaft übernimmt, setzt das ein deutliches Zeichen für den Stellenwert des Programms. Nimmt ein Vorstandsmitglied an den das Programm begleitenden Veranstaltungen teil, so erscheinen auch die Mentoren und haben Gelegenheit, sich ihrerseits vor höchster Ebene zu profilieren.

Gleiches gilt auch für die Mentees. Ziel des Programms ist ja, dass sich hochqualifizierte Frauen dafür bewerben, die dessen Chancen nutzen können und tatsächlich früher oder später den Sprung nach oben schaffen. Stellt sich heraus, dass kaum einer im Unternehmen das Programm kennt, keine hochrangigen Mentoren zur Verfügung stehen und die Möglichkeit sich zu exponieren, in der Realität gar nicht besteht, so werden sich auch bald keine Topnachwuchsfrauen mehr dafür bewerben.

3.5 Begleitendes (Trainings-)Programm

Mentoring dient der Qualifizierung der Mentees – auf den zweiten Blick jedoch genauso der Qualifizierung der Mentoren. Nicht nur durch die oben angesprochene Möglichkeit, für das Thema Gleichstellung zu sensibilisieren. Mentoring verlangt von Mentoren eine Form der Beratung, die für sie in ihrer Rolle als Führungskraft zumeist ungewohnt ist: Sie müssen Fragen stellen und sich in die Perspektive ihres Gegenübers hineinversetzen, um die für die Mentee beste Lösung zu finden. Sie vereinbaren keine Ziele, geben keine Anweisungen und „führen" nicht. Die Mentee entscheidet selbst, was für sie richtig ist. Mentoren beraten, stehen als „Sparringpartner" zur Verfügung, geben wohlwollendes Feedback, Anerkennung und Bestärkung. Für viele eine ungewohnte Rolle. Die aber die Führungspersönlichkeit von Mentoren bereichert und ihre Handlungsmöglichkeiten erweitert. Während manche Manager diese Rolle ohne Schwierigkeiten einnehmen können, sind sich andere ihrer zunächst gar nicht bewusst. Deshalb sind begleitende Trainings wichtig:
- Einführungstraining, in denen Mentees und Mentoren getrennt voneinander in ihre Rollen und Aufgaben im Mentoring eingeführt werden,
- Zusätzliches Training für Mentoren im Verlauf des Programms, in denen sie ihre Beratungskompetenz schulen und ihre Rolle im Mentoring kritisch überprüfen.

Das größte Problem solcher Schulungen in Mentoring-Programmen ist der Faktor Zeit: Mentoren sollen sich nicht nur im Abstand von vier Wochen zu etwa zweistündigen Gesprächen mit ihrer Mentee treffen, sondern auch an den Rahmenveranstaltungen, wie Auftaktveranstaltung, Einführungsworkshops, Abschlussveranstaltung, womöglich Zwischenveranstaltung und Training der Beratungskompetenz, teilnehmen. Erfahrungsgemäß gestaltet sich das schwierig. Auch deshalb ist es wichtig, der Teilnahme am Programm einen hohen Stellenwert zu geben und das Mentorenamt zusammen mit der Teilnahme an Qualifizierungsmaßnahmen als Pluspunkte für die Karriere der Mentoren gelten zu lassen. Dazu muss Mentoring eng mit der Personalabteilung verknüpft sein.

Mentoring ist nicht nur selbst ein On-the-Job-Training für Mentees, sondern bietet auch die Möglichkeit, diese so zu schulen, dass sie Mentoring noch intensiver nutzen können. Das geschieht zum einen durch die erwähnten Einführungsworkshops, in denen sie Klarheit über ihre Rolle und die Möglichkeiten des Mentoring erlangen können. Auch Empowerment-Workshops, in denen sie gezielt an ihren Stärken arbeiten, beziehungsweise die Teilnahme an einem Assessment-Center sind eine Bereicherung für das Mentoring. Denn über die Ergebnisse kann die Mentee mit ihrem Mentor diskutieren, Verhaltensänderungen besprechen und mit seiner Begleitung umsetzen.

Nützlich im Mentoring ist auch Gruppensupervision für die Mentees, die von einer professionellen externen Supervisorin angeleitet wird. Hier können nicht nur auftauchende Schwierigkeiten innerhalb der Mentoring-Beziehung geklärt, sondern auch persönliche Fragen besprochen werden, für die der Mentor nicht der geeignete Gesprächspartner ist. Der Mentor sollte zwar in keiner hierarchischen Beziehung zur Mentee stehen. Aber dennoch ist er ja Führungskraft im gleichen Unternehmen. Außerdem ist er meistens kein Beratungsprofi. Für manche Fragen ist deshalb ein externer Coach oder Supervisor der geeignetere Gesprächspartner.

Trainings und begleitende Veranstaltungen im Mentoring haben noch einen weiteren nützlichen Effekt: Sie dienen der Netzwerkbildung. Mentees und Mentoren haben die Möglichkeit, auch die anderen Programmteilnehmer kennen zu lernen und Kontakte zu knüpfen.

4. Fazit

Mentoring ist ein Instrument, um hochqualifizierten Führungskräftenachwuchs zu fördern. Einbezogen als Mentoren sind Manager aus der mittleren bis höchsten Ebene. Damit beide Gruppen erreicht werden, sollte ein solches Programm auch mit den dafür nötigen Ressourcen ausgestattet werden. Mit ganzem Herzen, professionell organisiert und mit entsprechendem Begleitprogramm gestaltet, ist Mentoring für Unternehmen und Mitarbeiter von großem Nutzen und ein exzellenter Bestandteil von Gleichstellungs-Programmen.

Literatur

HAASEN, N. 2001: Mentoring. Persönliche Karriereförderung als Erfolgskonzept. München

Teil IV

Reflexionen:
Erfahrungen mit Diversity aus unterschiedlichen Perspektiven

Margit Osterloh / Sabina Littmann-Wernli

Die „gläserne Decke" – Realität und Widersprüche

1. Einführung
2. Die Ausgangslage
3. Die statische Diskriminierung
4. Die „gläserne Decke"
5. Das Fluktuationsverhalten von Führungskräften
6. Schlussfolgerungen

Literatur

Prof. Dr. Margit Osterloh ist Professorin für Organisation und Innovations- und Technologiemanagement, Institut für betriebswirtschaftliche Forschung an der Universität Zürich. E-Mail: osterloh@ifbf.unizh.ch

Dr. Sabina Littmann-Wernli ist Oberassistentin am Institut für Wirtschaftsforschung an der Eidgenössischen Technischen Hochschule (ETH) Zürich. E-Mail: littmann@wif.gess.ethz.ch

1. Einführung

Die aktuellen Daten zum Arbeitsmarkt in Deutschland und der Schweiz zeigen: Die Erwerbstätigkeit von Frauen nimmt weiterhin zu. Auch sind immer mehr Frauen im mittleren Management beschäftigt. Aber für den Aufstieg in das Top-Management existiert nach wie vor eine sogenannte „gläserne Decke". Obwohl der Weg in eine Spitzenposition nur noch kurz erscheint, ist er für hochqualifizierte und überdurchschnittlich motivierte Frauen mit deutlich höheren Barrieren gepflastert als für Männer gleicher Qualifikation. Warum?

Die übliche ökonomische Begründung dafür lautet, dass Frauen aufgrund ihrer familiären Verpflichtungen und ihrer Rollenkonflikte ein höheres Fluktuationsrisiko, eine geringere Arbeitsmotivation und damit eine geringere Durchschnittsproduktivität aufweisen. Deshalb bevorzugen Arbeitgeber trotz des mittlerweile stark gestiegenen formalen Bildungsniveaus von Frauen immer noch männliche Führungskräfte. Wir wollen dieses Argument auf seine Stichhaltigkeit prüfen. Es zeigt sich, dass sowohl theoretisch wie empirisch eine niedrigere Durchschnittsproduktivität von Führungsfrauen nicht zu erwarten ist. Ganz im Gegenteil zur gängigen ökonomischen Argumentation und zu den vorherrschenden (Vor-) Urteilen vieler Human-Ressource-Manager haben Führungsfrauen sogar eine besonders hohe Produktivität. Warum ist die „gläserne Decke" gleichwohl so undurchdringlich? Eine eigene empirische Untersuchung zeigt: Zahlreiche Arbeitgeber sind von ihren Vorurteilen so überzeugt, dass sie darauf verzichten, überhaupt vergleichende Fluktuationsdaten zu erheben. Aus unseren Erhebungen wird deutlich, dass Führungsfrauen kein systematisch höheres Fluktuationsrisiko aufweisen; darüber hinaus sind die Fluktuationsunterschiede zwischen den Unternehmen sehr groß, d.h. offensichtlich auch unternehmensspezifisch beeinflussbar. Damit wird deutlich: Die meisten Unternehmen verschleudern in Bezug auf ihre Führungsfrauen Humanpotenzial und damit einen zentralen Wettbewerbsvorteil.

Unsere Argumentation gliedert sich in fünf Teile. Nach der Schilderung der Ausgangslage in Abschnitt 2 erklären wir in Abschnitt 3 das ökonomische Modell der statistischen Diskriminierung. Dieses Modell zeigt, warum es für Arbeitgeber ökonomisch rational sein kann, einzelne Frauen zu diskriminieren, wobei neu auch auf den Einfluss stereotyper Verhaltenserwartungen eingegangen wird. In Abschnitt 4 zeigen wir, dass und warum die „gläserne Decke" zwischen mittlerem und Top-Management für Arbeitgeber ökonomisch nicht zu rechtfertigen ist. In Abschnitt 5 berichten wir über eine eigene empirische Untersuchung, die Aufschluss darüber geben kann, wie Arbeitgeber die Rationalität ihrer Rekrutierungs- und Beförderungsentscheidungen verbessern können. In Abschnitt 6 ziehen wir die Schlussfolgerung: Unternehmen haben allen Grund, für die Zerschlagung der „gläsernen Decke" zu sorgen.

2. Die Ausgangslage

Zuerst die gute Nachricht: Die Integration von Frauen in den Arbeitsmarkt hat zu Beginn des Jahres 2000 einen neuen Höhepunkt erreicht: Sowohl in Deutschland als auch in der Schweiz beträgt der Anteil der Frauen an allen Arbeitskräften rund 42%, Tendenz steigend.[1] Im Dienstleistungssektor hat die Zahl der erwerbstätigen Frauen bereits die 50%-Grenze überschritten. Die Zukunftsaussichten sind gut; sowohl im sekundären als auch im tertiären Sektor ist ein zunehmender Mangel an qualifizierten Arbeitskräften zu beklagen. Doch die Rückseite der Medaille glänzt weniger hell, und das ist die schlechte Nachricht: Frauen dürfen zwar in Ausbildung investieren, erwerbstätig sein und versuchen, mit oder ohne Familie Karriere zu machen, der Aufstieg in die obersten Positionen in Wirtschaft, Verwaltung und Wissenschaft bleibt ihnen jedoch weitgehend verwehrt. Im Durchschnitt verharrt der Frauenanteil in der obersten Führungsebene deutlich unter 10%.[2] Die „gläserne Decke" unterhalb der Spitzenpositionen scheint besonders dick zu sein.

Angesichts der zunehmenden Qualifikation von Frauen und der Stabilisierung ihrer Erwerbsverläufe stellt sich die Frage, aus welchen Gründen Unternehmen auf den Einsatz und die Beförderung hochqualifizierter Führungskräfte leichtfertig verzichten und welche Mechanismen die „gläserne Decke" so (durch-) bruchsicher gestalten. Insbesondere ist zu überprüfen, welche Bedeutung in diesem Zusammenhang der statistischen Diskriminierung zukommt, die als einer der wichtigsten Einflussfaktoren für die ungleiche Stellung von Frauen und Männern auf dem Arbeitsmarkt und in den Unternehmen gilt.

3. Die statistische Diskriminierung

Statistische Diskriminierung ist eine Diskriminierung von einzelnen Personen einer Gruppe von Arbeitskräften aufgrund von Durchschnittserwartungen über das Verhalten der ganzen Gruppe.[3] Arbeitgeber sind bei der Einstellung und Beförderung von Arbeitskräften über deren Arbeitsproduktivität nur unvollkommen informiert.[4] Auch Zeugnisse

---

[1] Die aktuellen Daten zur Erwerbstätigkeit in der Schweiz sind dem Statistischen Jahrbuch 2000, den Pressemitteilungen des Bundesamtes für Statistik und dem Internet www.admin.ch/bfs entnommen, Daten zur Erwerbstätigkeit in Deutschland aus dem Statistischen Jahrbuch 1999 und dem Datenreport 1999, Bonn 2000.

[2] Statistisches Jahrbuch 2000; Berner Zeitung, 5. März 1999, S. 29.

[3] Die Entwicklung der Theorien statistischer Diskriminierung geht auf Phelps (1972) und Arrow (1972) zurück, wichtige Ergänzungen und Erweiterungen finden sich z.B. bei Arrow (1973), Spence (1973) und Aigner/Cain (1977).

[4] Z.B. besitzt nur die Arbeitskraft Informationen über die eigene tatsächliche Leistungsbereitschaft; allerdings kann auch auf Seiten der Bewerberin oder des Bewerbers Unsicherheit über die Realisierbarkeit der vorhandenen Leistungsbereitschaft am neuen Arbeitsplatz bestehen.

und Auswahlverfahren können nur ein unvollständiges Bild über die Leistungsfähigkeit und -bereitschaft eines Menschen geben. Durch Assessment-Center kann man zwar das Risiko von Fehlentscheidungen verkleinern, allerdings erhöht das die Informationskosten beträchtlich. In vielen Fällen ist es deshalb für Unternehmen vorteilhafter, sich auf vorhandene Erfahrungswerte oder auf die prognostizierten Durchschnittsproduktivitäten einzelner Gruppen zu verlassen, auch wenn dies im Einzelfall eine falsche Prognose ergibt. Dieses Verhalten ist betriebswirtschaftlich sinnvoll, wenn die insgesamt eingesparten Informationskosten höher sind als die durchschnittlichen Produktivitätsgewinne durch sorgfältigere Personalauswahl. Die statistische Diskriminierung ist in diesem Fall für Arbeitgeber rational. Für diejenigen Personen, deren individuelle Produktivität höher ist als die Durchschnittsproduktivität der jeweiligen Gruppe, stellt die statistische Diskriminierung allerdings eine beträchtliche Benachteiligung dar.

Frauen sind besonders häufig der statistischen Diskriminierung unterworfen. Ihnen wird aufgrund ihrer durchschnittlich häufigeren Berufsunterbrechungen, ihrer „Doppelbelastung" in Familie und Beruf und ihren zahlreichen Konflikten zwischen Berufs- und Frauenrolle eine geringere Durchschnittsproduktivität unterstellt. Die statistische Diskriminierung kann zumindest teilweise auf die Existenz stereotyper Erwartungen bezüglich des Verhaltens von Frauen und Männern zurückgeführt werden (Schubert/Littmann-Wernli, 2001). Stereotype sind verallgemeinernde Annahmen über Merkmale und Verhaltensweisen von Mitgliedern bestimmter sozialer Gruppen und werden häufig als kognitive Komponente von Vorurteilen bezeichnet. Sie zeichnen sich durch besonders hohe Stabilität aus, da Menschen einerseits dazu neigen, kognitive Dissonanzen zu vermeiden, d.h. die beobachtbare Realität wird so interpretiert, dass sie zum Stereotyp passt. Andererseits werden stereotype Verhaltenserwartungen durch soziale Normen geprägt, die sich i.d.R. nur sehr langsam verändern und damit ihrerseits das Stereotyp stabilisieren.

Stereotype Verhaltenserwartungen beeinflussen in zweierlei Hinsicht die „gläserne Decke": Zum einen unterstützen Stereotype allgemein die statistische Diskriminierung, da die mangelnde Trennung von Berufs- und Geschlechterrolle Frauen im Unternehmen eine geringere Durchschnittsproduktivität unterstellt. Resultat ist, dass bevorzugt Männer eingestellt, Frauen weniger attraktivere Arbeitsplätze zugewiesen werden und weniger in ihre Weiterbildung investiert wird. Zum anderen entstehen konkrete Aufstiegsbarrieren für Frauen dadurch, dass einstellende Personalverantwortliche oder Vorgesetzte die Karrieremotivation und -eignung von Frauen unter Berücksichtigung potentieller Familienpflichten geringer einschätzen als die ihrer männlichen Mitbewerber. Das bedeutet, dass Frauen stereotype Verhaltenserwartungen durch überdurchschnittliche Qualifikationen oder entsprechend überdurchschnittlichen Arbeitseinsatz kompensieren müssen, oder m.a.W.: Frauen müssen höhere Barrieren überwinden als Männer, um in Führungspositionen gelangen zu können.

Abb.1: Der Teufelskreis der statistischen Diskriminierung

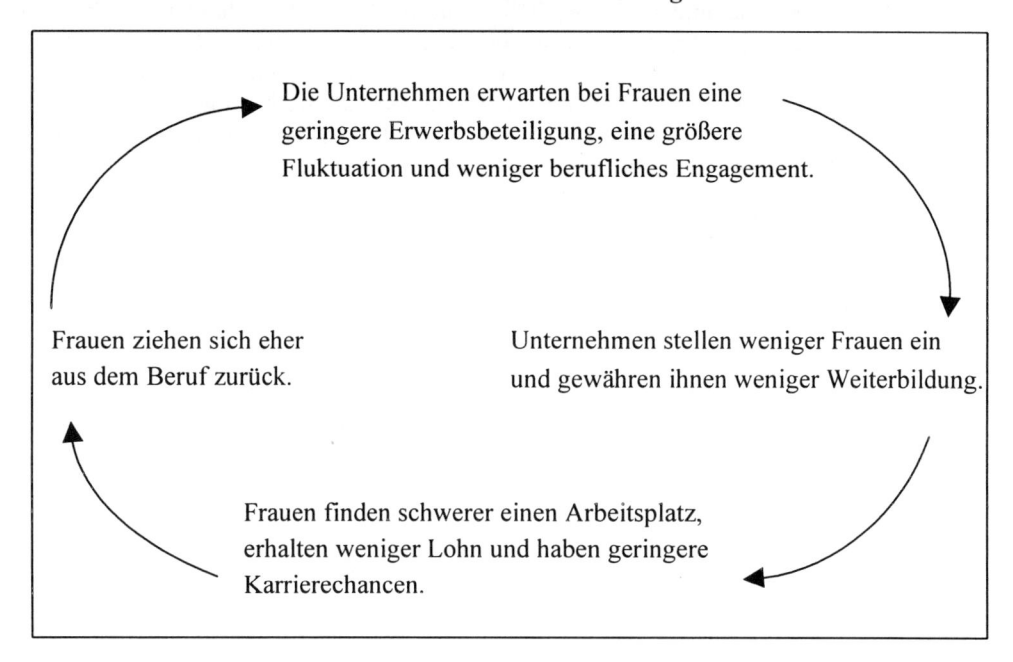

```
                Die Unternehmen erwarten bei Frauen eine
                geringere Erwerbsbeteiligung, eine größere
                Fluktuation und weniger berufliches Engagement.


Frauen ziehen sich eher                  Unternehmen stellen weniger Frauen ein
aus dem Beruf zurück.                    und gewähren ihnen weniger Weiterbildung.


                Frauen finden schwerer einen Arbeitsplatz,
                erhalten weniger Lohn und haben geringere
                Karrierechancen.
```

Das auf den ersten Blick rationale Verhalten der Arbeitgeber setzt allerdings einen „Teufelskreis der statistischen Diskriminierung" als sich selbst erfüllende Prophezeiung in Gang: Gehen Personalverantwortliche davon aus, dass Frauen eine höhere Fluktuation und ein stärkeres Familienengagement als Männer an den Tag legen und weisen sie ihnen deshalb Jobs mit niedrigerer Bezahlung und schlechteren Aufstiegsmöglichkeiten zu, dann rauben sie tatsächlich vielen Frauen die berufliche Motivation. Frauen antizipieren die Mechanismen ihrer individuellen Benachteiligung, richten die Wahl ihres Berufes und ihr berufliches Engagement danach aus und erfüllen damit die Erwartungen der Arbeitgeber (Abbildung 1).

Eine empirische Studie zeigt, dass Frauen in der Tat ihre beruflichen Ansprüche an die ihnen offerierten Beschäftigungschancen anpassen: Sie stecken ihre Karriereziele niedriger (Zürcher Kantonalbank 1997).

> ■ 70% aller Männer und 48% aller Frauen sind zu Beginn ihrer Berufstätigkeit davon überzeugt bzw. halten es für möglich, Karriere zu machen. Mit zunehmender Dauer der Berufstätigkeit tritt bei beiden Geschlechtern eine Desillusionierung ein. Allerdings verlieren Frauen deutlich schneller und nachhaltiger ihre beruflichen Ambitionen. Nach 10 Jahren Berufstätigkeit ist die Anzahl der anfangs karriereüberzeugten Frauen um 60% gesunken, die Zahl der anfangs karriereorientierten Männer dagegen nur um 40%.

KritikerInnen des Modells der statistischen Diskriminierung wenden ein, dass die geringere Durchschnittsproduktivität von Frauen keineswegs sicher ist (Osterloh/Wübker 1999, 142ff). Sie ist nämlich im Falle der heute dominierenden Wissensarbeit nur in Ausnahmefällen direkt messbar.[5] Vielmehr wird sie in der volkswirtschaftlichen Statistik indirekt über die Stundenlöhne ermittelt. Aus den im Durchschnitt geringeren Stundenlöhnen von Frauen schließt man auf eine geringere Durchschnittsproduktivität. Das ist äußerst problematisch, denn der Maßstab ist hier gleichzeitig das zu Messende. Es wird vorausgesetzt, dass der Lohn der „wahren" Produktivität entspricht. Aber ist das der Fall? Die Comparable-Worth-Debatte hat gezeigt, dass schon bei der Arbeitsbewertung, d.h. bei der Analyse der Arbeitsplatzanforderungen frauentypische Arbeitsplätze systematisch niedriger eingestuft werden (vgl. Jochmann-Döll 1990, Krell 1994, Schettgen 1996). Dies hat nicht nur ungerechtfertigt niedrige Frauengrundlöhne zur Folge, sondern führt auch noch zu einer zu tiefen Einschätzung der Durchschnittsproduktivität von Frauen.[6]

Dennoch kann nicht ausgeschlossen werden, dass im *Durchschnitt aller Frauen* diese eine geringere Durchschnittsproduktivität als Männer haben. Das ist aus den Rückkopplungseffekten der statistischen Diskriminierung ableitbar. Frauen haben im Durchschnitt tatsächlich eine höhere Fluktuationsquote und arbeiten erheblich häufiger als Männer in Teilzeitpositionen. Der Frauenanteil an allen Teilzeitbeschäftigten beträgt in Deutschland 88% und in der Schweiz 82%. Das bedeutet, dass für die Arbeitgeber Investitionen in das betriebsspezifische Humankapital von Frauen im Vergleich zu Männern weniger rentieren. Weniger betriebsspezifische Weiterbildung führt aber wieder zu einer niedrigeren Produktivität von Frauen. Der Teufelskreis hat sich geschlossen.

---

[5] Zu diesen Ausnahmen gehört die Messung der Produktivität im Wissenschaftsbetrieb: Maßstab ist die Zahl der Publikationen und Zitationen in renommierten wissenschaftlichen Zeitschriften. Empirische Untersuchungen zeigen in diesem Fall tatsächlich eine durchschnittlich geringere Publikationstätigkeit von Frauen (Cole/Cole 1943, Bochow/Joas 1987). Allerdings gibt es auch anderslautende Beispiele wie Wenneras/Wold 2000.

[6] Für betriebsspezifische Arbeitsplatzanalyse und -bewertung haben Katz/Baitsch (1997) ein äußerst hilfreiches Instrumentarium zur Verfügung gestellt, um Verzerrungen in der Einstufung aufzudecken.

4. Die „gläserne Decke"

Gilt diese Argumentation aber auch für *Frauen in Führungspositionen*, d.h. für Frauen, die – gemessen am Durchschnitt aller Frauen – eine überdurchschnittliche Produktivität aufweisen? Bejaht man diese Frage, wäre die „gläserne Decke" zumindest aus Sicht der Arbeitgeber als ökonomisch rational legitimiert. Wir wollen zeigen, dass das ein ökonomischer Trugschluss ist, wenn man die Logik der statistischen Diskriminierung konsequent zu Ende denkt!

Frauen müssen, um überhaupt in eine Führungsposition zu kommen, Signale produzieren, damit sie den Nachteil eingeschränkter Produktivitätserwartungen überkompensieren können. Diesen Weg, der als Selbstselektion bezeichnet wird, schlagen aber nur besonders talentierte Individuen ein (Lechner 1998, 181ff.).

Für die Besetzung von Spitzenpositionen heißt das, dass zum Ersten tendenziell eine geringere Anzahl qualifizierter Frauen zur Auswahl stehen, weil nicht alle Frauen die im Vergleich zu Männern höheren Signalisierungskosten auf sich nehmen wollen. Zum Zweiten bedeutet dies, dass diejenigen Frauen, die ins mittlere Management befördert werden, bessere Fähigkeiten als vergleichbare Männer haben müssen. Zu diesem Ergebnis kommen einflussreiche ökonomische Analysen.[7] Frauen in Führungspositionen leisten also tatsächlich, nicht nur ihren eigenen Angaben nach (Nerge/Stahmann 1991), mehr als Männer in vergleichbaren Positionen.

Bestätigt wird dieser Befund durch ein aufsehenerregendes Beispiel aus dem Wissenschaftsbetrieb. Dieses ist deshalb so wichtig, weil im Wissenschaftsbetrieb – anders als in Unternehmen[8] – ein hoher Konsens darüber besteht, wie Produktivität gemessen werden kann, nämlich über Publikationen und Zitationen in renommierten Zeitschriften.

---

[7] Vgl. Lazear/Rosen (1990); Franck/Jungwirth (1998) bieten, ausgehend von den Ergebnissen von Lazear/Rosen, folgende ökonomische Erklärung für das „Glass Ceiling"-Phänomen an: Wenn der Index „weiblich" in bezug auf Managementqualitäten mit einem noch so kleinen Vorurteil belegt ist, wird mit der Berufung von Frauen in das Top-Management ein risikoreiches Experiment gewagt, welches negative Kapitalmarktsignale auslösen kann.

[8] Zu den Problemen der Leistungsmessung in Zusammenhang mit Leistungslöhnen in Unternehmen vgl. Osterloh (1999), Prendergast (1999), Gibbons (1998).

> ▪ Zwei schwedische Mikrobiologinnen haben untersucht, warum Bewerberinnen bei der Vergabe von wissenschaftlichen Stipendien so schlecht abschneiden. Frauen stellen 46% der Bewerbenden, werden aber nur zu 20% bei der Vergabe berücksichtigt. Die Überprüfung ergab: Frauen mussten 2,5 mal so viele Publikationen wie ein männlicher Bewerber aufweisen, um ihre wissenschaftliche Kompetenz belegen zu können (Wenneras/Wold 2000).

Diese und andere Dokumentationen der besonders hohen Produktivität von Frauen in mittleren Positionen müsste eigentlich Arbeitgeber dazu veranlassen, Frauen in diesen Positionen verstärkt an die Spitze zu befördern, weil sie offensichtlich besonders leistungsfähig sind (Osterloh/Wübker 1999). Eine „gläserne Decke" dürfte es bei rationalem Verhalten nicht geben! Angesichts der hartnäckigen Untervertretung von Frauen in Spitzenpositionen lässt sich daraus nur der Schluss ziehen, dass Arbeitgeber ihren Vorurteilen aufsitzen und damit auf ein wichtiges Potenzial im Wettbewerb, nämlich das Humanpotenzial der besonders talentierten Frauen verzichten. Wir folgern daraus, dass zumindest für diese Frauen die Chancen zum Eintritt in Spitzenpositionen dadurch gefördert werden, dass man systematisch über die aufgezeigten Zusammenhänge informiert.[9] Dazu wollen wir mit unserer eigenen empirischen Untersuchung über das Fluktuationsverhalten von Frauen und Männern in Führungspositionen einen Beitrag leisten.

5. Das Fluktuationsverhalten von Führungskräften

Eine der zentralen Begründungen für die Rationalität der statistischen Diskriminierung ist die höhere Fluktuation von weiblichen Führungskräften. Eine hohe Fluktuationsquote führt zu einer geringeren Rendite von Ausbildungsinvestitionen des Unternehmens. Sie wäre damit einer der wichtigsten Gründe dafür, warum weibliche Führungskräfte eine geringere Förderung erfahren und deshalb weniger aufsteigen. Können wir nachweisen, dass die Fluktuationsquoten von weiblichen Führungskräften nicht höher sind als die von ihren männlichen Kollegen, dann folgt daraus, dass unser Argument in Bezug auf die Irrationalität der „gläsernen Decke" noch einmal verstärkt wird. Es gibt dann noch weniger Gründe dafür, diese besonders talentierten und leistungsbereiten Frauen nicht überdurchschnittlich zu fördern.

---

[9] Zu demselben Ergebnis kommt die vom amerikanischen Kongress eingesetzte Glass Ceiling Commission (1996).

5.1 Untersuchungsanlage

Ziel der Untersuchung war es, differenzierte Fluktuationsdaten und Fluktuationsgründe von Frauen und Männern in Führungspositionen zu erheben. Um eine ausreichend große Datenbasis zu erhalten, wurden für die Untersuchung möglichst große Unternehmen bzw. Unternehmen mit besonders hohem Anteil weiblicher Führungskräfte ausgewählt. Der gesamte Stichprobenumfang belief sich auf etwa 100 Schweizer Unternehmen.

Führungspositionen können unternehmensspezifisch unterschiedlich definiert sein, wodurch die Vergleichbarkeit von Ergebnissen eingeschränkt wird. Wir haben deshalb ein einfaches Abgrenzungskriterium gewählt: Wir fragten nach Personen mit Unterschriftsberechtigung. Als Erhebungsmethode wurde die schriftliche Befragung mit standardisiertem Fragebogen gewählt.[10] Der Fragebogen wurde mit 7 Unternehmen einem Pretest unterzogen. Als Erhebungszeitraum für die Fluktuationsdaten wurde eine dreijährige Periode (1.1.1996 bis 31.12.1998) festgelegt. Der Pretest zeigte, dass dies bereits die obere Grenze für die Verfügbarkeit von entsprechenden Daten darstellt.

5.2 Ergebnisse

Auf die Umfrage reagierten insgesamt 39 Unternehmen, allerdings verweigerten knapp die Hälfte der Unternehmen die Teilnahme oder sandten unvollständige Fragebögen zurück. Die Absagen wurden mehrheitlich mit der Nichtverfügbarkeit und nur in zwei Fällen mit der Schutzbedürftigkeit der entsprechenden Daten begründet.

Daraus resultiert ein *erstes wichtiges Ergebnis* unserer Befragung: Die überwiegende Anzahl der Unternehmen verzichtet auf wichtige Daten, welche das gängige Vorurteil widerlegen könnten, „Investitionen in Frauen rentieren weniger, weil sie früher als Männer gehen." Immerhin wechseln auch Männer heute immer häufiger den Arbeitgeber.

Im Ergebnis konnten damit „nur, aber immerhin" 21 Fragebögen ausgewertet werden (Rücklauf 21,4%). 70% der Unternehmen gehören dem Dienstleistungssektor an; 13 Unternehmen weisen einen Umsatz von über 1 Mrd. Franken, weitere 6 Unternehmen einen Umsatz zwischen 100 und 1000 Mio. Franken aus. Die teilnehmenden Unternehmen repräsentieren insgesamt 76208 Beschäftigte in der Schweiz (weltweit: 314432 Beschäftigte), der Frauenanteil beträgt im Durchschnitt 35%. Angesichts der begrenzten Anzahl teilnehmender Unternehmen kommt den Untersuchungsergebnissen ein explorativer Charakter zu; die große Zahl der Beschäftigten und Führungskräfte erlaubt jedoch

---

[10] Der Fragebogen umfasste 11 offene bzw. halboffene Fragen. Er enthielt drei Fragen zur quantitativen Bedeutung der Fluktuation, zwei Fragen zur Erfassung und Bedeutung unterschiedlicher Austrittsgründe, sowie zwei Fragen zur Beschäftigtenstruktur. Ergänzend wurden drei wirtschaftsstatistische Angaben erfragt und in einer offenen Frage Gelegenheit zu persönlichen Kommentaren geschaffen.

Hinweise auf auffällige Fluktuationsunterschiede zwischen weiblichen und männlichen Führungskräften, die allerdings ausschließlich auf der Basis der Umfrageergebnisse zu interpretieren sind.

In der Stichprobe sind knapp 8000 unterschriftsberechtigte Führungskräfte vertreten; das entspricht einem Anteil von ca. 10% aller Beschäftigten in den befragten Unternehmen. 82% der unterschriftsberechtigten Führungskräfte sind Männer, während nur knapp jede fünfte Führungskraft eine Frau ist (Abbildung 2).

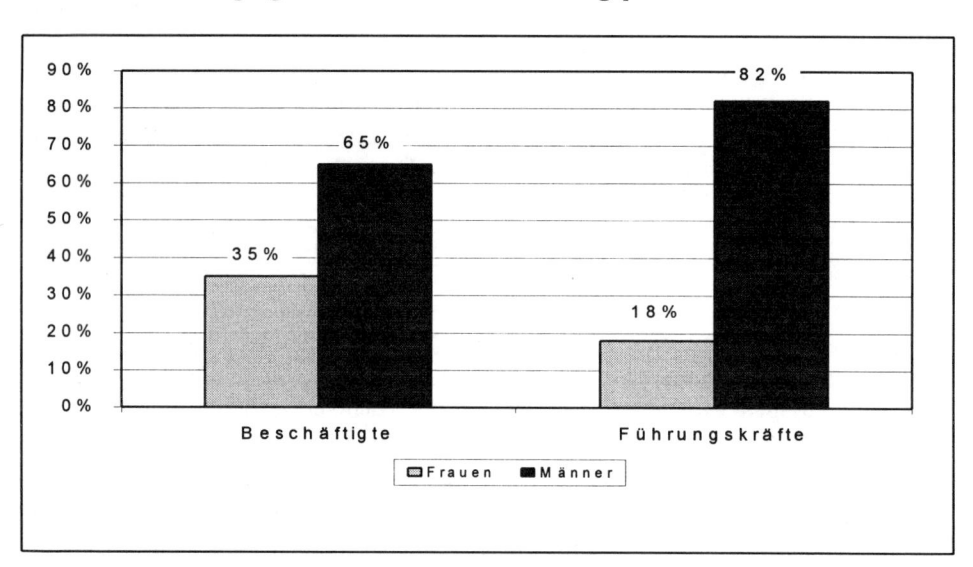

Abb.2: Vertikale Segregation von Frauen in Führungspositionen

[Balkendiagramm: Beschäftigte – Frauen 35%, Männer 65%; Führungskräfte – Frauen 18%, Männer 82%]

Abbildung 2 zeigt die vertikale Segregation der weiblichen und männlichen Arbeitskräfte. Die Untervertretung von Frauen wird etwas relativiert, wenn man berücksichtigt, dass der durchschnittliche Frauenanteil in der Stichprobe 35% beträgt.[11] Gemessen an ihrem Anteil an allen Beschäftigten sind Männer aber immer noch gut dreimal häufiger in Führungspositionen anzutreffen als Frauen (siehe Tabelle 1).

---

[11] Gesamtschweizerisch beträgt der Frauenanteil an allen Erwerbstätigen über 40%; bei der vorliegenden Befragung wurde nicht nach Teil- und Vollzeitführungskräften differenziert.

Tabelle 1: Anzahl unterschriftsberechtigter Führungskräfte

	Absolute Anzahl	Relativer Anteil an allen Führungskräften	Relativer Anteil an allen Frauen bzw. Männern
Weibl. Führungskräfte	1437	18%	3,9%
Männl. Führungskräfte	6539	82%	13,2%
Total	7976	100%	

Das Fluktuationsverhalten der unterschriftsberechtigten Führungskräfte wurde auf zwei verschiedene Arten untersucht: Einerseits durch den Vergleich des durchschnittlichen Dienstalters der Führungskräfte und andererseits durch Berechnung einer durchschnittlichen Fluktuationsrate im Erhebungszeitraum.

Die durchschnittliche Anzahl der Dienstjahre bietet einen ersten Hinweis darauf, wie hoch die ununterbrochene Verweildauer einer Arbeitskraft im Unternehmen ist, welches ein wichtiges Rentabilitätskriterium für Weiterbildungsinvestitionen und Beförderungen darstellt. Ein tiefes Dienstalter verweist entweder auf ein vergleichsweise tiefes Durchschnittsalter oder auf einen erst kürzlich erfolgten Stellen- bzw. Arbeitgeberwechsel. Bei Führungspositionen mit Unterschriftsberechtigung kann davon ausgegangen werden, dass diese in der Regel ein Mindestmaß an Berufserfahrung voraussetzen und deshalb eher von älteren Arbeitskräften eingenommen werden. D.h., ein vergleichsweise tiefes Dienstalter bei Führungskräften verweist eher auf eine kürzere Verweildauer als auf ein niedriges Durchschnittsalter.

In 65% der Unternehmen weisen die männlichen Führungskräfte im Durchschnitt mehr als zehn Dienstjahre auf, während ein entsprechend hohes Dienstalter bei weiblichen Führungskräften nur von 40% der Unternehmen angegeben wird. Da die Zahl der Unternehmen, die weibliche Führungskräfte mit einem durchschnittlichen Dienstalter unter fünf Jahren ausweisen, sehr klein ist, kann dies auch als Aufholbewegung von vergleichsweise jüngeren Frauen in Führungspositionen interpretiert werden (Abbildung 3). In diesem Falle ist die Fluktuationsquote aussagekräftiger als das Dienstalter.

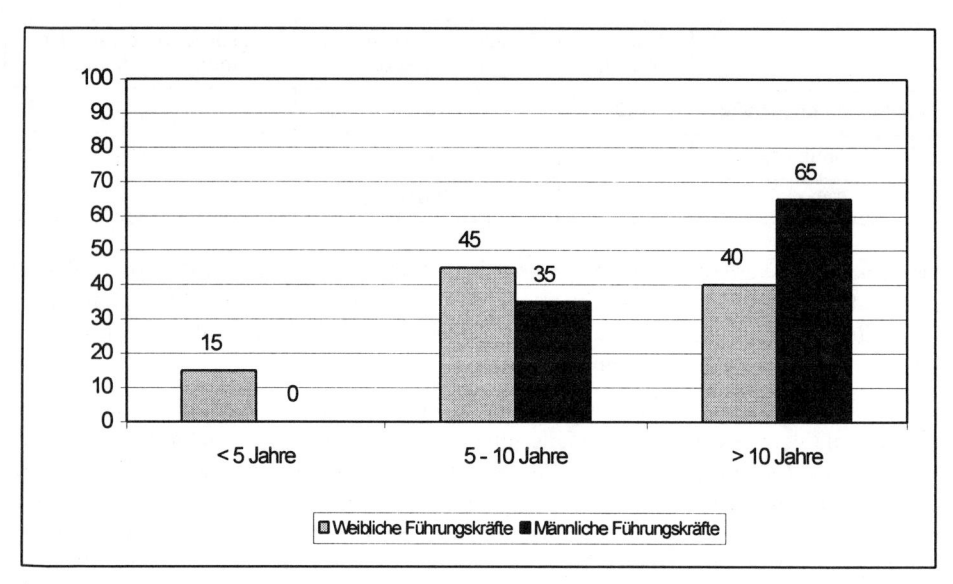

Abb.3: Dienstaltersstruktur in den befragten Unternehmen

Dienstjahre	Weibliche Führungskräfte	Männliche Führungskräfte
< 5 Jahre	15	0
5 - 10 Jahre	45	35
> 10 Jahre	40	65

(Lesehinweis: In 15% aller befragten Unternehmen beträgt die durchschnittliche Anzahl der Dienstjahre der weiblichen Führungskräfte weniger als 5 Jahre.)

Für die Bestimmung der geschlechtsspezifischen Fluktuationsrate wurde ein dreijähriger Erhebungszeitraum festgelegt.[12] Die Gegenüberstellung von Anfangs- und Endbestand unterschriftsberechtigter Führungskräfte zeigt, dass die Zahl weiblicher Führungskräfte um 19% gestiegen ist. Verglichen mit der Zunahme von 5,7% der Zahl der männlichen Führungskräfte ist hier in der Tat eine überproportionale Aufholbewegung zu erkennen. Anzunehmen ist, dass es sich dabei nicht nur um interne Beförderungen handelt, sondern auch um Neueinstellungen. Dies schlägt sich in dem bereits erläuterten geringeren durchschnittlichen Dienstalter von weiblichen Führungskräften nieder.

---

[12] Bezüglich des individuellen Fluktuationsverhaltens ist dabei von Bedeutung, dass nur die individuellen Kündigungen, nicht aber Entlassungen, Pensionierungen oder Versetzungen von betrieblicher Seite in die Berechnung einfließen.

Die „gläserne Decke" – Realität und Widersprüche 271

Tabelle 2: Veränderung unterschriftsberechtigter Führungskräfte im Erhebungszeitraum

	⌀-Bestand per 31.12.98	⌀-Bestand per 1.1.1996	Zunahme in %
Weibl. Führungskräfte	1063	891	+ 19,3%
Männl. Führungskräfte	5099	4825	+ 5,7%
Total	6162	5716	

Für den gleichen Zeitraum wurde die Anzahl individueller Kündigungen erhoben. Anhand der Durchschnittswerte wurde für Frauen eine Fluktuationsrate von 5,5%, für Männer von 4,2% errechnet.[13]

Tabelle 3: Berechnung der durchschnittlichen Fluktuationsrate

	⌀ Bestand pro Jahr	Indiv. Kündigungen pro Jahr	Durchschnittliche Fluktuationsrate
Weibl. Führungskräfte	1002	55	5,5%
Männl. Führungskräfte	5082	213	4,2%

Der Unterschied von 1,3 Prozentpunkten ist angesichts der großen Zahl der erfassten Führungskräfte sehr gering.

Wir können also als *zweites wichtiges Ergebnis* unserer Untersuchung festhalten: Die Fluktuationsquote von Frauen mit Unterschriftsberechtigung ist nicht systematisch höher als die ihrer männlichen Kollegen.

Als *drittes wichtiges Ergebnis* sei festgehalten: Die Streuung der Fluktuationsquoten ist sehr hoch. So weisen in der Stichprobe nur 8 Unternehmen eine höhere Fluktuationsrate für Frauen auf, in 5 Unternehmen liegt dagegen die Fluktuationsrate der männlichen Führungskräfte höher als die der weiblichen Führungskräfte. Der Unterschied der durchschnittlichen Fluktuationsraten in dieser Stichprobe ist damit vor allem auf die größere Schwankungsbreite der betriebsspezifischen Fluktuationsraten weiblicher Führungskräfte zurückzuführen. Das Intervall unterschiedlicher Fluktuationsraten umfasst Werte von 0% bis 17,8% bei den weiblichen, und 0% bis 11,3% bei den männlichen Führungskräften. Interessanterweise sind insbesondere in kleineren Betrieben die Fluktuationsraten der Frauen tiefer als die der Männer. Dies könnte darin begründet sein, dass hier die

---

[13] Quotient aus Durchschnittsbestand unterschriftsberechtigter Führungskräfte und durchschnittlicher Anzahl individueller Kündigungen pro Jahr im Erhebungszeitraum

individuellen Leistungen leichter eingeschätzt werden können und flexiblere Strukturen herrschen, welche Frauen entgegenkommen. Daraus ist zu folgern, dass die Unterschiede in den Fluktuationsquoten sehr stark von betriebsspezifischen Faktoren abhängen, welche gegebenenfalls durch geeignete personalwirtschaftliche Maßnahmen beeinflusst werden können.

Letzter Ansatzpunkt zur Untersuchung des Fluktuationsverhaltens war die Ermittlung der Fluktuationsgründe. Nur in 6 der befragten Unternehmen werden die Austrittsgründe systematisch erfasst, in allen anderen Unternehmen sind keine oder nur vereinzelt Daten verfügbar. Die meisten Unternehmen waren jedoch bereit, eine Einschätzung der relativen Bedeutung der vorformulierten Austrittsgründe vorzunehmen (Abbildung 4).

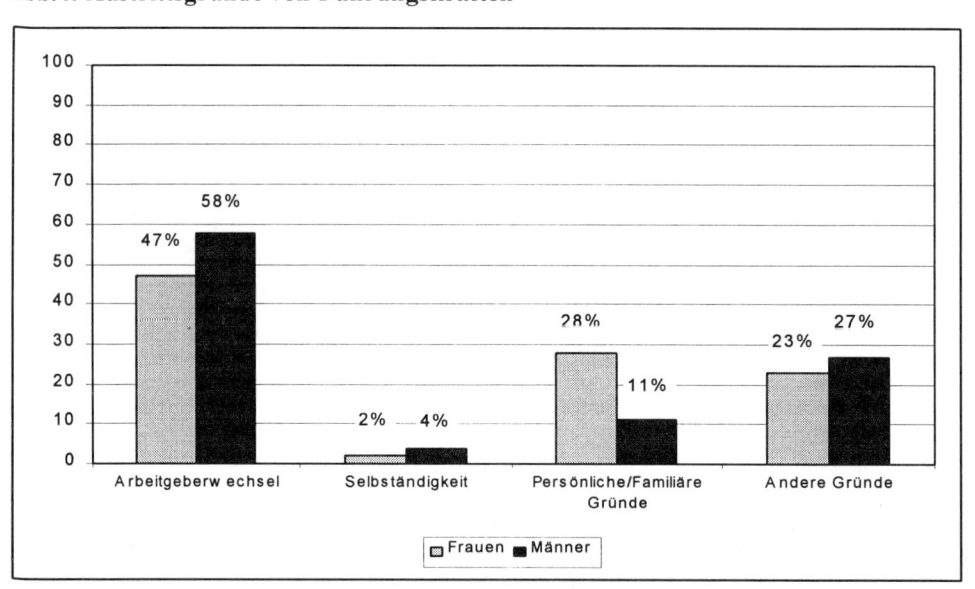

Abb.4: Austrittsgründe von Führungskräften

Austrittsgrund	Frauen	Männer
Arbeitgeberwechsel	47%	58%
Selbständigkeit	2%	4%
Persönliche/Familiäre Gründe	28%	11%
Andere Gründe	23%	27%

Interessanterweise zeigt sich, dass bei allen Führungskräften der Arbeitgeberwechsel der wichtigste Austrittsgrund darstellt. Persönliche und familiäre Gründe stehen bei Frauen erst an zweiter, bei Männern an dritter Stelle in der „Rangliste" der Austrittsgründe.

Damit können wir als *viertes wichtiges Ergebnis* unserer Untersuchung festhalten, dass die Berufsorientierung bei den weiblichen Führungskräften ähnlich hoch ist wie bei ihren männlichen Kollegen. Aus den Kommentaren zur persönlichen Beurteilung des Fluktuationsverhaltens von Führungskräften ergab sich mehrfach der Hinweis, dass männliche Führungskräfte eher aus karrierebezogenen Gründen das Unternehmen wechseln, weibliche Führungskräfte dagegen das bestehende Betriebsklima oder ihre gruppenbezogene Anerkennung als Begründung für individuelle Kündigungen anführen.

6. Schlussfolgerungen

Kernfrage der Untersuchung war, ob wichtige Annahmen, die zur statistischen Diskriminierung von weiblichen Führungskräften führen und die eine „gläserne Decke" ökonomisch legitimieren können, einer theoretischen und empirischen Überprüfung standhalten. Die Antwort auf diese Frage lautet „nein".

Theoretisch haben wir klargelegt, dass für Frauen in Führungspositionen angenommen werden muss, dass sie, um überhaupt in diese Position zu kommen, leistungsfähiger sein müssen als ihre männlichen Kollegen. Zusätzlich – und das ist das Ergebnis unserer empirischen Untersuchung – haben gerade die Frauen, die es „geschafft" haben, keine systematisch höhere Fluktuationsquote als ihre Kollegen. Allerdings scheinen sich viele Unternehmen der Richtigkeit ihrer geschlechtsspezifischen Annahmen so sicher zu sein, dass sie auf die Erhebung entsprechend differenzierter Fluktuationsdaten in ihrer Personalstatistik verzichten, obgleich es ein Leichtes wäre, sich entsprechende Daten aus dem eigenen Hause anzuschauen. Das Fehlen individuenbezogener Daten ist auch eine der wichtigsten Ursachen für die Stabilität stereotyper Verhaltenserwartungen. Diese können z.B. durch externe Anreize abgebaut werden, d.h. Unternehmen bzw. Vorgesetzte müssen motiviert werden, ihre Erwartungen bezüglich des durchschnittlichen Verhaltens von Frauen und Männern zu verändern und vermehrt Frauen in Führungspositionen befördern (Schubert/Littmann-Wernli, 2001).

Unternehmen laufen sonst Gefahr, einen zentralen Wettbewerbsvorteil zu verschleudern: Das Humanpotenzial des talentiertesten Teils ihrer Arbeitskräfte. Als Fazit halten wir fest: Je deutlicher der Wert von Unternehmen von den Ideen der Mitarbeitenden im Vergleich zum investierten Sachkapital abhängt, desto wichtiger wird es, die „gläserne Decke" zu zerschlagen.

Literatur

AIGNER, D. J./CAIN, GLEN G. 1977. Statistical Theories of Discrimination in Labor Markets, In: Industrial and Labor Relations Review, 30, S. 175-187.

ARROW, K. J. 1972. Models of Job Discrimination, In: Pascal, A. H. (Hrsg.): Racial Discrimination in Economic Life, Lexington, Massachusetts, 2.A., S. 83-102.

ARROW, K. J. 1973. Higher Education as a Filter, In: Journal of Public Economics, vol. 2, S. 193-216.

AUTENRIETH, CH. 1996. Wandel im Personalmanagement, Differenzierung und Integration im Interesse weiblicher Führungskräfte, Wiesbaden.

BLAU, F. D., FERBER, M. A. 1986.The Economics of Women, Men and Work, Englewood Cliffs.

BOCHOW, M., JOAS, H. 1987. Wissenschaft und Karriere. Der berufliche Verbleib des akademischen Mittelbaus, Frankfurt/Main.

COLE, J. R.,COLE, S. 1973. Social Stratification in Science, Chicago.

FRANCK, E., JUNGWIRTH, C. 1998. Vorurteile als Karrierebremse? Ein Versuch zur Erklärung des Glass Ceiling-Phänomens, In: Zeitschrift für betriebswirtschaftliche Forschung (zfbf), 50, (12), S. 1083-1097.

GIBBONS, R. 1998. Incentives in Organizations, In: The Journal of Economic Perspectives, vol. 12, No. 4, S. 115–132.

GLASS CEILING COMMISSION 1996. Good for Business: Making Full Use of the Nation's Human Capital, The Environmental Scan – A Fact-Finding Report of the Federal Glass Ceiling Commission.

JOCHMANN-DÖLL, A. 1990. Gleicher Lohn für gleichwertige Arbeit: Ausländische und deutsche Konzepte und Erfahrungen, München/Mering.

KATZ, CH., BAITSCH, C. 1996. Lohngleichheit für die Praxis. Zwei Instrumente zur geschlechtsunabhängigen Arbeitsbewertung, Zürich.

KRELL, G. 1994. Die Verfahren der Arbeitsbewertung – Kritische Bestandsaufnahme und Perspektiven, In: Winter, R. (Hrsg.): Frauen verdienen mehr. Zur Neubewertung der Frauenarbeit im Tarifsystem, Berlin, S. 43-55.

LAZEAR, E. P., ROSEN, S. 1990. Male-Female Wage Differentials in Job Ladders, In: Journal of Labor Economics, Vol 8. S. 106-123.

LECHNER, A. 1998 Asymmetrische Information auf dem Arbeitsmarkt, Pfaffenweiler.

LITTMANN-WERNLI, S. 1999. Gleichstellung auf dem Arbeitsmarkt, Chur/Zürich.

NERGE, S., STAHMANN, M. 1991. Mit Seidentuch und ohne Schlips. Frauen im Management, Frankfurt/Main.

NEUJAHR-SCHWACHULLA, G., BAUER, S. 1995 Führungsfrauen – Anforderungen und Chancen in der Wirtschaft, Frankfurt/Main.

OSTERLOH, M. 1999. Wertorientierte Unternehmensführung und Management-Anreizsysteme, In: Kumar/Osterloh/Schreyögg (Hrsg.): Unternehmensethik und die Transformation des Wettbewerbs. Shareholder-Value – Globalisierung – Wettbewerb. Festschrift für Prof. Dr. Dr. h. c. Horst Steinmann zum 65. Geburtstag, Stuttgart, S. 183-204.

OSTERLOH, M., SIGRIST, B. 1995. Weiblicher Führungsnachwuchs: Einbruch in den Herrenclub (II), In: io Management Zeitschrift, 64, Nr. 11, S. 102-106.

OSTERLOH, M., WÜBKER, S. 1999. Wettbewerbsfähiger durch Prozess- und Wissensmanagement, Wiesbaden, S. 201-214.

PHELPS, E. S. 1972. The Statistical Theory of Racism and Sexism, In: The American Economic Review, 62, S. 659-661.

PRENDERGAST, C. 1999. The Provision of Incentives in Firms. In: Journal of Economic Literature, S. 7–63.

SCHETTGEN, P. 1996. Arbeit, Leistung, Lohn. Analyse- und Bewertungsmethoden aus sozioökonomischer Perspektive, Stuttgart.

SCHUBERT, R. 1993. Ökonomische Diskriminierung von Frauen. Eine volkswirtschaftliche Verschwendung, Frankfurt/Main.

SCHUBERT, R., LITTMANN-WERNLI, S. 1999.Stereotype in Unternehmen – Barrieren für Frauen, In: Assig, D. (Hrsg.): Mehr Frauen in Führungspositionen, München, S. 23-50.

SPENCE, M. A. 1973. Job-Market-Signaling, In: Quarterly Journal of Economics, 83, S. 355-374.

STATISTISCHES BUNDESAMT (Hrsg.) 1999. Datenreport 1999, Bundeszentrale für politische Bildung.

STATISTISCHES JAHRBUCH der Schweiz 2000. Zürich.

STATISTISCHES JAHRBUCH für die Bundesrepublik Deutschland 1999. Stuttgart.

WENNERAS, CH., WOLD A. 2000. Vetternwirtschaft und Sexismus im Gutachterwesen, In: Krais, B. (Hrsg.): Wissenschaftskultur und Geschlechterordnung. Über die verborgenen Mechanismen männlicher Dominanz in der akademischen Welt, Frankfurt/M., S. 107–120.

WUNDERER, R., DICK, P. (Hrsg.) 1997. Frauen im Management, Kompetenzen, Führungsstile, Fördermodelle, Neuwied.

ZÜRCHER KANTONALBANK 1997. Jung sein im Betrieb, Zürich.

Michel E. Domsch / Ariane Ladwig

Doppelkarrierepaare und neue Karrierekonzepte

Eine theoretische und empirische Ausschnittsuntersuchung

1. Doppelkarrierepaare – eine „neue" Partnerschaftsform

2. Wandel von Karrierekonzepten

3. DCCs: Betriebswirtschaftlich von Relevanz?

4. Möglichkeiten der praktischen DCC-Förderung

Literatur

Prof. Dr. Michel E. Domsch ist Leiter des Instituts für Personalwesen und Internationales Management in der Wirtschaftsfakultät an der Universität der Bundeswehr Hamburg. E-Mail: michel.domsch@unibw-hamburg.de

Dr. Ariane Ladwig ist Mitarbeiterin am Institut für Personalwesen und Internationales Management der Universität der Bundeswehr Hamburg. E-Mail: ariane.ladwig@unibw-hamburg.de

1. Doppelkarrierepaare – eine „neue" Partnerschaftsform

„Es tut mir leid, ich werde das Entsendungsangebot nach Venezuela nicht annehmen. Ich habe lange mit meiner Frau darüber diskutiert und wir haben uns entschieden, dass wir ihren gerade vollzogenen Karriereschritt nicht gefährden wollen. Doch ich bin weiterhin sehr interessiert an einem Auslandseinsatz."

Derartige Antworten von entsendungsbefähigten karriereorientierten Mitarbeitern wird es immer häufiger geben. Der Grund: Die Zunahme einer Partnerschaftsform mit der Bezeichnung: Dual Career Couple – DCC – oder auf deutsch Doppelkarrierepaar. DCCs, bei denen also beide Partner karriereorientiert sind, sind im Bereich der Variationszunahme von Lebens- und Beziehungsformen ein Ausdruck des gesellschaftlichen Wandels und bilden somit eine sichtbare Grundlage von vielen für die umfangreiche wissenschaftsinterne Kommunikation über die Notwendigkeit organisationaler Veränderungen, zu denen auch die Umsetzung von Chancengleichheit zählt.

Der folgende Beitrag befasst sich zum einen mit den Erkennungsmerkmalen, dem Vorkommen und den betriebswirtschaftlichen Implikationen von DCCs und zeigt zum anderen den engen Zusammenhang dieser demographischen Teilgruppe mit der Konzeptänderung des Begriffes „Karriere" – ein weiterer Ausdruck gesellschaftlicher Veränderungsbewegung – auf. Für die Einzelheiten dieser speziellen Paarbeziehung aus einer mehr psychologischen Sicht (Nachteile/Vorteile, Konfliktpotential, Lösungsstrategien) sei auf den Artikel Domsch/Ladwig (1998) verwiesen.

1.1 DCCs: Abgrenzung und Zahlen

Die Karriereorientierung beider Partner grenzt DCCs zum einen zu der ebenfalls zunehmenden Mitarbeitergruppe der Doppelverdiener (Dual Earner Couple, DEC, Abb.1) ab. Zum anderen ergeben sich gerade aus der Definition selbst Einordnungsschwierigkeiten.

Nicht nur wird der Terminus „Karriere" angesichts einer Bandbreite von subjektiven Berufs- bzw. Unternehmenskontexten sehr unterschiedlich ausgelegt; auch unterliegt das Konstrukt *an sich* geänderten Wertzuschreibungen und –inhalten (vgl. Mann 1994). Der Satz *„Karriere ist, wenn..."* ist mithin nicht (mehr) eineindeutig, allumfassend zu vervollständigen. Hieraus und aus der Tatsache, dass es sich um ein qualitatives Zuschreibungskriterium handelt, ergibt sich, dass es keinerlei statistisch eindeutige Zahlen über DCCs gibt. Möglich sind aus demographischen Änderungen abgeleitete Grobschätzungen oder sich aus Indikatorenbildung genäherte Werte.

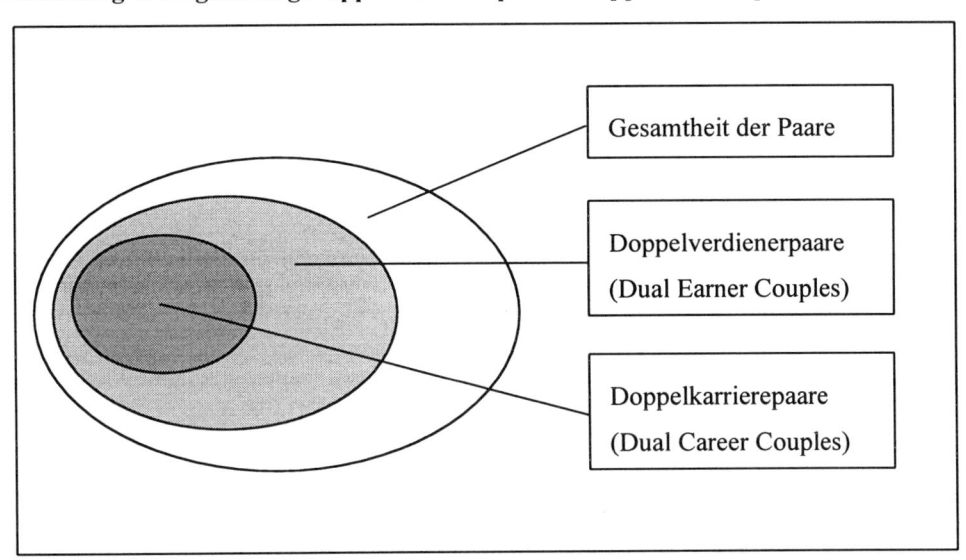

Abbildung 1: Abgrenzung Doppelverdienerpaare/ Doppelkarrierepaare

- Gesamtheit der Paare
- Doppelverdienerpaare (Dual Earner Couples)
- Doppelkarrierepaare (Dual Career Couples)

Ein grober Indikator in Form einer Richtungsweisung ist die Angabe der statistisch erhobenen DEC-Zahlen. So liegt die DEC-Quote in Deutschland bei 57%, was konkret bedeutet, dass in mehr als der Hälfte aller erwerbstätigen Familien (mindestens einer der beiden Partner ist erwerbstätig) beide Ehepartner erwerbstätig sind.[1]

Oft werden DECs jedoch auch als DCCs ausgewiesen, was zu unrealistisch hohen Werten führt, wie dieses Zitat von Catalyst zeigt: „According to the U.S. Bureau of Labor Statistics, 60 percent of all marriages are **dual-career marriages**; these couples make up 45 percent of the workforce."[2]

Im Vergleich dazu die Primärquelle des U.S. Bureau of Labor Statistics (1998): „... the proportion of married-couple families that was comprised of "**dual-worker**" families-couples in which both the husband and wife worked - remained little changed at 53.1 percent."[3]

Wie erhält man aber nun einen Wert, der zumindest eine grobe Einschätzung über die Verbreitung von DCCs erlaubt? Hierzu wurde zum einen ein Indikator aus dem Goldthorpe-Klassenlagenindex und zum anderen ein Indikator aus Einkommensklassen aus der Gruppe der Doppelverdiener ermittelt. Die Ergebnisse aus beiden Konstruktionen sind sich sehr ähnlich. Kombiniert man die Aussagen, so kann angenommen werden,

---

[1] vgl. Zahlen von 1998, Statistisches Bundesamt. Tabelle 2805: Familien nach Beteiligung am Erwerbsleben
[2] Catalyst 1998 Fact sheet: http://www.catalystwomen.org/press/facts2c.html Hervorhebung durch die Autoren
[3] http://stats.bls.gov/news.release/famee.nws.htm (14.3.2000), Hervorhebung durch die Autoren

dass 5-8% aller erwerbstätigen Ehepaare, bei denen beide Partner berufstätig sind (Doppelverdiener) in die Gruppe der DCCs einzuordnen sind. Legt man die Zahlen von Goldthorpe zugrunde, so ist dies immerhin ein Drittel aller *verheirateten* Doppelverdiener, bei denen wenigsten einer der Partner karriereorientiert ist. Dieser Indikator ist ein *Minimalindikator*. Da es sich hier ausgewiesenermaßen nur um verheiratete Paare handelt, ist darauf zu schließen, dass die tatsächliche Zahl der DCCs, inklusive also der vielen unverheirateten Paare und der Nicht-Akademiker, deutlich größer sein wird.

Wichtig und interessant ist, die Angaben in Relation zu anderen Zahlen zu betrachten, z.B. in welchen Grundgesamtheiten DCCs überhaupt vorkommen können. So sind z.B. nur knapp die Hälfte (47,9%) aller Erwerbstätigen Angestellte und 10,0% Selbstständige.[4] Führungskräfte stellen sicherlich eine weitere Gruppe dar, in den DCCs repräsentiert sind. Laut des Instituts der Wirtschaft arbeiten jedoch nur 500.000 leitende Angestellte in Deutschland.[5] Legt man eine Gesamtbeschäftigtenzahl von 35.537.000 im Jahr 1998[6] zugrunde, so ergibt das eine Quote von nur 1,41%. Nach Aussagen eines französischen Instituts liegt die „Führungskräftequote" in Deutschland bei 10% (vgl. APEC 1999).

Zusammenfassend lässt sich feststellen, dass DCCs bereits einen nicht zu unterschätzenden Umfang der Mitarbeiter in Unternehmen einnehmen. In Verbindung mit der Karriereorientierung beider Partner, die als ein Indikator für die Aufhebung von traditionellen Rollenmustern gesehen werden kann, bescheinigt dieses die Notwendigkeit zur adäquaten Reaktion auf Seiten unternehmerischer Organisation, z.B. in Form von Vereinbarkeitspolitiken, Karriereplanungen und anderem (vgl. Abschnitt: Möglichkeiten der praktischen DCC-Förderung).

2. Wandel von Karrierekonzepten

Wie bereits angedeutet, vollzieht sich ein Wandel in der Bedeutungszuschreibung des Begriffs Karriere (Domsch/Ladwig 1997). Die traditionelle Kopplung von Karriere an die Deskriptionsmerkmale „Aufstieg" bzw. „Ausweitung", „impliziter Stellenwechsel", „hochqualifizierter akademischer Mitarbeiter" löst sich im Zuge von Werteumbildung, Sinnbildungsprozessen und tiefgreifenden Strukturverschiebungen auf. Neben der Tatsache, dass der Ursprung des Wortes Karriere keine automatische Aufstiegszuschreibung beinhaltet – der lateinische Ursprung des Wortes Karriere ist *carrus*: die Karre, bzw. *(via) carraria,* der Fahrweg[7] –, ist die Entschärfung der Ausschließlichkeit des Karriere-

---

[4] Zahlen vom April 1998, http://www.statistik-bund.de/basis/d/erwerb/erwerbtxt.htm

[5] vgl. http://www.iw-koeln.de/iwd/i-archiv/iwd48-98/i48-98-8.htm

[6] vgl. http://www.statistik-bund.de/basis/d/ausl/ausl403.htm

[7] vgl. Duden 1963

ziels hin zu einer Parallelisierung von privaten und beruflichen Zielen ein Ausdruck der Wertverschiebung. Ein weiteres sich auflösendes Muster ist die rein positive Konnotation von Karriere. Trotz genereller positiver Zuschreibung (vgl. BAT-Untersuchung, auf die weiter unten noch eingegangen wird) werden heute auch andere, negative Aspekte des Karrierelebens wahrgenommen, wie z.B. Verzicht und Angepasstsein. Durch betriebswirtschaftliche Strukturveränderungen, wie die Verschlankung von Hierarchien, fraktale Unternehmen, Outsourcing, Netzwerke und Teleworking, sind die Möglichkeiten des vertikalen Aufstiegs immer mehr reduziert, und es ergibt sich mehr und mehr die Notwendigkeit des Umdenkens.

Deutlich werden Wünsche nach selbstbestimmten Formen der Karriere und das Abweichen von auf Statussymbolen und Einkommen zentrierten, überkommenen Laufbahnmodellen (Pfaller/Sinn 1991, Schelp 1994, Schretter 1998). Das Bestreben nach Gleichgewichtsfindung trägt der Tatsache der Verzahnung und Interdependenz von Lebenssphären Rechnung. Langfristigkeit und Sinn von Handlung und Entscheidungen, auch von Karriereentscheidungen, und Eigenbestimmung werden kurzfristigen Erfolgen und außengesteuerten Erwartungsentsprechungen vorgezogen (Mann 1994 und 1995).

Die Existenz und Ausweitung neuer Karrierekonzepte in der Praxis lässt den Wandel auch schon als „Realität" erkennen (vgl. nächsten Abschnitt). Bewegungen in horizontaler Richtung, verbunden mit der Ausweitung von Fachkompetenz, werden als Fachlaufbahnen eingeführt. Die stellenunabhängige „Bewegung" von Projekt zu Projekt – die sogenannte Projektlaufbahn – ist eine weitere Möglichkeit der Karriere (Fuchs 1998). Ebenso hier einzuordnen sind bedeutende Aufgabenwechsel, die sich ohne Stellenwechsel ergeben (Greenhaus 1987, Herriot 1992). Hinter Wortsynthesen wie Erfahrungskarriere und Herausforderungskarriere verbirgt sich nicht nur ein verändertes Verständnis von Karriere, sondern auch konkrete Umsetzungen (Flöther 1994). Sogar die Abwärtsbewegung (downward movement), als ehemals in Gegensatz zur aufwärts implizierten Karriere gesetzt, wird thematisiert und als nicht mehr zeitgemäßes Tabu aufgelöst (Becker/Kurtz 1991). Eine von wenigen weitgefassten und ganzheitlicheren Definitionen von Karriere gibt Fogarty: „Careers have the distinguishing characteristic of a developmental quality, even though this may only emerge retrospectively. The job sequence in a career tend to form a meaningful whole and there is a sense of high involvement and motivation (commitment) and progression toward valued goals or achievement"(Fogarty/Rapoport/Rapoport 1971, 189).

Bei der Vielzahl der Ansätze zur Sinnfüllung des Wortes Karriere in der Theorie bzw. Literatur[8] erscheint es untersuchenswert, welche individuellen inneren Zuschreibungen diejenigen haben, die sich selbst als karriereorientiert bezeichnen. Die Beachtung auch dieser subjektiven, internen Seite von Karriere „.. recognizes that believes and values, expectations and aspirations, are just as important as sequences of positions held and ag-

---

[8] Vor beschriebenem Hintergrund erscheint es evident, die Uneindeutigkeiten in der Bedeutungszuschreibung auch in zukünftigen Forschungsvorhaben mit Karrierebezug zu berücksichtigen und zu dokumentieren.

gregate manpower flows. What's more, the subjective approach isn't going to separate one's organizational career from the rest of one's life in the same neat and tidy way as an objective account" (Herriot 1992, 6). Hall und Isabella (1985) setzten die Bedeutung der individuellen Karriereempfindung, insbesondere für Karriereplanungen, sogar höher an als die Stellenabfolge.

Laut Untersuchungen des BAT-Freizeit-Forschungsinstituts, bei der 1000 berufstätige Frauen und Männer befragt wurden, definieren 63% Karriere als „Arbeit, die Spaß macht". Dies deckt sich zum einen mit Ergebnissen der gleichen Studie, die Konnotationswertigkeit von Karriere betreffend, die ergaben, dass 78%/73% (West/Ost) der Befragten (N=1000) mit dem Begriff Karriere eher etwas Positives verbinden; bei der Zusatzbefragung von 150 Führungskräften stieg die Anzahl positiver Verbindungen sogar auf 90 %. Zum anderen weist die obige individuelle Zurechnung in keiner Weise auf eine richtungs- oder erfolgsweisende Determinante von Karriere hin (vgl. Pfaller/Sinn 1991).

2.1 Karrierekonzepte in der Praxis

An einigen Unternehmen lässt sich die Umsetzung des Wandels des allgemeinen Karrierekonzeptes veranschaulichen.
- *Chrysler* hat z.B. die Definition bzw. Wahrnehmung von Karriere um den Faktor: „Entwicklung und Anwendung persönlicher Fähig- und Fertigkeit" erweitert (vgl. Smith 1992).
- Weit bekannt ist auch das im Leitbild verankerte Konzept von *Hewlett Packard*. Die fünf eigenständigen Divisionen haben nur jeweils zwei Hierarchiestufen. Diese als Kompetenzhierarchie verstandene Strukturierung wird u.a. durch das konsequente Weglassen von Titeln und Privilegien untermauert.
- Ähnlich sieht es bei *Gore & Associates* aus. Mit dem Leitsatz „No ranks, no title" wurden bei dem Unternehmen aus Putzbrunn bei München neue Karrierevorstellungen eingeführt. In dem Familienunternehmen sind Status- und Titelhierarchien durch Verantwortungshierarchien ersetzt worden. Teams werden in diesem Unternehmen nach Wissen/Fähigkeiten für Projekte zusammengestellt, deren Führungsfunktion im Idealfall von einen „natürlichen Führer" übernommen wird (vgl. Hildebrandt-Woeckel 1998, Freihaut 1999).
- Bei der *CSC Ploenzke AG* in Kiedrich bei Frankfurt haben sich aufgrund der geringen hierarchischen Strukturen, dem Fehlen von Stellenbeschreibungen (jeder sucht sich die Arbeit selber...) und der verbreiteten Projektarbeit die Karrierekonzepte gewandelt. Karriere heißt hier: Erlangen von Ansehen und Kompetenz. Die Entscheidung zwischen der Übernahme von Fach- oder Führungsaufgaben liegt beim Mitarbeiter – ohne finanzielle Nachteile. Weiterhin werden Mehrfachqualifikationen gefördert und mittelfristige Karriereplanung für jeden sowie langfristige Lebenskar-

riereplanung innerhalb der Perspektivengruppe durchgeführt (vgl. Fuchs 1997, 1998; Hildebrandt-Woeckel 1998).

3. DCCs: Betriebswirtschaftlich von Relevanz?

Neben der auf dem gesellschaftlichen Wandel beruhenden soziologischen Idealvorstellung und gleichzeitigen Handlungsempfehlung zur Reaktion auf eine derartige Zunahme von DCCs müssen auch in betriebswirtschaftlich zu lesenden Maßstäben Wirkungen resultieren, um diese Mitarbeitergruppe für Unternehmen, insbesondere für Personalabteilungen, relevant erscheinen zu lassen. Was an dieser Paarkonstellation könnte also betriebswirtschaftlich relevant sein und worin unterscheiden sich diese von Mitarbeitern aus traditionellen Partnerschaften?

Das Anfangsbeispiel der Versetzungsablehnung gibt einen der wichtigsten Gesichtspunkte an: Die von Unternehmensseite bisher beachteten Entscheidungsparameter einer Versendung (Mitarbeiter-Positions-Fit, Versendungsfähigkeit und -willigkeit etc.) beziehen sich üblicherweise nur auf den Mitarbeiter selber. Die Karriere des Partners ist jedoch eine bedeutende Entscheidungsvariable für den Mitarbeiter, die jedoch, da sie den Beobachtungsbereich des Unternehmens verlässt, bisher noch so gut wie nicht kalkuliert wurde. Das Nichtüberschreiten dieser Beobachtungsgrenze hat in diesen Fällen zur Folge, dass Versetzungspläne scheitern und sich Kosten akkumulieren. Der umgekehrte Fall, dass qualifizierte Mitarbeiter das Unternehmen aufgrund der Versetzung des karriereorientierten Partners verlassen, ist aufgrund von resultierenden Humankapitalverlusten ebenfalls deutlich betriebswirtschaftlich relevant.

3.1 Das beruflich-private Interdependenzgefüge

In Unternehmen ist häufig noch die Wahrnehmung, dass zwischen Arbeit und Freizeit keine Wechselwirkung besteht, wie Smith als einer von vielen Forschern konstatiert: „...an entrenched corporate culture remains, which regards the home as an entirely separate domain from the workplace, with little or no overlap, nor relevance for organisation" (Smith 1992, 20). Dass dieses nicht so ist, dass vielmehr vielfältige Wechselbeziehungen zwischen den Sphären bestehen, belegen unterschiedlichste Studien (vgl. Frone et al.1992, Eagle/Miles/Icenogle 1997).

Über die an sich schon wichtige Tatsache eines bestehenden Interdependenzgefüges kommt noch die in gesellschaftlichem Wertewandel beruhende Wertigkeitsveränderung hinzu. Neueste Forschungen aus Amerika belegen, dass die Balance bzw. Vereinbarkeit von Familie und Beruf zur wichtigsten arbeitsbezogenen Lebensfrage geworden ist, wichtiger als Beschäftigungssicherheit, jährliches Einkommen, Gesundheit und Entwicklungsmöglichkeiten. In der Februarausgabe der vierteljährlichen „Work-Trend"-Befragung des John J. Heldrich Center for Workforce Development (Rutgers University) und des Center for Survey Research (University of Connecticut) befanden 97% von 1000 befragten Arbeitnehmern Vereinbarkeit für wichtig, 88% für extrem wichtig. Das BAT-Freizeit-Forschungsinstitut hat insbesondere für Frauen festgestellt, dass diese auch bei Berufstätigkeit im Gleichgewicht leben wollen und ein ausbalanciertes Lebenskonzept zwischen Berufs- und Privatleben favorisieren, in dem kein Lebensbereich dem anderen einfach untergeordnet wird.[9] Die ansteigende Zahl an Doppelkarriere- und Doppelverdienerfamilien ist sicherlich ein relevanter Grund für diese Entwicklung.

Da die Menschen mit den beschriebenen Einstellungsänderungen auch Mitarbeiter in Unternehmen sind und Unternehmen Teil der Gesellschaft sind, werden sich die dargestellten Entwicklungen in einem natürlichen Diffusionsprozess in betriebsspezifischer Art und unterschiedlichem Tempo mehr oder weniger „automatisch" auswirken. Ein Unternehmen mit einer derartig langsamen und indirekten Veränderungsdynamik ist jedoch im heutigen Geschwindigkeitszeitalter in keiner Weise mehr überlebensfähig. Eine direkte adäquate Reaktion auf die dargestellten Entwicklungen ist also auch aus betriebswirtschaftlicher Sicht notwendig. In der Realität zeigen sich aber, wie weiter oben bereits erwähnt, aufgrund des Wahrnehmungsdefizits bei den Unternehmen bzgl. des Interdependenzgefüges wenig bis gar keine Aktivitäten zur Verminderung von Schnittstellenproblematiken oder Anpassung an soziologischen Wandel. Unternehmen, die familienfreundliche Politiken einführen und beobachtbare Bemühungen um Total E-Quality[10] gehören noch immer zu den Ausnahmen und lassen nur hoffen, dass sich Wahrnehmungs- und Sensibilitätsänderungen auch in den nächsten Jahren in größerem Maße zeigen werden.

3.2 DCC-Relevanz in deutschen Unternehmen – Ergebnisse einer Studie

Neben der dargestellten allgemeinen Tabuisierung der privaten Sphäre ist auch eine deutliche Diskrepanz der Thematik von Doppelkarrierepaaren zwischen einer fast 30-jährigen Forschung und unmerklichen Umsetzungstendenzen in der Wirtschaft zu verzeichnen. Durch die Karriereorientierung des Partners erweitert sich, wie beschrieben, das Beobachtungsgefüge um die Schnittstelle dieses Partners mit seiner beruflichen Sphäre (vgl. Abb. 2).

---

[9] vgl. http://www.bat.de/freizeit/aktuell/freizeit_16.html
[10] vgl. TOTAL E-QUALITY e.V.: http://www.total-e-quality.de

Abbildung 2: Doppelte Schnittstelle

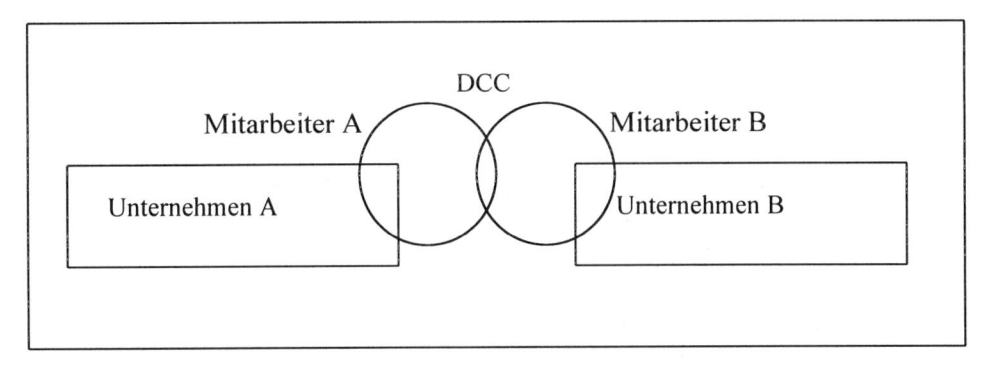

```
                           DCC
        Mitarbeiter A  ╱◯◯╲  Mitarbeiter B
    ┌─────────────────┤    ├──────────────────┐
    │  Unternehmen A  │    │   Unternehmen B  │
    └─────────────────┤    ├──────────────────┘
                       ╲◯◯╱
```

Diese Ausweitung der Interdependenzen auf ein weiteres Unternehmen erhöht die Komplexität zum einen für die Forschung, zum anderen aber vor allem für die praktischen Überlegungen in Personalabteilungen. Diese Komplexitätserweiterung verstärkt sicherlich zum einen die Wahrscheinlichkeit der generellen Nicht-Wahrnehmung, zum anderen kann sie bei bestehender Wahrnehmung aufgrund von noch bestehenden Denk- und Handlungsbarrieren zu Aktivitätslähmungen von Entscheidungsträgern führen. Bestehen diese Barrieren nicht (mehr), können z.B. Aktivitäten wie Netzwerkbildung mit anderen Unternehmen als Lösungsmöglichkeiten resultieren. Noch besteht in den meisten Unternehmen in Deutschland geringe bis keine Wahrnehmung für die Interdependenzen der zweiten Karriere – die des Partners des Mitarbeiters. Dies dokumentieren auch die Ergebnisse einer am Institut für Personalwesen und Internationales Management der Universität der Bundeswehr Hamburg durchgeführten Telefonbefragung.

Begriffliche Unkenntnis

Nur 12 der befragten 42 Unternehmensvertreter verbanden mit der Bezeichnung Doppelkarrierepaare die entsprechende Thematik, oder anders herum: 30 Befragte konnten die Bezeichnung DCC bzw. Dual Career Couple (bzw. mit der anschließend genannten deutschen Übersetzung: Doppelkarrierepaar) nicht einordnen. Die fehlende Kenntnis impliziert ein fehlendes Problembewusstsein, das sich ebenfalls in den Interviews herauskristallisierte: Die betriebs- bzw. personalwirtschaftliche Relevanz von DCCs stuften 13 Befragte als nicht vorhanden ein bzw. sahen zwar durchaus eine allgemeine Relevanz, jedoch nicht im Sinne eines für ihr Unternehmen geltenden Problems. Sekarans Feststellung, dass " ...most organisations do not even know how many of their staff are from dual-career families..." (Sekaran 1996, 1), wurde auch in unserer Befragung bestätigt: Konkrete Zahlen zur Frage nach dem DCC-Anteil im Unternehmen konnten von keinem der Befragten genannt werden.

Aktionslosigkeit

Entsprechend der konstatierten Irrelevanz brachten die Antworten aus der Befragung konsequenterweise eine verbreitete Aktionslosigkeit, d.h. das Fehlen von personalwirtschaftlichen Instrumenten speziell für DCCs. Es wurde auch deutlich, dass das DCC-Thema, wenn es überhaupt als relevant eingestuft wurde, hauptsächlich im Zusammenhang mit einer (nationalen, aber vor allem internationalen) Versetzung von Mitarbeitern gesehen wird. Auch in die schon deutlich weiter verbreiteten allgemeinen Aktionen zur Förderung von Familie und Beruf bzw. zur Chancengleichheit von Mann und Frau wurde die DCC-Thematik selten integriert.

Aus einer Reihe im Fragebogen aufgeführter möglicher DCC-spezifischer Instrumente seien einige beispielhaft herausgegriffen und im Folgenden dargestellt.
- 21 von 42 Unternehmen gaben an, bei einer Versetzung eines Mitarbeiters, bei der Jobsuche des Partners unterstützend tätig zu werden (17 Nein, 4 Enthaltungen).
- Auch die Möglichkeit der Beschäftigung des Partners im eigenen Unternehmen streben noch immerhin 20 Firmen an (18 Nein, 4 Enthaltungen).
- Sich an einem unternehmensübergreifenden Netzwerk zur Stellensuche zu beteiligen, haben bereits deutlich weniger (10) Unternehmen in Erwägung gezogen (29 Nein, 3 Enthaltungen).
- Am deutlichsten wurde die geringe bzw. nicht vorhandene Thematisierung von DCCs bei den Ergebnissen zu karrierebezogenen Aktivitäten: Bis auf wenige Ausnahmen sind weder Karriereplanung in Anwesenheit des Partners (3/38/1) noch eine parallele Karriereplanung für beide Partner (Partner im selben Unternehmen beschäftigt: 9/32/1; in verschiedenen Unternehmen beschäftigt: 1/35/6) oder etwa eine Karriereberatung für das Paar (1/38/3) in den personalwirtschaftlichen Praktiken der Unternehmen zu finden.

Die kleinen Zahlen finden sich auch in anderen Studien. Die Untersuchung der Personalberatung Baumgartner+Partner ergab z.B., dass sich von 100 befragten Unternehmen nur 10% bei einem langfristigen Auslandsaufenthalt eines Partners ernsthaft um die beruflichen Möglichkeiten des Partners bemühen (Bierach et al. 1995).

Einzelfall vs. Politik

Die Art der Institutionalisierung von Praktiken, ihre strukturelle Verankerung ist ein Anzeichen für die Kommunikationsstärke einer Thematik. Einzelfallaktionismus ist weniger strukturbildend als rahmenpolitische Festschreibungen zum Thema. Auch hier zeigt sich Konsistenz: Bei 38 Unternehmen wird nachfrageorientiert und individualistisch gehandelt. Nur zwei Unternehmen haben die DCC-Thematik in irgendeiner Form schriftlich festgehalten (2 Enthaltungen).

Die dargestellten Untersuchungsergebnisse geben einen kleinen Hinweis über die Lage in Deutschland. Im Folgenden werden nun zum Vergleich auch Forschungsergebnisse aus anderen Ländern vorgestellt.

3.3 DCC-Relevanz im internationalen Vergleich

Ein Vergleich mit Untersuchungen in amerikanischen bzw. englischen Unternehmen zeigt einen deutlichen Unterschied zu obigen Ausführungen. So meinten bereits 1985 in der Untersuchung von Scott Miller 66% von 156 befragten Firmen in Nordost-Ohio, dass die DCC-Problematik für sie ein relevantes Thema sei. Im Jahre 1981 waren es bei einer Befragung durch Catalyst bei 376 Unternehmen sogar 76%.

Dass die Änderung von Einstellungen oder die Relevanzeinstufung nicht immer und nicht sofort auch einen Verhaltenswandel zur Folge haben, dokumentieren 53% der Unternehmen, die angaben, ihnen fehlen die Mittel, sich um diese Probleme zu kümmern. Die Diskrepanz zwischen der Einstellung hinsichtlich Unterstützungsmaßnahmen und der Realisierung zeigt sich insbesondere bei der Kinderbetreuung. 30% der in der Scott Miller-Studie befragten Unternehmen favorisieren Betriebskindergärten, jedoch verwirklichen nur 3% davon diese Art der Hilfestellung. Hilfe bei der Jobsuche für den Partner wird ebenfalls selten angeboten. Weniger als 25% der Unternehmen gaben an, routinemäßig Karriereunterstützung für den Partner eines zu Versendenden anzubieten (obwohl 90% der Personaler eine Partnerassistenz befürworten). Dies ist wenig, aber doch deutlich mehr, als die Vergleichszahlen aus Deutschland wiedergeben.

4. Möglichkeiten der praktischen DCC-Förderung

Diejenigen Unternehmen, die zu der kleinen Gruppe der DCC-wahrnehmenden Arbeitgeber gehören, haben unterschiedliche personalwirtschaftliche Instrumente für ihre Mitarbeiter eingeführt, um der spezifischen Situation einer Doppelkarrierenpartnerschaft entgegenzukommen. Wichtigster und verbreiteter Ansatzpunkt sind hierbei internationale Mitarbeiterbewegungen. Durch die räumliche Veränderung ist die Konfliktwahrscheinlichkeit hier offensichtlich besonders hoch. Um einen Einblick in die Vielfalt der Möglichkeiten zu geben, wie man dieser wichtigen Zielgruppe gerecht wird bzw. sie angemessen unterstützen kann, sind im Folgenden einige Firmen und ihre DCC-Konzepte aufgeführt.

4.1 Unternehmensbeispiele

- Vor dem Hintergrund vermehrter Ablehnung von Versetzungsangeboten in den späten 80ern wurde bei *Colgate-Palmolive* 1992 das „Spouse Assistance Programm" im Rahmen der Versetzungsinstrumente eingeführt. Dieses Programm enthält u.a. die folgenden Punkte:
  - Informieren der Arbeitnehmer und der Partner über Karriereentwicklungsmöglichkeiten im Gastland;
  - Begleiten durch Orientierungssitzungen/Gespräche mit dem verantwortlichen Vorgesetzten sowie dem geeigneten entsprechenden Personalmanager;
  - Nutzung interner und externer Mittel, um bei der Sicherstellung der Arbeitserlaubnis im Gastland zu helfen;
  - Übernahme aller Kosten bei der Antragstellung für eine Arbeitserlaubnis;
  - Aktive Hilfestellung durch die Nutzung der Netzwerke des Unternehmens durch die Mitgliedschaft in und Beziehungen zu vielen personalwirtschaftlichen Vereinigungen in der ganzen Welt;
  - *Spouse Reimbursement Account:* Für die weitere Unterstützung der Partner bei der Stellensuche bzw. der Weiterführung ihrer Karriere (Kosten der Jobsuche, Inanspruchnahme von Beratungsservicen, Kosten des Selbständigmachens (seed money) vergibt die Firma eine Ausgleichszahlung von $ 7500;
  - *Tuition Reimbursement:* Wird alternativ eine Weiterführung der Ausbildung gewünscht, wird auch diese von der Firma finanziert (vgl. Beamish/ Morrison/ Rosenzweig 1997).
- Ein sehr ähnliches Programm wird zur Zeit in die bestehenden Versetzungsrichtlinien bei der Firma *Knoll AG* (Ludwigshafen) integriert, und auch bei der *Bosch GmbH* sind entsprechende Maßnahmen im Gespräch.
- Aufbauend auf einer bereits seit 1987 bestehenden Task Force: *Work and Family Commitee* bei *Du Pont*, die u.a. zur Einführung von Arbeitszeitflexibilisierungskonzepten, einem Bewußtseinstraining für Manager bzgl. Arbeit und Familie und eines Betriebskindergartens geführt hat (vgl. Hall 1990), wurde 1989 eine eigene Abteilung mit dem Namen *Workforce Partnering Devision* gegründet (vgl. Smith 1992).
- *Mobil Corporation* hat ein *Spouse Employment Assistant Program* in sein 1990 eingeführtes *Work and Family Program* integriert.
- Das Unternehmen *Caltex Petroleum Corporation* in Texas/USA verfügt über ein auf Versetzungen und Entsendungen ausgerichtetes DCC-Progamm, das u.a. einen Reisekostenzuschuss von 7500 Dollar beinhaltet, um nicht mitgezogene Partner öfters besuchen zu können, sowie Arbeitsgenehmigungen, Hilfe bei der Jobsuche, Finanzierung von Ausbildung/Umschulung des Partners und Bewerbungstraining integriert (vgl. Hildebrandt-Woeckel 1998).
- Das Unternehmen *Novartis* in der Schweiz hat seit 1. Januar 1999 eine DCC-Versendungspolitik als Resultat einer Benchmarking-Studie und einer Datensammlung in Zusammenarbeit mit der DGfP eingeführt.

- *Levi Strauss & Co.* bietet seit 1990 im Rahmen von Versetzungen mit Hilfe von Karriereberatern Beschäftigungs- bzw. Karriereberatungen für Partner an (*employment assistance for spouses*): „the counsellor will polish a resume, help with obtaining credentials, if necessary, and provide job leads and networking contacts" (Feuerstein 1998, 29).
- Über betriebsinterne Praktiken hinaus gibt es Beratungsunternehmen, die sich auf DCCs spezialisiert haben. Hierzu zählen z.B. die beiden Beraterinnen E. S. Amatea und E. G. Cross, die - finanziert vom Florida Department of Education - Workshops für junge DCCs (vorwiegend StudentInnen) anbieten. Themen sind u.a. die Ergründung des DCC-Lebensstils (Besonderheiten etc.), die Bewertung von Rollenkonflikten und Bewältigungsstrategien, die Klärung persönlicher Erwartungen und die gemeinsame Entscheidungsfindung des Paares.
- Ein weiteres Beispiel ist die *Jannotta, Bray & Associates,* ein Karrieremanagement und -beratungsunternehmen mit Sitz in Chicago/USA. Das Programm *„Lifework Partners"* wurde konzipiert, um die erwähnten Interdependenzen transparent zu machen, also einerseits DCCs bei der Entwicklung einer gemeinsamen Lebensplanung und aufeinander abgestimmter Doppelkarrieren zu helfen und andererseits Unternehmen das Verständnis für die Auswirkungen der Privatsphäre auf die Unternehmensbelange nahe zu bringen. Das Programm soll somit die Wahrscheinlichkeit von überstürzten Kündigungen von Mitarbeitern reduzieren und generell die Kommunikation über Karriereziele von Mitarbeitern – objektiviert und entschärft durch die Mittlerfunktion der Beratung – erleichtern (Bourne 1992).
- CGA Cornelius Grove & Associates in Brooklyn/NY bietet einen umfangreichen Service für ausländische Mitarbeiter. Generell wird der Partner bei allen Expatriat-Trainings oder Coaching-Workshops miteinbezogen. Des weiteren wird ein spezieller „*Crossroads-Workshop*" für den Partner eines Expats angeboten, der eine Kombination aus klassischer Karriereberatung (Selbsteinschätzung, Stellensuche etc.) und landesspezifischer Informationen über Beschäftigung und Netzwerke darstellt.[11]
- Auch *CDS Career Development Services* aus Rochester/NY haben ein Partner Relocation Assistance Program, das u.a. die folgenden Unterprogramme beinhaltet: Pre-Relocation Decision Making-Program und Comprehensive Career Assistance.[12]
- Ein umfangreiches Programm hält *Morrell & Associates, Inc. Relocation Partnership Group* in New Jersey für seine Kunden bereit: Spouse Career Assistance, Household Goods Management, Area Orientation, Pre-Decision Candidate Evaluation, V.I.P. Tour, Inter-Assist (International Program), Rental Assistance, Temporary Housing Assistance, Financial Counseling, Educational Counseling, Spouse Career Counseling.[13]

---

[11] http://www.grovewell.com/spouse.html.
[12] http://www.careerdev.org/services/corporate/index.html
[13] http://www.erc.org/mempages/MorrellAssoc_Morrell.html

■ Auch in Deutschland findet sich der Partner von Mitarbeitern in einigen Konzepten von Beratungsfirmen wieder. Das *IFIM Institut für Interkulturelles Management* in Königswinter bietet z.B. das Seminar „*Herausforderung Auslandseinsatz*" an, dessen Zielgruppe junge Führungskräfte und ihre PartnerInnen sind, die sich im Vorfeld einer Auslandsentsendung mit den Chancen und Schwierigkeiten auseinandersetzen wollen, um zu einer fundierten Ausreiseentscheidung zu gelangen.

4.2 Strategien und andere Möglichkeiten der Förderung

Ergänzend zur den besprochenen Beispielen aus der Praxis finden sich die folgenden Möglichkeiten, DCCs gezielt zu fördern. Zunächst ergeben sich ein spezifischer Handlungsbedarf und eine Zielformulierung aus der Individualität des Systemkontextes und der resultierenden DCC-Problemrelevanz eines jeden Unternehmens. Allgemein als sinnvoll für eine wirkungsvolle Integration ist die Verankerung der Thematik in die Unternehmensphilosophie oder in andere allgemeingültige interne Unternehmensaussagen sowie darauf aufbauend in die Ziele der Personalpolitik. Basierend auf einer aktiven (Mit-) Gestaltung von Werten und dem Zulassen von visionärem Denken können ein neues Bewusstsein und mehr Sensibilität für DCCs erwachsen, was die Grundvoraussetzung für die weiteren Handlungsmöglichkeiten bildet. Hierzu gehört auch die Schaffung einer offenen Kommunikationskultur. Konkret kann dieses z.B. in Schulungen von Führungskräften bezüglich des sich wandelnden Arbeitsmarktes, seiner Strukturen – insbesondere die Dominanzverschiebung hin zur DCC-Familie – umgesetzt werden. DCC-Probleme dürfen in diesem Zusammenhang dann nicht länger als „reine Privatsache" betrachtet und damit „begründet" übersehen werden.

Alle weiteren konkreten Maßnahmen sind nach ihrer unternehmensspezifischen Passung auszuwählen und in bestehende personalwirtschaftliche Maßnahmenkonzepte logisch zu integrieren. Das Rückrat für weitere Maßnahmen bilden dabei zum einen die generelle Erhebung des unternehmensinternen Aufkommens und der Verteilung der Doppelkarrierebeziehung unter den Mitarbeitern, zum anderen die Einführung von DCC-spezifischen Laufbahnberatungen. Um einen ganzheitlichen Anspruch zu verwirklichen, können diese Karriereplanungen auch auf das gesamte Leben, nicht nur auf den Mitarbeiter, sondern auch auf den Partner, ausgerichtet werden. Konkret geht es hier z.B. um die Klärung von Lebenspräferenzen und -zielen, um die praktische Unterstützung bei der Vorbereitung auf einen Auslandsaufenthalt, die Abstimmung mit der Laufbahnplanung des Partners, die Suche nach einer geeigneten Anstellung oder die Berücksichtigung indirekter finanzieller Aspekte. Unternehmensübergreifende Aktivitäten bei der Laufbahnentwicklung und der Aufbau von internationalen, interorganisationalen Netzwerkstrukturen vergrößern die Möglichkeiten der Unterstützung. Die bevorzugte Einstellung von Mitarbeitern, die Partner eines DCCs sind, bzw. die gemeinsame Anstellung des Paares zählt zu einer DCC-Einstellungspolitik, die die Vorteile dieser Mitarbeitergruppe (hohe Stress- und Toleranzgrenze, Organisationsfähigkeit, Verantwortungsbewusstsein etc.) aktiv zu nutzen sucht.

Ein wichtiges Thema ist die Flexibilisierung bzw. Anpassung der Arbeitsumgebung an die unterschiedlichen Bedürfnisse der Mitarbeiter. Stichworte wie Arbeitszeitflexibilisierung und individuelle Arbeitszeitmodelle in Verbindung mit Arbeitszeitberatungen, aber auch die Einführung neuer Laufbahnmodelle (z.B. Fachlaufbahnen, Projektlaufbahnen etc.) sind hier zu nennen. Umfeldintegrationsmaßnahmen, die z.B. die Betreuung von Kindern und Eltern oder den Abbau von Vorurteilen beinhalten, haben eine wichtige flankierende Funktion. In diesem Zusammenhang kann es sinnvoll sein, die DCC-Thematik in ein bestehendes oder geplantes Familienkonzept zu integrieren.

Die spezielle Form der Inanspruchnahme externer Dienstleistungen wurde oben bereits erläutert und ist insbesondere für kleine und mittelständische Unternehmen sowie Unternehmen in der Anfangsphase der Themenumsetzung sehr hilfreich. Beraten sie Unternehmung und Paar gleichzeitig, fungieren externe Berater als Facilitatoren der Schnittstellenkommunikation. Administrative Kosten können gering gehalten werden, und fundiertes Spezialwissen und Beratungsmethoden stehen dem Unternehmen zur Verfügung.

Zusammenfassend ist zu sagen, dass sich Personalverantwortliche und andere themeninvolvierte Unternehmensvertreter angesichts der aufgezeigten DCC-Indikatoren und deren Ausweitung über die mögliche Relevanz dieser Zielgruppe für ihr Unternehmen verstärkt Gedanken machen sollten – möglichst noch bevor es zu (kostenproduzierenden) Problemlagen kommt. Eine kontextbezogen konzipierte und gelebte DCC-Problemsicht und DCC-Aktivität ist letztendlich nicht nur ein Ausdruck der Realisierung des stattfindenden Wertewandels und der wirkenden Sphäreninterdependenzen, sondern kann in ihrer Wirkung zu einem entscheidenden Wettbewerbsfaktor beim Erhalt von und der Suche nach qualifizierter Mitarbeiterkompetenz werden.

Literatur

APEC - Association pour l'emploi des cadres (Hg.) 1999. L'Europe des Cadres 2000 / Deutsche Ausgabe: Das Europa der Führungskräfte - Beschäftigungslage - Bilanz - Perspektiven, 11. Ausgabe (Verbandsveröffentlichung/Broschüre).

BEAMISH, P. W., MORRISON, A. J., ROSENZWEIG, P. M. 1997. International Management. Text and Cases. Chicago u.a.

BECKER, J., KURTZ, H.-J. 1991. Karriere und Wertewandel. Downward-movement als Instrument der Personalpolitik. In: zfo, Vol. 6, Nr. 1, S. 35-41.

BIERACH, B. et al. 1995. Potential verschenkt. In: Wirtschaftswoche Nr. 21, 18.5.1995.

BISCHOFF, S. 1999. Männer und Frauen in Führungspositionen der Wirtschaft in Deutschland. Köln.

CATALYST, May 1981 and Winter 1981. Career and Family Bulletin. New York.

DOMSCH, M. E., LADWIG, A. 1997. Dual Career Couples (DCCs) - Einsichten und Aussichten für Karrierepaare und Unternehmen. In: Report Psychologie, Zeitschrift des Bundesverbandes Deutscher Psychologinnen und Psychologen (BDP), 22. Jg., Heft 4, S. 310-315.

DOMSCH, M. E., LADWIG, A. 1998. Dual Career Couples (DCCs): Die unerkannte Zielgruppe. In: Gross, W. (Hrsg.): Karriere 2000, Hoffnungen, Chancen, Perspektiven, Probleme, Risiken, Bonn, S.126-143.

EAGLE, B.W., MILES, E.W., ICENOGLE, M.L. 1997. Interrole conflicts and the permeability of work and family domains: Are there gender differences? In: Journal of Vocational Behavior, Vol. 50, Nr. 2, S. 168-184.

FEUERSTEIN, A. 1998. Working Spouses get help in making a career move. In: Dallas Business Journal, 10.10.1998, Vol. 21, Nr. 7, S. 28-32.

FLÖTHER, E. 1994. Karriere in den 90er Jahren: Was Karriere bestimmt. In: Gablers Magazin, Nr. 11/12, S. 20-24.

FOGARTY, M., RAPOPORT, R., RAPOPORT, R. 1971. Sex, career and family. Beverly Hills.

FREIHAUT, C. 1999. Kein Rang, kein Titel. In: Hochschulanzeiger, Nr. 44, S. 29.

FRIEDLANDER, F. 1994. Toward whole systems and whole people. In: Organization, Vol. 1, Nr. 1, S. 59-64.

FRONE, M.R., RUSSELL, M., COOPER, M.L. 1992. Antecedents and outcomes of work-family conflict: Testing a model of the work-family interface. In: Journal of Applied Psychology, Vol. 77, S. 65-78.

FUCHS, J. 1998. Die neue Karriere im schlanken Unternehmen. In: Harvard Businessmanager, Nr. 4, S. 83-91.

GREENHAUS, J. H. 1987. Career Management. New York u.a.

HALL, D. T., ISABELLA, L.A. 1985. Downward movement and career development. In: Organisational Dynamics, Vol. 14, Nr. 1, S. 5-23.

HALL, D. T. 1990. Promoting work/family balance: An organization-change approach. In: Organizational Dynamics, Vol. 18, Nr. 1, S. 4-18.

HERRIOT, P. 1992. The career management challenge. Balancing individual and organizational needs. London.

HILDEBRANDT-WOECKEL, S. 1998. Karriere. Nichts ist unmöglich. In: management & seminar, Vol. 25, Nr. 2, S. 26-28.

HILDEBRANDT-WOECKEL, S. 1998. Stress hoch zehn. In: Wirtschaftswoche, Vol. 22, 21.5.1998, S. 116-119.

KLEIMINGER, K. 2001. Arbeitszeit und Arbeitsverhalten. Eine empirische Untersuchung bei Fach- und Führungskräften. Wiesbaden.

MANN, R. 1994. Karriere und Lebenssinn: An persönlichen Spielräumen orientieren. In: Gabler's Magazin, Nr. 11/12, S. 28-31.

MANN, R. 1995 Paradigma der neuen Führung. Einzigartigkeit schaffen, Authentizität leben. In: Gabler's Magazin, Nr. 12, S. 20-23.

NOTZ, P. 2001. Frauen, Manager, Paare. Wer managt die Familie? Die Vereinbarkeit von Beruf und Familie bei Führungskräften. München, Mering.

PFALLER, P., SINN, J. 1991. Karriere im Umbruch: Absturz der Klischees. In: Management Wissen, Nr. 12, S. 16-26.

SCHELP, T. 1994. Karriere und persönliche Kompetenz. Die posthierarchische Führungskraft. In: Gabler's Magazin, Nr. 11/12, S. 25-27.

SCHRETTER, CH. 1998. Aufrüsten an allen Fronten. In: management & seminar, Vol. 25, Nr. 2, S. 28-29.

SCOTT MILLER, CLAIRE (1985): Dual careers: Impact on individuals, families, organizations. In: Ramsey, V. Jean (Hrsg.): Preparing professional women for the future. Michigan.

SEKARAN, U. 1986. Dual-career families. San Francisco; London.

SMITH, C. R. 1992. Dual careers, dual loyalties: Management implication of the work/home interface. In: Asia Pacific Journal of Human Resources, Vol. 30, Nr. 4, S. 19-29.

WALCOTT, U. 1991. Work and family: An important business. Melbourne: Australian Institute of Family Studies.

Notburga Ott

The Economics of Gender

Gedanken zu Work-Life-Balance

1. Einführung
2. Der neoklasssiche Mainstream: Gary Becker als „Entdecker" der Frauenfrage?
3. Neoklasssik weitergedacht
4. Wirtschaftliche Entwicklung und Wandel familialer Beziehungen
5. Politische Handlungsmöglichkeiten
6. Schlußbemerkungen

Literatur

Prof. Dr. Notburga Ott ist Professorin für Sozialpolitik, Familienpolitik, Bevölkerungsökonomie an der Fakultät für Sozialwissenschaft der Ruhr-Universität-Bochum. E-Mail: notburga.ott@ruhr-uni-bochum.de

1. Einführung[1]

Die Frage nach dem Geschlechterverhältnis hat in jüngerer Vergangenheit auch in die ökonomische Wissenschaft Einzug gefunden und führt dort mittlerweile ein nicht mehr nur „marginales" Dasein. Nicht nur eine Vielzahl von Ökonominnen publiziert seit Jahren Arbeiten über die Rolle und Stellung von Frauen in der Ökonomie und der Ökonomik und setzt sich kritisch mit den Lehren der herrschenden Wissenschaft auseinander, auch renommierte Ökonomen, die dem Mainstream zuzurechnen sind, haben sich diesen Fragen zugewandt.

Von feministischen Ökonominnen wird vor allem kritisiert, daß die Neoklassik von ihrem Grundansatz her nicht in der Lage ist, Aspekte wie Macht, Gewalt und Emotionen zu erfassen, und damit wesentliche Elemente der gesellschaftlichen Realität von Frauen ausblendet. Sie bedienen sich daher vielfach einer stärker interdisziplinären Sichtweise. Nun ist zum umfassenden Verständnis des Geschlechterverhältnisses – wie bei allen gesellschaftlichen Phänomenen – eine interdisziplinäre Betrachtung, die alle Partialergebnisse der Einzelwissenschaften integriert, sicherlich unumgänglich, und gerade bei der Geschlechterfrage mögen die von der Ökonomie vernachlässigten bzw. die mit ökonomischem Instrumentarium nicht erfassbaren Aspekte von besonderer Wichtigkeit sein und daher besondere Beachtung verdienen.

Trotzdem soll hier in diesem Artikel vor allem die neoklassische Sichtweise und ihr Beitrag zur Klärung der Geschlechterfrage vorgestellt werden. Meines Erachtens ist dieser größer als üblicherweise angenommen wird. Denn der Versuch, die Komplexität der Realität möglichst umfassend bei der wissenschaftlichen Analyse zu erfassen, verstellt auch häufig den Blick für systematische Zusammenhänge, die erst bei Partialanalysen deutlich zutage treten, wie sie die neoklassische Sichtweise sicherlich eine darstellt. In diesem Sinne kann der ökonomische Ansatz vor allem den Einfluß der wirtschaftlichen Entwicklung und die Folge von „wirtschaftlichen" Handlungen untersuchen. Betrachtet werden also Entscheidungen, die mit dem sog. ökonomischen Rationalprinzip beschrieben werden können, d.h. jene Verhaltensweisen, denen eine *kalkulierende Entscheidung* über *knappe Ressourcen* mit dem Ziel der *Nutzenmaximierung* oder – weicher ausgedrückt – das Abwägen von unterschiedlichen Handlungsalternativen mit dem Ziel der Nutzensteigerung zugrunde liegt. In der neoklassischen Theorie wird dieses Verhalten mit dem Modell des „Homo oeconomicus" nachgezeichnet, der als Maximierer seines individuellen Nutzens unter Restriktionen definiert ist.

---

[1] Dieser Artikel ist eine Zusammenfassung bereits früher erschienener Arbeiten. Ich danke den Herausgebern für die Zustimmung zum teilweisen Wiederabdruck.

2. Der neoklassische Mainstream: Gary Becker als „Entdecker" der Frauenfrage?

Ansätze des neoklassischen Mainstream, die sich mit Frauenfragen beschäftigen, sind vielfach mit dem Namen Gary Becker verbunden. Dieser hat seit Ende der 50er Jahre entsprechend seinem Anspruch, mit dem ökonomischen Ansatz menschliches Handeln generell erklären zu können, konsequent verschiedene, bis dahin in der Ökonomie kaum beachtete, Aspekte analysiert. Dabei sind es einerseits seine mikroökonomischen Analysen der Verhaltensweisen von Anbietern wie Nachfragern am Arbeitsmarkt und andererseits seine „wissenschaftliche Entdeckung" des Haushalts als Produktionsstätte, die die Neoklassik für die Analyse der Geschlechterfrage fruchtbar machten. Beckers Ansätze sollen im nachfolgenden skizziert, kritisch bewertet und weitergeführt werden.

2.1 Der Arbeitsmarkt

Arbeit ist in der ökonomischen Theorie als originärer Produktionsfaktor definiert und meint unter den heutigen arbeitsteiligen Produktionsbedingungen und dem, was als volkswirtschaftliches Produktionsergebnis angesehen wird (dem Sozialprodukt), vor allem Erwerbsarbeit. Entsprechend beschäftigen sich traditionelle ökonomische Theorien der Arbeit (labor economics), empirische Untersuchungen wie politische Konzeptionen, vorwiegend mit der am Markt gehandelten „Arbeit".

Es deutet sich bereits hier an, daß diese Betrachtungsweise auf Frauen bezogen zu kurz greift, da es doch auch Frauen, die nicht am Arbeitsmarkt auftreten, an Arbeit nicht fehlt. Von den vielen Aspekten, die Frauenarbeit und geschlechtsspezifische Arbeitsteilung umfassen, wird also in der traditionellen Ökonomie nur die Erwerbsarbeit betrachtet. Immerhin wurde seit den 50er Jahren die Diskussion um geschlechtspezifische Lohnunterschiede, Segregation und Diskriminierung von Frauen am Arbeitsmarkt von Seiten der ökonomischen Wissenschaftsdisziplin aufgegriffen und es wurden verschiedene Ansätze, überwiegend neoklassischer Prägung, eingebracht, die die Stellung der Frau am Arbeitsmarkt zu erklären versuchen. Es handelt sich dabei vor allem um mikroökonomische Partialmodelle, die jeweils einen spezifischen Zusammenhang betrachten und die Entscheidung als Nutzenoptimierung bei gegebenen Ressourcen und Rahmenbedingungen ansehen. Dabei werden die Verhaltensweisen sowohl der Angebots- wie der Nachfrageseite am Arbeitsmarkt untersucht (vgl. Ott/Rinne 1994).

Neben dem „Wunsch nach Diskriminierung" (Becker 1957) oder „sozialer Distanz" (Thurow 1969) auf der Nachfrageseite ist vor allem die im Vergleich zu Männern geringere und diskontinuierlichere Erwerbsbeteiligung von Frauen ein wesentliches Element der Argumentationskette in den Arbeitsmarkttheorien. Sofern Frauen aufgrund ihrer familiären Pläne nur ein kurzes Erwerbsleben bzw. längere Erwerbsunterbrechungen planen, fallen Erträge von Ausbildungsinvestitionen nur für kürzere Zeiträume an. Entsprechend dem in der Humankapitaltheorie[2] postulierten Rentabilitätskalkül werden sie dann weniger in ihre Ausbildung[3] investieren und treten mit von Männern abweichenden Merkmalen auf den Arbeitsmarkt. Gleiches gilt auch für die Entscheidungen von Arbeitgebern, sofern sie in betriebsspezifisches Humankapital, d.h. lange Ausbildungs- und Anlernzeiten ihrer Arbeitnehmer investieren. Aufgrund der erwarteten längeren Verweildauer von Männern im Betrieb werden sie Arbeitsplätze mit hohen Ausbildungskosten vor allem diesen anbieten. Letztlich verfügen Männer und Frauen aufgrund der unterschiedlichen Ausbildungsgänge über unterschiedliche Fähigkeiten und erhalten, sofern sie entsprechend ihrem Grenzprodukt entlohnt werden, unterschiedliche Löhne.

Zu diesem Effekt der unterschiedlichen Ausbildung tritt noch das Problem der unvollkommenen Information. Da ein Arbeitgeber bei Einstellung die tatsächliche Produktivität und das zukünftige Erwerbsverhalten nicht kennt, wird die Entscheidung von seinen diesbezüglichen Erwartungen abhängen. Da diese vor allem durch seine Erfahrungen mit Vertretern bestimmter Gruppen geprägt sind, werden Personen entsprechend dem durchschnittlichen Verhalten der Gruppe, der sie angehören, eingeschätzt. Sofern Frauen im Durchschnitt im Vergleich zu Männern eine geringere Produktivität oder ein diskontinuierlicheres Erwerbsverhalten aufweisen, unterliegen dann bei Risikoscheu des Unternehmers alle Frauen einer „statistischen Diskriminierung" ungeachtet ihrer wahren Merkmale.

Als erstes Fazit zeigen sich aus den neoklassischen Arbeitsmarkttheorien einige Argumente, die die schlechtere Stellung der Frau am Arbeitsmarkt als Folge ökonomisch rationalen Handelns erkennen lassen. Dabei spielen letztlich die Eigenschaften auf der Angebotsseite die entscheidende Rolle in diesem Erklärungszusammenhang: die geringere Humankapitalausstattung von Frauen und ihr diskontinuierliches Erwerbsverhalten. Die Eigenschaften der Frauen gehen dort als Datum ein oder werden als Folge der scheinbar selbstverständlichen geschlechtsspezifischen Arbeitsteilung in der Familie gesehen.

2.2 Der private Haushalt

Diese Fragen leiten zu dem Problem der Allokationsentscheidung im Haushalt über, das im Mittelpunkt der seit den 60er Jahren entwickelten Haushaltsmodelle der „new home

---

[2] In der Humankapitaltheorie wird die Arbeitskraft als Investitionsgut interpretiert, in das zum Zwecke der Verbesserung des Arbeitsvermögens durch Ausbildung investiert werden kann. Anbieter von Arbeitskraft können durch Akkumulation von Humankapital ihre Produktivität und damit ihr zukünftiges Einkommen erhöhen. Diese Ausbildung kann *allgemein* oder *spezifisch* sein. Allgemeines Humankapital ist überall verwendbar, d.h. es erhöht die Produktivität generell. Spezifisches Humankapital ist dagegen nur an bestimmten Arbeitsplätzen einsetzbar.

[3] Zwar läßt sich heute keine geringere Ausbildung von Frauen mehr nachweisen, jedoch investieren sie nach wie vor in andere Ausbildungsgänge, nämlich überwiegend in Berufe, in denen sie eine bessere Vereinbarkeit von Familie und Beruf erwarten.

economics" steht (vgl. Galler/Ott 1992, Cigno 1991). Bei diesen Modellen wird der Haushalt dabei als „kleine Fabrik" (Becker 1964) angesehen, in der mit Marktgütern und Zeiteinsatz die für die Haushaltsmitglieder nutzenstiftenden Güter produziert werden. Diese elementaren Güter (household commodities) können sowohl materieller wie immaterieller Art sein. So zählen eigenproduzierte materielle Güter wie z.B. eine Mahlzeit oder die Wohnungsrenovierung ebenso zu den Elementargütern wie Kindererziehung oder eine gemütliche Wohnung. Kerngedanke ist dabei, daß die Marktgüter nicht direkt nutzenstiftend sind, sondern zu ihrem Konsum noch weiterer Zeiteinsatz notwendig ist. „Hausarbeit" bzw. „Haushaltsproduktion" wird damit explizit mittels einer Haushaltsproduktionsfunktion in den Modellansätzen berücksichtigt.

In einem Mehrpersonenhaushalt ergeben sich Möglichkeiten einer Steigerung der Wohlfahrtsproduktion im Haushalt, indem durch Spezialisierung der verschiedenen Haushaltsmitglieder auf verschiedene Tätigkeiten komparative Produktionsvorteile genutzt werden können. Ist eine Person bei einer Tätigkeit produktiver als bei einer anderen, so ist es effizient, wenn diese Person ihre Zeit ausschließlich bei dieser Tätigkeit einsetzt und die damit produzierten Güter anschließend gegen andere, von ihr benötigte Güter eintauscht. Haben die Tauschpartner unterschiedliche Fähigkeiten, können auf diese Weise insgesamt mehr Güter produziert werden, die bei entsprechender Verteilung zur Wohlfahrtssteigerung aller beitragen. Da durch die Tätigkeit selbst das spezifische Humankapital für die jeweilige Tätigkeit qua on-the-job-training steigt, wird üblicherweise davon ausgegangen, daß diese Wohlfahrtsgewinne im Verlauf der Ehe steigen und damit ehestabilisierend wirken (z.B. Pollak 1985). Voraussetzung für eine derartige arbeitsteilige Produktion im Haushalt ist freilich, daß die im Haushalt produzierten Güter zwischen den Haushaltsmitgliedern transferiert werden können. Für einen großen Teil der Haushaltsgüter kann jedoch Transferierbarkeit unterstellt werden.[4] In diesem Fall ist es dann rational, wenn sich die Person, die am Markt ein höheres Einkommen erzielen kann, auf den Einkommenserwerb spezialisiert, und der andere Partner die transferierbaren Haushaltsgüter für alle Haushaltsmitglieder erstellt. Sofern hierfür bei optimaler Allokation nicht die gesamten Zeitressourcen dieser Person verwendet werden, wird diese ihre Zeit zwischen Hausarbeit und Marktarbeit aufteilen. Geschlechtsspezifische Lohnunterschiede führen dann zu der traditionellen Arbeitsteilung im Haushalt, wonach Männer, die i.d.R. ein höheres Einkommen erzielen als ihre Frauen, sich der Marktarbeit und Frauen sich vorwiegend der Hausarbeit widmen.[5]

---

[4] Mahlzeiten, gewaschene Wäsche und ähnliche Güter und Dienstleistungen können von einem Haushaltsmitglied für andere erstellt werden.

[5] Becker erklärt die geschlechtsspezifische Arbeitsteilung zwischen Markt- und Hausarbeit allerdings durch intrinsische komparative Vorteile der Frau bei der Kindererziehung, die durch die Fähigkeiten des Gebärens und Stillens bedingt sind, und die vor allem in Zeiten der Schwangerschaft zu komparativen Nachteilen bei der Marktarbeit führen. Im Kern basiert sein Argument der biologisch begründeten Unterschiede in der Produktivität auf Effekten der Kuppelproduktion bei Schwangerschaft (Becker 1981, 1985, Becker 1991 S. 38, 1996 S. 104).

2.3 Teufelskreis ökonomischer Rationalität

In ihrer Gesamtheit zeigen die neoklassischen Theorien somit einen *Teufelskreis ökonomischer Rationalität*: Die geschlechtsspezifische innerfamiliäre Arbeitsteilung führt aufgrund unternehmerischen Rentabilitätskalküls zu Benachteiligung von Frauen am Arbeitsmarkt – zu geringeren Löhnen und schlechteren Arbeitsbedingungen. Diese wiederum schreiben aufgrund familialer Nutzenüberlegungen die geschlechtsspezifische innerfamiliale Arbeitsteilung fest.

Soweit leisten die ökonomischen Theorien einen bedeutenden Beitrag zur Erklärung der Stellung der Frau am Arbeitsmarkt. Im Rahmen der Arbeitsmarkttheorien ist es „normal", daß Frauen Erwerbsunterbrechungen planen. Sie akzeptieren somit aus „freier Entscheidung" geringere Löhne. In Zeitallokationstheorien ist es dagegen „normal", daß Frauen geringere Löhne vorfinden. Sie entscheiden sich daher „freiwillig" für die traditionelle Rollenverteilung.

Abb.1: Teufelskreis ökonomischer Rationalität

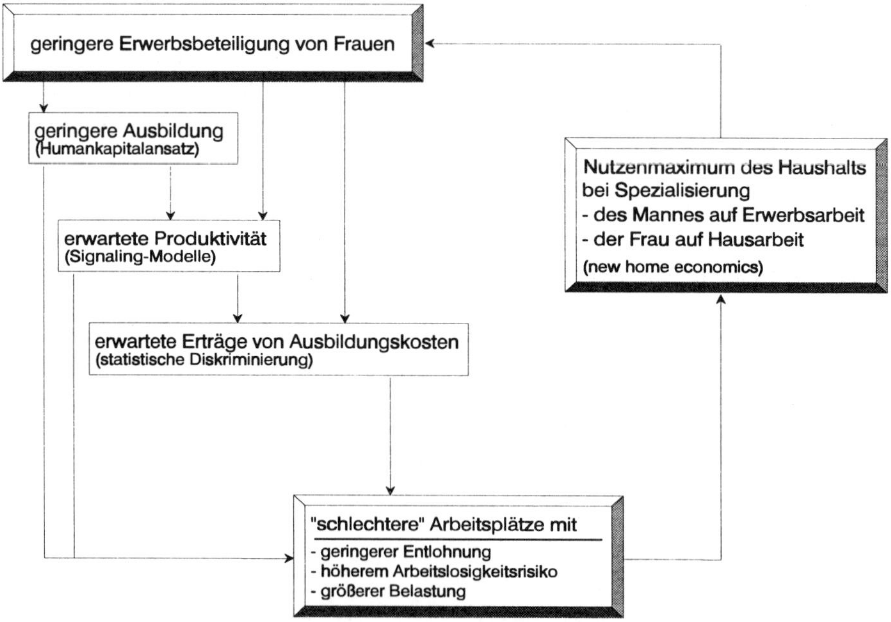

Eine geschlossene Darstellung der Theorien zeigt jedoch durch die Zirkularität das Festschreiben vorgefundener Strukturen durch ökonomisch rationales Verhalten. Die Merkmale der Frauen, aufgrund derer sie durch das unternehmerische Rentabilitätskalkül auf die „schlechteren" Arbeitsplätze mit den geringeren Löhnen verwiesen werden – geringere Humankapitalausstattung und ein diskontinuierliches Erwerbsverhalten –, ergeben sich durch das Entscheidungskalkül des Haushalts als Folge der geschlechtsspezifischen Unterschiede am Arbeitsmarkt. Ist die Benachteiligung von Frauen am Arbeitsmarkt – aus welchen Gründen auch immer – erst einmal eingetreten, so führt rationales Verhalten sowohl auf der Nachfrage- wie der Angebotsseite zu einem Teufelskreis, über den die Verhaltensmuster reproduziert werden.

Allerdings zeigen sich in jüngster Vergangenheit vor allem auf der Angebotsseite Veränderungen, die mit diesem Erklärungszusammenhang nicht in Einklang stehen. Insbesondere die zunehmend zu beobachtende Tendenz, daß beide Ehe- bzw. Lebenspartner sich sowohl Markt- als auch Hausarbeit (wenngleich nicht gleichmäßig) teilen, läßt sich mit diesem Erklärungsmuster nicht mehr erfassen.

3. Neoklassik weitergedacht

Obwohl also die neoklassische Mikrotheorie einen nicht unerheblichen Beitrag zur Erklärung der Geschlechterverhältnisse in unserer Gesellschaft leistet, zeichnet sie dennoch ein sehr unzureichendes – nämlich statisches – Bild: Sie zeigt einen Circulus vitiosus auf, der sich ständig reproduziert, und keine Änderung erwarten läßt. Weder die Entstehung dieser Situation noch ihre Veränderung kann mit diesen Ansätzen erklärt werden. Die wirtschaftliche und gesellschaftliche Entwicklung der Vergangenheit ist jedoch von einem ständigen Wandel hauswirtschaftlicher und marktwirtschaftlicher Produktion sowie der haushaltsinternen Aufgabenverteilung geprägt, die nicht mit diesem statischen Erklärungsansatz erfaßt werden kann. Dazu ist es notwendig, die Modelle in einer Weise zu erweitern, daß die Substitutionsmöglichkeiten zwischen Markt- und Hausarbeit sowie innerhalb des Haushalts angemessen abgebildet werden können.

3.1 „Arbeit" neu definieren

Dazu soll ausgehend von der in den Zeitallokationsmodellen getroffenen Unterscheidung zwischen Haus- und Marktarbeit zunächst der Arbeitsbegriff genauer beleuchtet werden. Unter „Arbeit" sollen jene Tätigkeiten verstanden werden, die als Input in einen Produktionsprozeß eingehen, dessen Output interpersonell transferierbar ist. D.h., es werden nur solche Aktivitäten betrachtet, die nicht von einer ganz bestimmten Person durchgeführt werden müssen. Tätigkeiten, die eine Person nur selbst durchführen kann, wie z.B. Schlafen, Sport treiben etc., werden als „Freizeit" bezeichnet, ebenso partnerschaftliche Aktivitäten, die überwiegend als „gemeinsamer Freizeitkonsum" angesehen werden können. Arbeit ist dagegen eine Leistung, die in einem Austauschprozeß in Erwartung einer Gegenleistung angeboten wird.

Abb.2: Marktarbeit und Hausarbeit

Marktarbeit	Arbeit = Produktion von Gütern und Dienstleistungen ⇒ Output transferierbar	Hausarbeit
direkter, bilateraler Austausch von Leistung und Gegenleistung	Art der Transaktion	langfristige Austauschbeziehung: Austausch von vielen verschiedenen Gütern
gering	Transaktionskosten	hoch
große anonyme Güter- und Faktormärkte	relevante Märkte	kleine, auf „Reziprozität" basierende Gruppen

Langfristige Austauschbeziehungen sind nun bei allen Transaktionen mit hohen Transaktionskosten von Vorteil: für spezifische Investitionen sind sie geradezu eine Voraussetzung; Informations- und Kontrollkosten können erheblich gesenkt werden, wenn vielfache und wiederholte Transaktionen zwischen denselben Tauschpartnern stattfinden. Diese Transaktionen finden daher meist in kleinen, auf Reziprozität basierenden Gruppen statt, wie sie insbesondere ein Familienhaushalt darstellt. Die effiziente Produktion standardisierbarer Güter mit geringen Transaktionskosten erfordert dagegen die Existenz großer, anonymer Güter- und Faktormärkte, die eine stark arbeitsteilige Produktionsweise ermöglichen.

Die theoretischen Reinformen dieser beiden institutionellen Arrangements – Spotmärkte auf der einen Seite, auf unbegrenzte Dauer angelegte kleine Institutionen auf der anderen – sind in der Realität kaum zu finden. Sie stellen vielmehr die theoretischen Grenzen des Kontinuums der realen Tauschmärkte dar. So sind z.B. auch Unternehmen auf längeren Bestand angelegte Institutionen, die längerfristige Lieferbeziehungen eingehen und vor allem langfristige Arbeitskontrakte schließen. Im Vergleich zum Familienhaushalt sind die Austauschbeziehungen jedoch weniger vielfältig und im allgemeinen auch leichter aufkündbar. Im Spektrum der möglichen Arbeitsbeziehungen steht somit Hausarbeit an dem einen Ende, dem der Tagelöhner am anderen Ende entgegensteht. Damit ist jede Hausarbeit im Prinzip auch marktgängig, d.h. sie kann auch auf großen, anonymen Märkten angeboten werden; inwieweit sie auch nachgefragt wird, ist jedoch eine Frage des Preises, da die jeweiligen Transaktionskosten mitentgolten werden müssen.[6]

---

[6] In diesem Sinne kann auch „Beziehungsarbeit" unter die Transaktionskosten subsummiert werden, als Ressourcen, die zur Schaffung und Aufrechterhaltung der Austauschbeziehung eingesetzt werden. Vergleichbare Kosten fallen auch in einem Unternehmen an, das Investitionen für ein gutes Betriebsklima tätigt.

3.2 Familie und privater Haushalt als ökonomische Institution

Der private Haushalt und die Familie können vor diesem Hintergrund als ökonomische Institution betrachtet werden, in der durch langfristige Kooperation der Mitglieder die Wohlfahrtsproduktion kostengünstiger als durch Marktbeziehungen erfolgt. Durch die Bildung einer Wirtschaftsgemeinschaft können im Haushalt eben jene Transaktionskosten gesenkt werden, die bei der Produktion und dem Austausch von Gütern am Markt entstehen (Ben-Porath 1980, Pollak 1985). Indem Familienmitglieder eine *Produktionsgemeinschaft* bilden, können dann auch bei der Produktion von Gütern mit hohen Transaktionskosten durch Spezialisierung der Haushaltsmitglieder komparative Produktionsvorteile genutzt werden. Darüber hinaus können von der Familie als *Konsumgemeinschaft* durch den gemeinsamen Konsum oder Gebrauch haushaltsöffentlicher Güter Effizienzgewinne sowie einfache Größenvorteile (economies of scale) erzielt werden.[7] Als *Versicherungsgemeinschaft* bietet schließlich die Familie materielle wie immaterielle Absicherung von Risikofällen wie Krankheit, Arbeitslosigkeit und im Alter. Durch langfristige Kooperation im Haushalt entstehen somit Zusatzgewinne, die den Haushaltsmitgliedern ein höheres Wohlfahrtsniveau ermöglichen, als sie es erreichen könnten, wenn sie jeweils für sich allein wirtschaften würden. Darüber hinaus gibt es in der Familie zusätzlich zu den genannten Punkten *affektive Beziehungen*, die in mehrfacher Weise die Wohlfahrt steigern können. Zum einen entstehen dadurch familien- oder ehespezifische Güter wie z.B. emotionale Geborgenheit, die außerhalb der Familie gar nicht produziert werden können. Zum zweiten führen affektive Komponenten in gewissem Umfang zu altruistischem Verhalten. Von daher besteht ein individuelles Interesse der Haushaltsmitglieder an einer gemeinsamen Haushaltsführung, sofern sie an den Gewinnen partizipieren.

3.3 Die Folgen innerfamilialer Arbeitsteilung: eine dynamische Betrachtung[8]

Geht man von dem in westlichen Industriegesellschaften üblichen Kleinfamilienhaushalt aus, in dem die Wohlfahrtsproduktion im Wesentlichen durch ein (Ehe-)Paar erstellt wird, so wird nach dem traditionellen mikroökonomischen Ansatz die maximale Wohlfahrtsproduktion erreicht, wenn die beiden Personen sich entsprechend der komparativen Produktionsvorteile auf Marktarbeit und Hausarbeit spezialisieren und die jeweils produzierten Güter haushaltsintern getauscht bzw. gemeinsam verwendet werden. Die Akkumulation von jeweils spezifischem Humankapital durch die Ausübung der Tätigkeit wird dabei nur unter dem Gesichtspunkt der Steigerung der Produktivität betrachtet, wo-

---

[7] Zu denken wäre hier an gemeinsam genutzte Güter (Kühlschrank, Wohnung, Fernseher) sowie die Kostenersparnis bei der Produktion größerer Mengen (Mahlzeiten).
[8] Eine formale Darstellung des Modells ist bei Ott (1992) zu finden.

bei – meist implizit – unterstellt wird, daß damit eine Steigerung der Spezialisierungsgewinne und der Wohlfahrtsproduktion verbunden ist. Spezialisierung auf eine Tätigkeit und Akkumulation des entsprechenden Humankapitals bedeutet jedoch immer auch gleichzeitig den Verzicht auf Investitionen in andere Arten von Humankapital und damit den Verzicht auf eine Steigerung der Produktivität bei der anderen Zeitverwendungsart bzw., sofern Fähigkeiten im Laufe der Zeit vergessen werden bzw. veraltern, sogar eine Produktivitätssenkung. Damit mag in dynamischer Sicht bereits unter dem Gesichtspunkt der maximalen Wohlfahrtsproduktion des gesamten Haushalts eine Spezialisierung ineffizient sein, wenn nämlich die zeitintensive Haushaltsproduktion nur in vergleichsweise kurzen Phasen wie der Kindererziehung rentabel ist, für die anderen Lebensphasen jedoch ein höheres Markteinkommen von größerer Bedeutung ist (Lehrer/Nerlove 1981).

Daneben müssen jedoch auch noch die Effekte auf individueller Ebene berücksichtigt werden. Eine besondere Eigenschaft des Humankapitals ist, daß es sich dabei um personenspezifische Fähigkeiten handelt, die nicht übertragbar sind. Damit werden durch das in Zeiten der gemeinsamen Haushaltsführung akkumulierte Humankapital auch die Produktionsmöglichkeiten der Personen bestimmt, die ihnen im Falle der Auflösung der Haushaltsgemeinschaft zur Verfügung stehen. Hierfür haben jedoch die Investitionen in die verschiedenen Arten von Humankapital eine sehr unterschiedliche Bedeutung, woraus sich langfristig asymmetrische Wirkungen der Spezialisierung auf Markt- und Hausarbeit ergeben. Diese Asymmetrie in der langfristigen Entwicklung des Humankapitals hat dann u.U. wieder Rückwirkungen auf die Wohlfahrtsverteilung in der Familie. Zwar haben beide Partner aufgrund der im Trennungsfall anfallenden Wohlfahrtsverluste einen Anreiz, die Austauschbeziehung weiter aufrecht zu erhalten, jedoch in unterschiedlichen Ausmaß. Für den auf Marktarbeit spezialisierten Partner verbessern sich im Laufe der Zeit die Alternativmöglichkeiten aufgrund der steigenden Einkommenskapazität, während sie sich für den auf Hausarbeit spezialisierten Partner verschlechtern. Entsprechend dem Gedanken kooperativer Verhandlungen, wonach der Zugewinn gegenüber den jeweiligen Alternativen „fair" geteilt wird, bedeutet dies bei erneuten Verhandlungen eine Umverteilung der internen Wohlfahrtsverteilung zugunsten des Partners mit den besseren Alternativen, da sich dessen Verhandlungsposition verbessert. Daraus ergeben sich jedoch solange keine Auswirkungen auf die Allokationsentscheidungen im Haushalt, solange der aus Spezialisierung resultierende Wohlfahrtsgewinn so groß ist, daß trotz nachträglicher Umverteilung für beide Partner eine individuelle Wohlfahrtssteigerung resultiert.

Prinzipiell kann durch Spezialisierung ein Wohlfahrtsgewinn realisiert werden, durch den sich bei gleichmäßiger Aufteilung gegenüber der Ausgangssituation beide Partner verbessern könnten. Wird jedoch nach der aus der Spezialisierung folgenden Veränderung der externen Alternativen eine neue Verteilung ausgehandelt, ergibt sich u.U. für den Partner mit der schlechteren Verhandlungsposition ein niedrigeres Wohlfahrtsniveau als im Status quo. Insbesondere die Entscheidung für ein Kind mag einer solchen Situation gleichkommen. Angenommen, ein Kind stiftet den Eltern soviel Nutzen, daß auch unter Berücksichtigung der direkten und indirekten Kosten (Einkommensausfall) ein positiver Nettonutzengewinn auf Haushaltsebene verbleibt, so würde man eine Realisierung dieses Kinderwunsches erwarten. Ist nun aber diese Entscheidung für einen der Partner mit einer zeitweisen Erwerbsunterbrechung oder -reduzierung verbunden, so verändert nur dieser langfristig seine Verhandlungsposition. Bei späteren internen Verteilungsverhandlungen besteht damit die Gefahr, u.U. unter das Anfangsniveau abzusinken. Aus Sicht dieses Partners wäre eine Entscheidung für das Kind irrational. Um nun zu einer Lösung zu gelangen, bei der sich beide verbessern, ist eine Vereinbarung notwendig, die solche späteren Verteilungsverhandlungen ausschließt. Die traditionelle Arbeitsteilung in der Familie kann damit als ein (meist implizit geschlossener) *Vertrag* angesehen werden, bei dem die Frau die Hausarbeit und Kinderbetreuung übernimmt und damit eine Verschlechterung ihrer Alternativmöglichkeiten hinnimmt, ihr im Gegenzug aber ein stets, d.h. lebenslang, unveränderter Anteil an der Wohlfahrtsproduktion des Haushalts zugesichert wird.

Bei solchen Verträgen, bei denen die Leistungen der Partner zeitlich auseinanderfallen, ist dann der Anreiz zu einem Vertragsbruch besonders hoch, wenn die Wohlfahrtsgewinne bereits größtenteils realisiert sind, und damit nur noch der Partner mit der besseren Verhandlungsposition durch eine Forderung nach Umverteilung den Vertrag einseitig aufkündigen kann. Sofern also derartige Vereinbarungen nicht mit Sicherheit eingehalten werden und eventuell mit Nachverhandlungen gerechnet werden muß, ist ein strategisches Verhalten der Beteiligten zu erwarten, indem sie einer Verschlechterung der Verhandlungsposition zugunsten einer höheren Wohlfahrtsproduktion nur soweit zustimmen, wie sie im Falle einer Nachverhandlung nicht unter das Ausgangsniveau absinken. Letztlich folgt daraus eine höhere Erwerbsneigung der Person, die überwiegend die Hausarbeit übernimmt, um die individuelle Einkommenskapazität nicht allzusehr absinken zu lassen.

Wenn also zur maximalen Wohlfahrtsproduktion im Haushalt langfristig bindende Verträge notwendig sind, diese aber häufig asymmetrischen Charakter haben und damit hohe Anreize zum Vertragsbruch enthalten, kann nicht a priori von deren Einhaltung ausgegangen werden. Daher ist es notwendig, die Verbindlichkeit familialer Verträge zu untersuchen, ein Aspekt, der in der Familienökonomie bislang nicht beachtet wird. Der Bruch eines familialen Vertrages bedeutet in dem hier betrachteten Kontext zunächst den Versuch der Nachverhandlung mit dem Ziel einer internen Umverteilung. Wesentliche Auslöser sind hierbei Veränderungen in den externen Alternativen, die durch exogene Einflüsse wie Krankheit, Arbeitslosigkeit, Erbschaften etc., sowie internen Entscheidungen, die auch die materielle wie immaterielle Ressourcenausstattung der Haushaltsmitglieder betreffen, bestimmt werden. Die Größe des potentiellen Gewinns aus einem Vertragsbruch hängt von der Stärke der Veränderung in den Verhandlungspositionen ab. Dabei ist bereits die Nachverhandlung selbst mit Kosten in Form von zeitlichem, intellektuellem und emotionalem Input verbunden. Bei nur kleinen Änderungen in den Verhandlungspositionen ist daher ein Vertragsbruch kaum gewinnbringend. In Situationen, bei denen eine größere Asymmetrie zwischen den Vertragspartnern vorliegt, wie bei einer Erwerbsunterbrechung zugunsten eines Kindes, sind jedoch zusätzliche Mechanismen notwendig, um einen Vertragsbruch wirkungsvoll zu verhindern.

Im Endeffekt reduziert sich das in traditionellen Haushaltsmodellen angeführte Argument zur Stützung der Annahme der hohen Verbindlichkeit familialer Vereinbarungen auf ein höchst unökonomisches Element, nämlich die affektive Beziehung der Familienmitglieder (Becker 1974, 1993, Pollak 1985). Diese wird üblicherweise als ein Garant für die Einhaltung familialer Vereinbarungen angesehen, die sämtliche ökonomischen Anreize zum Vertragsbruch außer Kraft setzt. Gerade dies muß jedoch angezweifelt werden. Ökonomische Anreize werden von Personen auch dann wahrgenommen, wenn eine starke affektive Beziehung besteht, und insbesondere können hier Wechselwirkungen bestehen. Die emotionale Beziehung der Partner muß als eine eigene Austauschbeziehung betrachtet werden, die sich von üblichen ökonomischen Tauschbeziehungen unterscheidet. Normalerweise wird ein gegenseitiger Austausch emotionaler Zuwendung erwartet und eine Kompensation durch andere Leistungen nicht akzeptiert. Dieses Prinzip wird verletzt, wenn ökonomische Abhängigkeiten entstehen, was auf Dauer eine Partnerbeziehung belasten kann.

4. Wirtschaftliche Entwicklung und Wandel familialer Beziehungen

Betrachtet man nun die wirtschaftliche Entwicklung in der Vergangenheit, so lassen sich verschiedene Prozesse ausmachen, die die traditionellen Vorteile der Familie reduzieren. Die Einführung verschiedener Sozialversicherungen sowie die Zunahme von Versicherungsmärkten, die die Existenzgrundlage bei fast allen Lebensrisiken sichern, haben zunächst die Versicherungsfunktion der Familie deutlich abgeschwächt. Allgemeine Wohlstandssteigerungen führten darüber hinaus zu einem Bedeutungsverlust der Familie als Konsumgemeinschaft, da einerseits die gemeinsame Nutzung von Gebrauchsgütern durch Mehrfachanschaffung überflüssig wurde und zudem die „economies of scale" durch Einsatz entsprechender marktlicher Vor- und Hilfsprodukte und kleinerer Haushaltsgrößen geringer ausfallen. Insbesondere nehmen aber in jüngerer Zeit die Vorteile aus Spezialisierung ab. So erhöhen zum einen die verbesserten Einkommensmöglichkeiten von Frauen die Opportunitätskosten bei Spezialisierung auf Hausarbeit, da auf ein höheres Einkommen, das für vielfältige, andere Zwecke verwendet werden kann, verzichtet wird. Zum anderen haben sich die Substitutionsmöglichkeiten von Haushaltsproduktion durch Marktarbeitszeit verbessert, da die marktmäßige Güterproduktion im Vergleich zur Haushaltsproduktion billiger geworden ist. Standardisierbare Güter, für die es prinzipiell viele Nachfrager gibt, können über Märkte kostengünstiger hergestellt werden als im privaten Haushalt, in dem die Anzahl der Abnehmer klein und eine Spezialisierung auf eine einzelne Tätigkeit nicht möglich ist[9].

Generell läßt sich daraus schließen, daß eine kapitalintensive Haushaltsproduktion mit hochwertigen Marktvorprodukten oder gar Marktsubstituten eine zeitintensive Haushaltsproduktion, die spezifisches Wissen verlangt, zunehmend ablöst. Bei steigenden Löhnen und sinkenden Preisen der Marktsubstitute und -vorprodukte ist es dann effizient, die Zeit zur Einkommenserzielung zu verwenden, da dadurch ein wesentlich höherer Gesamtoutput erzielt werden kann und zudem die Disponibilität der Ressourcen erhalten bleibt.

Lediglich bei der Kindererziehung läßt sich eine solche Entwicklung nicht beobachten. Marktsubstitute für Kinderbetreuung sind tendenziell nicht kostengünstiger als Eigenbetreuung geworden, da die Preisentwicklung für Kinderbetreuung etwa der Entwicklung der Opportunitätskosten, d.h. der Lohnsteigerungen von Frauenlöhnen entspricht. Inwieweit diese Preisentwicklung allerdings die Präferenzen der Menschen widerspiegelt, läßt sich nicht ohne weiteres sagen, da die Marktentwicklung hier durch gesetzliche Regelungen stark eingeschränkt ist: regelmäßige außerhäusliche Kinderbetreuung ist durch das Jugendamt zu genehmigen und öffentliche Betreuungseinrichtungen sind häufig mit den Anforderungen durch Erwerbsarbeit nicht kompatibel. Aufgrund fehlender preisgünstiger Substitute für Kinderbetreuung ist die „Kindererziehung" demnach nach wie vor sehr zeitintensiv. Bei steigenden Einkommensmöglichkeiten, auf die zugunsten der Kindererziehung verzichtet werden muß, und bei gleichzeitig weniger stark steigenden Preisen von anderen Gütern, ist daher Kindererziehung im Vergleich zu diesen relativ teurer geworden.

Generell läßt sich also feststellen, daß die wirtschaftliche Entwicklung zu einer Reduzierung der Gewinne aus gemeinsamer Haushaltsführung geführt hat. Die formale Ehe bietet daher heutzutage nur geringe materielle Vorteile, woraus eine geringere Heiratsneigung resultiert, insbesondere da die nicht-materiellen, affektiven Aspekte des Zusammenlebens mittlerweile auch ohne formale Eheschließung realisiert werden können. Die hohen Opportunitätskosten der Kindererziehung übersteigen deren Nutzen, was den Geburtenrückgang zumindest zum Teil erklären kann.

5. Politische Handlungsmöglichkeiten

Angesichts dieser Veränderungen in den Rahmenbedingungen von Haushaltsentscheidungen scheint eine Symmetrie in der individuellen Ressourcenausstattung zunehmend an Bedeutung zu gewinnen. Die möglichen Wohlfahrtsgewinne durch innerfamiliäre

---

[9] Da die Haushaltsproduktion die Herstellung aller Güter umfaßt, die nicht als Marktgüter erworben werden, besteht Hausarbeit aus sehr verschiedenen Tätigkeiten. Die gleichzeitig vergleichsweise sehr kleine Anzahl der Haushaltsmitglieder erlaubt dann keine Spezialisierung auf nur ganz wenige Aktivitäten.

Spezialisierung sind heutzutage relativ klein und können die gestiegenen individuellen Risiken und potentiellen Verluste nicht mehr kompensieren. Damit ist zu erwarten, daß in den Familien in Zukunft Entscheidungen mit asymmetrischen Folgen vermieden werden und Frauen und Männer zunehmend mit ähnlichen Merkmalen auf dem Arbeitsmarkt als Anbieter auftreten werden. Hiermit sollte dann das Phänomen der statistischen Diskriminierung an Bedeutung verlieren.

Dieser Prozeß kann durch geeignete politische Maßnahmen gezielt unterstützt oder auch behindert werden. Die gegenwärtige Familienpolitik ist durch eine Förderung der traditionellen Rollenmuster gekennzeichnet. Die bevorzugte Behandlung der Einverdienerehe im Steuer- und sozialen Sicherungssystem, Erziehungsurlaub und Erziehungsgeld in der gegenwärtigen Form, sowie arbeitsmarktpolitische Maßnahmen, die eher den Wiedereinstieg nach eine Familienphase als die Möglichkeit einer ununterbrochenen Erwerbskarriere von Frauen fördern, setzen Anreize zu einer familialen Arbeitsteilung, die mit hohen individuellen Risiken für die Frauen verbunden ist. Letztlich stellt diese Art der Politik den Versuch dar, die Wohlfahrtsgewinne traditioneller Arbeitsteilungsmuster gegenüber anderen Arrangements zu erhöhen. Angesichts der damit verbundenen individuellen Risiken ist jedoch kaum der intendierte Erfolg dieser Politik zu erwarten.

Notwendig zur Realisierung aller möglichen Wohlfahrtsgewinne in der Familie und dem Abbau von Diskriminierung von Frauen am Arbeitsmarkt ist eine stabile Politik, die den Familien eine langfristige Planungsgrundlage gewährt und symmetrische Arrangements in der Familie ermöglicht. Dazu gehört vor allem eine Politik zur Vereinbarkeit von Beruf und Familie. Letztlich würde dadurch das Spektrum der möglichen Technologien in der Haushaltsproduktion erweitert, indem die für den jeweiligen Haushalt effiziente Kombination von Marktgütern und Eigenleistung beider Partner gewählt werden kann. Eine solche Politik würde damit die individuelle Entscheidungsfreiheit erhöhen und gerade dadurch die Voraussetzungen für familiale Arrangements schaffen, die eine möglichst hohe Wohlfahrtsproduktion erwarten lassen.

6. Schlußbemerkungen

Nimmt man den Homo oeconomicus als Instrument zur Analyse systematischer Verhaltensweisen unter Restriktionen ernst und wendet es konsequent in Form einer Femina oeconomica auch auf das Verhalten von Frauen an, so lassen sich Verhaltensweisen und Rollenmuster, die üblicherweise als nicht weiter erklärte Normen angesehen werden, als individuell rationale Reaktion auf die jeweiligen ökonomischen und institutionellen Bedingungen beschreiben. Ebenso kann auch zumindest ein Teil des gegenwärtigen Wertewandels als rationale Reaktion auf veränderte wirtschaftliche Gegebenheiten interpretiert werden. Der ökonomische Ansatz erweist sich als erklärungskräftig: die Folgen von Änderungen in den Rahmenbedingungen für Entscheidungen im Hinblick auf Work-Life-Balance werden sichtbar und geben Impulse für politisches Handeln.

Literatur

ARROW, K. J. 1973a. „The Theory of Discrimination." In: Discrimination in the Labor Markets, ed. Ashenfelder/Rees, Princeton.

BACKHAUS, J. G., G. GRÖTZINGER, R. SCHUBERT (Hg.) 1993. Jenseits von Diskriminierung, Marburg: Metropolis.

BECKER, G. S. (1957) 1971. The Economics of Discrimination. Chicago: The University of Chicago Press.

BECKER, G. S. 1964. Human Capital. New York und London: Columbia University Press.

BECKER, G. S. 1974. „A Theory of Marriage: Part II." In: Journal of Political Economy, 82, 813-846.

BECKER, G. S. (1975) 1976. The Allocation of Time and Goods over Time. In: his The Economic Approach to Human Behavior. Chicago: The University of Chicago Press, 115-130.

BECKER, G. S. (1981) 1991. A Treatise on the Family. Cambridge und London: Harvard University Press.

BECKER, G. S. (1985), 1996. „Eine ökonomische Analyse der Familie." In: his Familie, Gesellschaft und Politik - die ökonomische Perspektive, übersetzt von M. Streissler, hrsg. von I. Pies, Tübingen: J.C.B. Mohr, 101-116.

BECKER, G. S. 1985. „Human Capital, Effort and the Sexual Division of Labor." In: Journal of Labor Economics 3(12), S33-S58.

BECKER, G. S. 1993. „Nobel Lecture: The Economic Way of Looking at Behavior." In: Journal of Political Economy, 101, 385-409.

BEN-PORATH, Y. 1980. „The F-Connection: Families, Friends and Firms and the Organisation of Exchange." In: Population and Development Review, 6, 1-30.

CIGNO, A. 1991. Economics of the Family. Oxford: Clarendon Press.

GALLER, H. P. 1991. „Zu den Oportunitätskosten der Familienbildung." In: Gräbe, S. (Hg.). Der private Haushalt - erkannte, verkannte und unbekannte Dimensionen, Frankfurt, 118-152.

GALLER, H. P., OTT, N. 1992. „Der private Haushalt als ökonomische Institution. Neuere Entwicklungen in der mikroökonomischen Haushaltstheorie." In: Gräbe, S. (Hg.). Der private Haushalt im wissenschaftlichen Diskurs, Frankfurt/New York: Campus, 109-139.

GALLER, H. P., OTT, N. 1993. Empirische Haushaltsforschung. Erhebungskonzepte und Analyseansätze angesichts neuer Lebensformen. Frankfurt/New York: Campus

HOLLER, M. 1985. Ökonomische Theorie der Verhandlungen. Eine Einführung. München: Oldenbourg.

HUMPHRIES, J., RUBERY, J. (eds.). 1995. The Economics of Equal Opportunities. Manchester: Equal Opportunities Commission.

LEHRER, E., NERLOVE, M. 1981. „The Labor Supply and Fertility Behavior of Married Women." In Research in Population Economics, 3, 123-145.

OTT, N. 1992. Intrafamily Bargaining and Household Decisions, Berlin/New York: Springer.

OTT, N. 1993. „Zum Rationalverhalten familialer Entscheidungen." In: Born, C.; Krüger, H. (Hg.): Ehepartnerliche Erwerbsverläufe: auf der Suche nach Strukturgebern im Modernisierungsprozeß weiblicher Lebensführung. Weinheim: Deutscher Studienverlag, 25-51.

OTT, N. 1997. „Beruf, Kinder, Familie - ein Spannungsfeld aus ökonomischer Sicht. In: Behning, U. (Hg.): Das Private ist ökonomisch - Widersprüche der Ökonomisierung von Familien- und Haushaltsdienstleistungen. Berlin: Edition Sigma, 41-66.

OTT, N., RINNE, K. 1994. „Was können ökonomische Theorien zur Erklärung der geschlechtsspezifischen Arbeitsteilung beitragen?" In: FIF - Forum für interdisziplinäre Forschung, 12, 141-182.

POLLAK, R. A. 1985. „A Transaction Cost Approach to Families and Households." In: Journal of Economic Literature, XXIII, 581-608.

SEN, A. K. (1989) 1996. „Cooperation, Inequality, and the Family." In Nancy Folbre (ed.), The Economics of the Family. Cheltenham: Elgar, 171-186.

SENGENBERGER, W. 1975. Arbeitsmarktstruktur - Ansätze zu einem Modell des segmentierten Arbeitsmarkts. Forschungsberichte aus dem Institut für Sozialwissenschaftliche Forschung e.V., München. Frankfurt am Main: Aspekte Verlag.

THUROW, L. C. 1969. Poverty and Discrimination. Washington: Brookings Institution.

THUROW, L. C. 1975. Generating Inequality. New York: Basic Books.

Renate Liebold

Die Vereinbarkeit von Beruf und Familie aus männlicher Sicht

Ein Fallbeispiel

Dr. Renate Liebold ist wissenschaftliche Mitarbeiterin am Institut für Soziologie der Universität Erlangen-Nürnberg. E-Mail: rliebold@t-online.de

Die Vereinbarkeit von Beruf und Familie aus männlicher Sicht

Untersuchungen über die Vereinbarkeit von Beruf und Familie sind - aus nachvollziehbaren Gründen – in der Tradition der Frauenforschung verankert (vgl. u.a. Tölke 1991) und in dem Maße, in dem sich die Frauenforschung zur Geschlechterforschung entwickelt hat, „wird die ‚andere Seite' des Geschlechterverhältnisses", nämlich der Mann wissenschaftlich interessant (Döge/Meuser 2001: 7). Auch in der Familienforschung war bislang eher ein weiblicher ‚bias' zu verzeichnen, Männer tauchten lange Zeit eher als Kontextvariable auf. Dass Männern gegenwärtig auch über den (sozial-)wissenschaftlichen Kontext hinaus mehr Interesse entgegengebracht wird und eine zunehmende Präsens des Themas Mann vor allem in Massenmedien zu verzeichnen ist, liegt u.a. daran weil „die Fraglosigkeit (ihrer) Existenz zu schwinden beginnt" (Meuser 1998: 11). Modernisierungstheoretischen Annahmen zufolge sind zwar im männlichen Lebenszusammenhang ökonomische Selbständigkeit und Familienexistenz keine Widersprüche. Im Gegenteil: „Individualisierung (im Sinne marktvermittelter Existenzsicherung) bestärkt männliches Rollenverhalten. Dies ist aber nur die eine Seite der Medaille, denn es ist davon auszugehen, dass die Veränderungen weiblicher Lebenszusammenhänge in einer Art Rückkoppelungseffekt Einstellungs- und Verhaltensänderungen bei Männern provozieren. Die erweiterten Optionen von Frauen haben somit Folgen für die männlichen Lebensführung, da diese sich eben nicht mehr unhinterfragt am traditonell-komplementären Geschlechterarrangement orientieren können. Beck/Beck-Gernsheim (1990: 199) haben diese Entwicklung als „erlittene Emanzipation" der Männer beschrieben. Das ist die zweite Seite der Medaille.

In verschiedenen Untersuchungen über Männer deutet sich an, dass diese beginnen, die Balance zwischen einem erfüllten Privat- und Familienleben und einem erfolgreichen Berufsleben zu suchen und dies als problematisches Unterfangen wahrzunehmen. Zunehmend werden die Asymmetrie der traditionellen Rollenverteilung und die Folgen ihres vor allem auf das Erwerbssystem fokussierten Lebensarrangements reflektiert (vgl. Ellguth u.a. 1998). Männer bezahlen ihr Festhalten am traditionellen Geschlechterverhältnis beispielsweise mit einer Fremdheit im privaten Lebenszusammenhang (Schnack/Gesterkamp 1996); den Männern, so Beck/Beck-Gernsheim (1990), dämmert ihre Unselbständigkeit in Alltagsdingen und ihre emotionale Angewiesenheit auf andere. Die neue Zauberformel lautet Work-life-balance und meint damit verschiedene Initiativen, die auch das männliche Vereinbarkeitsbedürfnis von Beruf und Familie zur Chefsache machen. Es gehöre gewissermaßen zum professionellen Selbstanspruch eines verantwortungsvollen Mitarbeiters oder einer Führungskraft, auf die Ausgewogenheit von Arbeit und Privatleben zu achten und gegebenenfalls über ein verändertes Zeitmanagement zu verhandeln.

In dem vorliegendem Beitrag werden Männer in Führungspositionen beschrieben, ein Personenkreis, der sich, wie noch zu zeigen sein wird, in bemerkenswert beharrlicher Weise gegen die attestierte Akzentverschiebung zugunsten von Familie und Partnerschaft absetzt. Die Daten, auf die sich die folgenden Ausführungen beziehen, stammen aus einem von der DFG finanzierten Forschungsprojekt über „Lebensarrangements von Führungskräften im Kontext veränderter beruflicher und privater Herausforderungen".[1] Führungskräfte, so die leitende Arbeitshypothese, erfahren gegenwärtig eine ‚doppelte' Dramatisierung ihrer Lebenssituation, weil sie mit veränderten Herausforderungen in beiden Sphären, Beruf und Familie, konfrontiert werden. Zum einen werden sie mit den verschärften Erfolgskriterien ihrer Berufswelt konfrontiert – gemeint sind damit die tendenziell ausufernden beruflichen Belastungen dieser gesellschaftlichen Teilelite. Von Führungskräften wird mehr denn je hohes berufliches Engagement und uneingeschränkte Verfügbarkeit für das Unternehmen abverlangt. Zum anderen vollzieht sich dieser ‚Sog der Institution Arbeit' in einer Zeit, in der das Modell der bürgerlichen Kleinfamilie mit ihrer klar konturierten geschlechtsspezifischen Arbeitsteilung zu erodieren beginnt. Männer werden im privaten Kontext mit veränderten Leitbildern von Partnerschaft und Familie konfrontiert. Sie können heute nicht mehr selbstverständlich davon ausgehen, von ihren Partnerinnen und Ehefrauen vollständig von Haus- und Familienarbeit entlastet zu werden. Frauen (vor allem jüngere) stellen die geschlechtsspezifische Arbeitsteilung in Frage und nehmen dabei auch partnerschaftliche Konflikte in Kauf.

Im Folgenden soll an einem Fallbeispiels exemplarisch gezeigt werden, wie Männer – beruflich stark engagierte Männer - das Thema Vereinbarkeit von Beruf und Familie im Laufe ihrer Erwachsenenbiographie erfahren und deuten sowie erzählerisch präsentieren. Als Ergebnis sei bereits an dieser Stelle erwähnt, dass Familie nicht mit beruflicher Orientierung konkurriert; vielmehr bietet Familie einen vorzüglichen Rahmen für berufliches Engagement, ohne auf soziale Anbindungen verzichten zu müssen. Gleichzeitig wird deutlich, dass Männer, die an einer beruflichen Karriere orientiert sind, zwar nach wie vor an dem Modell der bürgerlichen Kleinfamilie mit einer geschlechtsspezifischen Rollenverteilung festhalten, dass die Perpetuierung eines solchen Arrangements allerdings nicht mehr ungebrochen funktioniert – zumindest müssen die neuen Ideale der Gleichheit mit einer Handlungspraxis, die der bürgerlichen Geschlechterordnung verhaftet ist, in Einklang gebracht werden.

---

[1] Das Projekt wurde am Institut für Soziologie der Universität Erlangen-Nürnberg sowie am Sozialwissenschaftlichen Forschungszentrum durchgeführt. Neben der Autorin ist federführend Cornelia Behnke an der Projektarbeit beteiligt gewesen. Die Projektergebnisse basieren auf 60 biographischen Interviews mit Managern der mittleren Managementebene aus Industriebetrieben.

Ein Fallbeispiel

Zum Interviewzeitpunkt ist der Erzähler, Herr Paulsen, 48 Jahre alt. Er ist verheiratet und hat zwei Kinder im Alter von 14 und 12 Jahren. Er arbeitet als Bereichsleiter in einem international ausgerichtetem Nahrungsmittelkonzern[2].

Doppelte Gebundenheit bzw. Ungebundenheit: „Es teilt sich ungefähr so fünfzig fünfzig auf"

Für die Präsentation seiner Lebensgeschichte wählt der Erzähler einen spezifischen Rahmen: Sein Leben stellt sich für ihn als zweiteilig dar. Den ersten Teil seiner (erwachsenen) Biographie bringt er selbst auf den Begriff der „doppelten Freiheit". Herr Paulsen ist noch unverheiratet und er arbeitet noch nicht als Führungskraft. In der zweiten Lebensphase erlebt sich der Erzähler als in einem 'doppelten' Sinn gebunden: Er hat Familie und er trägt die Verantwortung einer Führungskraft. Diese doppelte Gebundenheit bzw. Ungebundenheit zieht sich als Thema durch seine Biographie. Der Erzähler selbst verweist selbst immer wieder auf diese kontrastierenden Lebenszusammenhänge. Sie sind als Gegenhorizonte bei der resümierenden Bewertung seines Lebens relevant.

Seine berufliche Laufbahn beginnt Herr Paulsen mit einer kaufmännischen Lehre als Buchhalter – er gehört somit zu den wenigen Führungskräften, die ohne Formalqualifikationen wie Abitur und Studium eine Führungslaufbahn dieses Formats einschlagen.

Zwei Jahre nach Beendigung seiner Ausbildung erhält der Erzähler das Angebot, für den Konzern im Ausland zu arbeiten. Der Erzähler geht für fünf Jahre in ein skandinavisches Land. Dieser Auslandsaufenthalt wird von ihm im Vergleich mit anderen Lebensphasen als eine der "schönsten Zeiten überhaupt" bewertet – diese Zeit markiert die Phase der ‚doppelten Freiheit'. Charakteristisch für diesen Auslandaufenthalt ist das 'einheitliche Lebensgefühl', eine in sich stimmige Gesamtgestalt von Leben, an das sich der Erzähler im Interview wehmütig erinnert. Der Auslandsaufenthalt wird für ihn zum Sinnbild dafür, dass beides möglich ist: Leben und Arbeiten. Der Erzähler arbeitet intensiv und verbringt die verbleibende Freizeit mit Arbeitskollegen, die in dieser Lebensphase Freunde sind. Spontane Gemeinschaftserlebnisse in einer extremen Natur verklammern die Bereiche Beruf und Privatleben. Es gibt (noch) keine Trennungslinie; die beiden Sphären Beruf und Privatleben werden nicht als Gegenhorizonte erlebt. Ein Zeichen für die hohe Bedeutung, die dieser Zeitspanne zukommt, sind die dichten Beschreibungen dieser Eindrücke, die mittlerweile 20 Jahre zurückliegen.

---

[2] Das Fallbeispiel ist in überarbeiteter Form der Dissertation der Autorin (Liebold 2001) entnommen.

"Wenn im Februar die Sonne dann rauskommt und da kann's ruhig zwanzig Grad kalt sein, das ist so herrlich, das ist so schön in die Natur zu gehen. Und wir haben also kurzerhand mit zehn, zwanzig Leuten die Sachen eingepackt, sind in Wald gefahren, durch den Schnee gestapft und haben dann gegrillt." ³

Die Menschen, mit denen der Erzähler so eindrücklich die Natur genießt, sind seine Arbeitskollegen; die Lebensbereiche Arbeit und Freizeit fließen ineinander. Wie er es selbst ausdrückt, "trifft man sich eben abends mit Arbeitskollegen beim Sport noch auf ein Bierchen...". Eine Familie, so der implizite Umkehrschluss, versperrt diese Durchdringung von Arbeit und Leben und verpflichtet zu einer Trennung der Sphären.

Die „Junggesellenzeit": "Wenn keiner auf einen wartet"

Nach fünf Jahren kehrt Herr Paulsen wieder nach Deutschland zurück. Er arbeitet noch für denselben Konzern. Zusammen mit Kollegen baut er dort eine neue Abteilung auf. Diese Art Aufgabe fordert ihn Tag und Nacht. Er schildert zeitlich völlig entgrenzte Arbeitseinsätze: "dreißig Stunden am Stück und solche Dinge". Hinter diesem extrem beruflichen Einsatz verbirgt sich Paulsens Verständnis von Arbeit:

"Also ich habe meine Arbeit immer in den Vordergrund gestellt. – Ich habe nie nach einer Uhrzeit gefragt oder nach der Anzahl Stunden auch zu den Zeiten, wo ich nicht wesentlich oder nicht viel verdient habe. Vollkommen unabhängig davon habe ich die Arbeit immer als Gesamtes angesehen."

Finanzielle Vergütung ist nicht der Grund für das berufliche Engagement. Arbeit ist für unseren Erzähler etwas "Gesamtes", ein Projekt, auf das man sich ganz einlässt. Insofern ist Arbeit eine Art Abenteuer, es lässt sich nicht limitieren. Wichtig ist zudem, dass unser Erzähler diese beruflichen Extrembedingungen nicht allein erlebt, sondern als Teil einer Männergesellschaft, deren Mitglieder alle (noch) als Singles leben. Es handelt sich um ein kollektives Abenteuer in homosozialer Vergemeinschaftung. Er wie auch seine Kollegen sind von einer Art Pioniergeist beseelt.

Die eskalierenden Arbeitseinsätze werden von dem Interviewpartner selbst explizit in den Zusammenhang mit seinem Single-Dasein gebracht.

"Als Junggeselle, sag' ich mal, vergibt man sich nicht allzuviel dabei, ich weiß nicht, ob Sie das kennen, aber wenn keiner zu Hause auf einen wartet, dann zieht man eben durch".

Da niemand Zuhause wartet, gibt es keinen Grund, nicht zu arbeiten. Es ist sinnlos, ohne außerberufliche soziale Einbindung die Firma zu verlassen. Arbeit ist in einem wörtlichen Sinn 'not-wendig', weil sie private Leere füllen muss. Gleichzeitig fehlt unserem

---

³ Die Interviewausschnitte wurden auf Lesbarkeit hin geglättet. Soweit möglich wurden Grammatik und Dialekt ins Hochdeutsche übertragen sowie Füllwörter (äh, ähm, ne) und nonverbale Äußerungen gestrichen.

Interviewpartner eine Art Kontrollinstanz, die ihn zur Räson zwingen könnte. Ohne diese Kontrolle gibt es kein Limit, keine Pause, keinen Schlaf. Herr Paulsen externalisiert hier Verantwortung. Nicht er selbst, sondern eine 'wartende Frau' könnte die völlig entregelte Arbeitssituation auf ein geregeltes Maß reduzieren.

Diese lange und intensiv erlebte Junggesellenphase ist spezifisch für Herrn Paulsen, denn typischerweise beschreiben die von uns interviewten Führungskräften einen nahezu nahtlosen Übergang zwischen Herkunftsfamilie und eigener Familiengründung. Die Männer orientieren sich bereits in einer frühen Lebensphase an verbindlicher Partnerschaft und Familie. Eine vorfamiliale Lebensphase mit dem Fokus auf Autonomie und Ungebundenheit wird dann nicht thematisiert.

Die Gründung einer Familie als ein kurzes Intermezzo: "Ja, das ging ruckzuck"

Unser Interviewpartner Herr Paulsen heiratet hingegen vergleichsweise spät. Er schildert seine Familiengründung als ein kurzes Intermezzo. Zwei Jahre nach der Rückkehr aus dem Ausland lernt er seine zukünftige Frau kennen. Beide heiraten nach drei Monaten, sie wird kurz darauf schwanger und die beiden bekommen ihr erstes Kind. Diese privaten Ereignisse geschehen in einem Zeitraum, der als eine Art 'geregelte Ausnahmesituation' beschrieben wird. Herr Paulsen lernt seine Frau in einer Zeit kennen, die er selbst als 'Arbeitsflaute' charakterisiert. Es ist eine kurze Zeit geregelter Arbeitsbedingungen, in der er nach sieben oder acht Stunden die Firma verlässt, um außerhalb des Betriebs noch freie Zeit zu erleben. In Herrn Paulsens Perspektive gab es für die Familiengründung keine Zeit zu verlieren:

Und das ging also recht schnell, wie Sie ja gehört haben. Das war im März '83 und am 16. Juni '83 haben wir geheiratet. Also wissen Sie, das liegt an meiner Person. Denn ich bin Waage und ich interpretiere die Waage so, dass ich entweder schwarz oder weiß sehe. Also entweder oder. Für mich gibt es nicht irgend eine Kreuzung dazwischen, entweder das eine oder das andere.

Der Erzähler beschreibt sich mit Hilfe seines Sternzeichens als Mann der Tat. Für ihn gibt es kein Dazwischen. Warten, Abwägen, Herantasten sind Eigenschaften, die ihm fremd sind. Sein Handeln ist für ihn schicksalhaft. Er psychologisiert sich selbst als Persönlichkeit zwischen Extremen und stellt in seiner Geschichte selbst immer wieder den Zusammenhang her zwischen diesen spezifischen Persönlichkeitseigenschaften und der lebensgeschichtlichen Entwicklung bis zur Gegenwart. Die Unfähigkeit, verschiedene Bereiche seines Lebens zu verbinden und in einen lebbaren Zusammenhang zu bringen, zieht sich als Thema durch seine Biographie. Das eingeführte konstitutive Persönlichkeitsmerkmal ist auch insofern bedeutsam, weil er auch in anderen thematischen Zusammenhängen (wie beispielsweise beim Thema Arbeit) immer wieder auf sein besonderes, ja geradezu unveränderbares Wesen verweist: Als "Waage" gibt es eben nur ‚hop oder top'. Eine Verantwortung für das eigene Tun relativiert sich damit. Als er seine

Frau kennenlernt, ist er Mitte dreißig. Es ist für ihn an der Zeit, eine Familie zu gründen. Diesen Umstand konstatiert er nüchtern und spricht zu seiner Frau ohne Umschweife:

"'Wie sieht es aus? Zeit haben wir nicht zu verlieren'. Sie ist ein Jahr älter als ich, also sie war damals 34, ich war 33. ‚Also was ist, worauf warten wir noch?'".

Die Entscheidung für eine geschlechtsspezifische Arbeitsteilung: "...da muss einer zurückstecken"

Das Ehepaar Paulsen entscheidet sich bei der Geburt des ersten Kindes - und dies ist typisch für den von uns untersuchten Personenkreis – für ein Familienarrangement mit geschlechtsspezifischer Aufgabenverteilung. Die Frage, ob auch andere Optionen (beispielsweise eine Tagesmutter) in Erwägung gezogen wurden, bevor sich das Ehepaar Paulsen für das komplementär organisierte Familienmodell entschieden hat, verneint unser Interviewpartner kategorisch:

„Nein, das war von vornherein klar. Als sich das erste Kind anmeldete, haben wir gleich gesagt, dass wir keine Kinder in die Welt setzen, um sie nachher irgendwelchen Leuten zu übergeben, um selber zu arbeiten, sondern da muss einer zurückstecken und die Erziehung und das Aufwachsen der Kinder übernehmen. Und eben auch den Haushalt und eben auch den Komfort für den anderen Partner, dass der frei arbeiten kann, ohne dass er groß durch Hausarbeit und Sonstiges belastet wird".

In dem eben zitierten Interviewausschnitt wird deutlich, dass die verschiedenen Parts von dem Erzähler nicht als gleichwertig betrachtet werden. Indem einer "zurückstecken" muss, um dem anderen Freiräume für das berufliche Engagement zu ermöglichen, wird die zwar notwendige, aber eben auch ungleiche und somit nicht ganz freiwillige Verteilung der geschlechtsspezifischen Aufgaben deutlich.

Frau Paulsen gibt ihre Erwerbsarbeit mit der Geburt des ersten Kindes auf. Herrn Paulsen liegt daran – das folgende Zitat macht dies deutlich –, das gewählte Familienmodell ex post als eine mit seiner Frau gemeinsam gefällte Entscheidung zu präsentieren, obwohl ihm klar ist, dass das gewählte Arrangement niemals wirklich zur Disposition stand:

"Dann haben wir diskutiert, wie das laufen soll. Und ich habe anfangs noch gesagt: 'Im Grunde genommen ist das egal, ob du weiterarbeitest' - sie war leitende MTA, Abteilungsleiterin im medizinisch-technischen Bereich und ich in leitender Funktion wie gesagt. 'Also eigentlich ist es egal. Du kannst weiterarbeiten oder ich kann weiterarbeiten, ich bleibe dann zu Hause'. Da muss ich aber aus heutiger Sicht sagen: 'Gott sei Dank, dass ich das nicht gemacht habe', denn das hätte wohl nicht hingehauen, da wäre ich nicht mit klar gekommen, also das hätte so nicht funktioniert. Und ich bin schon froh, dass es so gelaufen ist, wie es dann gelaufen ist, ja. Und das war dann auch kein Thema für sie. Aber wie gesagt, zu dem Zeitpunkt war noch die Frage, ja, wer bleibt zu Hause, nicht. Aber ganz ernst war es wahrscheinlich doch nicht."

In diesem Zitat dokumentiert sich, dass es sich bei dem wiedergegebenen Dialog zwischen dem Interviewpartner und seiner Frau um eine Art strategische Inszenierung von partnerschaftlichem Diskurs handelt. Das Gespräch hat nur scheinbar einen offenen Ausgang. Dem Interviewpartner liegt daran, seine bereits gefällte Entscheidung zu verankern, seiner Frau aber gleichzeitig das Gefühl zu geben, sie sei als ebenbürtige Partnerin in die Entscheidungsfindung involviert. Herrn Paulsens Offenheit ist insofern Rhetorik, denn er selbst weiß, dass er aufgrund seiner von ihm selbst immer wieder betonten unveränderlichen Persönlichkeitsstruktur niemals auf Berufsarbeit verzichten könnte. Dieser Diskurs mit scheinbar offenem Ausgang findet sich auch in anderen Interviews mit Führungskräften wieder. Es ist den Männern wichtig, darauf verweisen zu können, dass das von ihnen gelebte Arrangement der verteilten Zuständigkeiten eben nicht nur ihre eigene Präferenz widerspiegelt, sondern ein von beiden Seiten geschlossenes Agreement ist. Gerade wenn es darum geht, die immer wieder aufkeimenden Unzufriedenheiten der Ehepartnerinnen abzuwehren und das eigene berufliche Engagement zu verteidigen, muss auf die gemeinsame Basis ihres Arrangements verwiesen werden können.

Beginn der Führungskarriere und Familiengründung fallen zusammen: „...und dann noch zu Hause"

Bei der Interpretation der Interviews wird deutlich, dass die Familiengründung fast durchgängig mit dem Beginn der Führungslaufbahn zusammenfällt. Auch bei Herrn Paulsen haben wir es mit einer Parallelität dichter Ereignisse in den beiden Sphären Erwerbsarbeit und Familie zu tun. Konkret heißt das nun, dass in dem Moment, als das erste Kind geboren und das zweite Kind unterwegs ist, Herrn Paulsen das Angebot seines Unternehmens offeriert wird, eine Abteilung zu leiten. Familiengründung und der Beginn seiner Führungskarriere fallen also zeitlich zusammen.

"Im Februar 84 haben wir Nachwuchs bekommen. Und da bekam ich das Angebot von der Firma, eine Abteilung zu übernehmen. Ich kam dann in so eine richtige schöne Doppelbelastung rein. Mittlerweile war auch das zweite Kind unterwegs. 1987 im September wurde das zweite Kind geboren. Ich habe eine Abteilung übernommen von so um die zwanzig Leute – parallel dazu habe ich Systementwicklung betrieben, was ich vorher auch schon gemacht hatte. Also eben im Job schon mal eine Doppelbelastung mit der Abteilung und dem System und dann noch zu Hause. Also das ging dann soweit, dass ich auch mal zwei Tage nicht zu Hause war, erst nächsten Tag abends wieder zu Hause war und solche Dinge."

Bemerkenswerterweise charakterisiert Herr Paulsen sein berufliches Aufgabenspektrum als Doppelbelastung. Die Familie erfährt er neben diesen Anforderungen als außerberufliche Zusatzbelastung. In dieser Phase seines Lebens erfährt sein spezifisches Arbeitsethos allerdings zum ersten Mal Grenzen. Bereits an weiter oben genannter Stelle wurde das überschießende Engagement unseres Interviewpartners mit seinem spezifischen Verständnis von Arbeit erklärt. Berufliche Herausforderungen werden als eine Art ‚Abenteuer' erlebt und bewältigt: Ohne zeitliche Begrenzung. Während sich Herr Paulsen allerdings in früheren beruflichen Extremsituationen ohne wenn und aber und ohne die Verantwortung für andere in Arbeit ‚hineinziehen' lassen konnte, erfährt er jetzt durch Gegenhorizonte Grenzen. Dieser Gegenhorizont ist seine Familie, die von ihm fordert, die verschiedenen Sphären seines Lebens in verteilter Aufmerksamkeit zu leben. Seine Ehefrau (samt den zwei kleinen Kindern) klagt über die permanente Abwesenheit ihres Mannes. In dieser frühen Familienphase kommt es bereits zu ersten Spannungen zwischen ihm und seiner Frau.

Familienleben als ‚vermittelte' Erfahrung: "Meine Frau erzählt mir dann, was alles passiert ist"

Den Bereich des Hauses im weitesten Sinne managt die Ehefrau unseres Interviewpartners allein. Das Familienleben findet völlig ohne ihn statt, er wird zum familialen Zaungast. Herr Paulsen selbst findet deutliche Worte, er beschreibt die Situation seiner Frau selbst als alleinerziehend. Das Familienleben wird ihm im Wesentlichen von der Ehefrau vermittelt. Aus einer Beobachterperspektive sieht er seine Kinder heranwachsen. Erstaunt, ein bisschen wehmütig klingt es an, wenn er konstatiert, dass er an diesem Geschehen nicht beteiligt ist.

Wenn er abends nach Hause kommt, wird er von seiner Frau über die familialen Tagesgeschehnisse in Kenntnis gesetzt. Die Asynchronität von Berufs- und Familienzeit ist vor allem in der familialen Phase mit noch kleineren Kindern folgenreich, denn dann, so erinnert sich Herr Paulsen, ist es "ein Ding der Unmöglichkeit, dass du deinen Kindern begegnest". Eine Begegnung mit den Kindern findet in seinem Fall nur mehr am Wochenende statt. In der Regel ist Herr Paulsen erschöpft und erholungsbedürftig, wenn er abends nach Hause kommt. Das Bedürfnis nach Entspannung und 'geistigem Durchzug' ist groß. Dies führt zusammen mit den zeitlich äußerst begrenzten Überlappungen von Freizeit und Familienleben zu einer Situation, in der er es auch als angenehm empfindet, wenn das familiale 'Tagesgeschäft' nicht zu nahe rückt, sondern vermittelt und somit auch mit Abstand erfahren wird. Herr Paulsen genießt es, wenn er nach einem langen Arbeitstag alleine vor dem Fernseher sitzen kann. Das Bedürfnis nach Kontakt mit seinen Kindern ist dann nicht vorhanden – zumindest genügen ihm die durch seine Ehefrau referierten Einblicke in das Familienleben:

"Na ja, wenn ich dann abends nach Hause komme, meist ist es nicht vor acht oder neun, dann hat meine Frau das alles bereits gemanagt - das mit den Kindern meine ich. Bis sie dann mit ihrer Bügelwäsche kommt, habe ich schon mal durchs Programm gezappt. Das kann ich nur machen, wenn meine Frau nicht dabei ist, denn sie sagt, sie wird wahnsinnig, wenn ich am Zappen bin. Ich tue das gern, das entspannt mich."

Wenn seine Ehefrau über die Entwicklung der Kinder referiert und ihren Mann darauf hinweist, was er als Vater versäumen würde, so geht es ihr nicht nur um die (vernachlässigten) Vaterpflichten, sondern auch um die positiven Dimensionen von Elternschaft. Dass sich Herr Paulsen wenig oder gar nicht an der Kindererziehung und -betreuung beteiligt, ist eine Seite ihrer Vorhaltungen. Daneben möchte sie ihren Mann auch an den 'Freuden' über den Nachwuchs beteiligen. Mit beiden Dimensionen von Elternschaft - Pflichten und Freuden - versucht Frau Paulsen, ihren Ehemann in die Familie zu holen. In der folgenden Interviewpassage gibt unser Interviewpartner seine Reaktion auf die immer wiederkehrenden Vorhaltungen seiner Frau wieder. Dass dieser moralische Appell an ihm abprallt, ist u.a. der Tatsache geschuldet, dass ihm die 'Innenperspektive' der Familie versperrt ist. Dazu der folgende Interviewausschnitt:

"... also wenn sie es mir wieder sagt, dann ist das nix Neues für mich, das ist klar. Ja, das ist natürlich misslich. Das ist äußerst misslich, dass man viele Dinge nicht mitkriegt. Auf der anderen Seite, sage ich mal, ich weiß ja gar nicht, wie das ist, wenn man nun mehr mitkriegen würde."

Die Vorhaltungen der Ehefrau provozieren bei dem Erzähler lediglich ein 'theoretisches' Einsehen. Inhaltlich hält er ihren Vorwürfen nichts entgegen. Sie treffen ihn allerdings nicht wirklich, weil es ihm an einer erfahrungsgebundenen Einsicht in das Familienleben fehlt: "Ich weiß gar nicht, wie das ist, wenn man mehr mitkriegen würde". Bereits die Wortwahl "das ist natürlich misslich" drückt Distanz aus. Wie soll er um versäumte Erfahrungen trauern, wenn er keine Vorstellung davon hat, was er versäumt. Das gelebte Familienleben, in das seine Frau ihn holen möchte, ist ihm fremd. In den Auseinandersetzungen der beiden Beziehungspartner verdeutlicht sich die Inkongruenz ihrer Perspektiven. Der Umstand, etwas zu versäumen, wird von ihm als "misslich" empfunden", das Versäumte aber nicht wirklich vermisst.

Die alltägliche Balance zwischen Beharrungsvermögen und Krisenintervention: „Man muss aufpassen..."

Das Arrangement der Familie Paulsen ist ein labiles Gesamtgefüge. Unser Interviewpartner schildert, wie es ihm immer wieder gelingt, die periodisch aufkeimende Unzufriedenheit seiner Ehefrau zu besänftigen und sie auf das gemeinsam beschlossene Familienmodell einzuschwören. Wie der Grundkonflikt selbst ist auch die Auseinandersetzung darüber Bestandteil ihrer Partnerschaft, deren Rahmenbedingungen von ihm gesetzt werden. Nicht er hat etwas auszusetzen und einzuklagen, sondern seine Frau leidet – und zwar unter seinem Verhalten. Im Interview bringt er dies sehr pointiert zum Ausdruck. Immer dann, wenn er das normale Ausmaß an familialer Nicht-Präsenz noch übertrifft, sprich: vor allen anderen außer Haus geht, knapp vor Mitternacht nach Hause kommt und zudem auch an den Wochenenden arbeitet, dann gerät das ansonsten stillschweigende Abkommen aus dem Lot. Das Duldungspotenzial seiner Frau ist dann erschöpft. Dazu der folgende Interviewausschnitt:

"Wenn ich dann abends um elf nach Hause komme und meine Frau, die sitzt bei einem Wein und sagt nichts, dann merke ich schon, da ist was los. Ja, dann reden wir auch bis um zwei nachts oder meinetwegen auch bis um drei."

Herr Paulsen und seine Frau haben eine Art Frühwarnsystem entwickelt, das ihnen hilft, die Eskalation einer Krise zu vermeiden. Beide erspüren labile Zustände des anderen und werden in diesen prekären Situationen auch initiativ. Zuhören, sich Zeit nehmen, trösten sind die De-Eskalationsstrategien unseres Interviewpartners. Auch andere Interviewpartner erwähnen ihre Bereitschaft, in prekären Beziehungssituationen 'versöhnlich' zu werden und sich ausgleichend zu verhalten. Spontane Wochenendtrips in Kulturmetropolen oder das Herstellen exklusiver Paarsituationen, etwa in Form eines 'Candlelight-dinners' sind Beispiele für derartige Kriseninterventionen, die immer wieder genannt werden, wenn es darum geht, die Familienharmonie wieder herzustellen bzw. den Status Quo des beruflichen Dauereinsatzes zu erhalten.

Im Grunde genommen ringen beide Ehepartner um ein Einsehen in ihre Lebensvorstellungen: Sie will ihn in die Familie holen, aber er lebt sein Leben vor allem in der Arbeit. Der Erzähler steht den moralischen Appellen seiner Ehefrau distanziert gegenüber. Ihre Wünsche prallen an ihm ab, ihr Ringen um Verständnis ist vergebens. Aber auch Herr Paulsen ringt um ein Einsehen seiner Ehefrau. Immer wieder versucht er ihr verständlich zu machen, dass Arbeit für ihn mehr ist als bloßes Geldverdienen. In den Diskussionen mit seiner Frau rekurriert er bemerkenswerterweise – und ist damit nicht die einzige Führungskraft in unserem Sample – immer wieder auf eine Figur, nämlich den 'kleinen' Sachbearbeiter. Herr Paulsen ist darum bemüht, sich in seinem managerialen Selbstanspruch von jenen Berufsgruppen abzusetzen, die – vor allem im öffentlichen Dienst beschäftigt – in quasi 'verbeamteten' Zeitstrukturen arbeiten und denken. Rhetorisch aufwendig malt unser Interviewpartner vor seiner Frau das Schreckensszenario eines x-beliebigen 'kleinen' Sachbearbeiters, der durch seine geregelte Arbeitszeit zwar familial präsent ist, dann allerdings durch seine berufliche Unzufriedenheit die Familie terrorisiert. Dieser (Anti-)Typus eines nörgelnden, weil unzufriedenen Mannes wird mit einem Bild kontrastiert, das er selbst verkörpert: Der beruflich erfolgreiche Mann, der aufgrund seines Engagements kaum zu Hause ist, in den seltenen Augenblicken seiner Anwesenheit allerdings einen zufriedenen und ausgewogenen Eindruck hinterlässt. Das Leben eines an geregelten Arbeitszeiten orientierten Sachbearbeiters, der sich lediglich 'gebremst' engagiert, ist für ihn der Prototyp des sinnentleerten Lebens. Wenn Herr Paulsen abends nach Hause kommt, ist er erschöpft, aber zufrieden. Er ist zwar als Vater und Partner nicht mehr ansprechbar; trotzdem kann er durch seine Zufriedenheit die familiale Atmosphäre positiv beeinflussen.

"Und was ich meiner Frau damals immer klargemacht habe, ist, dass sie eigentlich froh sein soll, dass sie einen zufriedenen Mann hat, wenn er nach Hause kommt. Viel schlimmer ist, wenn ein Mann vier, fünf Stunden eher nach Hause kommt, aber unzufrieden ist und diese Unzufriedenheit auch noch in die Familie hineinträgt. Das würde ich mir zumindest viel schlimmer vorstellen als einen Mann, der eben spät nach Hause kommt,

weil er viel arbeitet, aber wenigstens zufrieden ist - wenn er dann auch müde und kaputt ist, das ist klar, und nicht mehr viel im Haushalt macht, das ist logisch, und mit den Kindern auch nicht mehr allzuviel am Hut hat, auch das ist klar. Nur ich meine, die Zufriedenheit des Mannes, wenn er dann nach Hause kommt, ist vielleicht nicht von der Hand zu weisen."

Versuche der Einbindung in die Familie über Vaterschaft: „Ich habe mir dann sagen lassen müssen"

Die gesamte Familie Paulsen geht seit zwei Jahren zu einer Erziehungsberatungsstelle und unterzieht sich einer Familientherapie. Auslöser dafür waren die Verhaltensauffälligkeiten des zwölfjährigen Sohnes. Dieser findet kaum sozialen Kontakt zu Gleichaltrigen, produziert sich zum einen als Klassenclown und zieht sich zum anderen extrem in sich zurück. Aus der familientherapeutischen Analyse weiß Herr Paulsen, dass er als Vater viel zur Lösung des Konflikts beitragen kann. Der Sohn hat Angst vor seinem Vater und verehrt ihn gleichzeitig als 'Helden'.

"Ich habe mir dann sagen lassen müssen, dass ich viel zu streng aufgetreten bin. Dass der Junge sehr viel Angst vor mir gehabt hat und deswegen immer dann, wenn ich da war, was gemacht hat und wenn ich nicht da war, hat er es nicht gemacht".

Durch die Familientherapie weiß Herr Paulsen, dass er sich verständnisvoller, mehr und vor allem regelmäßig mit seinem Sohn beschäftigen sollte:

„Und ich bin darauf aufmerksam gemacht worden, dass mein Sohn unheimlich viel mit mir machen will. Und da ich nun zeitlich recht angebunden bin, zumindest wochentags, versuche ich das also am Wochenende zu machen – und sei es, dass wir uns eben mal das Fahrrad schnappen oder gemeinsam am Computer sitzen und solche Dinge, aber eben gemeinsam. Dass er da nicht alleingelassen wird. Und darauf bin ich eben aufmerksam gemacht worden."

Der Erzähler fügt sich den familientherapeutischen Vorschlägen. Beide – Vater und Sohn – machen zusammen Ausflüge und sie sitzen gemeinsam vor dem Computer. Diese Vater-Sohn-Situationen sind exklusive Veranstaltungen. Trotzdem bleibt der Eindruck, dass die gemeinsamen Aktivitäten mit seinem Sohn ein sozialtherapeutisches Pflichtprogramm bleiben. Herr Paulsen beschreibt zwar eindrucksvoll, mit welchem Einsatz der Sohn seine väterliche Aufmerksamkeit genießt (und auch der Vater findet Gefallen an dieser Anerkennung); letztlich gibt der Erzähler diese Vatergunst aber nicht ganz freiwillig. Immer wieder weist er darauf hin, dass diese Initiativen nicht von ihm selbst ausgingen, sondern dass ihm zu diesem väterlichen Engagement geraten worden ist („Ich habe mir dann sagen lassen müssen"). Er ist emotional wenig beteiligt und im Interview schildert er seine ganz eigene Theorie über die Lösung des (Erziehungs-)Konflikts:

"Ich habe immer gesagt, der Junge ist unterfordert. Der müsste viel mehr gefordert werden, dann würde er auch mehr leisten. Aber solange das nur so hinplätschert da,

dann stört er den Unterricht und ist am Ticken und am Pfeifen. Bis die Lehrerin zu viel hat und dann kriegt er genau das, was er will und dann muss er vor die Tür und da ist er dann alleine."

Mit dieser Theorie der „Unterforderung" unterläuft Herr Paulsen das sozialtherapeutische Programm, dem er der Form nach nachkommt. Dabei werden sein eigener Ehrgeiz und seine eigene Leistungsmoral zur Interpretationsfolie für die Verhaltensweisen seines Sohnes. Der Junge leidet – aus Herrn Paulsens Perspektive – an Unterforderung. Interessant an dieser eigenen Problemdiagnose ist, dass der Erzähler sein eigenes Lebenskonzept heranzieht: Ein Denken und Handeln in Zwischenschritten liegt ihm, wie wir bereits gezeigt haben, fern. So nun auch der Sohn: Wer voll gefordert wird, "tickt" nicht und "pfeift" nicht im Unterricht. Nur wer alles gibt, völlig eintaucht in eine Aufgabe, kommt auf keine 'dummen Gedanken', wächst über sich hinaus und leistet Erfolgreiches. Mit dieser 'Weltsicht' interpretiert er auch die Probleme seines Sohnes. Gleichzeitig deutet der Erzähler die Interpretationen der Familientherapie um: Nicht er als Vater hat versagt, sondern die laxen und wenig fordernden Erwartungen der Pädagogen an seinen Sohn sind die Ursache des Problems. Mit dieser Umdeutung kann er sich selbst entlasten.

Doch trotz dieser dem Therapieprogramm entgegenstehenden Interpretation über die Verhaltensauffälligkeiten seines Sohnes wird Herr Paulsen jetzt ein Stück weit mehr in die Familienwelt geholt. Sein Tun, aber auch die Reflexion über das familiale Leben eröffnet ihm prinzipiell neue Erfahrungen. War das Familienleben bis jetzt immer nur eine über seine Frau vermittelte Erfahrung, so ist er jetzt zumindest punktuell aktiv am Innenleben beteiligt. Vorsichtig und (noch) programmatisch ist sein Einsatz.

Zusammenfassung und Ausblick

Im männlichen Lebenszusammenhang konkurrieren Familie und Partnerschaft nicht mit beruflicher Orientierung; vielmehr bietet Familie den Männern einen vorzüglichen Rahmen für berufliches Engagement: Familie und Partnerschaft bedeuten, das sollte mit der biographischen Fallbeschreibung des Herrn Paulsen exemplarisch gezeigt werden, von Anfang an emotionale Einbettung und soziale Rahmung des eigenen auf Arbeit fokussierten Lebens. Anders als bei Frauen (vor allem den jüngeren), deren Hin- und Hergerissensein zwischen ‚Heim' und ‚Welt' in Untersuchungen regelmäßig als ‚ambivalentes Ganzes' beschrieben wird und deren Orientierung immer beides, nämlich Beruf und Familie umfasst, so lässt sich die Perspektive der Männer als eine einseitige Orientierung beschreiben. Beruf und Familie stellen im Lebenszusammenhang von Männern keinen Widerspruch dar, weil sie nach wie vor komplementär denken und in ihren Partnerinnen nach wie vor ‚Zuarbeiterinnen' für dieses arbeitszentrierte Lebenskonzept finden.

Dass es Männer gibt, die viel arbeiten und Frauen, die als ‚Nur-Hausfrauen' oder doppelt belastet neben Erwerbsarbeit die Arbeiten des Alltags erledigen, ist keine neue (empirische) Erkenntnis. Bemerkenswert an unseren Ergebnissen ist allerdings die Rigidität der geschlechtsspezifischen Zuordnung und verblüffend das Festhalten der Männer an diesen alten Mustern, welche gesellschaftspolitischen Debatten zufolge zunehmend zur Verhandlungsmasse werden. Modernisierungstheoretische Diagnosen, denen zufolge die Veränderungen weiblicher Lebenszusammenhänge in einer Art Rückkoppelungseffekt Folgen für die männliche Lebensführung haben müssten, treffen für den hier vorgestellten Personenkreis nur in eingeschränkter Weise zu. Pointiert formuliert lassen sich Männer mit derartigen Berufskarrieren als geschlechterpolitische Anachronisten beschreiben, weil sie - wenn auch nicht ungebrochen, so doch mit erheblichem Aufwand – an einer alten Ordnung festhalten, die auf klar verteilten Geschlechtsrollen aufbaut. Nicht die Integration von Arbeit und (Familienleben) – das macht die hier vorgestellte empirische Analyse deutlich – sondern die Verteidigung der Arbeit gegenüber den Ansprüchen aus der familialen Sphäre ist das zentrale Anliegen der Männer in Führungspositionen. Das sogenannte Vereinbarkeitsproblem von Arbeit und Familie stellt sich für diese Männer als Verteidigungsproblem dar (vgl. dazu auch Liebold 2001).

Das extensive berufliche Engagement über das gesamte Erwerbsleben hinweg wird durch eine grundsätzliche positive Perspektive auf Arbeit erklärbar: Arbeit besitzt für Führungskräfte – sicherlich eine über Erfolg exponierte Gruppe von beruflich engagierten Männern – eine Attraktivität, wie sie Familie so nicht hat. Arbeit ist ‚Hingabe', sie macht Spaß, bringt Befriedigung und wird mit Status, Macht und persönlicher Entwicklung identifiziert. Unsere empirischen Ergebnisse verdeutlichen, dass sich in diesem spezifischen Arbeitsverständnis und -bezügen berufliches Engagement gegen Begrenzungen sperrt und es den Männern nicht möglich ist, die Sphären Beruf und Familie in geteilter Aufmerksamkeit zu leben. Arbeit ist ein Projekt, in das er man(n) eintaucht. Damit wird Familie von Anfang an zum unvermeidlichen Anhängsel von Erwerbsarbeit. Neben diesem positiven Bezug auf Arbeit zielen die negativen Aspekte von Berufsarbeit in die gleiche Richtung: Der Stress, die eigene Position zu erhalten oder Stagnation zu vermeiden, der Konkurrenzdruck unter Kollegen, die stetig steigenden Mobilitäts- und Flexibilitätserwartungen der Unternehmen und nicht zuletzt ein begrenzter berufsbiographischer Horizont verstärken ebenfalls ein Arbeitsverhalten, das sich als berufliches Dauerengagement auf hohem Niveau beschreiben lässt

Die Führungskräfte reflektieren immer auch die sozialen Folgekosten ihrer arbeitszentrierten Lebensführung: Sie erfahren und formulieren Entfremdung und eine marginalisierte Stellung innerhalb ihrer Familien, welche sich im Laufe der Zeit als ‚vaterlose Haushalte' organisiert haben. Während Frau und Kinder als eine Einheit wahrgenommen werden, verorten sich die Männer selbst an der Peripherie dieser Gemeinschaft. Typischerweise nehmen sie – das verdeutlich auch das vorgestellte Fallbeispiel, familiale Dauerkonflikte, in denen es immer wieder um mehr Familienengagement der Männer geht, bedauernd und auch mit einem schlechten Gewissen zur Kenntnis. Ihr Leid ist jedoch vorrangig ein mittelbares Leid: Versäumnisse im Familienleben werden ihnen von den Frauen referiert und nicht selbst als solche erlebt. Das Familienleben der Führungskräfte gleicht einer Second-Hand-Erfahrung. Dennoch: Der geschlechterpolitische Wandel ist nicht spurlos an den Führungskräften vorübergegangen. Kontingenz, das Wissen und die Reflexionen über das eigene Handeln zeichnen ‚moderne' Lebensgeschichten aus. Dies zeigt unter anderem die latente Konflikthaftigkeit der komplementären Familienarrangements. Auch im vorgestellten Fallbeispiel wurde deutlich, dass ein Mann nicht mehr selbstverständlich davon ausgehen kann, dass sich die Ehefrau oder Partnerin in das klassische Familienmodell einfügt bzw. auf Dauer einfügen wird. Die Gleichheit in Paarbeziehungen, wie es J.-C. Kaufmann (1994: 179) formuliert, ist zwar nach wie vor konkret unauffindbar, aber die Idee entfaltet eine immense Kraft. Insgesamt lassen sich die Familienarrangements der vorgestellten Untersuchung als labile Gesamtgefüge charakterisieren, innerhalb dessen die Männer zwischen Beharrlichkeit und einem Gespür für notwendige Interventionen und Zugeständnissen lavieren müssen. Mit zum Teil aufwendigen Argumentationen werden die Partnerinnen und Ehefrauen auf das bis dato gelebte Familienmodell eingeschworen (vgl. auch Behnke/Liebold 2001, Liebold 2001). Damit wird deutlich, dass die normative Verbindlichkeit des komplementären Familienmodells nicht mehr gänzlich ungebrochen gegeben ist. Indem sich die Führungskräfte darum bemühen, den Status Quo ihrer Lebensführung aufrechtzuerhalten und zu legitimieren, wird deutlich, dass das traditionelle Modell geschlechtsspezifischer Arbeitsteilung durch den geschlechterpolitischen Wandel immer begründungsbedürftiger wird. Gleichzeitig verdeutlicht dieser Wandel das Dilemma im Lebenszusammenhang der Männer: Sie geraten zunehmend unter Druck, ein immer begründungsbedürftigeres Familienmodell aufrechtzuerhalten, auf das sie aber gleichzeitig notwendigerweise verwiesen sind.

Literatur

BECK, U./BECK-GERNSHEIM, E. 1990. Das ganz normale Chaos der Liebe. Frankfurt/M.

BEHNKE, C./LIEBOLD, R. 2001. Beruflich erfolgreiche Männer: Belastet von der Arbeit – belästigt von der Familie, in: Döge, P./Meuser, M. (Hg.), S. 141-157

DÖGE, P./MEUSER, M. 2001. Geschlechterverhältnisse und Männlichkeit. Entwicklung und Perspektiven sozialwissenschaftlicher Männlichkeitsforschung, in: ders. (Hg.), S. 7-26

DÖGE, P./MEUSER, M. 2001. Männlichkeit und soziale Ordnung. Neuere Beiträge zur Geschlechterforschung. Opladen

ELLGUTH, P./LIEBOLD, R./TRINCZEK, R. 1998. "Double Squeeze". Manager zwischen veränderten beruflichen und privaten Anforderungen, in: KZfSS, Jg. 50, Heft 3, S. 517-535

KAUFMANN, J.-C. 1994. Schmutzige Wäsche. Zur ehelichen Konstruktion von Alltag. Konstanz

LIEBOLD, R. 2001. „Meine Frau managt das ganze Leben zu Hause..." Partnerschaft und Familie aus der Sicht männlicher Führungskräfte. Wiesbaden

MEUSER, M. 1998. Geschlecht und Männlichkeit. Soziologische Theorie und kulturelle Deutungsmuster. Opladen

NAUCK, B./ONNEN-ISEMANN, C. (Hrsg.) 1995. Familie im Brennpunkt von Wissenschaft und Forschung. Neuwied

SCHNACK, D./GESTERKAMP, T. 1996. Hauptsache Arbeit. Männer zwischen Beruf und Familie. Reinbeck

TÖLKE, A. 1995. Geschlechtsspezifische Aspekte der Berufs- und Familienentwicklung, in Nauck, B./Onnen-Isemann, C. (Hg.), S. 489-504

Brigitte Stieler-Lorenz

Management von leanen und digital vernetzten Unternehmen

Change Management zwischen Chancen, Fallen, Perspektiven

1. Einführung
2. Einfluß digitaler Vernetzung auf die Realisierung neuer Managementkonzepte
3. Digital unterstützte „neue" Führung und Macht in leanen Unternehmen
4. Fazit

Literatur

Prof. Dr. Brigitte Stieler-Lorenz ist Geschäftsführende Direktorin der CORE BUSINESS DEVELOPMENT GmbH, Institut für Produkt- und Prozessinnovation in Berlin-Köpenick. E-Mail: stieler-lorenz@cbd.de

1. Einführung

In der Diskussion um die Realisierung von Informations- und Kommunikationstechnologien und auch den Chancen der Beteiligung von Frauen an und in diesem Prozeß steht die Frage des Zugangs zum und der Beteiligung im Internet meist im Mittelpunkt. Inzwischen sind diese neuen Technologien aber auch in Form des Intranets in raschem Tempo bereits Realität im Alltag von Unternehmen und Organisationen geworden. Auch hier ist – in letzter Zeit auch noch zunehmend – vor allem die Frage der Präsenz der Unternehmen im Internet nach außen (website/e-commerce) der Hauptgegenstand der Diskussion.

Dabei hat die Implementation eines Intranets mit seinen Zugängen zum Extra- und Internet ganz entscheidende Konsequenzen für die Arbeit und ihre Abläufe, die Strukturen der Unternehmen und damit auch die Kommunikation sowie die Beziehungen der Unternehmensmitglieder untereinander, nicht zuletzt aber für die Führung bzw. das Management selbst (Reichwald u.a. 1998). Hierzu liegen erste Untersuchungen vor, die natürlich entsprechend der kurzen Zeit und noch nicht flächendeckenden Einführung dieser Technologien in den Unternehmensalltag vor allem wichtige Impulse für weitere Forschungs- und Gestaltungsarbeit in der Praxis geben.

In diesem Sinne versteht sich auch der vorliegende Beitrag. In ihm sind sowohl Ergebnisse eigener Forschungs- und Gestaltungsarbeiten zur Kompetenzentwicklung und Unternehmensgestaltung bei der Produktion und Einführung der neuen Medien in Unternehmen eingeflossen als auch die umfangreiche Selbsterfahrung im „digitalen Management" bei der Realisierung und Führung einer komplexen Intranet/Extranet und Internet-Vernetzung.[1]

Nach eigener Auffassung ist die digitale Vernetzung von Unternehmen bereits jetzt eine grundlegende Existenzbedingung für viele Unternehmen und wird für andere in den nächsten Jahren unabdingbar werden. Umso wichtiger ist es, die Erfahrungen bei der Organisation und Führung solcher digital vernetzten Unternehmen mit ihren zunehmend virtueller werdenden Arbeitsprozessen sowie die dabei gewonnenen Erkenntnisse für deren möglichst effiziente und zugleich menschengerechte, d.h. beide Geschlechter berücksichtigende Gestaltung, rasch weiterzugeben. Dieser Beitrag spitzt diese Erkenntnisse in Form von Fragestellungen zu, um Denk- und Handlungsanstöße für Theorie und Praxis wie auch Anregungen für weitere – die ersten Erfahrungen repräsentativ belegende oder/und widerlegende oder auch weiterführende – Forschung zu geben.

---

[1] Das Projekt AIKO – Anpassung der Arbeitnehmer an den industriellen Wandel – Kompetenzentwicklung bei Systemintegratoren, Multimedia- und Softwareunternehmen 1996 – 1999, das Projekt CORNUCOPIA – Trainingscenter for Online-Producing 1998-1999, das Projekt SPIDER – Organisationsentwicklung für die Einführung vernetzter Arbeit 1998 – 2000. Diese 3 Projekte wurden in dem von der Autorin bis Februar 2000 geführten Forschungs- und Beratungsinstitut a&o research GmbH, Institut für arbeitspsychologische und organisationswissenschaftliche Forschung realisiert.

2. Einfluß digitaler Vernetzung auf die Realisierung neuer Managementkonzepte

2.1 Auflösung der Dilemmata des Managementhandelns durch digitale Vernetzung

In den neunziger Jahren haben „neue" Mangementkonzepte wie „Reengineering", „Lean Organisation" und „Fraktale Fabrik" die Unternehmensformen wesentlich verändert. Unter dem Druck von Shareholer Value, Kostenminimierung, absoluter Kundenorientierung und der Globalisierung der Wirtschaft sehen sich die Unternehmen vor grundsätzliche und, wie es scheint, dauerhafte Wandlungsprozesse gestellt. „Du bewegst Dich entweder schnell – oder Du stirbst", „Nur ein schneller Manager ist ein guter Manager" sind Slogans, die das Tempo und die Turbulenz der Entwicklungen der neunziger Jahre bis heute charakterisieren. Kaum jedoch sind diese neuen Unternehmensformen, die auch „postbürokratisch" (Kühl 1995) genannt werden, implementiert, sieht sich das Management vor neue Probleme gestellt, die es zu lösen gilt.

Eine Reihe von Dilemmata werden diskutiert, die im Ergebnis dieser o.g. Wandlungsprozesse entstanden sind und der „Lösung" oder „Beherrschung" durch das Management harren. Ich beziehe mich im weiteren auf die exzellente Beschreibung dieser Dilemmata und ihrer Folgen für das Managementhandeln auf Kühl (1995). Kühl belegt das „Flexibilisierungsdilemma", das „Komplexitätsdilemma" und das „Politisierungsdilemma", denen sich das Management im Ergebnis der Reorganisation zu leanen Unternehmen gegenübergestellt sieht. Parallel zu der Entwicklung und Realisierung der „neuen" primär auf Dezentralisierung setzenden Managementkonzepte mit ihren noch näher zu beschreibenden Folgen vollzog sich ebenfalls in den neunziger Jahren in der Entwicklung und im Einsatz der Rechentechnik und der raschen Einführung von Informations- und Kommunikationstechnologien ein grundsätzlicher Wandlungsprozeß an den einzelnen Arbeitsplätzen – weg von der Großrechentechnik hin zum Einsatz von Personalcomputern. Innerhalb weniger Jahre drang der Personalcomputer in alle Arbeitsbereiche ein. Die damit verbundene Vernetzung dieser digitalen Arbeitsmittel erforderte und ermöglichte die entscheidende Veränderung von Geschäftsprozessen, von Entscheidungsverläufen und damit von Aufbau- und Ablaufstrukturen in Unternehmen und Organisationen als auch der Arbeitsinhalte selbst. Dies hatte und hat natürlich auch Konsequenzen für die Organisation und Führung der Unternehmensprozesse. So wie im Großrechner das Wissen des Unternehmens konzentriert war, entsprach dies auch der Konzentration der Entscheidungen und damit der Macht in den Vorständen und Führungsetagen der alten Unternehmensstrukturen der Industriegesellschaft. Die Dezentralisierung von Entscheidungsprozessen fand so ihre Entsprechung im Potential für neue Abläufe und Entscheidungen in der Dezentralisierung der Rechentechnik an den Arbeitsplätzen der Mitarbeiter.

Im Mittelpunkt des Beitrags steht die Frage, ob und inwieweit die in den neunziger Jahren stattgefundene rasante digitale Vernetzung innerhalb (Intranet) und zwischen den Unternehmen, z.B. in Kooperationverbünden (Extranet), vor allem aber auch international via Internet dazu beitragen konnte, die o.g. Dilemmata der Realisierung der „neuen" Managementkonzepte aufzulösen und welche neuen Herausforderungen damit ggf. zu bewältigen sind. Weiterhin stellt sich in diesem Zusammenhang die Frage, ob und in welchem Umfang ein Wandel von Führung und Machtausübung in diesen reorganisierten und digital vernetzten Unternehmen stattfinden muß oder schon stattgefunden hat und insbesondere auch, welche Chancen und Risiken dabei für Frauen im Management entstehen.

Der Umgang mit der Digitalisierung der Unternehmensprozesse ist für Frauen und Männer gleichermaßen eine große und anhaltende Herausforderung. Die Digitalisierung verändert nicht nur die sachlich-materiellen Prozesse im Unternehmen, sondern ebenso auch die Beziehungen zwischen Menschen. Wie im vorliegenden Beitrag zu zeigen sein wird, haben diese Prozesse der Digitalisierung und Virtualisierung wesentliche Einflüsse auf Führung, insbesondere auf die Möglichkeiten und Grenzen der Ausübung von Macht.

2.2 Digitale Kommunikationsstrukturen statt hierarchischer Strukturen

Kühl (1995) sieht das Management im Ergebnis von Enthierarchisierung und Dezentralisierung als Folge gravierender Reorganisationsprozesse vor drei Dilemmata gestellt:
1. das „Flexibilitätsdilemma"
2. das „Komplexitätsdilemma" und
3. das „Politisierungsdilemma".

Diese wirken in der Praxis natürlich miteinander verschränkt und sind in ihren direkten bzw. kausalen Beziehungen zueinander zu bewältigen.

Flexibilitätsdilemma

Die für die Innovationsfähigkeit und den Wandel erforderliche Flexibilität der Unternehmensprozesse soll durch „Enthierarchisierung" der Unternehmen bewältigt werden. Hierarchien sind jedoch an stringente Organisationsformen gebunden. Sie gewähren dem Unternehmen Sicherheit und zentralisieren Macht bzw. ordnen sie den Positionsinhabern eindeutig zu. In flexiblen, auf kontinuierliche Innovation gerichteten Unternehmen würden zu ausgeprägte und wenig dynamische Hierarchien jedoch rasche Reaktions- und Wandlungsfähigkeit verhindern, weshalb Organisationsstrukturen im Rahmen der Reorganisationsprozesse verflacht und dynamisiert gestaltet wurden. Im Ergebnis der Flexibilisierung von Unternehmensprozessen können die Strukturen so dynamisch werden, daß sie sich scheinbar „verflüssigen". Die dadurch erreichte Wandlungsfähigkeit des

Unternehmens kann nunmehr jedoch zur Auflösung bestehender interner und externer Kopplungen führen, was u.U. die Stabilität des Unternehmens gefährdet.

Komplexitätsdilemma

Es entstehen Unsicherheiten in Entscheidungsprozessen. Die Komplexität der Entscheidungsprozesse wächst durch die Einbeziehung von mehr Mitarbeitern aus den „unteren Fachebenen" im Zusammenhang mit der Bildung autonomer Geschäftseinheiten bei der Verschlankung der Unternehmen. In der Regel wurde dabei z.B. das Mittelmanagement externalisiert oder mit neuen Rollen versehen. Damit verbunden war aber konsequenterweise ein höherer Grad an Selbstorganisation und Eigenverantwortung und damit Entscheidungsbefugnissen in den ihnen ursprünglich nachgeordneten Einheiten, die zunehmend autonom handeln müssen. Das hat entscheidende Folgen für das Management. Vertikale Karrieren werden durch weniger Führung obsolet. Karrieren finden eher horizontal bzw. verlagert in den autonomen Geschäftseinheiten statt, die in verschiedener Form an die Unternehmen gebunden sind. Sie reichen von autonomen Fertigungs- oder Projektgruppen über die Bildung von Profitcentern unter dem Dach einer übergreifenden Führungs- und Infrastruktur oder führen zu einem Netz selbständiger wirtschaftlicher Einheiten, die gemeinsame Ziele entlang der Wertschöpfungskette verfolgen. Entscheidend für die Sinnhaftigkeit und Marktfähigkeit solcher selbständigen Einheiten ist jedoch, daß sie inhaltlich nicht redundant arbeiten, sondern sich voneinander unterscheidend, jedoch kooperierend und Synergieeffekte erschließend dem gemeinsamen Ziel einer höheren Wertschöpfung dienen, d.h. nicht „ein Mehr von Demselben" in kleineren Einheiten, sondern einander ergänzend durch Arbeit in verschiedenen Kernkompetenzen wirksam werdend.

Die Wahrnehmung neuer Entscheidungsbefugnisse und Verantwortung von ursprünglich durch das mittlere Management geführten, jetzt selbständiger agierenden Einheiten, ist jedoch nur möglich, wenn Führungskräfte wie Mitarbeiter zur richtigen Zeit am richtigen Ort über die richtigen Informationen verfügen und diese effizient und zielorientiert miteinander kommunizieren. Da die Führung leaner Einheiten keine Zwischenebene zur Filterung von Informationen oder zum Treffen von Entscheidungen hat, ist die Informationsfülle, mit der Führung nun konfrontiert wird, quantitativ größer und qualitativ komplexer. Die Komplexität in leanen Unternehmen zwingt zu einer neuen Strukturierung der Kommunikation innerhalb der digital vernetzten Unternehmen, um diese neue Qualität des Komplexitätsdilemmas beherrschbar zu machen. Insbesondere geht es darum, die gewachsene und weiter wachsende Flut an Informationen, die über das Netz von außen in das Unternehmen kommt, aber auch in ihm selbst produziert wird, so zu strukturieren, daß die unternehmensrelevanten Entscheidungsprozesse zum richtigen Zeitpunkt zielorientiert getroffen werden können.

Dem dient die Struktur des digitalen Netzes, die optimalen innovationsorientierten Geschäftsprozessen entsprechend adäquat gestaltet werden soll. Hier wird zugleich deutlich, daß die „neuen" Managementkonzepte mit ihren verschlankten und wesentlich verkürzten und dynamisierten Abläufen nur durch den Einsatz von schnellen digitalen Netzen voll wirksam werden können. Insofern ist die digitale Vernetzung der Unternehmen sowohl intern als auch extern eine Grundvoraussetzung zur Beherrschung des Flexibilitätsdilemmas und der damit verbundenen Lockerung der internen und externen Bindungen der Unternehmen ebenso wie die Möglichkeit, die neue Komplexität der Prozesse beherrschbar zu machen.

Politisierungsdilemma

Die aufgrund der Dezentralisierung stattgefundene Enthierarchisierung mit ihren zunächst scheinbar destabilisierenden Folgen erfährt nunmehr eine andere Art der Steuerung von Strukturen und damit wird eine neue Stabilität durch die Strukturen digital vernetzter Kommunikation erwirkt. Hierarchische Strukturen werden quasi ersetzt durch Kommunikationsstrukturen im Netz und natürlich auch weiterhin Face-to-Face, wobei der Face-to-Face-Anteil im Verhältnis zum digitalisierten Anteil entsprechend den Zielen und der Kultur der Unternehmen bewußt und partizipativ gestaltet werden sollte. Kommunikationsstrukturen können faktisch anstatt der hierarchischen Strukturen die neuen – das Unternehmen in seinen dynamisierten Abläufen stabilisierenden – „Korsettstangen" bilden. Gleichzeitig ziehen sie als Ergebnis der Einführung „neuer" Managementkonzepte eine andere Art der Politikkommunikation nach sich, in der sich scheinbar die Machtverhältnisse verlagert haben.

2.3 Veränderung oder Verstetigung von Unternehmensstrukturen im Netz und ihre Folgen für Identität mit dem Unternehmen

Die neue Art der Politisierung zeigt sich bereits dann, wenn die Frage entsteht, ob die durch die digitalen Netzstrukturen geschaffenen Kommunikationsstrukturen qualitativ wirklich andere sind als die alten hierarchischen Strukturen und wie sich das in der Führung und der Ausübung von Macht zeigt. Hier sei zunächst ein Aspekt dieser Fragestellung erläutert, bevor auf Führung und Macht in diesen digitalen Kommunikationsstrukturen näher eingegangen wird. Über das Intranet wird Kommunikation verschiedenster Art ausgetauscht. Hier können mit der Adressierung der Informationen bestimmte Personen oder auch Gruppen in bestimmte Prozesse, Entscheidungen und deren Hintergründe u.ä. einbezogen oder auch ausgeschlossen werden. Damit erhalten diejenigen, die über die Zugänglichkeit von Informationen entscheiden, „neue" Möglichkeiten der „alten" Machtausübung. Die Entscheidungen über die Zugriffsrechte auf Informationen und Datenbanken des Unternehmens sind nicht nur durch Datenschutzrichtlinien u.ä. determinierte Erfordernisse. Sie entwickeln sich zu einer neuen Form der Strukturierung des Unternehmens, der Machtausübung und damit der Führung über das digitale Netz des Unternehmens. Damit beinhaltet die „Vernetzungsstruktur" mit ihren unterschiedlichen Zugangsrechten zu Einzelinformationen und Datenbanken in ihrem Aufbau neue, nicht so offensichtliche Hierarchien. Jetzt entscheiden die von der Geschäftsführung festgelegten Zugriffsbedingungen darüber, wer wann zu welchen Informationen und damit auch zu Innovationen und zum Know-how des Unternehmens Zugang erhält. Die Art und Weise, wie das Management der Unternehmen diese Zugriffsrechte (im Rahmen des

Datenschutzes) regelt, wird entscheidend von der herrschenden Unternehmenskultur bestimmt. Hier entscheidet das Vorhandensein einer Vertrauenskultur ganz wesentlich darüber, ob die digitale Vernetzung kreativ und partizipativ im Sinne von Innovationsfähigkeit und Wandel des Unternehmens genutzt werden kann oder nicht. Es besteht ein unmittelbarer Zusammenhang zwischen Unternehmenskultur und Vernetzungskultur. Büssing (2000) thematisiert – auch unter Verweis auf Reichwald u.a. (1998) – die Notwendigkeit des Vorhandenseins von personalem und systemischem Vertrauen als Voraussetzung für die Wahrung der Identität der Unternehmensmitglieder in den eher „verflüssigten", digitalen und damit zunehmend virtuellen Strukturen. Mehr noch als in traditionellen – nicht digital vernetzten – Organisationen wird Vertrauen zu einem konstituierenden Element der zunehmend virtuell arbeitenden Unternehmen. „Je mehr es sich vernetzt, desto wichtiger wird das Vertrauen" (Reichwald u.a. 1998, 258), denn „Wissen des Auftragnehmers (Arbeitnehmer) in virtuellen Organisationen ist nicht nur mehr oder weniger versteckt (hidden information) für den Auftraggeber (Führungskraft), sondern durch seine Flüchtigkeit schwer greifbar" (Büssing 2000, 67).

Im Sinne der in den neuen Managementkonzepten verfolgten Strategien und Lösungswege, möglichst viel Verantwortung und Entscheidungen nach unten in die selbständigen Geschäftseinheiten zu verlagern, liegt es nahe, die Zugriffsrechte so liberal wie möglich zu handhaben (von den Datenschutzverpflichtungen, die weitgehender sind, als der Laie annimmt, wird hier bewußt abstrahiert). So scheint die weitgehende Liberalisierung der Zugriffsrechte auf Informationen und Datenbanken das Unternehmen offensichtlich noch reaktionsfähiger und damit innovativer zu machen. Zu weit getrieben, führt das jedoch in der Konsequenz zu dem bereits beschriebenem Flexibilitätsdilemma auf neuem Niveau. Die internen Bindungen, die durch die ehemalige Hierarchisierung das Unternehmen in seiner Funktionsfähigkeit stabilisiert haben, sind nicht mehr vorhanden. Wenn jetzt nicht eine sowohl auf Innovation und Wandel gerichtete Strukturierung des digitalen Netzes und damit zugleich auch Hierarchisierung der Kommunikationsstrukturen in Verbindung mit der unabdingbaren Realisierung einer Vertrauenskultur erfolgt, zerfließen die internen Unternehmensstrukturen, Arbeitsteilungen und beabsichtigten Kooperationen und gefährden die Stabilität und Funktionstüchtigkeit des letztlich auf betriebswirtschaftlichen Erfolg orientierten Unternehmenszieles. Diese Gratwanderung zwischen notwendiger Offenheit, Vertrauen und Handlungsfreiheit der AkteurInnen im Netz und der Notwendigkeit, kommunikative Strukturen im digitalen Netz als Mittel der Unternehmensstabilität und seiner Geschäftsprozesse gezielt zu gestalten, ist eine neue Herausforderung, deren Gestaltung sich die Unternehmen in Verbindung mit ihrer zunehmenden Vernetzung stellen müssen.

Die dem Unternehmenszweck und seiner innovativen Wandlungsfähigkeit und Unternehmenskultur entsprechende Strukturierung des digitalen Netzes wird so zu einer Grundvoraussetzung, um die lean organisierten Unternehmen in den Turbulenzen des Wandels und der Globalisierung überhaupt führbar zu erhalten. Die Frage ist nur, welche Art der Strukturierung des Netzes und seiner digitalen Abläufe diesen Voraussetzungen entspricht und geeignet ist, die Dilemmata der Realisierung der neuen Managementkonzepte aufzulösen? Wie kann verhindert werden, daß die Hierarchisierung von Kommunikation zu einer neuen Hierarchiefalle wird? Dieser Frage wird in der Unternehmenspraxis gegenwärtig noch viel zu wenig Aufmerksamkeit geschenkt. In der Regel geben die Netzwerk-Installateure und Systemadminstratoren die Struktur vor, die in der angebotenen Software häufig bereits Lösungen bereithält. Hier besteht aber die große Gefahr, daß Vernetzungsstrukturen den zum Zeitpunkt ihrer Implementierung vorhandenen Geschäftsabläufen quasi „übergestülpt" und später auch so belassen werden. Das führt die Unternehmen in eine „Falle": Es können so digitale Netzstrukturen entstehen, die über kurz oder lang wieder zur Erstarrung von Abläufen führen und trotz neuer Managementkonzepte und teurer Vernetzung die existentiell notwendige Flexibilität der Arbeit digital vernetzter Unternehmen beeinträchtigen.

Um das zu verhindern sind meines Ermessens nach zwei Vorgehensweisen unerläßlich:
1. Die Konfiguration digitaler Vernetzung sollte immanenter Bestandteil partizipativer Arbeitsweisen in den Unternehmen sein. Eine „von oben" vom „leanen Führer" oder gar von „außen" verordnete Vernetzungsstruktur kann nie vollständig den realen Erfordernissen der Arbeitsabläufe in den Unternehmenseinheiten entsprechen. Hier gilt der Grundsatz: Die besten Experten sind diejenigen, welche die jeweiligen Prozesse selbst realisieren. Also sollten sie in die Netzwerkkonfiguration von Beginn an einbezogen werden. Das erhöht auch die Akzeptanz der NutzerInnen und verringert so mögliche Störungen im Netz, die verursacht werden, wenn diese versuchen, die vorhandene Vernetzungsstruktur zu umgehen oder zu „überlisten".
2. Digitale Vernetzungsstrukturen müssen dynamisch sein und den Entwicklungen des Unternehmens immer wieder neu angepaßt werden, bzw. besser noch, möglichen Innovationen vorauseilend Entwicklungs- und Entfaltungsmöglichkeiten bieten. Auch dazu ist die kontinuierliche Einbeziehung der NutzerInnen des Netzes unabdingbar. Es empfiehlt sich hier ggf. die Einrichtung einer Netzwerkgruppe, die mit den SystemadminstratorInnen zusammenarbeitet. Sie macht Vorschläge zu Veränderungen von Strukturen und Zugriffsrechten im Netz. Daß diese dann letztlich durch die Geschäftsführung entschieden werden müssen, ist eine logische Voraussetzung, um die Zielorientierung des gesamten Unternehmens im Netz entsprechend sichern zu können. Nur unter Berücksichtigung der Interessen des Managements und der ArbeitnehmerInnen kann die Komplexität der durch Kommunikation geregelten Prozesse in Grenzen gehalten und trotzdem die Flexibilität und zugleich Stabilität des Unternehmens auf Dauer gesichert werden.

Hier liegen wichtige Chancen für Frauen im Management auch in ihrer Rolle als Expertinnen. Wer an der Strukturierung des digitalen Netzes Teil hat, nimmt Einfluß auf die Unternehmensprozesse und damit die Machtausübung im Unternehmen. Das setzt jedoch voraus, daß Frauen sich für die Arbeit in digitalen Netzen mindestens genauso interessieren und sich qualifizieren können wie die Männer. Die allen bekannten Defizite bezüglich des Zugangs von Frauen zu Informations- und Kommunikationstechnologien – mit ihren vielfältigen Ursachen – müssen überwunden werden (vgl. Wienholz 2000). Dazu gibt es m.E. in zunehmendem Maße bessere Voraussetzungen. Zum einen dadurch, daß der Computer- bzw. Netzzugang durch die Preisdegression der letzten Jahre auch im privaten Bereich immer besser möglich ist, und zum anderen geben Bildungseinrichtungen von den Volkshochschulen über die allgemeinbildenden Schulen bis hin zu Universitäten, Hochschulen und Fachhochschulen immer mehr Zugangsmöglichkeiten zu digitaler Vernetzung. Viele Initiativen, insbesondere von Frauen, sind auch dem spezifisch weiblichen Zugang von Frauen in das Netz gewidmet.[2] Weitere Initiativen dazu sind notwendig, insbesondere auch, um Frauen für Führungsaufgaben unter vernetzten Bedingungen zu aktivieren und zu befähigen.[3]

Fest steht, daß die durch „Informations- und Kommunikationstechnologien" erschlossenen „neuen Medien" für Frauen spezifische Chancen und Entwicklungsmöglichkeiten bieten. Geht es doch hierbei nicht nur um Technik, sondern, wie die Autorin in diesem Beitrag versucht aufzuzeigen, vor allem um die Art und Weise ihrer Anwendung für Menschen in Organisationen verschiedener Art. Und es geht nicht zuletzt um Inhalte, die mit diesem Medium transportiert werden. Alles das sind Fragestellungen, die nach meiner Erfahrung auf die Bewältigung durch Frauen – nicht nur im Management – regelrecht warten.

3. Digital unterstützte „neue" Führung und Macht in leanen Unternehmen

3.1 Veränderung oder Verstetigung von Macht und Führung?

Führung auf allen Ebenen bekommt durch die breite Einführung der Datenverarbeitung in den Unternehmen und Organisationen in jedem Falle eine digitale Komponente, ob dies nun bewußt von den Führungskräften wahrgenommen wird oder nicht. Die digitale Vernetzung von Unternehmen in Verbindung mit der Realisierung der neuen, auf Wandel, Innovation und Globalisierung gerichteten Managementkonzepte hat tiefgreifenden Einfluß auf die Führung, die Ausübung von Macht und die Interessenwahrnehmung der verschiedenen Akteursgruppen in den Unternehmen. Kühl (1998) identifiziert diese Prozesse als ein „Politisierungsdilemma", das im Ergebnis der Einführung der neuen Managementkonzepte entstanden ist. Er begründet es damit, daß mit den neuen Managementkonzepten sich scheinbar die Machtverhältnisse verlagert haben – weg von den hierar-

---

[2] Vgl. Wienholz 2000, aber auch die vielfältigen Hinweise im Internets z.B. unter: http:// www.diemedia.de/f-info/litlist.htm.

[3] Die Autorin denkt jedoch, daß dies inzwischen eher eine Frage der Überwindung von durch Sozialisation bedingten „Hemmschwellen" und „Technikängsten" der Mädchen und Frauen ist. Deshalb befürwortet sie insbesondere Mentoring-Programme, die Frauen und Mädchen in der praktischen Realität zeigen, wie interessant und erfolgversprechend es ist, mit neuen Medien zu arbeiten und verweist an dieser Stelle auf die erfolgreiche Einbindung von arbeitslosen Frauen in den ersten Arbeitsmarkt der Multimediabranche durch das von ihr initiierte und koordinierte Berliner Privat public partnership – Projekt „CORNUCOPIA - Trainingscenter for Online-Producing". Hier waren zu fast 50 % Frauen beteiligt, die ebenso und teilweise noch erfolgreicher die Fortbildungsmaßnahme bewältigten als die beteiligten Männer.

chisch determinierten Führungspositionen – hin zu den in selbständigen Einheiten arbeitenden Mitarbeitern. Kühl (1998) konstatiert eine Veränderung der Politisierung des Unternehmensalltages. In diesem Zusammenhang stellen sich die folgenden Fragen:
- Wo finden Machtausübung und Machtkämpfe in leanen und digitalisierten Unternehmen statt?
- Sind sie geringer geworden oder finden Machtkämpfe nur nicht mehr offen sichtbar ggf. anderenorts, z.B. im digitalen Netz der Unternehmen statt?
- Wie gehen die reorganisierten Unternehmen damit um?
- Und welche Konsequenzen hat das wiederum für Frauen im Management?

Crozier/Friedberg gehen „von der Macht als grundlegende Dimension sozialen Handelns aus. Gerade, weil der Mensch frei und relativ autonom ist, bilden sich Machtbeziehungen. Herrschaftsverhältnisse [bilden sich] dann heraus, wenn sich Machtbeziehungen verstetigen und stabilisieren" (Kühl 1998, 91). Die Autorin legt diese Auffassung zugrunde, wenn sie im folgenden analysiert, wie sich Machtbeziehungen in den nach neuen Managementkonzepten reorganisierten Unternehmen verändern und welchen Einfluß darauf die parallel stattfindende digitale Vernetzung der Unternehmen hat. Mit der „Enthierarchisierung" werden die durch die alten Strukturen verstetigten Machtpositionen und damit auch Herrschaftsverhältnisse offensichtlich obsolet. Trotzdem existieren weiterhin Bedingungen in den Unternehmen, die trotz und gerade wegen der auf Kommunikation orientierten neuen Strukturen bestimmte Kontrollen und Entscheidungen durch die Führung brauchen, damit die Stabilität und Weiterentwicklung des Unternehmens gesichert ist.

Crozier/Friedberg definierten vier Machtquellen in Unternehmen. Die Autorin beleuchtet nun in Anlehnung daran die Veränderung dieser vier Machtquellen in den leanen und digitalisiert vernetzten Unternehmen. Die *„Macht durch Kompetenz"*, die aus der Beherrschung und dem Einsatz von fachlichen und sozialen Fähigkeiten erwächst, wird in zunehmendem Maße direkt in den selbständigen Geschäftseinheiten – z.B. den Projektgruppen bei Software – und Multimedia-Unternehmen, aber auch anderen wissensbasierten Unternehmen sowie denen, die sich der digitalen Vernetzung bedienen – und damit zunehmend virtuell ausgeübt. Die Führung in den leanen Organisationen kann diese Kompetenzen und das in den dynamischen innovativen Projekten entstehende Know-how nicht mehr für die Führungsprozesse im erforderlichen Maße antizipieren. Damit entsteht ein sogenanntes „Führungsdilemma". In einem der von uns untersuchten Softwareunternehmen stellten die Softwareproduzenten fest: Wenn Führung eingreift, stört sie und wenn man sie braucht, ist die nicht da! (Buschmann u.a. 1995). Diese Auffassung fanden wir in ähnlichen Firmen wiederholt bestätigt. Hier wird der notwendige Rollenwandel der Führung in leanen und digital vernetzten Unternehmen deutlich. Es geht in Unternehmen mit zunehmend virtuellen Strukturen immer weniger darum, die einzelnen Prozesse kontrollieren und sie direkt beeinflussen zu können. Führung muß in zunehmendem Maße die objektiven wie die subjektiven Bedingungen dafür schaffen, daß die Unternehmensprozesse reibungslos stattfinden können.

Das erfordert aber ein anderes Führungsverhalten, eines, das diese Fachkompetenz der Produzenten respektiert und sich selbst eher in der Rolle des „Dienstleisters" für die Verwirklichung dieser Fachkompetenzen im Unternehmensinteresse sieht. Das digitale Netz kann dazu die notwendigen Informationen für die schnelle Bereitstellung von Ressourcen z.B. für neue Produkte und Prozesse liefern. Gleichzeitig kommt es darauf an, durch adäquate Face-to-Face-Beziehungen und neue identitätsstiftende und vertrauensbildende Maßnahmen eine dem leanen und digital vernetzten Unternehmen entsprechende Kultur gezielt zu gestalten und weiterzuentwickeln. Auch dabei kommt der Kommunikationsgestaltung der entscheidende Stellenwert zu.

Die „Macht durch Kontrolle" wird in den neuen und digital vernetzten Unternehmen ebenfalls wesentlichen Veränderungen unterzogen. Eben, weil es für die Führungskräfte nicht mehr möglich ist, die Vielfalt der sich ständig wandelnden und zunehmend virtuell kommunizierten Prozesse zu kontrollieren, muß auch hier die Kontrollmacht in bestimmtem Umfang in die Hände der ProduzentInnen gelegt werden. Entscheidend dafür aber ist, welche Kontrollen das sind. In jedem Falle macht es nur Sinn, wenn die zu kontrollierenden Prozesse auch von den ProduzentInnen selbst „gemessen" und beeinflußt werden können. Nur so können aus Kontrollinformationen notwendige Feedback-Schleifen werden, die auf eine ständige Optimierung und Verbesserung der Prozesse ausgerichtet sind. Dem oberen Management bleibt auch in leanen Organisationen die Verantwortung, die für das gesamte Unternehmen wichtige Kontrollmacht auszuüben, d.h. die aus den einzelnen selbständigen Geschäftseinheiten kommenden Informationen zu einem wirksamen betriebswirtschaftlichen Controlling und damit Steuerungssystem auszubauen. Daß hierfür die Nutzung der betrieblichen Datennetze eine Grundvoraussetzung ist, um schnell und innovativ im Unternehmen und für den Markt zu reagieren, braucht sicher nicht näher erläutert zu werden. Es muß hierbei aber auch auf die Gefahr verwiesen werden, durch technisierte Kontrollprozesse die Arbeit und das Verhalten der UnternehmensakteurInnen „im Griff" zu behalten. Dafür sind insbesondere Führungskräfte anfällig, die bisher eine Vertrauenskultur im Unternehmen nicht für die richtige Führungskultur hielten. Die Erfahrungen, die bisher vorliegen, zeigen, daß diese Versuche, die neuen Technologien als Kontrollinstrument zu nutzen, die Innovationsfähigkeit des Unternehmens begrenzen und das Verhalten der Mitarbeiter statt zu einem auf die Ziele des Unternehmens orientierten Verhalten eher zum Umgehen der Kontrollinstrumente stimulieren.

Die „Macht durch Information" ist sowohl von den neuen Managementsystemen als auch durch die Digitalisierung der Unternehmensprozesse besonderen Veränderungen ausgesetzt. Wenn die neuen Unternehmensstrukturen durch Kommunikationsstrukturen repräsentiert sind, dann ist – wie schon erläutert – deren Gestaltung durch die Netzstruktur wie auch die Möglichkeiten der Zugriffe auf die Informationen und Dateien verschiedener Art im Netz zu verschiedenen Zeiten von grundsätzlicher Bedeutung für die Machtausübung und damit für die Führung und deren Akzeptanz im Unternehmen. Wenn auch durch die Zugriffsrechte auf der Basis von Entscheidungen der „leanen Führung" dafür grundlegende Weichen gestellt werden, so lauern doch Fallen und Machtspiele gerade in der digitalen Vernetzung von Unternehmen. So entziehen sich z.B. informelle Gruppen, die ja für ein Unternehmen sowohl produktive als auch kontraproduktive Wirkungen haben können, durch ihre „Virtualität" im Netz (indem z.B. Informationen nur an die jeweiligen Angehörigen der informellen Gruppe gegeben werden) in viel größerem Maße dem Wissen anderer, auch der Führung. Von virtuellen informellen Gruppen veränderte Meinungen, Wertesysteme und Absichten werden erst zu einem viel späteren Zeitpunkt sichtbar als wenn diese in Face-to-Face-Kommunikationen entstehen. So ist „Mobbing" über das Netz inzwischen zu einem beliebten Spiel in der Mitarbeiter – aber auch der Führungskommunikation geworden. Nicht ungefährlich sind auch über das Netz gestreute Gerüchte und Verdächtigungen wegen ihrer größeren und weitgehend verdeckten Ausbreitungsgeschwindigkeit und damit verbunden der Schwierigkeit, deren Verursacher feststellen zu können. Problematisch wird das insbesondere in kritischen Unternehmenssituationen. Hier können über das Netz verbreitete Informationen Blockaden im Verhalten der MitarbeiterInnen auslösen, die oft erst in offenen konfliktären Situationen für die Führung sichtbar werden. Dies muß bei der Arbeit und insbesondere bei der Führung in digital vernetzten Unternehmen immer mit beachtet werden. Schnell sieht man sich vor Konflikte gestellt, deren Entstehung nicht rechtzeitig beachtet werden konnte. Wie damit umzugehen sein könnte soll noch erläutert werden.

Schließlich ist hier noch die *„Macht durch Regulation"* unter vernetzten und leanen Bedingungen zu charakterisieren. Diese Macht wird, wie weiter oben beschrieben, vor allem durch die Strukturierung des Netzes ausgeübt. Hier gibt es einen erheblichen Ermessensspielraum für die organisationsinterne Machtausübung durch die Führung. Daß dieser partizipativ gestaltet werden sollte, wurde schon erläutert. Schließlich geht es bei der Regulierung darum, solche sinnhaften Regeln zu entwickeln, die ein den Unternehmenszielen nützliches und die Mitarbeiter befriedigendes Verhalten im digitalen Netz und im Unternehmen überhaupt ermöglichen. Hier ist der Grundsatz „Nur soviel regeln wie nötig, nicht wie möglich" erfolgversprechend. Er setzt aber die weiter oben beschriebene Vertrauenskultur im vernetzten Unternehmen voraus. Letztlich bleibt das Netz aber für die Führung immer eine entscheidende Möglichkeit, in die Unternehmensprozesse einzugreifen, sozusagen über das Netz die „Notbremse" zu ziehen. Führung und Macht in leanen und digital vernetzten Unternehmen erfordern, wie gezeigt wurde, dynamische Veränderungen und immer wieder neue Anpassungen an die Veränderungen des Unternehmens in sich ändernden Umfeldbedingungen. Ob die neuen Möglichkeiten der „digitalen Führung" dabei als Chance für ein im Unternehmensinteresse verändertes, förderndes Klima genutzt wird oder durch starres Führungsverhalten kontraproduktiv wirkt, hängt ganz entscheidend von den Führungspersonen ab. In den qualitativ neuen Anforderungen an identitätsstiftende und vertrauensfördernde Beziehungsgestaltung und Führung der Geschäftsprozesse unter leanen und vernetzten Bedingungen sehe ich eine besondere Chance für Frauen.

3.2 Machtbegrenzung oder neue Chancen für Interessenvertretungen ?

So wie das Management mit der mehr oder weniger gewünschten Verlagerung von Verantwortung und Entscheidungs- wie Kontrollmacht in die zunehmend selbständiger arbeitenden Geschäftseinheiten (autonome Fertigungsteams, Projektgruppen, Profitcenter u.ä.) fertig werden muß, sehen sich auch die Interessenvertreter der Mitarbeiter, die Betriebsräte und Gewerkschaften, vor die Notwendigkeit eines Rollenwandels in den nunmehr leanen und zunehmend digital vernetzten Unternehmen konfrontiert. Die Arbeitnehmer in solchen Unternehmen meinen immer häufiger, ihre Interessen gegenüber dem Management selbst vertreten zu können und sind der Auffassung, daß dies durch einen Betriebsrat wegen seines nur partiellen Einblicks in die sich immer wieder verändernden und virtueller werdenden Arbeitsprozesse nur noch bedingt erfolgen kann. Die wachsende „Macht durch Kompetenz von unten" gibt weniger Anknüpfungspunkte für eine betriebliche Interessenvertretung. Auch sind die Führungskräfte über das digitale Netz in der Regel besser erreichbar. Die „digitale Tür" in die Mailbox der Führungskraft ist häufiger offen als die reale, meist von einer Sekretärin bewachte Tür. Durch die flachen Hierarchien gibt es auch direktere Zugangswege zur Führungskraft und deren Entscheidungsmacht. Die bisher in traditionellen Unternehmen ausgeübten Funktionen von Betriebsräten und Gewerkschaft – die Aushandlung von Interessenkonflikten zwischen Arbeitgebern und Arbeitnehmern – werden unter diesen Bedingungen obsolet. Diese Entwicklung ist nicht unproblematisch, vor allem, wenn z.B. in existentiell bedeutsamen Unternehmenssituationen eine übergeordnete Interessenvertretung gebraucht würde. Die in solchen Fällen schnell gegründeten Betriebsräte vermögen allein durch diese Aufgabe – unter Gefahrenbedingungen – sich nur selten, die Akzeptanz ihres Handelns auf beiden Seiten der Akteure zu erarbeiten.

Die Existenz von Interessenvertretungen der Mitarbeiter für beide Akteursseiten auch in leanen und vernetzten Unternehmen wären sinnvoll, insbesondere, um das Feld der Konfliktaustragung zu fokussieren und auch um in diesen Unternehmen zu generalisierten Lösungen, z.B. zur Lohn- und Arbeitszeitgestaltung oder auch auf dem Gebiet des Arbeits- und Gesundheitsschutzes, zu kommen. Unabdingbar dafür ist jedoch, daß die Gewerkschaften ihre bisherige „Fürsorgeposition" verändern und die gewachsenen Kompetenzen und Mitsprachemöglichkeiten der MitarbeiterInnen, vor allem aber auch deren Interesse an Eigenverantwortung für sich und ihre Arbeitsprozesse respektieren. Auch für Interessenvertreter der ArbeitnehmerInnen wäre daher in leanen digital vernetzten Unternehmen die Rolle von BegleiterInnen, ModeratorInnen oder auch Coaches im Rahmen der Interessenvertretung der Mitarbeiter gegenüber den Arbeitgebern eine eher dienstleistende. Damit stehen auch Interessenvertretungen vor der Herausforderung, eine neue Qualität ihrer Wirkungsweise beim Übergang von traditionellen in leane und digital vernetzte Unternehmen zu entwickeln. Für Frauen im Management, die ja auch im Management von Gewerkschaften tätig werden können, ist dies eine Herausforderung, der sie mit ihren Kompetenzen sicher gern und gut werden entsprechen können.

3.3 Zunehmende „Politisierung des Unternehmensalltags"

So nennt Kühl (1995) einen wesentlichen Aspekt des Politisierungsdilemmas, in das die Unternehmen im Ergebnis der Reorganisation mit neuen Managementkonzepten geraten. „Je mehr die Gesellschaft zu Individualität und Selbstregulation strebt, desto mehr Absprachen über neu entworfene Umgangsregeln sind notwendig. Der Preis für mehr Individualität wird eine erhöhte Konfliktbereitschaft sein, der Lohn Flexibilität und Konkurrenzfähigkeit. Erhöhte Konfliktbereitschaft heißt übersetzt in die harte Realität des Unternehmensalltags nichts anderes als die Zunahme von Machtkämpfen. Eine Enthierarchisierung und Entstrukturierung führt dazu, daß Macht sich in voller Blüte entfalten kann, da sie nicht mehr in festen Hierarchien kristallisiert und durch feste Strukturen geregelt wird." (Kühl 1995, 99f.) Durch die dynamischen Veränderungen und den ständigen Druck auf die Innovationsfähigkeit der Unternehmen werden Unsicherheiten produziert, die immer wieder zu neuen „Machtkämpfen" führen können. Diese Politisierung des Unternehmensalltages wird wesentlich mitgeprägt oder gar beschleunigt oder vertieft durch die Verstärkung von Quantität und Qualität der Kommunikation unter den Bedingungen digitaler Vernetzung in leanen Unternehmen.

Wie schon festgestellt, erfordert die Enthierarchisierung ein größeres Ausmaß und eine höhere Qualität an Kommunikationsbeziehungen im Unternehmen. Das ist verbunden mit neuen Formen des Umgangs miteinander, einem höheren Stellenwert an informeller Kommunikation, einer größeren Bereitschaft und scheinbar größeren Notwendigkeit, Entscheidungsprozesse umfassend zu diskutieren und sie selbst nach getroffener Entscheidung partiell erneut in Frage zu stellen. Die verringerte Stabilität des Machtgefüges der Hierarchien führt dazu, daß Aushandlungen von Machtprozessen innerhalb und zwischen Gruppen aber auch in und zwischen Individuen in Auseinandersetzungen ausgetragen werden. Diese Konfliktaustragung wird jedoch mit den Möglichkeiten des Netzgebrauchs (und/oder auch Mißbrauchs) nicht mehr so offen ausgeführt, wie es der Konfliktaushandlung dienlich wäre. In länger bestehenden vernetzten Organisationen wird so das Intranet über seine eigentliche Rolle des Informations- und Datenaustausches zum Zwecke der Wertschöpfung hinaus zum Marktplatz von Auseinandersetzungen und Konfliktregulierungen. Da dies meist zwischen Einzelnen oder kleinen informellen Gruppen geschieht, die andere ausschließen, entstehen latente Konfliktpotentiale, die sich auf die Atmosphäre im Unternehmen negativ auswirken können. Kühl (1995) kommt in seinen Untersuchungen zu der Erkenntnis, „daß es mit den leanen Organisationen zu einer Zunahme von Machtkämpfen in den Organisationen kommen wird, die dazu führt, daß die Welt der Organisation eine Welt des Konfliktes wird" (Kühl 1995,99). Die Verfasserin bestätigt das mit eigenen empirischen Untersuchungen aber auch mit der Selbsterfahrung in einer leanen digital vernetzten Organisation. Diese Erkenntnis der objektiv bedingten Zunahme von Konfliktmöglichkeiten bei verringerten Regulierungsmöglichkeiten ist eine wichtige Erkenntnis für die Führung in leanen und digital vernetzten Organisationen. Ermöglicht diese Erkenntnis doch, dieser Tatsache Rechnung zu tragen und im Team, vor allem aber bei der Führungskraft selbst, die Fähigkeit zum Erkennen und zum Austragen von Konflikten bewußter und gezielt zu entwickeln, statt vor diesem Phänomen, das existenzgefährdend für ein Unternehmen werden kann, zu kapitulieren oder unangemessen damit umzugehen. So wie die zunehmende Komplexität und Flexibilität von leanen und digital vernetzten Unternehmen zu Dilemmata führen, denen sich das Management durch gezieltes Handeln von Management und Arbeitnehmern stellen muß, trifft das auch – wenn auch mit anderer Qualität – auf die wachsende Konfliktintensität um die Macht in Unternehmen und ihre Individualisierung zu.

Man kann diesem neuen Dilemma *„Die Organisation als eine Welt des Konfliktes"* nur begegnen, indem man diese Entwicklung allen Beteiligten bewußt macht und gemeinsam systematisch Strategien und Regularien der Konfliktbewältigung unter digital vernetzten Bedingungen entwickelt und so zur Konfliktlösung befähigt. Die Möglichkeiten der Konfliktbewältigung unter Face-to-Face-Bedingungen sind andere als die unter digitaler Vernetzung des Unternehmens. Ist schon in der Regel die Konfliktfähigkeit von Management und auch Arbeitnehmern bei Face-to-Face-Beziehungen nicht ausreichend entwickelt, wovon die große Nachfrage nach Konfliktbewältigungstrainings und Mediation zeugt, so gibt es bisher kaum aufgearbeitete Erfahrungen zur Konfliktbewältigung im Netz. Das digitale Netz ist ein ungeeigneter Austragungsort für Konflikte, so sehr es auch dazu verführen mag. Hier lauern verschiedene Fallen.

Die *„Emotionsfalle"* besteht darin, daß man im Netz Emotionen übermittelt, ohne daß man den Adressaten sieht und seine Reaktion z.B. an der Körpersprache erkennen kann. So überhäuft der Sender der e-mail den Adressaten mit all den Verärgerungen, Ängsten aber auch Aggressionen, die eine Mitteilung per Netz oder auch Face-to-Face ausgelöst hat, ohne daß das „Gegenüber" sofort reagieren oder unterbrechen kann. So vermag der „Sender" seine Gesprächsstrategie nicht entsprechend anzupassen und konsensorientiert zu reagieren. Es wird häufig übersehen, daß schriftliche Informationen mindestens ebenso mehrdeutig sind wie mündliche. Der Adressat kann die schriftliche Information beliebig oft lesen und sich selbst und Anderen mehrdeutige Interpretationen der Mitteilung über den Zeitverlauf geben. Das Ergebnis ist häufig eher eine Verschärfung als eine Lösung des Konfliktes.

Zugleich kommt hier die *„Zeitfalle"* der Asynchronität der Übermittlung der Botschaft zur Wirkung. Man kann als SenderIn einer Konfliktmail (ebenso aber auch bei allen anderen mails) nicht bestimmen oder voraus erkennen, wann und unter welchen Umständen der Adressat dieselbe liest. Ungünstige Umstände des Lesens von Konfliktmails können selbigen noch wesentlich verstärken und die darauf gegebene Antwort ebenso, die dann wieder den Emotions- und Zeitfallen beim Empfänger und ursprünglichen Sender der mail unterliegt. Die Folge ist ein Hochschaukeln von Konflikten.

Die Schlußfolgerung kann nur sein, sich durch Kommunikations- und Konfliktlösestrategien für eine neue Qualität von Konfliktmanagement zu befähigen. Dies gilt aber nicht nur für Frauen, sondern ist eine grundsätzliche Herausforderung für die Unternehmensführung und Beziehungsgestaltung, insbesondere in leanen und digital vernetzten Unternehmen. Zur Zeit liegen zur Konfliktlösung in leanen digital vernetzten Unternehmen noch zu wenig aufgearbeitete Erkenntnisse und Empfehlungen vor. Dies wäre ein wichtiges Forschungsfeld, nicht nur für PsychologInnen.

Dazu gehört auch die wichtige Erkenntnis, daß die in leanen Organisationen durch die digitale Vernetzung verstärkte Kommunikation mit ihren neuen Konfliktpotentialen unbedingt entsprechende Face-to-Face-Kommunikationsmöglichkeiten für die AkteurInnen braucht. Diese sollten im Sinne identitätsstiftender, stabilisierender Maßnahmen gezielt und mit bestimmter Regelmäßigkeit, thematisch orientiert, aber auch spontanen Treffen Raum gebend durch die Unternehmensführung bewußt ermöglicht werden. Deshalb sollte die digitale Vernetzung auch nicht dazu führen, Räume und damit Miete um jeden Preis zu sparen. Vielmehr sollten ganz bewußt Plätze für spontane wie organisierte Face-to-Face-Kommunikation im Unternehmen geschaffen werden.

Die Face-to-Face-Kommunikation, unter Nutzung aller den Menschen verfügbaren Sinne, ermöglicht nicht nur die Verhinderung und/oder die Lösung von Konflikten, sondern ist zugleich eine unabdingbare Voraussetzung für die Entwicklung und Freisetzung von Kreativität. Dafür kann die Kommunikation im digitalen Netz, z.B. durch digitales Brainstorming und/oder den Austausch von Hinweisen auf innovative Literatur oder Gedankengänge eine hervorragende Voraussetzung sein. Letztlich bedarf es aber der Ermöglichung von direkter Zusammenarbeit in Teams aus allen relevanten Arbeitsbereichen, so von Forschung und Entwicklung wie auch der Produktion oder dem Absatz gleichermaßen, um die im Netz angesammelte Kreativität so zu bündeln, daß die für das Unternehmen so lebensnotwendigen Innovationen entstehen und wertschöpfend realisiert werden können.

In jedem Falle ist es notwendig zu akzeptieren, daß die hierarchiearme digital vernetzte Organisation keine konfliktlose Organisation ohne Machtregulierungsmechanismen ist. Deshalb macht es auch keinen Sinn, diese Prozesse zu leugnen und Macht in solchen Unternehmen zu tabuisieren.

In auf den ersten Blick harmonischen leanen und digital kommunizierenden Unternehmen haben wir es häufig mit dem Anspruch zu tun, daß die gute Unternehmensatmosphäre nicht durch Kritik und Machtkämpfe gestört werden soll. Diese Teams reduzieren die offizielle Kommunikation meist auf positive Bestätigung und reagieren bereits konfliktär, wenn diese ausbleibt. Ursache dafür ist die mangelnde institutionelle Regelung der Machtausübung. Deutschmann formulierte das wie folgt: „Aufgrund der offiziellen Gleichberechtigung und der Vertraulichkeit der Gruppenbeziehungen bekommt Macht einen diffusen, unkontrollierbaren Charakter. Es kann in den enthierarchisierten Kontexten postbürokratischer Unternehmen leicht zum Versagen der gruppen- oder organisationsinternen Regularisierungsmechanismen kommen"(Kühl 1995, 102). Diese Gefahr wird durch die digitale Vernetzung und ihre vielfältigen und wenig transparenten Kommunikationsmöglichkeiten noch verstärkt. Kühl stellt fest: „Die Politisierungstendenzen verschärfen sich, je weniger die Gruppen und Organisationsmitglieder auf ein Ziel hin integriert werden können [z.B. wenn Machteinflüsse von außen stärker sind – d. Verf.]" (Kühl 1995, 102). In diesem Zusammenhang ist darauf hinzuweisen, daß jede Form von Organisation aufgrund der begrenzten Rationalität des Verhaltens ihrer Mitglieder ständig gefährdet wird (vgl. Kühl 1995). Diese begrenzte Rationalität zeigt sich in der Netzkommunikation verschärft, wenn auf eine entsprechende „Netzkultur" nicht Einfluß genommen wird. Dies zu wissen und dazu entsprechende Handlungsstrategien zu entwickeln, ist für das Management leaner und digital vernetzter Organisationen existentiell wichtig. Die Verfasserin meint, daß das Management im Zusammenhang mit der digitalen Vernetzung der Unternehmen gegenwärtig weder mental ausreichend vorbereitet ist noch durch Training von Verhaltensweisen dafür entsprechend befähigt ist. Hier ist Forschungsbedarf für die Entwicklung und das Training entsprechender Handlungsstrategien, die die Überlebensfähigkeit der Unternehmen in zunehmend global digital vernetzten Welten mit all ihren neuen und alten Dilemmata sichert.

Die besonderen Chancen von Frauen im Management, die mit ihren spezifischen sozialen und personalen Kompetenzen und der Offenheit für solche humanorientierte Gestaltung von Mensch-Technik- und Organisationsbeziehungen dafür beste Voraussetzungen haben, werden im Beitrag immer wieder deutlich. Aus eigener weiblicher Erfahrung und der Erfahrung mit Frauen, die sich diesen Herausforderungen gestellt haben, möchte die Autorin insbesondere Frauen ermutigen, sich für das Management aber auch für die Beratung in leanen und digital vernetzten Organisationen zu qualifizieren und sich in diesen Tätigkeiten zu behaupten.

4. Fazit

1. Die Führbarkeit und Effizienz von „Lean Organisation" in Unternehmen bei Sicherung ihrer Wandlungs- und Innovationsfähigkeit an turbulenten und globalen Märkten ist ohne digitale interne und externe Vernetzung der Unternehmen nicht auf Dauer realisierbar.
2. Die digitale Vernetzung der Unternehmen kann die Auflösung bestimmter Dilemmata des Managementhandelns als Folgen der „Lean-Reorganisation" ermöglichen. Sie führt aber auch zu neuen Herausforderungen und Risiken, die bewältigt werden müssen.
3. „Lean Organisation" und digitale Vernetzung führen zu grundsätzlichen quantitativen und qualitativen Veränderungen in den Kommunikationsbeziehungen der Unternehmen. Digitalisierte Kommunikationsstrukturen können hierarchische Strukturen „ersetzen" und ermöglichen so eine „neue Stabilität" der Funktionsweise der Unternehmen. Darin verbergen sich aber auch neue „Hierarchiefallen", denen entgegengewirkt werden muß.
4. Neben der äußerst wichtigen Diskussion der Teilhabe von Frauen am Internet wird nach Meinung der Autorin der Frage „Welche Konsequenzen hat die digitale Vernetzung innerhalb von Unternehmen für die Arbeit von Frauen, insbesondere aber für Frauen in Führungspositionen und ihre Entwicklung?" bisher zu wenig Aufmerksamkeit geschenkt.
5. Die Implementation eines Intranets in Unternehmen hat entscheidende Konsequenzen für die Arbeit, ihre Abläufe, die Strukturen der Unternehmen und damit auch die

Kommunikation sowie die Beziehungen der Unternehmensmitglieder untereinander, nicht zuletzt aber auch für Führung und Macht im Unternehmen. Damit werden Frauen in allen Bereichen, insbesondere aber auf der Führungsebene bzw. in der Vorbereitung auf Führungspositionen konfrontiert.
6. Die Konfiguration der Vernetzungsstrukturen sollte partizipativ erfolgen, um die in den selbständigen Geschäftseinheiten verorteten Kompetenzen in das digitale Netz zu integrieren. Vernetzungsstrukturen müssen offen und dynamisch sein und mit der Unternehmensentwicklung ständig angepaßt werden oder besser noch der innovativen Unternehmensentwicklung entsprechende Entwicklungsräume geben.
7. Wer an der Strukturierung des digitalen Netzes Teil hat, nimmt Einfluß auf die Unternehmensprozesse und damit die Machtausübung im Unternehmen.
8. Wesentliche Veränderungen durch digitale Vernetzung von Unternehmen, insbesondere in Verbindung mit der Realisierung moderner Managementkonzepte wie „Lean Organisation" sind:
    - die Entwicklung digitalisierter Kommunikationsstrukturen anstelle hierarchischer Strukturen,
    - Veränderungen in der Interessenvertretung der ArbeitnehmerInnen,
    - digital unterstützte „neue" Führung und Macht,
    - zunehmende Machtauseinandersetzungen und neue Anforderungen an die Konfliktbewältigung in digital vernetzten Unternehmen in allen Ebenen.
9. Die „neue Macht" kann über die digitalen Strukturen durch die Öffnung oder auch Begrenzung des Zuganges zu Informationen über Entscheidungen und deren Hintergründe, Warnsignale, Unternehmens-Know-how u.a. für bestimmte MitarbeiterInnen und Gruppen ausgeübt werden. Es verändert sich in digitalen und leanen Strukturen auch die Ausübung von Macht durch Kompetenz, durch Kontrolle, durch Information und durch Regulation.
10. Der Umgang mit neuen Konflikten in den sich dynamisch verändernden digital vernetzten und leanen Unternehmen erfordert neue Qualitäten der Kommunikationsfähigkeit und der Konfliktbewältigung im vernetzten Unternehmen.
11. Frauen – nicht nur im Management – sollten sich beschleunigt und gezielt mit den damit verbundenen Anforderungen auseinandersetzen und sich darauf vorbereitend rechtzeitig ihre Teilhabe an der Führung von Unternehmen mit virtuellen Strukturen sichern. Frauen haben mit ihren spezifischen sozialen und personalen Kompetenzen und der Offenheit für die notwendige humanorientierte Gestaltung von Mensch-Technik- und Organisationsbeziehungen für die digitale Vernetzung von Unternehmen beste Voraussetzungen.

Literatur

BÜSSING, A. 2000. Identität und Vertrauen durch Arbeit in virtuellen Organisation In: Boos, M. u.a. 2000: Computervermittelte Kommunikation in Organisationen. Göttingen: Hogrefe

BUSCHMANN, H. J., GRÜTER, B., STIELER-LORENZ, B., STIELER, M. 1995. Paradigmenwechsel zur innovativen Reorganisation. Berliner Dienstleistungsunternehmen der Information- und Kommunikationsbereichs. In: Arbeitsstandort Berlin. Erleichterung der Anpassung der Arbeitskräfte an den industriellen Wandel und die veränderten Produktionssysteme und Qualifikationsstrukturen. Landesbank Berlin (Hsg.) S. 83 – 104

KÜHL, S. 1995. Wenn die Affen den Zoo regieren. Die Tücken der flachen Hierarchien. Frankfurt/Main, New York. Campus Verlag

REICHWALD, R., MÖSLEIN, K., SACHENBACHER, H., ENGLBERGER, H. & OLDENBURG, S. 1998. Telekooperation – Verteilte Arbeits- und Organisationsformen. Berlin: Springer

WIENHOLZ, M. 2000. Statement zu dem Hearing" Frauen in der Informationsgesellschaft" am 3.2.2000 in Bonn

WINKER, G., OECHTERING, V. 1998. Computernetze Frauenplätze. Opladen: Leske + Budrich

Beate Seewald

Die Entwicklung einer medizinischen Rehabilitationsklinik

Skizze einer Change-Managerin

1. Ausgangssituation – Aufbau einer Rehabilitationsklinik in den neuen Bundesländern
2. Neue Herausforderungen
3. Kulturveränderung im Unternehmen und Reorganisation der medizinischen Versorgung
4. Anforderungsprofile und Dimension der Aufgaben
5. Ausblick

Beate Seewald ist Geschäftsführende Gesellschafterin des Reha-Zentrums Lübben, Fachklinik für Orthopädie und Onkologie. E-Mail: b.seewald@rehazentrum.com

1. Ausgangssituation – Aufbau einer Rehabilitationsklinik in den neuen Bundesländern

Mit der Wende 1989 übernahm die Bundesversicherungsanstalt für Angestellte in ihrer Eigenschaft als Rentenversicherer federführend für andere Rehabilitationsträger die Strukturverantwortung für medizinische Rehabilitationsleistungen in den neuen Bundesländern. In Abstimmung mit den Landesversicherungsanstalten und den Krankenkassen sollte sie dafür Sorge tragen, die vorhandenen Strukturen des Kurwesens der ehemaligen DDR den Anforderungen von Rehabilitationseinrichtungen des Bundes anzupassen. Diese Aufgabe war in möglichst kurzer Zeit umzusetzen, um die Gleichbehandlung aller Bundesbürger sicherzustellen.[1] Die Rentenversicherungsträger der Landes- und Bundesversicherungsanstalten (LVA, BfA) übernahmen diese Aufgabe in aktiver und passiver Form. Beide Rentenversicherungsträger erbringen stationäre medizinische Leistungen zur Rehabilitation in Kliniken eigener Trägerschaft (aktive Form) oder vergeben diese Aufgabe an Kliniken in privater Trägerschaft (passive Form).[2] Infolge der wenig eingeschränkten Zugangsmöglichkeiten zu einer Rehabilitation/Kur konnte eine in privater Trägerschaft betriebene Klinik bis zum Jahre 1995 nahezu von einer Vollbelegung ausgehen. Viele Investoren errichteten nach der Wende Einrichtungen ohne Einbindung der BfA – ohne Bedarfsanalyse.[3]

---

[1] Die Sozialversicherung der ehemaligen DDR war seit dem 1.2.1947 eine zentral gelenkte Einheitsversicherung. Die Leitung und Kontrolle der Sozialversicherung oblag dem FDGB (Freier Deutscher Gewerkschaftsbund). Die gesundheitliche Vorsorge im Sinne einer Prävention übernahm ein staatlich organisiertes Kurwesen. Zahlreiche Erholungs- und Kurheime standen den Bürgern zur Regeneration kostenfrei zur Verfügung. Eine Kur wurde nicht auf die Urlaubstage angerechnet. Nach Beendigung der Kur stand dem Patienten ein Erholungsurlaub zu. Jedem Betrieb wurde eine bestimmte Anzahl sogenannter Kurschecks zur Verfügung gestellt, deren Verteilung unter Mitbestimmung des Betriebskollektivs verlief. Nach den Vorgaben des Einigungsvertrages wurde das Sozialversicherungssystem der ehemaligen DDR in das Rentenversicherungssystem der Bundesrepublik eingebunden.

[2] Grundlage dieser Zusammenarbeit ist eine sogenannte Belegungsvereinbarung, die im Sozialgesetzbuch VI §15 Abs.2 Satz 1 geregelt ist. Diese vertragliche Grundlage sichert einer in privater Trägerschaft befindlichen Klinik eine Belegung nach Maßgabe vorhandener Akten zu, d.h. eine Vereinbarung basierend auf einer Bereitschaftserklärung ohne Verpflichtung einer Vollbelegung von Seiten der Leistungsträger (BfA, LVA, Krankenkassen).

[3] Durch den Anreiz erheblicher Abschreibungsmöglichkeiten und der positiven Einschätzung des Gesundheitssektors wurden noch in der Phase der Umstrukturierungen etliche Investoren im Rahmen sogenannter Bauherrenmodelle zu diesem Schritt verleitet. Das dadurch entstandene Überangebot führte gemeinsam mit den Auswirkungen des einschränkenden Gesundheitsreformgesetzes zu einem seit Beginn der Geschichte der Rehabilitation nie dagewesenen wirtschaftlichen Einbruch des gesamten Kur- und Rehabilitationsbereiches.

Parallel zur Wende und dem Aufbau bzw. der Reorganisation des Kur- und Rehabilitationswesens in den neuen Bundesländern stand diesem Bereich auch in den alten Bundesländern ein Umbruch dergestalt bevor,[4] dass sie nun gehobenen Qualitätsanforderungen entsprechen mussten, um von den Versicherungsträgern hinreichend belegt zu werden. Konnte man bis 1990 noch von einer ganzjährigen Vollbelegung, stetig steigenden Pflegesätzen und einer berechenbaren Kontrolle ausgehen, änderte sich dieses mit dem drastischen Rückgang der Antragszahlen, der Deckung des Budgets und der steigenden Arbeitslosigkeit. In der Folge wurde der Begriff der Kur und der Rehabilitation neu definiert. Mit anderen Worten: das Ende der „Fango-Tango-Ära" war der Anfang neuer Qualitätsanforderungen an die Struktur-, Prozess- und Ergebnisqualität. Formen althergebrachter Führungsstile standen und stehen auf dem Prüfstand. Drastische Belegungseinbrüche in den Jahren 1996 bis 1999 führten zu zahlreichen Schließungen bzw. zu Unternehmenszusammenschlüssen von Rehabilitationskliniken. Trotzdem konnte und kann bisher von einer Marktbereinigung nicht die Rede sein. Um als Einzelunternehmen dem permanenten Wandel im Gesundheitswesen gerecht werden zu können, bedarf es besonderer Strategien.

2. Neue Herausforderungen

Im April 1996 öffnete das Reha-Zentrum Lübben, eine Fachklinik für Orthopädie und Onkologie in Brandenburg, nach zweijähriger Bauzeit für 220 Patienten ihre Pforten. Nach 5-jähriger Betriebszeit kann das Reha-Zentrum Lübben, trotz erheblicher Turbulenzen im deutschen Gesundheitswesen, ansehnliche Ergebnisse verbuchen. Mit einer durchschnittlichen Auslastung von 93 % der Bettenkapazitäten, kann sich diese Klinik mit zu den Spitzenereitern in Deutschland rechnen. Was waren die Erfolgsfaktoren, worauf ist zukünftig zu achten? Kernfragen, die es gilt zu analysieren, zu bewerten und neu auszurichten, will man als Individualklinik in diesem heiß umkämpften Markt bestehen.

Das Vorliegen notwendiger Belegungsvereinbarungen, ein verkehrsgünstiger und attraktiver Standort, eine ansprechende Architektur, die konsequente Umsetzung einer Unternehmensphilosophie und die positive regionale Einbindung waren optimale Voraussetzungen (vgl. 1. Auflage) und gehören heute zu den Grundvoraussetzungen.

Hoffte man im Jahre 1999 noch auf eine allmähliche Besserung im Bereich der Rehabilitationsmedizin, so muss man sich mit Beginn des neuen Jahrtausends vor dem Hintergrund der Arbeitsmarktentwicklung und dem sinkenden Bruttoinlandsprodukt darauf einstellen, dass immer weniger Geld für zunehmend mehr Kranke zur Verfügung stehen wird.

---

[4] Durch Änderung des Gesundheitsstrukturgesetzes (GSG) vom 21.12.1992 (BGBl. I S.2266) - zuletzt durch das 2. GKV-Neuordnungsgesetz vom 23.6.1997 (BGBl. I S.1520) - modifizierten sich die Bedingungen der Betreiberkliniken für das Rehabilitations- und Kurwesen.

3. Kulturveränderung im Unternehmen und Reorganisation der medizinischen Versorgung

3.1 Inhalt und Anliegen der medizinischen Rehabilitation

Mit den Maßnahmen der Rehabilitation werden zum einen medizinische und psychologische Ziele, zum anderen sozialmedizinische Ziele verfolgt. Im ersten Fall geht es darum, die Leistungsfähigkeit des Patienten wiederherzustellen, seine Erwerbsfähigkeit zu erhalten sowie Pflege und andere Aufwendungen zu vermeiden, d.h. ihn gesundheitlich fit zu machen. Im zweiten Fall sind die Anstrengungen darauf ausgerichtet, den Patienten wieder in das Erwerbsleben einzugliedern, ihn sozial zu integrieren und ihm ein selbstbestimmtes Leben in Eigenverantwortung zu ermöglichen (Gesundheitsbericht für Deutschland 1998; 6.11 Vorsorge- und Rehabilitationseinrichtungen). Durch den Anstieg der Lebenserwartung ist es zu einer Veränderung des Morbiditätsspektrums gekommen, wobei die chronischen Erkrankungen deutlich zunehmen. In der Rehabilitation steht nach Ansicht der Leistungsträger hierbei nicht die Heilung im Vordergrund des Bemühens. Der Fokus richtet sich darauf, Beschwerden zu lindern, das Fortschreiten der Krankheit zu verlangsamen bzw. eine Krankheitsbewältigung zu ermöglichen, die Berufstauglichkeit wieder herzustellen und Behinderungen zu kompensieren.

Vor dem Hintergrund des medizinischen Fortschrittes, der demographischen Entwicklung, der steigenden Anzahl multimorbider und chronisch kranker Menschen wäre die Vernachlässigung der Rehabilitationsmedizin ein fataler Fehler. Im Sinne des Erhaltes des sozialen Friedens gilt es vielmehr die Patientenorientierung zu stärken, um so ein mehr an Versorgungsqualität unter dem Aspekt der Wirtschaftlichkeit bieten zu können.

3.2 Rehabilitation aus der Sicht der Rentenversicherung

Wesentliches Ziel der Rehabilitation der Rentenversicherung ist es, die Versicherten zu befähigen, trotz Behinderung oder gesundheitlichen Einschränkungen ihre Aufgaben im Beruf sowie ihre Rolle in Familie und Gesellschaft weiterhin wahrzunehmen. Die konsequente Umsetzung des Grundsatzes „Reha vor Rente" führt zu erheblichen Kosteneinsparungen der zu leistenden Rentenzahlungen, höheren Sozialversicherungsbeiträgen und nicht zuletzt zu höheren Steuereinnahmen. Droht durch Krankheit eine Erwerbsunfähigkeit oder Erwerbsminderung ist die Rentenversicherung verpflichtet eine medizinische Rehabilitation einzuleiten und dafür die Kosten zu übernehmen.

3.3 Rehabilitation aus der Sicht der Gesetzlichen Krankenversicherung

Aufgabe der Krankenversicherung ist die Erhaltung der Gesundheit der Versicherten, die Wiederherstellung der Gesundheit der Versicherten sowie die Verbesserung des Gesundheitszustandes. Für die Erfüllung dieser Aufgabe steht der Gesetzlichen Krankenkasse ein differenziertes gestuftes System von Vorsorge, Rehabilitation und ergänzenden Maßnahmen bereit. Die Zielgruppe für diese Maßnahmen sind Rentner, Vorruheständler, Mitversicherte, Mütter und Kinder. Für Erwerbstätige ist in der Regel die Rentenversicherung zuständig. Rehabilitationen tragen dazu bei, Akutbehandlungen zu vermeiden, Akutaufenthalte zu verkürzen und das Gesundheitsbewußtsein zu stärken. Diese dadurch bedingten Kosteneinsparungen werden auch in Zukunft das Interesse der Krankenversicherer an medizinischen Rehabilitationsmaßnahen, trotz Einsparungszwänge aufrechterhalten.

3.4 Rehabilitation aus der Sicht des Patienten

Der gesellschaftliche Wandel in den Industrienationen mit Veränderung der Lebensbedingungen und steigender Lebenserwartung wird begleitet durch eine deutliche Zunahme chronischer Erkrankungen. Öffentlich geführte Diskussionen um Beitragserhöhungen, Zuzahlungen, Einschränkungen der freien Arzt- und Krankenhauswahl verunsichern zunehmend die Bevölkerung. Patientenbefragungen verdeutlichen, dass zunehmend der Wunsch besteht sich aktiv am Genesungsprozess beteiligen zu wollen. Für den Erhalt der Gesundheit bzw. zur Wiederherstellung der Gesundheit werden Rehabilitationsleistungen gerne in Anspruch genommen. Nicht selten beschreiten Betroffene den Rechtsweg, um ihre Ansprüche auf Kostenübernahme dieser medizinischen Leistungen durchzusetzen. Selbstzahlende Patienten sind zwar noch die Minderheit, die Nachfrage nach rehabilitativen Gesundheitsangeboten steigt jedoch stetig an. Neben einer intensiven medizinischen Betreuung, einer umfassenden Pflege und einem vielfältigen therapieschem Angebot wird ein anspruchsvolles Ambiente, eine hotelähnliche Unterbringung, ein ausgewogenes Freizeitprogramm und eine landschaftlich reizvolle Umgebung erwartet. Für Patienten, die aktiv im Arbeitsprozess auch während ihrer Genesungsphase stehen ist zukünftig auch davon auszugehen, dass ambulante, wohnortnahe und ganzheitliche Rehabilitationsangebote eine größere Akzeptanz erfahren werden.

3.5 Rehabilitation aus der Sicht der Leistungserbringer

Die Tradition der Rehabilitation greift noch nicht lange. Was früher unter den Begriff Kur fiel, muss sich heute den Anforderungen einer qualitätsgesicherten Rehabilitationsmedizin stellen. Bis in die 90iger Jahre hinein galten Rehabilitationskliniken mit festen Belegungsverträgen als Anlageobjekte mit gesicherten Renditen. Dieser Umstand führte in einigen Teilen Deutschlands zu deutlichen Überkapazitäten. Hinzukam eine deutliche Nachfrageschwäche auf Grund der 1983 eingeleiteten Gesundheitsreformen. Ausgaben für Rehabilitationen wurden stark beschnitten. Jeder Antrag auf Rehabilitation musste sich einer Prüfung unterziehen. Viele Anträge wurden abgelehnt. Einigen Einrichtungen wurden Verträge gekündigt. Eine anderweitige Nutzung z. B. als Hotel mit Wellnessbereichen war, wenn überhaupt möglich, mit großen Investitionen verbunden. Die im Vertragsbereich Verbliebenen mussten sich eingehenden Qualitätssicherungskontrollen unterziehen. Dies alles bedeutete unter dem Strich mehr Ausgaben bei weniger Einnahmen. Dieser Trend hat sich bis ins Jahr 2002 hineingezogen. Ein Ende ist noch nicht absehbar. Um sich künftig auf diesem hart umkämpften Markt behaupten zu können, bedarf es neben den oben erwähnten Strukturqualitäten (Ausstattung, Personal, Standort, Verkehrsanbindung, etc.) eines differenzierten Zusammenspiels aller direkt am Reha-Prozess beteiligten medizinischen Therapeuten innerhalb und außerhalb der Rehabilitationsklinik. Anders ausgedrückt, eine Rehabilitationsklinik muss versuchen, sich mit seinen fein herausgearbeiteten Alleinstellungsmerkmalen innerhalb einer bestehenden Versorgungskette einzubinden. Prävention, Akutmedizin und die Nachsorge sollten künftig Hand in Hand arbeiten. Dies bedeutet einen grundlegenden Wandel im Umgang mit Patienten. Lange Liegezeiten sind für die Akutkliniken kein Anreiz mehr. Diese Entwicklung wird vor Reha-Einrichtungen nicht halt machen. Die Faktoren Zeit, Qualität, Mitteleinsatz und Fallzahlen machen den betriebswirtschaftlichen Erfolg aus.

4. Anforderungsprofile und Dimension der Aufgaben

4.1 Architektur und Rehabilitation

Grundlage für die bauliche und medizinisch-technische Ausstattung einer Rehabilitationseinrichtung ist das von den Rentenversicherungsträgern und den Krankenkassen aufgestellte Raumprogramm. Die bauliche Strukturqualität unterliegt medizinischen, sozialen, individuellen sowie trägerspezifischen Variablen. Diese sind abhängig von der Indikation, den Kostenträgern, der Patientenzielgruppe und nicht zuletzt von der Intention des Klinikbesitzers. Dieser Umstand erklärt die nicht zu übersehenden Ausdifferenzierungen einzelner Einrichtungen.

In den ersten Schritten erarbeiteten wir die erforderliche Abgrenzung der Rehabilitationsklinik von der Kur- und Akutmedizin. Eine Rehabilitationseinrichtung, die auch Patienten im Anschlussheilverfahren betreut, sollte eine Mindestanforderung medizinischer Leistungen eines Akutkrankenhauses erbringen können, ein optimal ausgestattetes Therapiezentrum vorhalten und die Atmosphäre eines Hotels ausstrahlen. Die Funktion der Abläufe bestimmte im Wesentlichen die Planung der Architektur. Eine Optimierung der Betriebsabläufe durch EDV-gestützte Verfahren lieferte die dafür notwendigen Daten. Mit Beginn der Gebäudeplanung erteilten wir einer Medizininformatikerin den Auftrag, eine Software zu entwickeln, welche sämtliche Prozessabläufe der gesamten Rehabilitation computergestützt erfasst. In engster fachlicher Zusammenarbeit wurden Räumlichkeiten unter dem Aspekt optimaler Therapieverläufe einander zugeordnet. Diese Überlegungen schlagen sich z.B. nieder in der räumlichen Zusammenfassung einander zuzuordnender Therapieeinheiten. Dabei ist das Zusammenspiel von medizinisch optimalen und wirtschaftlich effektiven Abläufen von grundlegender Bedeutung. D.h., sämtliche physischen, psychischen und sozialen Aspekte der Rehabilitation werden in unsere Überlegungen mit einbezogen. Um z.B. auch die bei den Patienten während der Behandlung nicht ausbleibenden Effekte einer verstärkt einsetzenden Sensibilität ihrer Situation im Umfeld der Reha-Klinik Rechnung zu tragen, sind bildende Künstler in die Gestaltung des Hauses eingebunden. Künstler, manchmal sich selbst eher als Randgruppe erlebend, führen mit Rehabilitationspatienten eine offene Diskussion. Sie empfinden nicht selten – zwar gänzlich anders gelagert – gleichwohl Hindernisse, die das tägliche Leben erheblich erschweren und beschreiben ihre spezifischen Belastungen. Aus Diskussionen mit ihnen sind immer wieder Anregungen an gestalterischen Elementen aufgegriffen worden, die die Patienten ansprachen.

Praktische Umsetzung der formulierten Ziele und der Unternehmensphilosophie

- Schutz der Privatsphäre des Patienten

Mit der Gebäudekonzeption des Reha-Zentrums Lübben sollte die funktionale Form, die Leichtigkeit der Bauweise, die Transparenz, die Klarheit der Logistik und die ästhetische innenarchitektonische Ausgestaltung als ganzheitliches Konzept verwirklicht werden. Demzufolge unterteilt es sich in mehrere Therapiezonen und vier Ruhezonen für die Patienten. Während die Therapiezonen ähnlich strukturell miteinander verbunden und organisiert sind wie in einer Akutklinik und ausgesprochen technisch organisiert wirken, sind die in Holzbauweise ausgeführten Ruhezonen für die Patienten dazu abgesetzt und strahlen eine Hotelatmosphäre aus. Diese ästhetische divergente Wahrnehmung fördert einen virtuellen Rollenwechsel. Die Patienten sind in Bettenflügeln untergebracht, die so ausgerichtet sind, dass sie in jedem Zimmer täglich mindestens zwei Stunden direkte Sonneneinstrahlung genießen können (A-D). Alle Zimmer haben Ausblick in die Parkanlage. Zur ästhetischen Konzipierung gehört, dass die Bettenflügel keine Durchgangsbereiche sind, bzw. in Abgrenzung zu den Erfordernissen einer Akutklinik soll die Privatatmosphäre in einer Rehabilitationsklinik möglichst geschützt sein. Die Anforderung an die Architektur, allen Zimmern vergleichbare Qualitätskriterien zu Grunde zu legen, hatte die runde Form des Grundrisses der Klinik als Resultat. Mehrere Entwürfe mussten dem praktischen Test auf dem Gelände standhalten. So vergingen – gemeinsam mit dem Architekten – Tage auf dem zu bebauenden Grundstück, um mit dem Verlauf der Sonne die sich abbildenden Schattenzonen auf den verschiedenen Styropormodellen zu beobachten.

Abb.1: Lageskizze des Reha-Zentrums

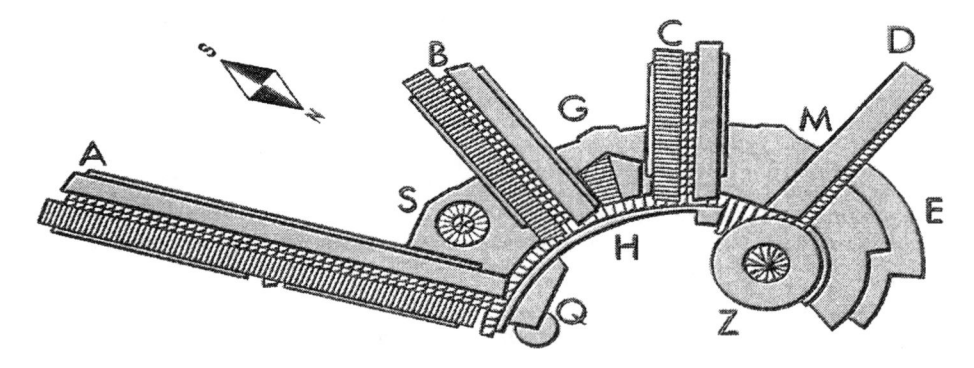

- Therapiezonen: Schaffung eines aktivierenden Lebensraumes zur Wiederherstellung der Leistungsfähigkeit

Die Wiederherstellung der Leistungsfähigkeit des Patienten erfordert ein fein aufeinander abgestimmtes Therapieprogramm. Dieses wird von einem interdisziplinär arbeitendem Team zusammengestellt und durchgeführt. Der tägliche Ablauf dieses Programmes und das damit verbundene Ziel soll für den Patienten bereits in der Anlage des Gebäudes wiedererkennbar sein. Die Therapiezonen sind eingeteilt in passive (rechter Flügel) und aktive Therapiezonen (linker Flügel). Während sich der Patient in den passiven Zonen einer für ihn erforderlichen Behandlung unterzieht, ist in der anderen seine aktive Mitarbeit gefordert. Zu den passiven Therapiebereichen gehört z.B. die Bade- und Massageabteilung. Während diese Behandlungen als durchweg angenehm empfunden werden, stellen andere passive Zonen, wie z.B. die medizinische Diagnostik, eher eine Bedrohung dar. Patienten, die bereits einen langen Krankenhausaufenthalt mit zum Teil sehr schwerwiegenden Eingriffen hinter sich gebracht haben, betreten diese Abteilung mit einer gewissen Beklemmung.[5] Der Patient sollte sobald als möglich mit den aktiven Behandlungen während seiner Rehabilitation beginnen. Einen aktiven Beitrag leisten die Patienten auch in der kreativen Erlebniswelt der Ergotherapie und dem therapeutischen

---

[5] Allein schon der Geruch verursacht bei vielen Chemotherapiepatienten Übelkeit und Angst. Aus diesem Grunde ist diese Zone am Rande des Gebäudes untergebracht, so dass Patienten dort nicht täglich vorbeigehen müssen. Sie betreten diese Abteilung nur, wenn dieses unumgänglich für den Genesungsprozess ist. Das Therapiekonzept im aktiven Bereich unterscheidet sich davon deutlich.

Kochen in der Lehrküche für eine veränderte Ernährung. Unterstützung zur Krankheitsbewältigung bietet zudem die psychologische Abteilung sowohl in Einzel- wie auch in Gruppengesprächen.

4.2 Der Therapieplan als Qualitätskriterium

Ziel der Reha-Klinik ist es, mit jedem Tag der Rehabilitation eine schrittweise Besserung der körperlichen und geistigen Leistungsfähigkeit zu erreichen. Ein gut durchdachter, vom betreuenden Arzt erstellter und individueller Therapieplan ist der Wegweiser durch die Rehabilitation. Eine Rehabilitationsklinik, in der ein Patient durchschnittlich acht verschiedene Therapien täglich erhält, benötigt EDV-gestützte Terminverwaltungsprogramme. Das Reha-Zentrum Lübben mit einer Bettenkapazität von 220 verbucht wöchentlich ca. 16.000 Individualtermine. Individuelle Therapiepläne sind daher nur mit Hilfe einer auf das Klinikkonzept zugeschnittenen Software möglich. Die Termindisposition stellt für die meisten Kliniken ein nahezu unlösbares Problem dar. Die beste Softwarelösung ist ohne klares Klinikkonzept nicht einsetzbar. Um zukünftig den Qualitätsansprüchen der Leistungsträger gerecht werden zu können, ist eine Umstellung auf EDV-gestützte Verfahren unumgänglich. Das Reha-Zentrum Lübben hat die zentrale Bedeutung des Therapieplanes von Anfang an berücksichtigt. Die Erstellung und Erfüllung der Inhalte eines Therapieplans finden sich in der Struktur-, der Prozess- und der Ergebnisqualität der Rehabilitation wieder. Die Erstellung und Ausführung eines Therapieplanes ist m.E. eines der aussagefähigsten Qualitätsmerkmale und trägt wesentlich zum Erfolg der Rehabilitation bei.

4.3 Der Therapieplan als Instrument einer effektiven integrierten Versorgung

Die stationäre Rehabilitation muss sich wie auch die Akutbehandlung zukünftig mit verkürzten Liege- bzw. Aufenthaltstagen auseinandersetzen. Die stationäre Rehabilitaion muss ihre Dauer betreffend flexibel gestaltbar werden. Jeder Tag muss effizient sein, d.h. der Patient muss bereits am ersten Tag einen umfassenden Therapieplan erhalten und aktiv durchführen. Bisher war diese Anforderung in Praxis nicht umsetzbar. Aussagkräftige Patientendaten über Zustand nach der Operation oder der Behandlung gab es selten, erreichten die Nachsorgeeinrichtungen meist erst nach Anreise des Patienten und waren zudem ungeeignet damit individuelle Therapiepläne ohne aufwendige nochmalige Anamnese und Diagnostik zu erstellen. Unser Beitrag zur nahtlosen Versorgung und damit zur Verkürzung der Aufenthaltsdauer liegt in gezielten Therapieempfehlungen, die wir von den behandelnden Akutmedizinern einfordern. Jeder Patient wird bereits in der Akutklinik dahingehend untersucht welche rehabilitativen Therapieleistungen für die

Nachsorge am Besten geeignet sind und am ersten Tage der Anreise durchgeführt werden sollten. Der in der Reha-Einrichtung zuständige Arzt wird diesen Plan je nach Befindlichkeit fortschreiben oder ggf. verändern. Diese Vernetzung von Akut zu Reha-Medizin erfordert eine interdisziplinäre Zusammenarbeit die für viele Akutmediziner Neuland darstellt. Dieses Vorhaben muss um Fortbildungs-, und Schulungsmaßnahmen ergänzt werden und ist wie so oft eine Frage der offenen Kommunikation.

4.4 Alleinstellungsmerkmale – Spezialisierung

Der alte Spruch „Schuster bleib bei deinen Leisten" hat heute mehr den je seine Gültigkeit. Derzeit sind vor allem Einrichtungen gefragt, die das bieten was andere nicht haben. Nur diese Ausrichtung auf spezielle Therapieverfahren kann es langfristig rechtfertigen einen Patienten 100 Kilometer weit von seinem Wohnort entfernt einer mehrwöchigen medizinischen Maßnahme zu unterziehen. Das Reha-Zentrum Lübben hat sich von Beginn an auf die Fachbereiche Orthopädie und Onkologie konzentriert. Im Laufe der Betriebsjahre wurde der Schwerpunkt bedarfsgerecht auf die Onkologie verlagert. Eine Aufgabe der nächsten Jahre wird es sein sich bestimmten Entitäten (z.B. Mamma-Ca, HNO Tumoren, Urologie) innerhalb der Indikation Onkologie verstärkt zu widmen. Diese Schritte bedeuten eine stete Anpassung der technischen Ausstattung und setzt MitarbeiterInnen voraus, die bereit sind sich innerhalb bestimmter Fachgebiete zu spezialisieren und für die lebenslanges Lernen keine leere Worthülse ist.

4.5 Personalentwicklung und geschlechterdifferente Leitbilder im Spannungsfeld neuer Verpflichtungen

Da Leistungen eines Rehabilitationszentrums im Wesentlichen von Menschen für Menschen erbracht werden und damit Rehabilitationszentren eindeutig der wachsenden Branche des Dienstleistungssektors zuzuordnen sind, hängt der Erfolg des Unternehmens entscheidend von der Zusammensetzung des Personals ab. Das Rehabilitationsziel spiegelt sich durch die Anwendung verschiedener Behandlungsansätze und den Einsatz verschiedener Berufsgruppen wieder (Mediziner, Psychologen, Physiotherapeuten, Ergotherapeuten, Diätberater, Sozialarbeiter, Stomatherapeuten, Logopäden, Prothetikberater, Lymphtherapeuten, Pflegepersonal usw.). Der Multidimensionalität der Krankheitsverursachung muss eine Multiprofessionalität der Versorgung entsprechen, die kurative, präventive, rehabilitative und palliative Elemente umfassen sollte. Dies zu verwirklichen, verlangt rechtliche, strukturelle, finanzielle, personelle und mentale Bedingungen, die sich auf dem Arbeitsmarkt wiederfinden müssen.

Das Fachgebiet der Rehabilitation ist bis zur heutigen Zeit primär durch ein Verständnis gekennzeichnet, eher ein Anhängsel der Medizin, der Pflege und der Psychologie zu sein. Indiz dafür ist z.B. der Mangel an eigenständigen reha-wissenschaftlichen Lehrstühlen. Spezielle auf die Rehabilitation zugeschnittene betriebswirtschaftliche Fachkompetenzen kann man sich bisher nur im Selbststudium oder durch Learning-by-Doing aneignen. Lebenslanges Lernen ist hier, wie in vielen anderen Bereichen, besonders unerlässlich. Allerdings ist es gerade die Vielfalt der erforderlichen Fähigkeiten, die Abwechslung der Betriebsabläufe, der Umgang mit menschlichen Bedürfnissen, die Arbeit im Team und neuerdings die dem Gesundheitssektor inhärente Dynamik angesichts der zunehmenden Alterungsrate der Gesellschaft, die diesen Unternehmensbereich so spannend macht.

Trotz dieses reizvollen Aufgabengebietes wird es zunehmend schwieriger, insbesondere medizinische Fachkräfte zu gewinnen. Noch geht die Öffentlichkeit davon aus, es gebe immer noch eine Ärzteschwemme, die es gilt abzubauen. Aus der Sicht der Personalabteilung eines Krankenhauses lassen sich folgende Realitäten mittlerweile nicht mehr wegdiskutieren:
- Der Medizinerberuf hat bei Abiturienten generell an Attraktivität verloren: Binnen sechs Jahren sank die Zahl der Studenten von 95 000 auf 85 000.
- Die Zahl der Ärzte im Praktikum ist inzwischen auf 14 300 um ein Viertel gesunken;
- Die Zahl der Approbationen ist von 13 000 im Jahr 1994 auf 9000 im vergangenen Jahr zurückgegangen. Davon wiederum sind mit etwa 6000 Ärzten weniger Mediziner als je zuvor in der Patientenversorgung tätig geworden. Erstmals wird damit der Ersatzbedarf nicht mehr ganz gedeckt.
- Das Problem wird sich in Zukunft verschärfen: Im Moment gibt es einen Berg von Ärzten, die zwischen Ende 50 und Mitte 60 Jahre alt sind.
- Es ist absehbar, dass etwa ab der Mitte des Jahrzehnts Ärzte für Allgemeinmedizin, Dermatologen Neurologen und Orthopäden fehlen werden. Vor allem werden es die Fachgruppen sein, die für die Versorgung chronisch Kranker oder in der Geriatrie gebraucht werden, weil dort die Patientenzahlen steigen.
- Der Stellenmarkt medizinischer Fachjournale ist im wesentlichen mit Stellenangeboten übersät. Insbesondere freie Assistenzarztstellen sind nur noch in attraktiven Lagen und bei übertariflicher Bezahlung zu besetzen.

Hinzukommt, dass jedem Mediziner bewusst ist, dass sein Arbeitsplatz in einer Krankenhauseinrichtung
- gekennzeichnet ist durch ein hohes Maß an Variabilität der Arbeitsaufgabe und der Unbestimmtheit des Arbeitsablaufes
- stets Arbeit in verschiedenen Räumen und Funktionsbereichen bedeutet
- die Sicherstellung der „rund um die Uhr Versorgung" impliziert
- die Teilhabe am sozialen Leben durch regelmäßige Schichtdienste beeinträchtigt
- vor dem Hintergrund geringer Bezahlung und mangelnder Freizeit zum Gefühl des „Ausgebranntseins" führt
- für Frauen, die auf eine Familie und Kinder nicht verzichten wollen, eine geringe Aussicht auf Karriere zur Folge hat.

Diese massiven Einschränkungen des positiven Lebensgefühles können die Attraktivität des Arztberufes heutzutage nicht mehr aufwiegen. Das gesellschaftliche Ansehen des einstigen Eliteberufes ist im Schwinden.

Der Ärztenotstand trifft mittelständische Unternehmen im Gesundheitssektor insbesondere in strukturarmen ländlichen Umgebungen am härtesten.[6]

Die besondere Lage im Osten Brandenburgs macht für Unternehmen auch den Arbeitsmarkt in Polen interessant. Sprachbarrieren und arbeitsrechtliche Einschränkungen gestalten die Anstellung polnischer Ärzte allerdings äußerst kompliziert. Eine Berufserlaubnis für Ärzte, die keine deutschen der EU- bzw. ERW-Staatsangehörige sind, regelt sich nach § 10 der Bundesärzteordnung (BÄO) vom 16.04.1997 (BGBL.I,S.1218). Bei der Erteilung einer Berufserlaubnis handelt es sich um eine Ermessensentscheidung, d.h., es besteht kein Anspruch auf Erteilung einer solchen Erlaubnis. In unserem Fall konnte hinreichend nachgewiesen werden, dass im Falle einer Ablehnung die Versorgung unserer Patienten nicht mehr gewährleistet ist. Nach Erteilung der Berufs- und Arbeitserlaubnis durch die Landesgesundheitsbehörde und nach einer mehrmonatigen vorherigen Einarbeitungszeit können wir nun sagen, dass die Kollegen aus Polen eine echte Bereicherung im Team sind. Es ist bereits absehbar, dass mit Hilfe der polnischen Ärzte Kontakte zu Patienten aus Polen hergestellt werden und eine grenzüberschreitende Zusammenarbeit mittelfristig umsetzbar ist. Die polnische Übersetzung der Homepage ist ein erster Schritt.

Durch Abwanderungstendenzen und demographische Entwicklungen ist derzeit bereits absehbar, dass in einigen Jahren fachlich qualifizierter Nachwuchs fehlen wird. Die Altersstruktur wurde in Lübben deshalb bewusst so gestaltet, dass alle Altersgruppen hinreichend repräsentiert sind. Eine gezielte Jugendarbeit in den Schulen und die Bereitstellung qualitativ hochwertiger und fachlich gut betreuter Praktikumplätze ist eine der Säulen, um gezielt Nachwuchs anzusprechen. Ein Mentoringprogramm dessen Anfänge in dem Projekt „women preparing to lead" der Europäischen Akademie für Frauen aus Politik und Wirtschaft Berlin[7] aus dem Jahre 1998 lagen, hat für fachliche Unterstützung und gezieltes networking der oberen Managementebene gesorgt.

---

[6] Lange bevor solche Strömungen auch andere Einrichtungen erfassen werden, hatte das Reha-Zentrum Lübben seit 2000 mit Personalengpässen im ärztlichen Bereich zu kämpfen. Ohne ausreichende Ärzteversorgung ist eine Vollauslastung der Bettenkapazitäten nicht verantwortbar. Innerhalb eines Jahres schlugen Anzeigenkosten mit bis zu 100.000 DM zu Buche. Letztendlich konnten die Stellen nur mit Hilfe einer Personalagentur nach dem Verfahren der Direktansprache besetzt werden. Erst durch die Möglichkeit des persönlichen Kontakts war die Gelegenheit vorhanden die Klinik und das Arbeitsfeld so darzustellen, dass es für den Bewerber attraktiv war. Für die veränderungsbereiten Ärzte waren die Atmosphäre des Arbeitsort (Architektur, Ausstattung), ein unbefristeter Arbeitsvertrag, die Unternehmensphilosophie, der zwischenmenschliche Umgang, das spürbar gute Betriebsklima, die familienfreundlichen d.h. flexible Arbeitszeiten, Fort- und Weiterbildungsmöglichkeiten, z.T. überregionale Einsatzmöglichkeiten durch networking und nicht zuletzt die bereits erfolgreich realisierten innovativen Projekte, Gründe den Arbeitsplatz zu wechseln. Diese Kriterien vermittelten den Bewerbern das sichere Gefühl für ein zukunftsträchtiges Unternehmen zu arbeiten. Auch die Aussicht kreativ an Innovationen mitarbeiten zu können wurde von den meisten Kandidaten begrüßt.

[7] Vgl. den Beitrag von Jansen/Lukoschat

Das Audit „Familie und Beruf" und die Erarbeitung einer Zertifizierung als familienfreundlicher Betrieb soll langfristig dafür sorgen, dass die Arbeitsplätze im Klinikbetrieb trotz der hohen Patientenanforderungen rund um die Uhr lebensfreundlich, d.h. attraktiv sind. Die Vereinbarkeit von Familie und Beruf ist nicht nur eine gesellschaftspolitische Aufgabe. Im Interesse der langfristigen Sicherstellung qualifizierter MitarbeiterInnen tun Betriebe gut daran, sich für diesen Ideen zu öffnen. Das Reha-Zentrum Lübben hat diesen Einstieg in diese Firmenpolitik im Jahr 1999 durch die erfolgreiche Teilnahme des Wettbewerbs „Frauenfreundlicher Betrieb Brandenburg". Der Erste Preis in diesem Kontest spornte uns an der Ausschreibung des Bundeswettbewerbs „Familienfreundlicher Betrieb 2000" teilzunehmen. Ein ehrenvoller Preis unter den ersten 16 spornte unseren Ehrgeiz an. Es wurde ein Qualitätszirkel „Familie und Beruf" gegründet der das Grundzertifikat des Audits erarbeiten sollte.

Eine der wichtigsten Forderungen des Audits „Familie und Beruf" ist der Abbau von Überstunden, die Gewährung flexibler Arbeitszeiten und die Planbarkeit von Urlaub und Fortbildungstagen. Dies zu gewährleisten setzt eine gut durchdachte Personaleinsatzplanung voraus.

Im Gegensatz zu einer Akutklinik sind Arbeitsabläufe in einer Rehabilitationsklinik größtenteils planbar. Diesen Vorteil gilt es konsequent zu nutzen. Eine gezielte Personalplanung ist durch die sinnvolle Gestaltung IT- gestützter Arbeitsprozessen möglich und somit ein Weg Überstunden zu vermeiden und planbare Arbeitszeiten zu ermöglichen.

Bereits mit Baubeginn wurde an der DV Lösung des Reha-Zentrums gearbeitet. Eine exakte Analyse einzelner Arbeitsabläufe war Grundlage des Systems. Arbeitsabläufe wurden zeitlich exakt erfasst und einander zugeordnet. Wegezeiten, Pausen, Vor- und Nachbereitungsphasen wurden gemeinsam mit den Therapeuten berechnet und dem Leistungsnivau der MitarbeiteriInnen angepasst. Die Visualisierung von Therapie- bzw. Therapeutenplänen bedeutet Planungssicherheit und Transparenz sowohl für den Patienten als auch für den Mitarbeiter. Der Einsatz von Stechuhren war durch diese Ablauforganisation niemals ein Thema.

Im Jahre 2001 konnten wir dieses erste Zertifikat in Frankfurt am Main entgegennehmen. Der Weg dahin war nicht einfach. Insbesondere die Akzeptanz unter den Mitarbeitern brauchte etwas längere Zeit. Als wir im Mai 2001 am Staffellauf des Vatertages zur Unterstützung der neuen Gesetze des Familienrechts teilnahmen, konnten wir der Familienministerin Frau Dr. Bergmann keinen einzigen männlichen Mitarbeiter vorweisen, der sich in der Erziehungszeit befand. Nach einem Jahr können wir zumindest einen Mustermann vorweisen. Die Unterschiede der einzelnen Bundesländer in Bezug auf das Vorhandensein geeigneter Kinderbetreuungseinrichtungen ist so unterschiedlich, dass Familien in Brandenburg im Gegensatz zu Familien in Bayern kaum von einen Kinderbetreuungsnotstand sprechen können. In Brandenburg heißt das Ziel, die Anzahl dieser hervorragenden Einrichtungen zu halten, sie bezahlbar anzubieten und dafür Sorge zu tragen, das schulische Ganztagsangebote flächendeckend erreichbar werden. Wir als

Betrieb engagieren uns regional für solche Projekte, die Aufgaben von Gesellschaft und Politik neu ausbalancieren.

Im August 2001 wurde in Brandenburg das geförderte Projekt „Moderne Arbeitswelten - flexible Arbeitszeiten" ins Leben gerufen. Dieses Förderprogramm war und ist für uns als mittelständisches Unternehmen eine ausgezeichnete Möglichkeit, den Prozess der Vereinbarkeit von Familie und Beruf fortzusetzen und zu prüfen, inwieweit die Einführung flexibler Arbeitszeiten sowohl der Effizienz der Arbeitsabläufe als auch der Verbesserung der Arbeitsbedingungen dienen könnten. Flexible Arbeitszeitverhältnisse sind bei vielen Beschäftigten sehr beliebt. Nach allen Erfahrungen tragen sie auch sehr stark zur Motivation, Zufriedenheit und Gesundheit von Beschäftigten bei.

Die MitarbeiterInnen gaben an, dass sie es sehr schätzen wenn folgende Möglichkeiten im Klinikbetrieb vorhanden sind:

- Ein Schichttausch ist ohne größere Probleme möglich,
- die Beschäftigten haben Einfluss auf die Dienstplangestaltung,
- mindestens zwei Wochenenden im Monat sind komplett frei.

Es liegt auf der Hand, dass sich eine hohe Arbeitszufriedenheit positiv auf die Vermeidung von Arbeitsunfällen und Berufskrankheiten auswirkt jedoch kann eine zu große Flexibilität in der Arbeitszeitgestaltung auch zu negativen Effekt führen. MitarbeiterInnen äußerten innerhalb der Arbeitsgruppe persönliche Ängste, die stets dann auftraten, wenn zu viele Wahlmöglichkeiten gegeben wurden, die in der Regel in erster Linie von besonders durchsetzungsfähigen MitarbeiterInnen in Anspruch genommen wurden: "Der Mensch braucht gewisse Strukturen. Die Flexibilität muss dem menschlichen Rhythmus entsprechen." So wurden innerhalb des Qualitätszirkels Regeln erarbeitet, die Strukturmerkmale als auch eine gewünschte Flexibilität beinhalten. Oberster Grundsatz war und ist: Arbeitszeit muss für die Mehrheit der MitarbeiterInnen planbar sein!

5. Ausblick

Die Konzeption am Beispiel einer Rehabilitationsklinik zeigt auf, daß Struktur und erforderliche Anbindung der Reha-Klinik an die Akut-Kliniken eine zentrale Aufgabe der nächsten Jahrzehnte sein wird, um Gesundheitsvorsorge zukunftsorientiert als kooperative Aufgabe zu bewältigen.

Simone Pöhlmann

Zwischen Konflikt und Konsens

Streiten lernen für innovative Management-Strategien

im Gespräch mit Sibylle Peters

Simone Pöhlmann ist Rechtsanwältin und leitet eine Praxis für Mediation, Gründerin der „Streitschule" in München. E-Mail:streitschule@aol.com

Was ist das Besondere an der Streitschule?

In meiner Arbeit als Mediatorin habe ich ganz zentral die Aufgabe, die individuelle und manchmal eigenwillige Welt jedes meiner Mandanten zu verstehen. Ich muss nicht nur die Welt durch seine Brille sehen können, sondern dem Konfliktpartner das verdeutlichen können, was ich auf diese Weise wahrnehme. Wie unterschiedlich Menschen dieselbe Situation erfahren, werten und einordnen, erlebe ich jeden Tag. Und jeder hat in seiner Welt „Recht". Solange wir darauf beharren, „Recht" zu haben, wird es „Streit" geben. Die Beobachtung, dass viele meiner Mandanten ihre eigenen Bedürfnisse in dem Konflikt gar nicht kannten, sie nicht angemessen vermitteln konnten und auch nicht in der Lage waren, ihrem Gegenüber wirklich zuzuhören, hat mich auf die Idee gebracht, die Streitschule zu gründen.

Die Streitschule ist ein dreitägiges Seminar, in dem die Teilnehmer in einer Gruppe miteinander etwas lernen, was reine Lektüre nicht vermitteln kann (obwohl es viel empfehlenswerte Literatur zu diesem Thema gibt, siehe Literaturliste). Gedankliche Einsichten können in Sekunden entstehen. Die Fähigkeit, sich den Einsichten gemäß zu verhalten, entwickelt sich dagegen eher langsam und in sehr kleinen Schritten. Es erfordert Möglichkeiten, neues Verhalten zu wagen, zu reflektieren, die Wirkung zu erfahren und auf's neue zu erproben – darum die Streitschule.

Es ist mir ganz besonders wichtig zu sagen, dass hier nicht nur Methoden vorgestellt oder abrufbare Techniken erlernt werden, sondern dass diese Arbeit zu einer Veränderung der inneren Haltung im Konflikt führen soll. Der Konfliktgegner wandelt sich vom „Feind" zum „Fremden", dessen Welt gleiche Berechtigung und Wichtigkeit hat. Die beiden Säulen, auf denen das Konzept der Streitschule beruht, sind also Selbstklärung als Grundlage menschlicher Souveränität und das Handwerkszeug der Kommunikation.

Kann man das alles an nur drei Tagen lernen?

Wichtiger Bestandteil der Streitschule sind die regelmäßigen Streitschulabende, die offen sind für alle Absolventen der Streitschule. Sie bieten die Gelegenheit, bis zur eigenen Zufriedenheit an den Themen der menschlichen Kommunikation weiter zu arbeiten.

Wie kann ich mir das praktisch vorstellen?

Die Streitschule bietet einen geschützten Raum, um in Rollenspielen neue Verhaltensweisen auszuprobieren und auszuloten, wie sie wirken. In Reflexionsübungen, als Einzelarbeit oder Gruppenarbeit, gewinnen die TeilnehmerInnen mehr Klarheit über sich selbst und ihre eigenen Gefühle. Wir nutzen Brainstorming, Feedback, Rollentausch,

Planspiele u.a., um nach alternativen Lösungen außerhalb der festgefahrenen Konfliktpfade zu suchen.

Kann denn jeder Konflikt gelöst werden?

Das nicht. Aber in einem solchen Fall kann es sehr entlastend sein, wenn beide Parteien diese Situation anerkennen und sich einigen, den Konflikt als Konflikt stehen zu lassen. Konsens, also Übereinstimmung, muss nicht immer „Lösung" heißen; der Konsens kann auch in der Erkenntnis bestehen, dass man sich nicht einig werden kann.

Das klingt alles nach harter Arbeit!

Manchmal schon. Der Weg vom Konflikt zu einem von beiden Seiten getragenen Ergebnis kann mitunter beschwerlich sein. Je besser wir über die dazu gehörigen Kommunikationsfähigkeiten verfügen, desto leichter fällt uns diese Arbeit. Im Idealfall wird die Lust auf Veränderung, der Spaß am Wandel zu einem Lebensthema. Viele TeilnehmerInnen der Streitschule wundern sich heute nur noch darüber, wie willig – wider besseren Wissens – sie einst den Frust des Festgefahrenen ertragen haben.

Heißt das, „Veränderung" als Wert an sich?

Wenn Veränderung Optimierung heißt, dann sehe ich darin tatsächlich einen großen Wert, denn jede kleine Verbesserung in der Kommunikation zwischen Menschen ist ein Schritt hin zu stärkerer Lebendigkeit und Wachstum. Mehr Verständnis für die eigene Welt und für die Welt des Anderen kann zu überraschenden, erfreulichen und konstruktiven Wendungen im Leben beider Konfliktpartner führen.

Warum ist es für Frauen besonders wichtig, streiten zu lernen?

Frauen fehlt aufgrund ihrer Sozialisation und den oft vorhandenen familiären Belastungen häufig die innere Festigkeit, um im „Job" gleichwertig zu agieren. Wie zu Hause fühlen sie sich für alles verantwortlich, delegieren weniger und machen oft den Fehler, Konflikte vor allem auf der Beziehungsebene zu betrachten und dabei die Sachebene zu vernachlässigen. Lösungen werden aber zunächst auf der Sachebene gesucht bzw. ausgehandelt. Dabei ist es das Wichtigste, beide Ebenen – die Sach- und die Beziehungsebene – auseinander zu halten. Wenn Frauen zu sehr auf die Beziehungsebene achten, werden sie von den Männern auf der Sachebene abqualifiziert. Gleichwohl sind es die Frauen, die auf der Beziehungsebene neue Lösungen generieren können.

Wie können Frauen dieser Gefahr entgehen?

Bevor Frauen sich im Einzelnen mit ihren Konfliktpartnern beschäftigen, sollten sie sich genau überlegen, was sie erreichen wollen, wie die Machtverhältnisse strukturiert sind und welche Wirkung ihr Auftreten haben könnte. Wer sich darüber nicht klar ist, tritt leicht ins Fettnäpfchen. Selbsterfahrungsorientiertes „Aus-dem-Bauch-Heraus-Entscheiden" ist in Konfliktfällen zu unreflektiert. Statt dessen sollten Frauen lernen, genau hinzuschauen, sich mit der Situation auseinandersetzen und dann in aller Klarheit zu sagen, was sie meinen. Das etwas „Gewundene", das Frauen häufig haben, muss aufhören, damit eine partnerschaftliche Beziehung zwischen Männern und Frauen – auch und vor allem im Berufsleben – möglich ist. Die „Streitschule" will in diesem Punkt die soziale Kompetenz der Frauen stärken.

Die „Streitschule" will Frauen vermitteln, dass ein Konflikt nicht unbedingt mit einer Niederlage enden muss, sondern dass man bei einem Konflikt lösungsorientiert verhandeln kann. Voraussetzung dabei ist allerdings, dass man den anderen nicht angreift. Statt dessen müssen Frauen den Mut entwickeln, klar und angemessen zu sagen, was sie wollen.

Führt nicht gerade das zu Konflikten?

Natürlich, denn Konflikte bestehen grundsätzlich darin, dass Handlungen, Bedürfnisse, Interessen, Wünsche, Erwartungen oder Gefühle der Konfliktparteien im Widerspruch zueinander stehen, sich aneinander reiben, oder, im schlimmsten Fall, in Feindschaft aufeinanderprallen. Trotzdem ist es unerlässlich, zu den eigenen Bedürfnissen zu stehen.

Was macht es so schwer, sich zu verständigen?

Konflikte, und erst recht Streit, sind für die meisten Menschen unangenehm. Das ist oft auch körperlich spürbar: Der Magen schmerzt, die Galle läuft über, es geht an die Nieren, das Herz klopft oder man kann nicht schlafen. Wir kommen ins Grübeln oder reden in Gedanken mit dem Konfliktgegner (dabei haben wir meist „Recht"). Ungelöste Konflikte sind gewaltige Energiefresser und vertilgen eine Menge möglicher Lebensfreude.

In der Streitschule wird insbesondere vermittelt, dass Konflikte aus der Unterschiedlichkeit von Menschen im Wollen, Fühlen und Handeln entstehen. Sie entstehen aus der Unterschiedlichkeit von Werten, Überzeugungen und Erfahrungen und sie entstehen auch nur da, wo in irgendeiner Form Nähe ist. Solange Menschen nichts oder nicht viel miteinander zu tun haben, ist die Gefahr eines Konfliktes nicht gerade groß, wie verschieden oder auch fremd der Andere auch immer denken, fühlen oder handeln mag.

Gelingen kann Konfliktlösung nur aus der Kenntnis der eigenen Person und der Klärung der eigenen Gefühle. Dazu gehört das Erkennen eigener Konfliktmuster – vielleicht auch die Inspektion der Genese des Konflikts, woher diese Konfliktstrategien kommen, wo sie gelernt oder erlebt wurden und teilweise unbewusst weiterhin angewandt werden. Es ist zu klären, inwieweit diese noch nützlich oder notwendig sind. Es gehört dazu das Bewusstmachen eigener Überzeugungen und darunter liegender Werte zu den verschiedensten Lebensbereichen, kurz: der eigenen „Weltsicht".

Wie kann ich mich auf die Weltsicht des anderen einstellen?

Stellen Sie sich das Bild vor, dass jeder von uns in seinem persönlichen Haus wohnt – kein wahrnehmbares Haus – angefüllt mit unzähligen Erfahrungen und Prägungen des gelebten Lebens, aus denen dieser Mensch seine Werte, Überzeugungen, Vorstellungen und Bedürfnisse geformt hat. Von dieser Warte sieht, erlebt und wertet er die Welt; von dieser Warte aus handelt er. Jeder von uns hat sein eigenes Haus, seine eigene Warte und seine eigene Wahrheit.

Und jeder von uns kommuniziert von seinem, unverwechselbaren und sehr oft eigenwilligen Haus mit den anderen Häusern seiner Nachbarschaft. Diese haben eine völlig andere Möblierung – und sind ihren Eigentümern genau so wichtig! Kommunikation ist aber nicht nur Absicht – sondern auch Wirkung! Die Absicht entsteht in unserem Haus – die Wirkung entfaltet sich im Haus des Anderen. Wir sehen normalerweise vom Haus des Anderen nur das, was er uns zeigt, das Verhalten; wir nehmen gerade noch die Gefühle wahr (auch nicht immer!). Was darunter ist, ist uns fast immer verborgen. Wir sagen oder tun etwas und sind völlig konsterniert, was es beim anderen auf einer tieferen Ebene auslöst!

Die Komplexität und Vielschichtigkeit unserer Häuser macht nachvollziehbar, warum Beziehungen oft so schwierig erscheinen, und wie elementar wichtig die Fähigkeit zu klarer Kommunikation ist. Das Ausmaß an Trennungen und Scheidungen, an Streitigkeiten zwischen Erben, Nachbarn, Mitarbeitern, Schülern und ganzen Gruppen beweist dies auf's Augenfälligste!

Wenn vom Anderen keine Gegenreaktion kommt, ist dann alles in Ordnung?

Nein, nicht immer. Es gibt Menschen, die nicht offen mitkämpfen, sei es, weil sie sich nicht trauen, oder weil sie es nicht können. Auf jeden Fall mögen Menschen es nicht, wenn sie in ihrem Hoheitsgebiet, ihrem inneren Haus überfallen werden. Sie empfinden es als Übergriff, wenn ihnen jemand anderes sagen will, wie sie zu denken oder zu fühlen haben, wie sie handeln sollten, was richtig oder falsch ist. Manchen fällt es schwer, ihr Haus zu verteidigen, aus welchen Gründen auch immer; manche sitzen wie Pluto, der Höllenhund vor ihrer Türe und passen auf, dass niemand ihnen zu nahe kommt, aber eines ist sicher, diese Übergriffe erzeugen Ablehnung, Groll, evtl. auch Hilflosigkeit oder Rachegelüste. Auf jeden Fall rufen sie Widerstand hervor. Die Bereitschaft zur Konfliktbereinigung oder Kooperation verringert sich.

Wie wird aus dem Konflikt Streit?

Konflikte gehen dann in „Streit" über, wenn einer oder beide Kontrahenten – abgesehen von der eventuell berechtigten sachlichen Beschwerde – offen oder versteckt versuchen, den „Gegner" anhand der eigenen Maßstäbe zu überzeugen, zu überreden oder zu erziehen und ihm die eigene Meinung mit Worten oder Taten aufzuzwingen. Einer oder beide wollen entsprechend ihren Vorstellungen vom Leben Recht haben und sie wollen dies durchsetzen: Sie wollen siegen. Wenn das zusätzlich mit Kränkungen der Person und des Selbstwertgefühls des anderen einhergeht, ist der Kampf eröffnet. Eine solche Konfliktsituation könnte sich im Beruf zwischen Chef und Mitarbeiterin zum Beispiel folgendermaßen abspielen: „Frau Maus! Sie haben mir vor zwei Tagen den Bericht versprochen, und er liegt immer noch nicht auf meinem Tisch. Unzuverlässigkeit und Faulheit sind die zwei Dinge, die ich am wenigsten ertrage. Ich nehme an, ich muss nicht deutlicher werden und kann von nun an mit besseren Leistungen von Ihnen rechnen!"

Nach so einem Angriff würde Frau Maus wohl in die Defensive gehen?

Ja, man kann sich gut vorstellen, dass sich Frau Maus dann beleidigt zurückzieht. Unter der Oberfläche solcher Vorwürfe oder Anschuldigungen sind oft ganz andere Botschaften enthalten. Sie sind aber so versteckt, dass sie den Anderen, der zur Verteidigung schon seinen imaginären „Schutzhelm" aufgesetzt hat, gar nicht mehr zugänglich sind. Er hört sie nicht mehr, sondern hat inzwischen in Sekundenschnelle seine „Waffenkammer" inspiziert und wartet mit den ihm zur Verfügung stehenden Mitteln auf, um diesen Konflikt – der ja auf mehreren Ebenen stattfindet – zu überstehen oder zu gewinnen. Die persönlichen Kränkungen machen die sofortige Lösung des Konfliktes unmöglich. Dabei geht es zum einen um die Sache, zum anderen um Gefühle, die aus den eigenen Überzeugungen und Wertmaßstäben und aus den ungelösten Konflikten der Vergangenheit gespeist werden. In der „Streitschule" gehen wir davon aus, dass Konflikte normal und natürlich sind: Wo Beziehungen sind, gibt es die Möglichkeit von Konflikten. Nur die Frage, wie wir damit umgehen, entscheidet, ob es zu einer Auseinandersetzung oder zum Streit kommt.

Funktionieren diese Mechanismen heute anders als früher?

Ja, die „Korsettstangen", die früher Beziehungen regelten und zusammenhielten, sind auseinandergebrochen. Die Familie, die Kirchen, die öffentliche Moral, hierarchische Autoritäten oder finanzielle Notwendigkeiten haben ihre Macht über Beziehungen weitgehend verloren. Der Preis für diese Freiheit: Wir müssen unsere Beziehungen auf allen Ebenen selber und von innen heraus gestalten, und das fällt uns schwer. Das Fach „Kommunikation" steht bisher in den Schulen nicht auf dem Lehrplan und das, was wir in unseren Familien oder durch andere Einflüsse gelernt haben, ist offensichtlich bei der Bewältigung von Konflikten nicht besonders hilfreich. Konflikte zu lösen, heißt zum Beispiel auch, darüber zu verhandeln, wie man danach miteinander umgehen kann, um ähnliche Konflikte zu vermeiden. Dazu gehört, nicht nur regelmäßig Gespräche zu führen, sondern auch sich auf Regeln des Umgangs zu einigen, sich zum Beispiel sofort zu beschweren, wenn etwas nicht in Ordnung ist. Zunehmend wächst jedoch die Einsicht, dass wir keine Naturtalente beim Konflikt-Lösen sind, sondern dass wir durchaus in diesem Feld etwas zu lernen haben – und dass wir uns deshalb nicht schämen müssen.

Wie kann man sich und andere motivieren, konstruktiv mit Konflikten umzugehen?

Meiner Erfahrung nach wären viele Menschen grundsätzlich bereit, anders und konstruktiver mit Konflikten umzugehen und sich weniger aggressiv zu verhalten, wenn sie sicher sein könnten, dass sie mit ihren Anliegen und Interessen nicht untergehen. Mit Konflikten „konstruktiv" umzugehen, heißt: Mit aller verfügbaren Kraft Vorstellungen, Bedürfnisse, Erwartungen und Wünsche darzustellen und dafür zu sorgen, dass sie verstanden werden. Die Voraussetzung: Interesse und Akzeptanz für die eventuell ganz fremde Sicht des anderen. Wenn es gelingt, auch bei größter Gegensätzlichkeit der Meinungen so im Dialog zu bleiben, dass jeder die Haltung oder Meinung des Anderen versteht und akzeptiert, ohne deshalb mit ihm übereinstimmen zu müssen, ist die Chance für gemeinsame faire Lösungen gegeben. „Fair", weil sie sich an den Bedürfnissen beider Konfliktparteien orientiert. Diese Art des Umgangs ist menschliche Souveränität.

Gibt es nicht auch in manchen Unternehmen so etwas wie eine Art „Pseudo-Aufgeschlossenheit"?

Ja, aber das ist kontraproduktiv. Vorsicht vor reiner „Verhaltenskosmetik" ist dringend geboten: Die Mitarbeiterinnen und Mitarbeiter merken es, wenn der verbindliche Ton nicht durch die innere menschliche Haltung des Respekts und der Akzeptanz für die Person des Anderen gedeckt ist, sondern nur als Schmieröl im Beziehungsgetriebe dienen soll. Sie werden sich manipuliert und nicht ernst genommen fühlen und wahrscheinlich mit Unbehagen, Misstrauen oder Ablehnung reagieren.

Man sollte sich also darüber im Klaren sein, dass die persönliche Weltsicht nicht das Maß aller Dinge ist?

Jedes Mal, wenn man sagt: „Ich finde....." oder „man sollte.....", äußert man ein Stückchen der persönlichen Weltsicht – nicht mehr, aber auch nicht weniger. Hilfreich ist es zum Beispiel darüber nachzudenken, was in der eigenen Vorstellungswelt Begriffe wie etwa „Macht", „Freiheit", „Familie", „Solidarität" oder „Fairness" bedeuten und sich zu fragen, wie man in verschiedenen Lebensbereichen diese Werte lebt. Zur Selbstklärung gehört ebenfalls, sich selbst zu fragen, welches Interesse man an und in einem konkreten Konflikt hat: Was man eigentlich erreichen will, welche Beziehung man zu dem anderen hat, worauf man seine Meinung und Haltung stützt, worauf man bestehen will und wo man nachgeben kann. So kommt eine Fülle von Fragen zusammen, die zu klären sind, bevor man sich dem Anderen erklären kann.

Traut man sich dann überhaupt noch, etwas zu sagen?

Ja, weil man merkt, dass diese Klarheit über sich selbst, verbunden mit dem Wissen darüber, dass man möglicherweise oder sogar wahrscheinlich nur einen Zipfel der Wahrheit in der Hand hält, die Chance für eine konstruktive Auseinandersetzung gewaltig erhöhen. So kann es einem gelingen, den eigenen Standpunkt mit Kraft, Überzeugung und Argumenten vertreten, ohne den Anderen in die Ecke zu drängen. Die alten untauglichen Vorschriften wie etwa „Sie sollten" oder „Sie müssten" braucht man dann genauso wenig wie persönliche Kränkungen oder Angriffe.

Welche Widerstände muss man für einen konstruktiven Dialog überwinden?

Im Dialog gibt es nicht nur den Einen, sondern auch den Anderen. Und wenn man verstehen will, um was es dem Anderen geht, muss man zuhören können. Das klingt einfach, und ist dennoch meist sehr schwer. Folgende Leitfragen können weiterhelfen: Was habe ich gehört? Habe ich alles gehört oder nur das, was ich hören wollte? Was will der Andere mir wirklich sagen? Ein großes Hindernis für's Zuhören ist, dass viele Menschen noch während der andere spricht, bereits auf der „Antwortlauer" liegen. Sie sind gar nicht in der Lage, wirklich zuzuhören, weil sie viel zu sehr damit beschäftigt sind, ihre Gegenargumente zu überlegen. Damit sind sie für die Welt des Gegenübers nicht aufnahmebereit und hören nicht aktiv zu.

Was ist bei der Überwindung von Widerständen für die Konfliktlösung im Job besonders wichtig?

Im beruflichen Bereich wird oft gefordert, Probleme und Konflikte „sachlich" auszutragen. Die Forderung nach Sachlichkeit verkennt jedoch, dass sachliche Äußerungen gleichzeitig immer etwas über den Menschen aussagen, der sie macht. Sie beinhalten immer auch etwas darüber, was der Sprecher von seinem Gegenüber hält und können infolgedessen immer auch persönliche Reaktionen beim anderen auslösen.

Ruth Cohn, eine bedeutende Vertreterin der Humanistischen Psychologie, hat den Satz geprägt: „Die Arbeit am Widerstand geht der Arbeit am Inhalt voraus." Um Konflikte im Beruf erfolgreich zu lösen, sollte man sich diesen Satz immer wieder vor Augen führen. Man kann weder über Ferienplanung, noch über neue Projekte, schon gleich gar nicht über Personalbesetzung „sachlich" sprechen, wenn beim Gesprächspartner Widerstand in irgendeiner Form entsteht – zum Beispiel, wenn das, was Sie gesagt haben, in ihm eigene Gedanken oder Empfindungen auslöst, die im Widerspruch zu dem stehen, was Sie denken oder wollen.

Sind solche Widerstände nicht unprofessionell?

Solche Störungen fragen nicht nach Erlaubnis, sie sind einfach da! Stellen Sie sich vor, Sie machen in Ihrer Abteilung einen Vorschlag und Ihr Gesprächspartner antwortet mit einer der folgenden Entgegnungen: „Natürlich können wir das versuchen, aber ich glaube nicht, dass es funktionieren wird...", „Wissen Sie, das klingt in der Theorie sehr gut, aber wir in der Praxis....", „Das werden die anderen nie mitmachen...", „Vergessen wir es vielleicht lieber..." oder „Das haben wir doch schon immer so gemacht...". Ihr Gesprächspartner ist dann mit seinem Widerstand, mit seiner Welt so beschäftigt, dass er gar nicht bereit ist, sich mit dem Inhalt Ihres Vorschlags zu befassen.

Den Widerstand zum Thema zu machen, ihn aus seinem Untergrund-Dasein hervorzuholen, ihn zu benennen und zu akzeptieren, ist sicher eine der hilfreichsten und sinnvollsten Möglichkeiten, gute Bedingungen für Konfliktlösungen zu schaffen. Dies ist aber nur dann möglich, wenn einer oder beide Beteiligte willig und in der Lage sind, den Widerstand wahrzunehmen und ernsthaft damit umzugehen. Empfindet ein Mensch, dass das, was er sagt, nicht akzeptiert wird, es also gefährlich ist, sich zu öffnen, wird er sich sofort wieder zurückziehen. Die Chance zu echter Kooperation ist so vertan und kann nicht beliebig neu aufgenommen werden. Auch, wenn der andere dann glaubt, gesiegt zu haben, ist der Konflikt damit nicht gelöst. Die schlechten Gefühle des Verlierers werden sich mit Sicherheit auswirken – entweder im direkten Umgang oder auf einer anderen Ebene, sei es durch schlechtere Arbeitsergebnisse, durch kritisches Lästern oder durch körperliche Symptome wie etwa Kopfschmerzen oder Magengeschwüre.

Was sollte man bei Konflikten im „Job" besonders beachten?

Im „Job" sollten vor allem die Frauen nicht alles persönlich nehmen und sich darüber bewusst sein, dass der andere nicht der „Feind" ist. So gesehen, stehen unbewusste „Feindbilder" oft kontrovers Philosophien von Unternehmens- und Organisationskulturen in scheinbar unauflöslichen Konflikten gegenüber. Kränkungen passieren, aber meist steckt keine böse Absicht dahinter. Zu denken, der andere wolle einen vernichten, kann ein großes Hemmnis dafür sein, Konflikte zu klären. Hilfreicher ist es, daran zu denken, dass der andere vielleicht auch in Not ist und unter Druck steht. „Innovatives Management" heißt für mich vor allem: Aufmerksam sein und die beruflichen Beziehungen in Ordnung halten. Wenn man das Gefühl hat, dass etwas schief läuft, lieber sofort nachfragen und die Sache gleich klären. Wer das kann, hat die Lektionen der „Streitschule" gut gelernt und braucht keinen Mediator und keine Mediatorin von außen.

Literatur

BACH, G.R./TORBET, R. 1985. Ich liebe mich, ich hasse mich. Reinbek

BACH, G.R./ WYDEN, P. 1969. Streiten verbindet. Spielregeln für Liebe und Ehe. Düsseldorf

BECKER, H./ JÄGER, K. 1994. Teams müssen sich zusammenraufen. In: Harvard Business Manager, Hamburg IV/1994

BRÜCKNER, C. 1995. Wenn Du geredet hättest, Desdemona. Ungehaltene Reden ungehaltener Frauen. Hamburg

COHN, R.C. 1975. Von der Psychoanalyse zur Themenzentrierten Interaktion. Stuttgart

COHN, R.C./ SCHULZ VON THUN, F. 1994. Wir sind Politiker und Politikerinnen – wir alle! In: Standhardt, R./ Löhmer, C. (Hg.): Zur Tat befreien. Mainz

FISHER, R./ URY, W./ PATTON, B. 1993. Das Harvard-Konzept. Sachgerecht verhandeln – erfolgreich verhandeln. Frankfurt

GLASL, F. 1990. Konfliktmanagement. Bern

GRAY, J. 1998. Männer sind anders. Frauen auch. Männer sind vom Mars. Frauen von der Venus. München

MAHLMANN, R. 2000. Konflikte managen. Psychologische Grundlagen, Modelle und Fallstudien. Weinheim und Basel

PÖHLMANN, S./ ROETHE, A. 2001: Die Streitschule. Trainieren Sie Ihre Kommunikations- und Konfliktfähigkeit. Paderborn

SCHULZ VON THUN, F. 1999. Miteinander reden, Bd. 1-3: Störungen und Klärungen - Stile, Werte, Persönlichkeitsentwicklung - Das „Innere Team" und situationsgerechte Kommunikation. Reinbek

THOMANN, C. 1998. Klärungshilfe 2. Konflikte im Beruf. Reinbek

THOMANN, C./ SCHULZ VON THUN, F. 1988. Klärungshilfe 1. Handbuch für Therapeuten, Gesprächshelfer und Moderatoren in schwierigen Gesprächen. Reinbek 1988ff.

TÖNNIES, S. 1994. Selbstkommunikation. Heidelberg

Konzepte für das neue Jahrtausend

Gertraude Krell (Hrsg.)
Chancengleichheit durch Personalpolitik
Gleichstellung von Frauen und Männern in Unternehmen und Verwaltungen. Rechtliche Regelungen – Problemanalysen – Lösungen
3., überarb. u. erw. Aufl. 2001.
XII, 493 S. mit 32 Abb.
Br. € 49,00
ISBN 3-409-32229-9

Management der betrieblichen Gleichstellungspolitik – Personalbewegungen – Arbeits(zeit)gestaltung – Entgelt- und Sozialpolitik – Zusammenarbeit und Führung

Namhafte Experten aus Wissenschaft und Praxis präsentieren das Grundlagenwissen der Personalpolitik. Außerdem analysieren sie Themen wie z.B. Personalbeurteilung, Leistungsvergütung oder Reorganisation. Neben den für das jeweilige Handlungsfeld bedeutsamen Rechtsnormen werden Forschungsergebnisse sowie Erfahrungen als Problemanalysen vorgestellt und daraus Handlungsempfehlungen für die Praxis abgeleitet.
In der 3. Auflage wurden die Themen ‚Managing Diversity' und ‚Teilzeit in Führungspositionen' sowie ‚Diversity-orientierte Beurteilung von Führungskräften' vertieft und um Praxisbeispiele ergänzt.

Monika Rühl/Jochen Hoffmann
Chancengleichheit managen
Basis moderner Personalpolitik
2001. X, 125 S. mit 12 Abb.
Br. € 34,00
ISBN 3-409-11825-X

Der Begriff Chancengleichheit – Gründe für chancengleiche Personalpolitik – Die Treiber für den Wandel – Wege zur Chancengleichheit – Situation bei Lufthansa – Konzepte, Erfolge und Misserfolge – Strategien zur Umsetzung – Übertragbarkeit auf Klein- und mittelständische Unternehmen

Chancengleichheit rechnet sich auch für kleine und mittlere Unternehmen. Anhand von vielen Einzelaspekten, die die Unterschiedlichkeit von Unternehmenskulturen und Historien berücksichtigen, zeigen die Autoren, wie sich personalpolitische Diversity-Konzepte aus Großunternehmen sinnvoll übertragen lassen. Denn nur engagierte und motivierte Mitarbeiter und Mitarbeiterinnen ermöglichen eine nachhaltige Wertschöpfung. Und bei einem enger werdenden Personalmarkt spielt auch die Vereinbarkeit von Beruf und Familie eine zunehmend bedeutende Rolle.

Änderungen vorbehalten. Stand: April 2002.

Gabler Verlag · Abraham-Lincoln-Str. 46 · 65189 Wiesbaden · www.gabler.de

GABLER